D1618356

Schuldrecht

Bd. 1. Allgemeine und vertragsrechtliche Grundlagen. Mit 95 Übungsfällen

3., aktualisierte Auflage

Bernhard Bergmans

Bibliografische Information der Deutschen Nationalbibliothek

Die Deutsche Nationalbibliothek verzeichnet diese Publikation in der
Deutschen Nationalbibliografie; detaillierte bibliografische Daten sind
im Internet über http://dnb.d-nb.de abrufbar.

©Copyright Logos Verlag Berlin GmbH 2009, 2012, 2016

3., aktualisierte Auflage 2016

Alle Rechte vorbehalten.

ISBN 978-3-8325-2279-7

Logos Verlag Berlin GmbH
Comeniushof, Gubener Str. 47,
10243 Berlin
Tel.: +49 030 42 85 10 90
Fax: +49 030 42 85 10 92
INTERNET: http://www.logos-verlag.de

Wie Sie mit diesem Buch arbeiten sollen

Um einen maximalen Mehrwert aus diesem Lernbuch zu ziehen, sollten Sie es wie folgt nutzen:

1. Bearbeiten Sie das Buch in der vorgegebenen Reihenfolge. Nur die mit * gekennzeichneten Abschnitte sollten Sie beim ersten Mal überspringen. Gehen Sie dabei kapitelweise oder zumindest nach Sinneinheiten vor.

2. ‚Bearbeiten' bedeutet:
   - Verschaffen Sie sich in der Inhaltsangabe zunächst einen Überblick zum jeweils in Angriff genommenen Teil.
   - Lesen Sie den Text und versuchen Sie dabei, alles zu verstehen; Nichtverstandenes sollten Sie kennzeichnen.
   - Wenn Paragrafen zitiert werden, lesen Sie diese aufmerksam und stellen Sie sicher, dass Sie den Gesetzestext verstehen.[1]
   - Sofern Bezüge zu bereits behandeltem Stoff gemacht werden, schlagen Sie dort jeweils nach und versuchen Sie, Zusammenhänge zu erkennen.
   - Versuchen Sie, zu jedem Thema möglichst eigene Beispiele zu finden oder aus dem eigenen Lebensumfeld Bekanntes mit dem jeweiligen Stoff in Verbindung zu bringen.
   - Notieren Sie Ergänzungen, Hinweise, Querverweise, Fragen usw. im Rand.
   - Versuchen am Ende jedes Teils, die Fälle selbständig zu lösen; diese nur zu lesen genügt nicht! Arbeiten Sie dabei immer mit dem Gesetzestext. Sofern erforderlich, lesen Sie die dazu benötigte Theorie noch einmal durch.

3. Nachdem Sie so den gesamten Stoff einmal durchgenommen haben beginnen Sie von vorn. Dabei bearbeiten Sie auch die beim ersten Mal übersprungenen Abschnitte und versuchen Sie, alle offen gebliebenen Fragen zur Theorie oder zu den Übungen zu beantworten. Sollten Fragen offen bleiben, klären Sie diese mit dem Professor, mit Kommilitonen (am besten in Arbeitsgemeinschaften) oder mit Hilfe von umfangreicheren Kommentaren zum Schuldrecht oder BGB allgemein (s. Hinweise unten).

4. Idealerweise sollten Sie den Stoff noch ein drittes Mal durcharbeiten (was erheblich weniger Zeit kosten wird als bei den beiden ersten Malen) und dabei insbesondere Definitionen, Grundsätze und die Methodik auswendig lernen.

5. Versuchen Sie danach (oder notfalls stattdessen) die übergreifenden Übungen am Ende des Buches selbständig zu lösen. Wenn Sie hiermit noch nennenswerte Probleme haben, müssen Sie den betreffenden Stoff auf jeden Fall noch einmal durcharbeiten.

Diese Vorgehensweise garantiert Ihnen keinen Prüfungserfolg, denn dazu gehört noch die Beherrschung anderer Lern- und Arbeitstechniken[2]. Aber sie erhöht deutlich die Wahrscheinlichkeit, dass Sie effizient und dauerhaft lernen. Vernünftig umsetzen können Sie diese

---

[1] Da fast ausschließlich mit dem BGB gearbeitet wird, erfolgt das Gesetzeszitat aus platzsparenden Gründen nur dann mit Quellenhinweis, wenn es sich nicht um das BGB handelt.

[2] Eine ausführliche Darstellung hierzu ist in meinem Buch ‚Lern- und Arbeitstechniken für das Jurastudium', Stuttgart 2013, enthalten.

Lernmethodik natürlich nur, wenn Sie nicht erst am Ende des Semesters mit der Arbeit beginnen, sondern verteilt über das ganze Semester regelmäßig arbeiten.[3]

Viel Erfolg!

Hinweise zu weiterer Literatur und ihrer Nutzung

Das Buch ist so angelegt, dass die Nutzung anderer Literatur zum Verständnis grundsätzlich nicht notwendig ist. Sollten Sie vertiefende Erläuterungen oder andere Beispiele zu bestimmten Themen oder Fragen suchen, können Sie auf eine sehr umfangreiche Literatur zum Schuldrecht zurückgreifen, die es mit allen möglichen Detaillierungsgraden gibt. Diese finden Sie durch eine Titel- oder Stichwortsuche im (Web-)OPAC Ihrer Bibliothek. Achten Sie darauf, dass Sie möglichst die neueste Auflage zur Rate ziehen (zumindest keine Quellen aus der Zeit vor der Schuldrechtsreform von 2002).

Wenn Ihr Interesse am Schuldrecht geweckt wurde und Sie diesen Rechtsbereich insbesondere aus wirtschaftsrechtlicher Sicht ‚verstehen' wollen, lesen Sie unbedingt

M. Kittner, Schuldrecht. Rechtliche Grundlagen – Wirtschaftliche Zusammenhänge, 3. Aufl., München 2003.

Im Übrigen sind auch alle BGB-Kommentare nützliche Hilfsmittel zur Erläuterung einzelner Bestimmungen des BGB. Dort werden i. d. R. auch jeweils Anwendungsfälle aus der Rechtsprechung zitiert.

---

[3] Wenn Sie meine Lehrveranstaltung besuchen, liegt es nahe, dass Sie das Buch parallel zur Vorlesung durcharbeiten.

Inhaltsverzeichnis

2. Teil – Entstehung von (vertraglichen) Schuldverhältnissen

3. Teil – Inhalt von (vertraglichen) Schuldverhältnissen

5. Teil – Veräußerungs- / Übertragungsverträge

6. Teil – Gebrauchsüberlassungs- / Nutzungsverträge

7. Teil – Dienstleistungsverträge

1. Teil
Überblick: Begriffe und Zusammenhänge

In diesem 1. Teil werden die Grundlagen für das Verständnis der wesentlichen Begriffe und Zusammenhänge des Schuldrechts gelegt.

Das Schuldrecht ist der Rechtsbereich, der sich mit Schuldverhältnissen befasst. Der zentrale Begriff des ‚Schuldverhältnisses' wird zunächst hinsichtlich seiner Bedeutung und Wirkungen (Kap. I) sowie dessen Quellen und Arten (Kap. II) dargestellt. Im Anschluss daran wird das Schuldrecht als Rechtsbereich thematisiert (Kap. III). Da in diesem Band Verträge als wichtigste Form der Schuldverhältnisse im Mittelpunkt stehen, werden abschließend die wesentlichen Dimensionen der Vertragsfreiheit und ihrer Grenzen als Grundlage des Vertragsrechts behandelt (Kap. IV).

I. Schuldverhältnisse - Natur und Ausprägungen

A. Grundbegriffe

1. Elemente des Schuldverhältnisses

a) Grundmodell

Das Schuldverhältnis ist ein Rechtsverhältnis, kraft dessen eine Person (der ‚Gläubiger') von einer anderen (dem ‚Schuldner') eine Leistung zu fordern berechtigt ist. Gläubiger und Schuldner nennt man auch die ‚Parteien' des Schuldverhältnisses.

Aus dem Schuldverhältnis ergibt sich also das Recht (als ‚Forderung' oder ‚Anspruch' bezeichnet) des Gläubigers, vom Schuldner eine Leistung zu verlangen; dem entspricht die Schuld (als ‚Verbindlichkeit' oder ‚Pflicht' bezeichnet) des Schuldners, dem Gläubiger diese Leistung zu erbringen.

‚Forderung' und ‚Verbindlichkeit' sind demnach zwei Seiten derselben Medaille. Das Schuldverhältnis bindet Gläubiger und Schuldner aneinander: Was der eine ‚fordern' kann, muss der andere ‚leisten'.

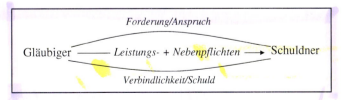

Gemäß § 241 versteht man unter ‚Leistung' (zur Vertiefung s. 3. Teil)
- ein aktives Tun: z. B. Zahlung von Geld oder Bau eines Hauses, oder
- ein Unterlassen: z. B. Unterlassung von Konkurrenz (Wettbewerbsverbot) oder abträglichen Äußerungen.

b) Forderungsrechte und andere Rechte

In § 194 wird das *„Recht, von einem anderen ein Tun oder Unterlassen zu verlangen"* allgemein als ‚Anspruch' bezeichnet. In dieser weiteren Bedeutung werden Forderungsrechte nicht nur im Schuldrecht, sondern auch im Sachen-, Familien- und Erbrecht bezeichnet. Dabei gilt immer, dass man von einem ‚Anspruch' oder ‚Forderungsrecht' nur dann redet, wenn ein Gläubiger fordern kann und ein Schuldner aufgrund dessen eine Leistung erbringen muss (s. hiervor).

Im Gegensatz dazu stehen ‚Gestaltungsrechte'. Auch dies sind Rechte, die den Parteien am Schuldverhältnis kraft Gesetzes oder durch Vereinbarung zustehen. Sie dienen jedoch nicht dazu, etwas von einem anderen zu fordern, sondern durch eine einseitige Erklärung einer Partei selbst die Rechtslage (in ihrem Sinne) umzugestalten. Diese Erklärung muss im Regelfall der anderen Partei zugehen (d. h. sie ist empfangs-, aber nicht zustimmungsbedürftig).

Im Schuldrecht sind besonders folgende Gestaltungsrechte relevant: das Leistungsverweigerungsrecht (s. Abschnitt B. 2 hiernach), die einseitige Leistungsbestimmung (s. 3. Teil), der Rücktritt, die Kündigung und die Aufrechnung (s. 4. Teil) sowie die Anfechtung (s. BGB AT).

Forderungsrechte unterscheiden sich des Weiteren von ‚absoluten Rechten' (s. Abschnitt B. 1 hiernach).

2. *Struktur des Schuldverhältnisses*

a) Synallagmatische Schuldverhältnisse

Das hiervor beschriebene einseitige Forderungs- / Verbindlichkeitsschema ist in der Wirklichkeit meist komplexer. Denn in der Regel verpflichtet sich jemand nur deshalb zu einer Leistung, weil er dafür selbst eine Gegenleistung (i. d. R. eine Bezahlung) erhält, die er zu fordern berechtigt ist.

In den meisten Fällen – und typischerweise bei Verträgen (es gibt allerdings Ausnahmen: s. u.) – ist der Schuldner deshalb gleichzeitig Gläubiger, ebenso wie der Gläubiger zugleich Schuldner ist.

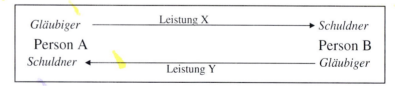

Wenn die Rechte und Pflichten der Parteien nicht nur parallel existieren, sondern sich gegenseitig bedingen (d. h. der eine verpflichtet sich nur, *weil* der andere sich auch verpflichtet), stehen sie im Synallagma und es handelt sich um ein ‚synallagmatisches oder gegenseitiges Schuldverhältnis'.

Die Frage, ob echte Gegenseitigkeit und nicht nur Parallelität besteht, ist rechtlich bedeutsam, da damit die Anwendbarkeit bestimmter Regeln (z. B. Leistungsverweigerungsrechte, Rechte im Bereich der Pflichtverletzungen oder Leistungsstörungen) verbunden ist (s. hierzu Band 2, 11. Teil ff.).

*b) Komplexe Schuldverhältnisse

Unter Umständen können Schuldverhältnisse noch komplizierter sein:

- Es kann jeweils mehrere Haupt- und ggf. Nebenleistungen geben.
- Es kann zwischen den gleichen Personen mehrere Schuldverhältnisse geben, die gleicher oder auch unterschiedlicher Natur sein können.
- Es können jeweils mehr als eine Person auf jeder Seite am Schuldverhältnis beteiligt sein.
- Es können weitere Personen („Dritte‟ genannt) ins Spiel kommen.
- Einzelne getrennte Schuldverhältnisse können untereinander inhaltlich verbunden sein.

Diese Konstellationen erfordern jeweils eine besondere rechtliche Betrachtung. Im Folgenden wird immer von einem ‚einfachen‛ Schuldverhältnis zwischen zwei Parteien ausgegangen. Einige der angesprochenen Themen werden im 8. Teil behandelt, die übrigen im Band 3.

Für das Verständnis und die Analyse von schuldrechtlichen Beziehungen (und insbesondere auch für die Lösung von Fällen) ist jedoch auf jeden Fall wichtig, grundsätzlich zunächst jedes einzelne Schuldverhältnis zu isolieren (d. h. auf ein Zweiparteienschuldverhältnis zu reduzieren) und einzeln zu betrachten (s. auch hiernach bzgl. der Relativität der Schuldverhältnisse).

B. Wirkungsweise

1. Relativität des Schuldverhältnisses

a) Relatives und absolutes Recht

Schuldverhältnisse sind ‚Sonderverbindungen‛ zwischen einzelnen bestimmten Personen. D. h. der Gläubiger hat ein Recht auf Leistung nur gegen den durch ein bestimmtes Schuldverhältnis verpflichteten Schuldner; diese Forderung ist also ein relatives Recht und kann deshalb grundsätzlich auch nur durch den Gläubiger und nur gegen diesen Schuldner ausgeübt werden. Die Forderung wirkt grundsätzlich nicht für oder gegen Dritte (Ausnahmen hierzu werden im 8. Teil behandelt). Dies nennt man die ‚Relativität‛ des Schuldverhältnisses.

Hierdurch unterscheidet sich das schuldrechtliche Verhältnis vom sachenrechtlichen: Das Sachenrecht regelt nicht das Rechtsverhältnis einer Person zu einer anderen, sondern ordnet die Beziehung einer Person zu einer Sache durch sogen. ‚dingliche Rechte‛ (z. B. Eigentum, Pfandrecht). Es gibt dabei dem Inhaber des dinglichen Rechts ein absolutes Recht, das sich gegen jedermann und nicht nur gegen eine bestimmte Person richtet.

Beispiel
Sachenrechtlich kann der Eigentümer einer Sache diese von jedem herausverlangen, der diese in Besitz hat (§ 985); er kann ferner von jedem, der das Eigentum beeinträchtigt, Beseitigung und bei weiteren Beeinträchtigungen Unterlassung verlangen (§ 1004). *Schuldrechtlich* hat der Käufer einer Sache dagegen Ansprüche (auf Herausgabe und Übereignung) nur gegen den Verkäufer. S. zur Vertiefung das Kaufrecht im 5. Teil.

*b) Präzisierung und Einschränkung

Die hiervor beschriebene Unterscheidung muss präzisiert und in gewisser Weise eingeschränkt werden:

(1) Zum einen muss die Trennung zwischen Forderungsrecht und dinglichem Recht richtig verstanden werden: Denn eine Forderung stellt für den Gläubiger einen Vermögenswert dar, weil er ihm erlaubt, vom Schuldner eine Leistung zu verlangen. Sie stellt ein exklusives (d. h. nur ihm zustehendes) Recht dar, das von jedem Dritten auch respektiert werden muss, aber dem Inhaber nicht jedem Dritten gegenüber Rechte verleiht.

Außerdem darf der Gläubiger (aber auch nur er) über seine Forderung verfügen. Solche Verfügungen sind der Erlass (§ 397), die Aufrechnung (§§ 387 ff.) (s. 4. Teil), die Abtretung (§§ 398 ff.) (s. 8. Teil) und die Verpfändung (§§ 1273 ff, 1280 ff.).

(2) Zum anderen wird die Relativität von Schuldverhältnissen in manchen Fällen durchbrochen:

aa) Das Gesetz kann bestimmen, dass Personen aus den Handlungen bzw. Geschäften eines anderen verpflichtet werden (z. B. sind Ehegatten gemäß § 1357 aus Geschäften zur angemessenen Deckung des Lebensbedarfs, die der andere Ehegatte abgeschlossen hat, Dritten gegenüber berechtigt (Gemeinschaftsgläubiger § 432) und verpflichtet (Gesamtschuldner § 421) (S. ausführlich 8. Teil).

bb) Ein ganzes Schuldverhältnis oder eine einzelne Forderung können mit Wirkung gegen jeden Dritten ausgestattet werden. Zu erwähnen sind insbesondere die Fälle der gesetzlichen Überleitung auf einen Dritterwerber: §§ 566 (Miete, s. 6. Teil), 613a (Dienstvertrag: s. 7. Teil). Hier wird ein Dritterwerber in das Schuldverhältnis einbezogen bzw. ersetzt eine Vertragspartei.

cc) Eine Forderung oder ein Schuldverhältnis können auch nur in einzelnen Beziehungen Drittwirkungen entfalten. So liegt es insbesondere in folgenden an späterer Stelle (s. 8. Teil) noch ausführlicher zu behandelnden Fällen.

Dies sind jedoch Ausnahmetatbestände, die nur in den spezifisch geregelten Fällen anwendbar sind.

2. Geltendmachung von Rechten und Gegenrechten

a) Existenz und Natur des Schuldverhältnisses

Eine Person kann nur dann Forderungsrechte geltend machen, wenn tatsächlich ein Schuldverhältnis wirksam entstanden ist.

Dies geschieht entweder ‚unfreiwillig', d. h. kraft Gesetzes, oder ‚freiwillig' durch ein Rechtsgeschäft, insbesondere einen Vertrag (zur Vertiefung s. Kapitel II). Da auch der Inhalt der Rechte konkret davon abhängt, welches Schuldverhältnis im Einzelnen besteht, ist es notwendig, in einem ersten Schritt immer zu prüfen, ob ein Schuldverhältnis überhaupt entstanden ist und welcher Art bzw. Rechtsnatur es ist.

Kein Schuldverhältnis besteht z. B. bei reinen Gefälligkeitsverhältnissen (s. hierzu ebenfalls Kapitel II hiernach).

b) Durchsetzbarkeit

Wenn ein echtes Schuldverhältnis vorliegt, kann der Gläubiger seine Rechte auch tatsächlich mit Zwangsmitteln durchsetzen, wenn der Schuldner seine Leistung nicht so erbringt, wie er sollte (zur Vertiefung s. u. Abschnitt C).

Dies kann der Gläubiger aber grundsätzlich nur mit staatlicher Hilfe (Gerichte, Vollstreckungsorgane). Da dies Kosten verursacht und Zeit in Anspruch nimmt, könnte er versucht sein, sich die ihm gebührende Leistung selbst zu holen. Solche eigenmächtige Selbsthilfe wird aber im Interesse des Rechtsfriedens nur ganz ausnahmsweise erlaubt (§§ 229-231).

*c) Geltendmachung von Gegenrechten

Je nach den Umständen des Sachverhalts kann der Schuldner seinerseits gegenüber dem Gläubiger ggf. Gegenrechte geltend machen, die man entsprechend ihren Wirkungen in zwei Gruppen einteilen kann:

(1) Einwendungen

Einwendungen stellen die Existenz des vom Gläubiger behaupteten Rechts grundsätzlich in Frage. Man unterscheidet dabei:

- Rechtshindernde Einwendungen, denen zufolge ein Recht aus besonderen Gründen überhaupt nicht entstanden sein soll (z. B. ein Rechtsgeschäft ist nichtig wegen Täuschung: s. hierzu BGB AT).
- Rechtsvernichtende oder rechtsverändernde Einwendungen: Hier ist das Recht zwar ursprünglich entstanden, aber es wird argumentiert, es sei nachträglich wieder weggefallen (z. B. die Behauptung, der streitige Anspruch sei durch Erfüllung oder durch Aufrechnung erloschen) oder zumindest inhaltlich geändert worden (z. B. durch Ausübung des Rücktritts- oder Widerrufrechts, das zu Rückabwicklungsansprüchen führt) (s. hierzu insbesondere 4. Teil).

(2) Einreden

Einreden sind subjektive Rechte, die die Durchsetzung des Rechts eines anderen dauernd oder zeitweilig hindern oder ganz einschränken. Zu unterscheiden sind dabei

- peremptorische oder ausschließenden Einreden, die eine Durchsetzung eines Anspruchs dauerhaft verhindern (z. B. die Einrede der Verjährung, § 214 Abs. 1),[1] und
- dilatorische oder aufschiebende Einreden, die eine Verurteilung nur vorübergehend verhindern (z. B. das allgemeine Zurückbehaltungsrecht nach § 273 oder die Einrede des nichterfüllten gegenseitigen Vertrages nach § 320, das ein Recht zur Verweigerung der eigenen Leistung nur so lange gibt, bis der andere Teil leistet).[2]

---

[1] Die Regelverjährungsfrist beträgt drei Jahre (§ 195), allerdings kann sie unterbrochen oder gehemmt werden. Außerdem beginnt sie nicht mit Entstehung der Forderung, sondern erst mit dem Ende des Jahres, in dem der Gläubiger sowohl die anspruchsbegründenden Tatsachen als auch die Person des Anspruchsgegners kennt oder grob fahrlässig nicht kennt. Grundgedanke ist hierbei die Schaffung von Rechtssicherheit durch Zeitablauf. Zur Vertiefung s. BGB AT.

[2] Stammen gegenseitige Ansprüche von zwei Personen aus ‚demselben rechtlichen Verhältnis' (dies wird weit ausgelegt) (§ 273) oder einem gegenseitigen Vertrag (zu dem

Einwendungen sind im Prozess vom Richter von Amts wegen zu beachten, Einreden nur, wenn sich der Schuldner darauf beruft.

Ggf. stehen den Gegenargumenten des Schuldners allerdings wieder Gegen-Gegenargumente des Gläubigers gegenüber usw. Wenn ein Sachverhalt rechtlich zu würdigen ist, sind jedenfalls immer alle rechtlichen Argumente beider Parteien zu prüfen, bis die Rechtsfrage abschließend geklärt ist (dies ist ein wesentlicher Bestandteil der Methodik zur Bearbeitung juristischer Fälle).

d) Handlung nach Treu und Glauben

Grundsätzlich ist jede Partei berechtigt, bei der Durchführung bzw. Abwicklung eines Schuldverhältnisses sowie der Geltendmachung und Durchsetzung seiner Rechte ausschließlich seine eigenen Interessen im Auge zu haben. Dies kann zu Situationen führen, die der anderen Partei ,ungerecht' erscheinen; dieses Ungerechtigkeitsgefühl alleine reicht allerdings nicht aus, um den grundsätzlich erlaubten ,Parteiegoismus' einzuschränken. Manchmal jedoch widersprechen solche Verhaltensweise einem allgemeinen Gerechtigkeitsverständnis.

Da der Gesetzgeber für die unzähligen möglichen Konstellationen nicht jeweils einzelne Normen festlegen kann, hat er in § 242 eine sogen. Generalklausel definiert, die auslegungsbedürftig ist, aber flexibel genug, um von den Gerichten auf zahlreiche Einzelfälle angewendet zu werden.

Gemäß § 242 ist der Schuldner verpflichtet, die Leistung so zu bewirken, wie Treu und Glauben mit Rücksicht auf die Verkehrssitte es erfordern.

Ihrem Wortlaut nach wendet sich die Bestimmung nur an den Schuldner und bestimmt dessen Leistungspflicht näher. Rechtsprechung und Rechtswissenschaft haben jedoch hieraus den allgemeinen Rechtsgedanken entwickelt, dass jeder (also auch der Gläubiger) in Ausübung seiner Rechte und in Erfüllung seiner Pflichten nach Treu und Glauben zu handeln, d. h. auf die berechtigten Interessen der anderen Partei Rücksicht zu nehmen, hat. Dies wurde inzwischen in § 241 Abs. 2 gesetzlich bekräftigt (s. 3. Teil, Kapitel I. A).

Daneben ergibt sich aus § 242 der allgemeine Grundsatz, dass jede gegen Treu und Glauben vorstoßende Rechtsausübung unzulässig ist. Er dient dazu, eine an sich gegebene formale Rechtsstellung inhaltlich zu verifizieren und zu begrenzen, gleichgültig ob es sich etwa um Forderungsrechte, Gestaltungsrechte oder Gegenrechte handelt.

Beispiel
Wenn z. B. jemand selbst die Nichtigkeit eines Vertrages (vorsätzlich) verursacht hat, kann er sich anschließend nicht zu seinen Gunsten darauf berufen.

Wenn jemand auf sofortiger Leistung besteht, nachdem er die Abnahme jahrelang vertragswidrig verweigert hat, kommt hierbei ein übertriebener rücksichtsloser Eigennutz zum Ausdruck, der durch § 242 eingeschränkt wird.

Begriff s. u.) (§ 320) und ist keiner zur Vorleistung verpflichtet, dann kann jede Partei auf eine Leistung bzw. Erfüllung ,Zug-um-Zug' bestehen. S. hierzu ausführlich Band 2, S. 121 ff.

552525

§ 242 hat vielfältigste Anwendung gefunden (s. hierzu auch den 3. Teil). Dennoch handelt es sich hierbei um eine Korrekturregel, die nur in Ausnahmefällen zur Anwendung kommen kann und nicht z. B., weil jemand sich aus einem für ihn ungünstigen Vertrag lösen möchte (s. hierzu 4. Teil).

C. Schuld und Haftung

1. Begriffsbestimmungen

Der Gläubiger hat einen Anspruch darauf, dass der Schuldner seine Pflichten erfüllt, d. h. er hat in erster Linie einen Erfüllungsanspruch. Kommt es zu Pflichtverletzungen oder Leistungsstörungen durch die andere Partei, hat er ggf. andere Rechte, insbesondere einen Anspruch auf Schadensersatz, wenn ihm durch die Pflichtverletzung des anderen tatsächlich Schaden zugefügt wurde.

Diese Ansprüche kann er notfalls gerichtlich durchsetzen. Deshalb unterscheidet man begrifflich:

- ‚Schuld' ist das Leistensollen des Schuldners (Verbindlichkeit = Leistungspflicht).
- ‚Haftung' bedeutet, dass der Gläubiger seine Rechte durch Klage ausüben kann und der Schuldner für seine Pflichten ‚gerade stehen' muss.[3]

Die Schuld führt regelmäßig zur Haftung (‚Wer schuldet, der haftet'). D. h. mit einem auf eine Klage hin erlangten Urteil kann der Gläubiger gegen den Schuldner im Wege der Zwangsvollstreckung vorgehen (dies wird im Einzelnen in der Zivilprozessordnung (ZPO) geregelt).

2. Normal durchsetzbare Forderungen

a) Naturalkondemnation und Ausnahmen

Wenn der Schuldner nicht freiwillig leistet, kann der Gläubiger auf die Erbringung der versprochenen Leistung klagen. Das ist regelmäßig eine sogen. Leistungsklage, auf die hin ein Leistungsurteil ergeht. D. h. es muss die Leistung selbst und nicht etwa Geldersatz geleistet werden (zumindest sofern dies noch möglich ist)[4]: Das ist das Prinzip der ‚Naturalkondemnation'. Dies ist nur ausgeschlossen, wenn es um (persönliche) Dienstleistungen geht.

Wenn eine Leistung nicht (mehr) möglich oder sinnvoll ist, entstehen weitere Ansprüche oder Ersatzansprüche, insbesondere auf Schadensersatz (s. Band 2), und auch hier ‚haftet' der Schuldner in dem Maße, wie es sich aus dem Schuldverhältnis ergibt.

---

[3] Im Bereich der unerlaubten Handlungen wird der Begriff in etwas anderem Sinne verwendet, denn hier führt die Haftung überhaupt erst zur Leistungspflicht. Aber auch hier bedeutet Haftung, dass jemand verantwortlich gemacht werden kann, dass sein rechtswidriges Verhalten zivilrechtliche ‚Sanktionen' durch Klage des Anspruchsberechtigten auslöst. S. Band 2, S. 17 ff.

[4] Im Vollstreckungsrecht (§ 804 ff. ZPO) unterscheidet man Ansprüche auf Zahlung, Herausgabe von Sachen, Vornahme einer vertretbaren oder unvertretbaren Handlung, Duldung, Unterlassung und Abgabe einer Willenserklärung.

b) Haftungsgegenstand

Wenn der Schuldner also dem Zugriff des Gläubigers unterworfen ist, so fragt sich, womit er haftet.

Regelmäßig haftet der Schuldner nicht mit seiner Person (es gibt keinen ‚Schuldturm' mehr), aber mit seinem gesamten Vermögen. Diese unbeschränkte Vermögenshaftung hilft dem Gläubiger aber dann nicht, wenn der Schuldner kein pfändbares Vermögen mehr hat. Für den Gläubiger ist es deshalb sicherer, wenn ihm für seine Forderung ein dingliches Sicherungsrecht an einem Gegenstand zusteht, auch wenn dieses ggf. einem Dritten gehört, oder wenn Dritte für die Schulden in irgendeiner Form die Haftung (mit)übernehmen (insbesondere Schuldbeitritt, Bürgschaft, Garantie. S. hierzu das Recht der Kreditsicherheiten).

Hat der Schuldner eine Handlung vorzunehmen, die ausschließlich von seinem Willen abhängt (z. B. Erteilung einer Auskunft, eines Zeugnisses), und kommt er dem nicht nach, so kann er dazu vom Gericht durch Zwangsgeld oder Zwangshaft angehalten werden (§ 888 ZPO.)

*3. Schuld ohne Haftung

a) Grundsatz

Ausnahmsweise kann es auch eine Schuld ohne Haftung geben, d. h. eine Forderung kann zwar vom Schuldner erfüllt, die Erfüllung aber vom Gläubiger nicht erzwungen werden. Da die Schuld dann nicht einklagbar, jedenfalls aber nicht vollstreckbar ist, spricht man von unvollkommenen oder natürlichen Verbindlichkeiten (Naturalobligationen).

Das Besondere hieran ist aber, dass ein Schuldner, der trotz der fehlenden Erzwingungsmöglichkeit durch den Gläubiger leistet, diese Leistung nicht wegen ungerechtfertigter Bereicherung (§ 812: s. Kapitel II. A hiernach) vom Gläubiger zurückverlangen kann, weil die Forderung tatsächlich bestand und er eine echte Erfüllung erbracht hat.

Insofern handelt es sich um eine Zwischenstufe zwischen einer normalen Forderung und einem reinen Gefälligkeitsversprechen (bei der kein Schuldverhältnis besteht: s. u. Kapitel II. C).

b) Anwendung

Die wichtigsten Anwendungsfälle von Naturalobligationen sind folgende:

(1) Die Verjährung berechtigt den Schuldner, eine Leistung endgültig zu verweigern (§ 214 Abs. 1), ohne dass der Anspruch des Gläubigers dadurch erlischt. Die verjährte Forderung ist zwar einklagbar, und der Gläubiger erhält auch ein vollstreckbares Urteil, wenn der Schuldner die Verjährungseinrede nicht geltend macht (vgl. § 222). Erhebt der Schuldner aber die Einrede der Verjährung, wird die Klage abgewiesen. Wenn der Schuldner allerdings (aus Versehen) leistet, obschon die Verjährung eingetreten war, kann er das Geleistete nicht zurückfordern (§ 222 Abs. 2).

(2) Forderungen aus Spiel, Wette (§ 762) und Ehemaklervertrag (§ 656) können nicht eingeklagt werden. Dennoch kann das Geleistete nicht zurückgefordert werden (§§ 762 Abs. 1 S. 2, 656 Abs. 1 S. 2).

	existiert (1)	ist einklagbar	ist vollstreckbar		
Normale Forderung	+	+	+	Schuld => Haftung	
Verjährte Forderung	+	+	–(2)	Schuld ≠> Haftung	Naturalobligation
Ford. aus Spiel, Wette, Ehemaklervertrag	+	–	–	Schuld ≠> Haftung	
Gefälligkeitsversprechen	–	–	–	Keine Schuld	

(1) D.h. bei Leistung kein Rückforderungsrecht wegen ungerechtfertigter Bereicherung.
(2) Nur falls Einrede der Verjährung erhoben wird. Dann wird Klage abgewiesen.

II. Arten und Quellen von Schuldverhältnissen

Ein Schuldverhältnis kann kraft Gesetzes oder durch Rechtsgeschäft entstehen. Daneben gibt es noch eine Zwischenstufe, die nicht sauber in diese Zweiteilung passt.

A. Gesetzliche Schuldverhältnisse

Schuldverhältnisse können zunächst unmittelbar kraft Gesetzes entstehen, d. h. wenn die gesetzlich festgelegten Voraussetzungen erfüllt sind, entsteht das Schuldverhältnis ohne weiteres Zutun der Parteien.

Gesetzliche Schuldverhältnisse verpflichten den Schuldner demnach unabhängig von seinem Willen. Hierzu reicht die Verwirklichung der jeweils definierten gesetzlichen Ereignisse oder Tatbestandsmerkmale der Anspruchsgrundlage, an den von Gesetzes wegen eine Verpflichtung zum Ersatz oder zur Rückabwicklung geknüpft ist. Hierbei handelt es sich typischerweise (aber nicht immer) um einseitige Schuldverhältnisse, d. h. eine Person ist nur Gläubiger, die andere nur Schuldner.

Im Folgenden wird nur ein kurzer Überblick gegeben. Eine ausführliche Behandlung erfolgt in Band 2, 10. Teil.

1. Im Schuldrecht geregelt

Folgende wichtige Gruppen von Tatbeständen sind im Schuldrecht geregelt:

a) Unerlaubte Handlung

Die §§ 823 ff. bestimmen eine Ersatzpflicht für Schädigungen, die von einer Person schuldhaft (vorsätzlich oder fahrlässig) und rechtswidrig verursacht wurden. Der Anspruch des geschädigten Gläubigers besteht dann auf Ersatz dieses Schadens durch diese Person, d. h. den Schuldner.

> Beispiel
> Jemand verursacht einen Verkehrsunfall durch rücksichtsloses Fahren.

Daneben existiert in verschiedenen Bereichen auch eine verschuldensunabhängige ‚Gefährdungshaftung'.

> Beispiele
> Beim In-Verkehr-Bingen gefährlicher Produkte, beim Betrieb gefährlicher Anlagen (z. B. Atomkraftwerke).

b) Ungerechtfertigte Bereicherung

Hat jemand auf Kosten eines anderen ohne Rechtsgrund einen Vermögensvorteil erlangt, so ist diese Vermögensverschiebung nach §§ 812 ff. auf Verlangen des ‚Entreicherten' rückgängig zu machen.

> Beispiele
> Ein Unternehmer bezahlt eine Rechnung versehentlich zweimal. Die zweite Zahlung kann zurückgefordert werden.
> A übereignet eine Antiquität an B. Später stellt sich heraus, dass der zugrunde liegende Kaufvertrag wegen eines Irrtums nichtig ist. Dann kann A von B Rückübereignung der Antiquität verlangen, und B von A Rückzahlung des Kaufpreises.

c) Geschäftsführung ohne Auftrag

Wenn jemand ein Geschäft für einen anderen besorgt, ohne von ihm beauftragt oder sonst dazu berechtigt zu sein, so entsteht damit ggf. ein gesetzliches Schuldverhältnis, aus dem sich für beide Beteiligten Rechte und Pflichten ergeben können (§§ 677 ff.), wenn bestimmte Voraussetzungen erfüllt sind (insbesondere wenn jemand im objektiven Interesse eines anderen handelt.

> Beispiel
> Wenn in das Haus von A während dessen Urlaub eingebrochen wird, indem die Haustüre aufgebrochen wird, und A nicht erreichbar ist, kann der Nachbar einen Handwerker beauftragen, die Türe zu reparieren, damit sie wieder abgeschlossen werden kann. Die diesbezüglichen Kosten muss A dem Nachbarn erstatten.

2. Außerhalb des Schuldrechts geregelt

Daneben können gesetzliche Schuldverhältnisse in folgenden Umständen entstehen:

- im Sachenrecht (z. B. §§ 987 ff. bzgl. Eigentümer-Besitzer-Verhältnis),
- im Familienrecht (z. B. §§ 1061 ff. bzgl. Verhältnis zwischen Unterhalts-berechtigten und -verpflichteten),
- im Erbrecht (z. B. §§ 2147 ff. bzgl. Verhältnis zwischen Erben und Vermächtnisnehmer).

Diese Schuldverhältnisse, für die es kaum Gemeinsamkeiten gibt, werden nicht im Schuldrecht, sondern in den jeweiligen Rechtsbereichen behandelt.

B. Rechtsgeschäftliche Schuldverhältnisse

Nach § 311 Abs. 1 ist zur rechtsgeschäftlichen Begründung eines Schuld-verhältnisses regelmäßig ein Vertrag erforderlich; ausnahmsweise genügt ein einseitiges Rechtsgeschäft.

Zur Erinnerung (zur Vertiefung s. BGB AT): Ein Rechtsgeschäft ist ein Tatbestand, der aus mindestens einer Willenserklärung sowie oft aus weiteren Elementen besteht und an den die Rechtsordnung den von den Handelnden gewollten Eintritt der rechtlichen Folgen knüpft. Es gibt

- einseitige Rechtsgeschäfte (empfangsbedürftig oder nicht),
- zweiseitige Rechtsgeschäfte (Verträge) (ein- oder zweiseitig verpflichtend).

1. Entstehung durch Vertrag

Eine vertragliche Begründung des Schuldverhältnisses setzt einander entspre-chende Willenserklärungen (Angebot und Annahme: §§ 145 ff: s. BGB AT) der Vertragsparteien voraus.

Entsprechend den Verpflichtungen, die sich aus dem Vertrag ergeben, kann man folgende Unterscheidung treffen:

a) Gegenseitige Verträge

Diese liegen vor, wenn der eine Vertragsteil eine Leistung gerade deshalb ver-spricht, weil auch der andere sich zu einer Leistung verpflichtet. Man nennt sie auch synallagmatische (oder Austausch-)Verträge (s. o.). Die im Austauschver-hältnis stehenden Leistungspflichten werden als Hauptleistungspflichten (s. 3. Teil) bezeichnet.

Beispiele
Die überwiegende Zahl der Verträge sind gegenseitige Verträge, z. B. Kauf (§ 433 ff.), Miete (§ 535 ff.), Werkvertrag (§ 631 ff.).

Die Besonderheit dieser Verträge besteht in der gegenseitigen Abhängigkeit der beiderseitigen Hauptverpflichtungen: Der eine Vertragsteil kann z. B. seine Leistung solange verweigern, bis der andere die Gegenleistung erbringt. Leistet der eine Vertragsteil nicht oder nicht richtig, so wird davon möglicherweise sein Anspruch auf die Gegenleistung beeinflusst (Einzelheiten: §§ 320 ff. Zur Vertiefung s. Band 2, 11. Teil).

b) Einseitig verpflichtende Verträge

Diese liegen vor, wenn nur eine Vertragspartei zur Leistung verpflichtet ist.

> Beispiele
> Schenkungsversprechen (§ 518 ff.), Bürgschaft (§ 765 ff.)

c) Unvollkommen zweiseitig verpflichtende Verträge

Diese liegen vor, wenn normalerweise nur für einen Vertragsteil Leistungspflichten bestehen, sich aber unter Umständen auch eine Verpflichtung des anderen Vertragsteils ergeben kann. Ist Letzteres der Fall, stehen diese jedenfalls nicht im Gegenseitigkeitsverhältnis zu jenen der hauptsächlich verpflichteten Partei.

> Beispiel
> Beim Auftrag (§ 662 ff.) ist normalerweise nur der Beauftragte verpflichtet. Unter Umständen kann aber auch der Auftraggeber zum Aufwendungsersatz verpflichtet sein (§ 670); allerdings ist dieser kein Entgelt für die Leistung des Beauftragten (keine Gegenseitigkeit).

2. Entstehung durch einseitiges Rechtsgeschäft

Ausnahmsweise kann ein Schuldverhältnis auch durch ein einseitiges Rechtsgeschäft begründet werden, d. h. eine einseitige Willenserklärung.

> Beispiel
> Die Auslobung (§ 657) ist das öffentlich bekannt gemachte Versprechen einer Belohnung für die Vornahme einer Handlung. Derjenige, der die Handlung vornimmt (den Erfolg herbeiführt), hat einen Anspruch auf die Belohnung, auch wenn er ,nicht mit Rücksicht auf die Auslobung gehandelt hat' (§ 657 a. E.). Wichtige Anwendungsfälle sind Preisausschreiben (§ 661) und Gewinnzusagen (§ 661a).

C. Sorgfaltspflichten begründende Rechtsverhältnisse

Zwischen den beiden vorerwähnten großen Kategorien angesiedelt sind zwei weitere Formen von Schuldverhältnissen, die genau genommen der gleichen Systematik wie gesetzliche Schuldverhältnisse entsprechen, da sie nicht durch Rechtsgeschäft entstehen, sondern durch die Verletzung von Sorgfaltspflichten im sozialen Kontakt. Dies kann der Fall sein, wenn

- jemand für einen anderen aus Gefälligkeit tätig wird oder
- Personen in ernsthafte Vertragsverhandlungen eintreten bzw. eine Person eine andere zum Vertragsschluss ,einlädt'.

Ursprünglich sind beide durch die Rechtsprechung geschaffen worden, inzwischen ist zumindest die vorvertragliche Haftung gesetzlich geregelt.

1. Sorgfaltspflichten

Die beiden vorerwähnten Konstellationen stellen zunächst einmal selbst keine Schuldverhältnisse dar, da Gefälligkeitsverhältnisse oder Vertragsverhandlungen selbst keine Leistungspflichten und somit keine Erfüllungsansprüche auslösen. Sie verpflichten aber, im Rahmen des in diesen Beziehungen entstehenden sozialen Kontakts Sorgfaltspflichten zu beachten, deren Verletzung Schadensersatzansprüche auslösen und damit ein Schuldverhältnis begründen können.

Nach § 241 Abs. 2 kann nämlich das Schuldverhältnis nach seinem Inhalt jeden Teil zur Rücksicht auf die Rechte, Rechtsgüter und Interessen des anderen Teils verpflichten (s. im Einzelnen unten 3. Teil, Kapitel I).

Dies bezieht sich eigentlich nur auf bestehende Schuldverhältnisse, aber die Regel wird durch Verweisung oder analoge Anwendung darüber hinaus auch in den hier besprochenen Situationen angewendet, in denen genau genommen ein Schuldverhältnis nicht oder noch nicht besteht.

2. Vorvertragliches Beziehungen

Wer mit einem anderen in ernsthafte Vertragsverhandlungen eintritt oder einen anderen zur Aufnahme eines geschäftlichen Kontaktes einlädt, mit dem Ziel, einen Vertrag abzuschließen, muss Sorgfaltspflichten beachten (§ 311 Abs. 2). Er muss seinen Partner über für das Zustandekommen und die Abwicklung des Vertrages erhebliche Umstände aufklären und darf die Rechtsgüter des anderen nicht verletzen. Dies wird in § 241 Abs. 2 ausdrücklich festgelegt.

Bei dieser sogen. ‚culpa in contrahendo‘ (c. i. c.) handelt es sich eigentlich um ein gesetzliches Schuldverhältnis. Der Gesetzgeber regelt sie jedoch als ‚rechtsgeschäftsähnliches‘ Schuldverhältnis. Die Zuordnung zu einem rechtsgeschäftlichen oder gesetzlichen Schuldverhältnis ist letztlich weitgehend unerheblich, da beide i. w. den gleichen Regeln des Schuldrechts unterliegen. Von Bedeutung ist diese Zuordnung jedoch (und das ist der Grund für diese eigentlich unlogische Zuordnung), dass bei Einschaltung eines ‚Helfers‘ (z. B. Angestellter) hierdurch die günstigeren Regeln über Erfüllungsgehilfen (§ 278) und nicht jene (weniger vorteilhaften) über Verrichtungsgehilfen (§ 831) greifen können (zur Vertiefung s. Band 2, 16. Teil).

3. Gefälligkeitsversprechen

a) <u>Abgrenzung</u>

Im Gegensatz zu einem echten Schuldverhältnis begründet ein Gefälligkeitsversprechen keine Verpflichtung, die versprochene Gefälligkeit zu erbringen.

Die Abgrenzung des Gefälligkeitsversprechens vom Schuldvertrag ist theoretisch leicht zu vollziehen: Der Schuldvertrag besteht aus zwei Willenserklärungen, also aus Willensäußerungen, die auf die Erzeugung einer Rechtswirkung gerichtet sind; bei den rein gesellschaftlichen Abmachungen hingegen fehlt hingegen genau dieser Wille, sich rechtlich zu verpflichten (kein rechtlicher Bindungswille).

Was im Einzelfall tatsächlich gewollt ist, lässt sich allerdings nicht immer leicht feststellen. Die Unentgeltlichkeit kann z. B. ein Anhaltspunkt für eine bloße Gefälligkeit sein. Zwingend ist ein solcher Schluss jedoch nicht, da das Gesetz auch unentgeltliche Verträge, also Schuldverhältnisse, kennt (z. B. Schenkung, Leihe, Auftrag, unentgeltliche Verwahrung).

Bei einem von der anderen Partei erkennbaren besonderen Interesse dessen, dem eine Zusage gemacht ist oder der die Zusage macht, wird eher ein Schuldverhältnis gegeben sein, ebenso wenn es um eine wichtige Angelegenheit geht oder wenn ähnliche Absprachen von den Beteiligten in der Vergangenheit als verbindlich betrachtet wurden oder üblicherweise als solche betrachtet werden. Letztlich entscheiden die Umstände des Einzelfalls.

Wenn es sich um Tätigwerden handelt, ist vor allem die Abgrenzung zum (unentgeltlichen) Auftrag schwierig (s. hierzu 7. Teil).

b) Folgen

Liegt ein bloßes Gefälligkeitsversprechen vor, so besteht kein Anspruch auf Erfüllung und auch kein Schadensersatzanspruch wegen Nichterfüllung, da es keine Leistungspflicht seitens desjenigen gibt, der einem anderen versprochen hat, ihm einen Gefallen zu tun.

Dennoch ist auch eine Gefälligkeitsbeziehung kein rechtsfreier Raum, sondern es bestehen Sorgfaltspflichten beim Erbringen der Gefälligkeit (s. hiervor), deren Verletzung Schadensersatzansprüche auslösen kann. Außerdem kommen Ansprüche aus Gesetz (z. B. aus unerlaubter Handlung: s. Band 2, 10. Teil) in Betracht.

Beispiel
Verspricht ein Transportunternehmer seinem Geschäftsfreund aus Gefälligkeit, ihm mit einem Fahrer auszuhelfen, so ist er hierzu letztlich nicht verpflichtet. Tut er es aber, muss er den Leihfahrer sorgfältig (z. B. hinsichtlich Qualifikation, Zuverlässigkeit) auswählen.

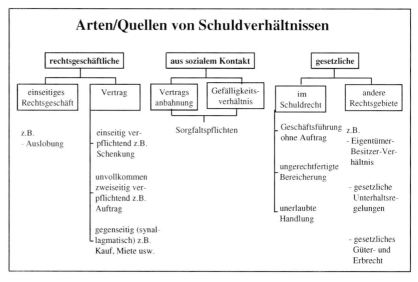

III. Schuldrecht

A. Überblick

Das Schuldrecht ist der Teil des Privatrechts, der die Schuldverhältnisse behandelt. Das Schuldrecht ‚regelt' (i. w. S.) alle rechtlichen Fragen, die mit der Entstehung, dem Inhalt sowie der Beendigung dieser Schuldverhältnisse zusammenhängen. Vor allem enthält es die nötigen Regeln, um Streitpunkte zu klären, die durch Probleme bei der Leistungserbringung entstehen.

Für Schuldverhältnisse in anderen Rechtsbereichen greifen die Regeln des Schuldrechts hilfsweise, d. h. wenn es keine anderweitigen Spezialbestimmungen gibt.

1. Schuldrecht als Teil des Privatrechts

Das Schuldrecht ist Teil des Privatrechts. Letzteres regelt Rechtsverhältnisse zwischen einzelnen gleichgeordneten Rechtssubjekten, d. h. natürlichen und juristischen Personen (s. BGB AT). Es geht hier also nicht um Konstellationen der Über- und Unterordnung, die in der Regel für Rechtsverhältnisse des öffentlichen Rechts kennzeichnend sind, sondern typischerweise um Rechtsbeziehungen zwischen gleichberechtigten Privaten.

Allerdings ist zu berücksichtigen, dass auch die öffentliche Hand sich privatrechtlicher Verträge bedienen kann, um seine Aufgaben zu erfüllen. Außerdem kann sie z. B. aufgrund unerlaubter Handlungen gemäß §§ 823 ff. schadensersatzpflichtig werden (s. Band 2, 10. Teil).

2. Schuldrecht als Teil des Zivilrechts

Das Schuldrecht ist Kernbestandteil des Zivilrechts, das i. w. im Bürgerlichen Gesetzbuch (BGB) kodifiziert ist (s. hiernach).

Dabei darf jedoch nicht übersehen werden, dass ausschließlich zwischen Privatpersonen bestehende Schuldverhältnisse die Ausnahme bilden, sondern bei den meisten mindestens eine der Parteien Kaufmann bzw. Unternehmer ist. Dennoch bleibt das Schuldrecht auch dann relevant, da insbesondere das gesamte Handelsrecht (d. h. das Sonderrecht der Kaufleute) ebenfalls auf den Grundsätzen des Schuldrechts beruht, das in Teilen den besonderen Umständen entsprechend angepasst wird.

B. Systematik des Schuldrechts

1. Schuldrecht im BGB

a) Allgemeiner Teil und Besondere Teile des BGB

Das BGB besitzt eine logische Struktur. Es besteht aus fünf Büchern: Allgemeiner Teil (AT), sowie als Besondere Teile (BT) Schuldrecht, Sachenrecht, Familienrecht und Erbrecht. Normen zu schuldrechtlichen Fragestellungen findet man demnach in erster Linie im BGB Buch 2 (§§ 241-853).

Der („vor die Klammer gezogene') Allgemeine Teil des BGB enthält die für alle besonderen Teile gemeinsamen Vorschriften, darunter insbesondere über die Wirksamkeit von Rechtsgeschäften (§§ 104 ff.), das Zustandekommen von Verträgen (§§ 145 ff.) oder die Verjährung von Ansprüchen §§ 194 ff.), die alle für das Schuldrecht relevant sind. Bei einem Rechtsfall greifen deshalb je nach Fragestellung neben den Spezialregeln des Schuldrechts ggf. auch solche des AT.

Beispiele
(1) Muss ein Unternehmen für eine Lieferung bezahlen, die ein Mitarbeiter bestellt hat?
Ob er zur Leistung verpflichtet ist, ergibt sich aus dem Vorliegen eines Kaufvertrages (§ 433). Ob dieser Vertrag zu Lasten des Unternehmens durch den Mitarbeiter wirksam vereinbart worden ist, regeln die Vorschriften über die Stellvertretung (164 ff.).
(2) Der Käufer eines gebrauchten Autos bemerkt nach dem Kauf, dass das Fahrgestell verbogen ist und behauptet, er sei darüber beim Kauf getäuscht worden. Der Verkäufer weist das zurück.
Ob sich der Käufer vom Vertrag durch Anfechtung lösen kann, ergibt sich aus § 123. Für den Fall, dass der Kauf gültig ist und der Vertrag weiter besteht, ergeben sich seine Möglichkeiten aus dem Kaufrecht (§ 437).

---

b) AT und BT des Schuldrechts

Die Unterscheidung zwischen Allgemeinem und Besonderem wird auch im Schuldrecht selbst angewendet. Zunächst wird im 2. Buch des BGB unterschieden zwischen den Abschnitten 1-6, die Gemeinsamkeiten für alle Schuldverhältnisse regeln (§§ 241-432), und dem Recht der einzelnen Schuldverhältnisse im 7. und letzten Abschnitt (§§ 433-853). Folglich spricht man vom AT und vom BT des Schuldrechts.

Auch hier kommen bei zu klärenden Fragen ggf. auch Regeln des AT neben denen des BT zur Anwendung.

Beispiel
Ein Unternehmer weigert sich, die Forderung eines Lieferanten zu begleichen, weil die gelieferte Ware nicht bestellt worden sei. Er hat aber eine eigene, noch offene Forderung gegen diesen Lieferanten. Kann er diese Forderungen gegeneinander verrechnen?
Ob die Forderung berechtigt sind, ergibt sich aus §§ 433 ff. (BT). Die Möglichkeit, diese Forderung nicht erfüllen zu müssen, könnte sich durch Aufrechnung mit einer eigenen Forderung ergeben (§§ 387 ff. im AT).

Struktur des BGB				
BGB AT (§§ 1 – 240)				
Schuldrecht AT (§§ 241 – 432)		Sachen-Recht (§§ 854-1296)	Familien-recht (§§ 1297-1921)	Erbrecht (§§ 1922-2385)
Schuldrecht BT (§§ 433 – 853)				

2. Schuldrecht außerhalb des BGB

Auch zahlreiche Einzelgesetze außerhalb des BGB enthalten schuldrechtliche Normen; manche sind sogar insgesamt dem Schuldrecht zuzuordnen (z. B. Produkthaftungsgesetz, Versicherungsvertragsgesetz, Allgemeines Gleichbehandlungsgesetz, UN-Kaufgesetz).

Gemeinsamer Nenner bei einigen wichtigen Teilen des Schuldrechts außerhalb des BGB ist das Auftreten eines gewerblich tätigen Vertragspartners, und zwar in den typischen Rollen des Wirtschaftsprozesses: als Geschäftspartner anderer Unternehmen oder als Arbeitgeber gegenüber Arbeitnehmern. Für diese Rollen sieht das deutsche Recht typische Ergänzungen des BGB-Grundmodells vor:

- Wenn Kaufleute beteiligt sind, gilt Handelsrecht (s. hiervor).
- Wenn Unternehmen zur Erfüllung ihrer Unternehmensziele Arbeitnehmer anstellen, gilt Arbeitsrecht, dessen Grundlagen im Dienstvertragsrecht des BGB angesiedelt sind (s. 7. Teil), das aber in seinen schuldrechtlichen Aspekten weitgehend nicht gesetzlich geregelt ist.

Andere Gründe für die Regelung außerhalb des BGB können sein: Die Komplexität der Regelung (z. B. Versicherungsvertragsgesetz) oder der spezielle Anwendungsbereich (z. B. Produkthaftungs- oder Umwelthaftungsgesetz).

Die Grundregeln des Schuldrechts AT und z. T. auch die des BT bleiben zwar grundsätzlich auch für diese Regelungsbereiche anwendbar, aber sie werden jeweils durch die Spezialnormen verdrängt (s. hiernach).

Schließlich ist darauf hinzuweisen, dass bestimmte schuldrechtliche Regeln nicht gesetzlich fixiert sind, sondern von der Rechtsprechung geschaffen und weiterentwickelt wurden bzw. werden. Dies gilt z. B. im Bereich der Deliktshaftung, aber auch im Bereich moderner Wirtschaftsverträge (z. B. Leasing, Franchising, Lizensierung usw.) (s. hierzu auch Band 3).

3. Zusammenspiel der Normen im Einzelfall

Für die Rechtsanwendung ergibt sich aus dem Ineinandergreifen der verschiedenen ‚allgemeinen' und ‚besonderen' Teile des BGB bzw. des Schuldrechts sowie des Schuldrechts außerhalb des BGB die Notwendigkeit, die jeweils relevanten Normen zu identifizieren und – sofern mehrere Normen mit gleichem Regelungsgegenstand gleichzeitig anwendbar sein können – Anwendungsprioritäten zu beachten.

Dabei gilt folgende Grundregel: Die speziellere Norm verdrängt immer die allgemeinere, d. h.:

- Spezialgesetze gehen dem BGB vor,
- das Schuldrecht geht dem BGB AT vor,
- das Schuldrecht BT geht dem Schuldrecht AT vor.

(man muss das BGB sozusagen ‚von hinten nach vorne lesen', da dort die BT hinter den AT stehen).

Nach der Gesetzessystematik ist deshalb immer zuerst zu prüfen, ob sich im Schuldrecht BT (außerhalb des BGB oder im BGB) einschlägige und damit vorrangige Regelungen befinden, bevor die Vorschriften des AT zur Anwendung kommen.

Die Regelungen des Schuldrecht AT gelten dabei grundsätzlich für alle besonderen Schuldverhältnisse, sofern dem dort keine Spezialvorschriften entgegenstehen, und sie gehen dem BGB AT vor.

Beispiel
Das allgemeine außerordentliche Kündigungsrecht nach § 314 greift bei allen Dauerschuldverhältnissen, außer es gibt dort Sondernormen, wie z. B. im Dienstvertragsrecht (§§ 626-627): Dann kommen nur letztere zur Anwendung, da für erstere kein Bedarf mehr besteht (s. 4. Teil).

Zur Anwendungsmethodik insgesamt s. Abschnitt D. hiernach.

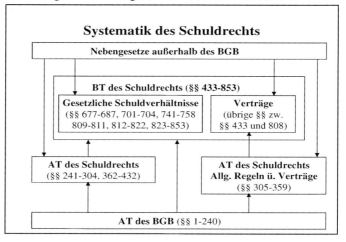

C. Regelungstragweite und -anspruch des Schuldrechts

Bislang ist die Wirkungsweise des Schuldrechts verhältnismäßig unbestimmt dahingehend beschrieben worden, dass es den Umgang der Menschen bezüglich ihrer gegenseitigen Schulden mit den entsprechenden wirtschaftlichen Folgen ‚regelt'. Letzterer Begriff soll im Folgenden präzisiert werden.

1. Gesetzliche Schuldverhältnisse

Bei gesetzlichen Schuldverhältnissen ist es in der Tat so, dass das Gesetz alle relevanten Regelungen über Entstehen, Inhalt, Folgen usw. des Schuldverhältnisses trifft. Die Tatsache, dass hier eine Verpflichtung unabhängig vom bzw. sogar gegen den Willen des Schuldners statuiert wird, macht geradezu den Begriff des ‚gesetzlichen Schuldverhältnisses' aus.

2. Rechtsgeschäftliche Schuldverhältnisse

Bei rechtsgeschäftlichen Schuldverhältnissen, die im Folgenden wegen ihrer praktischen Bedeutung auf die Verträge beschränkt werden sollen, ist dies anders: Für die wechselseitigen Pflichten der Vertragsparteien kommt es in erster Linie darauf an, was diese selber miteinander vereinbart haben. Sinnbildlich gesprochen kann man also sagen: Der Vertrag ist das Gesetz der Parteien. Was im BGB oder in Spezialgesetzen steht, greift deshalb i. d. R. nur dann, wenn die Parteien nichts vereinbart haben oder dieses nicht klar ist.

Das heißt z. B.: Welche Sache bei einem Kauf geschuldet und was demgemäß als mangelhafte Vertragserfüllung anzusehen ist, folgt aus dem Vertrag. Ebenso kann im Vertrag geregelt sein, welche Rechtsfolgen eintreten sollen, wenn mangelhaft erfüllt worden ist. Die Vertragsparteien können z. B. vereinbaren, dass der Verkäufer zur Nachbesserung der Kaufsache verpflichtet ist oder überhaupt nur haftet, wenn sein Vorlieferant vergeblich verklagt wurde. Die gesetzlichen Regeln greifen hier nur ersatzweise, wenn die Parteien nichts vereinbart haben.

Die ganz überwiegende Zahl der Schuldrechtsbestimmungen des BGB ist demzufolge ‚dispositives (nachgiebiges) Recht', das von den Parteien durch eigene Vereinbarungen abbedungen werden kann. Hierin kommt die grundlegende Wertvorstellung zum Ausdruck, von der das Gesetz geleitet ist: Vorrang für Freiheit und Selbstbestimmung der Beteiligten und das darauf beruhende Prinzip der Privatautonomie und Vertragsfreiheit (zur Vertiefung s. Kapitel IV hiernach).

Nur wenn der Gesetzgeber eine besondere Schutzwürdigkeit einer Vertragspartei, Dritter oder der Allgemeinheit anerkennt, werden die Normen ‚zwingend', d. h. die Parteien müssen sich danach richten, auch wenn sie beide einverstanden wären, dass für ihr beiderseitiges Schuldverhältnis etwas anderes gelten sollte.

Ob eine gesetzliche Bestimmung zwingend ist, sagt das Gesetz oft ausdrücklich, wobei der zwingende Charakter oft nur einseitig zugunsten einer Partei besteht (z. B. im Mietrecht zugunsten des Mieters: s. z. B. § 556 Abs. 4).

Falls das Gesetz diesbezüglich keine klare Aussage trifft, muss dies mittels Auslegung durch seinen Wortlaut oder seinem Sinn (Schutzzweck) ermittelt werden (z. B. § 138). Im Zweifel (d. h. wenn die Auslegung zu keinem eindeutigen Ergebnis führt) ist eine Norm dispositiv.

D. Anwendung des Schuldrechts

1. Anwendungsreihenfolge bei Normenkonkurrenz

Aus dem bisher Gesagten ergibt sich eine bestimmte Anwendungsreihenfolge der schuldrechtlichen Quellen und damit automatisch die Klärung einer möglichen ‚Normenkonkurrenz'. Eine solche besteht, wenn mehrere Normen unterschiedlichen Inhalts gleichermaßen auf einen Sachverhalt angewendet werden können, weil der Sachverhalt mit ihren Tatbestandsmerkmalen übereinstimmt.

Bei der Frage, welche Norm dann in welcher Reihenfolge zum Zuge kommt, gilt folgende Systematik:

1. Zwingendes Recht: Spezialgesetze => SchR BT => SchR AT => BGB AT
2. Vertragliche Regelungen der Parteien (ggf. auszulegen)
3. Dispositives Recht: Spezialgesetze => SchR BT => SchR AT => BGB AT.

Dieses Schema, das jeder schuldrechtlichen Fallbearbeitung zugrunde liegt, wird im 3. Teil, Kapitel I. B (Bestimmbarkeit des Inhalts) weiter vertieft bzw. vervollständigt.

2. Anspruchshäufung und Anspruchskonkurrenz

Innerhalb eines Schuldverhältnisses zwischen zwei Parteien kann es unterschiedliche Forderungen geben, die unabhängig voneinander zu prüfen sind. In einem solchen Fall der ‚Anspruchshäufung‘ wird üblicherweise die folgende Reihenfolge eingehalten (eine zwingende Vorgabe gibt es dazu nicht):

1. Ansprüche aus Vertrag
2. Ansprüche aus Verschulden bei Vertragsverhandlungen
3. Ansprüche aus Geschäftsführung ohne Auftrag
4. Dingliche Ansprüche nebst ihren nichtdinglichen Folgeansprüchen
5. Ansprüche aus Delikt und Gefährdungshaftung
6. Ansprüche aus ungerechtfertigter Bereicherung
7. Ansprüche aus dem Allgemeinen Teil des BGB.

Es ist auch möglich, dass ein und dasselbe Leistungsbegehren (z. B. Zahlung von Schadensersatz) durch mehrere Anspruchsnormen begründet werden kann (‚Anspruchskonkurrenz‘). In diesem Fall sind grundsätzlich alle Normen zu prüfen, es sei denn, eine spezielle Norm schließt andere Normen ausdrücklich aus. Dann ist nur die spezielle Norm zu prüfen. Häufige Anspruchskonkurrenzen gibt es z. B. zwischen vertraglichen und deliktischen Ansprüchen oder zwischen Verschuldenshaftung und Gefährdungshaftung (s. Band 2, 10. Teil). Der Grund, alle in Frage kommenden Anspruchsgrundlagen zu prüfen, liegt darin, dass die Tatbestandsvoraussetzungen z. T. unterschiedlich sind und daher ggf. eine Anspruchsgrundlage zum Erfolg führt, eine andere jedoch nicht.

Da es sich aber immer um denselben Anspruch – nur mit unterschiedlichen Rechtsrundlagen – handelt, tritt die Rechtsfolge selbstverständlich nur einmal ein (z. B. der Schaden wird nur einmal ersetzt).

E. Weiterentwicklung des Schuldrechts

Das Schuldrecht ist zwar ein seit langem bestehender Rechtsbereich, aber gleichzeitig eine dynamische Materie, die sich kontinuierlich verändert bzw. weiterentwickelt.

Zum einen ergeben sich immer wieder Notwendigkeiten für Ergänzungen durch veränderte wirtschaftliche Rahmenbedingungen (z. B. Verschiebung vom primären zum tertiären Sektor), neue Lebensgewohnheiten (z. B. Reisen) und technische Entwicklungen (z. B. Internet).

Zum anderen haben sich seit der Einführung des BGB (1896, in Kraft seit 1900) die Wertvorstellungen z. T. geändert. Während das Ursprungsmodell des BGB sehr wirtschaftsliberal geprägt war, hat sich in Teilbereichen ein ausgeprägter Schutzgedanke zugunsten der schwächeren Vertragspartei durchgesetzt (z. B. Arbeitsrecht, Mietrecht, Verbraucherrecht).

Teilweise schlägt sich dies in Änderungen des Gesetzestextes nieder, sehr oft aber auch nur in der Rechtsprechung, der in erster Linie die Aufgabe der Weiterentwicklung dieses Rechtsbereiches zukommt. Dies tut sie z. T. durch sich ändernde Auslegung gesetzlicher Generalklauseln (z. B. § 242), z. T. aber auch durch Rechtsfortbildung (d. h. es werden gänzlich neue Regeln geschaffen) in Fällen, in denen das Gesetz lückenhaft ist.

In der letzten umfassenden Schuldrechtsreform im Jahre 2002 ist ein Teil dieser etablierten Rechtsprechung in Gesetzestexten verankert worden, aber es bleiben weite Bereiche (wie z. B. das Arbeitsvertragsrecht, das Recht der neuen Verträge, z. T. das Deliktsrecht), die gesetzlich ungeregelt bleiben. Dies geschieht teilweise absichtlich, um möglichst flexibel zu bleiben und nicht durch eine zu frühe gesetzliche Regelung neue Probleme zu schaffen, weil noch nicht alle regelungsbedürftigen Fragestellungen erkannt wurden.

Eine zunehmend wichtige Rolle spielen auch europäische Rechtsquellen, insbesondere Richtlinien im Verbraucherschutzbereich oder Arbeitsrecht, die in nationales Recht umgesetzt werden müssen.

Während eine Weiterentwicklung grundsätzlich unvermeidbar und auch sinnvoll ist, führt dies auf der anderen Seite in vielen Fällen auch zu Rechtsunsicherheit. Ungeklärte Zweifelsfragen, widersprüchliche Rechtsprechung, ungenaue bzw. fehlerhafte Gesetzestexte und auslegungsbedürftige Generalklauseln führen dazu, dass nicht jede schuldrechtliche Frage eindeutig beantwortet werden kann.

Es obliegt dann – wenn die Streitenden sich nicht gütlich einigen – dem Streitrichter oder Schiedsrichter, eine vertretbare Entscheidung zu treffen. Bei der Analyse und Heranziehung von Urteilen für ein zu lösendes Problem ist jedoch immer zu berücksichtigen, dass Gerichtsurteile nie eine allgemeine Tragweite haben (können), sondern immer auf die Umstände des jeweils zu entscheidenden Falls abstellen. Diese Besonderheiten des Sachverhalts zu erkennen und argumentativ auszuwerten gehört zu den besonderen Fähigkeiten des schuldrechtlich geschulten Juristen.

Dies bedeutet auch, dass es bei schuldrechtlichen Sachverhalten keineswegs um die mechanische Anwendung bestimmter Methoden und Regeln geht (auch wenn diese beherrscht werden müssen), sondern um die situationsadäquate und gerechte Lösung von Problemen, die ihrerseits – ausgehend von der Kenntnis der schuldrechtlichen Grundlagen – mit der entsprechenden Gestaltung von Sachverhalten und Verträgen auch vorsorglich vermieden werden können (zur Vertragsgestaltung s. auch Band 3).

IV. Die Vertragsfreiheit und ihre Grenzen

Einleitung

Verträge sind die häufigste Form von Schuldverhältnissen. Nach Auffassung des Gesetzgebers wissen grundsätzlich die Rechtssubjekte selbst am besten, ob und wozu sie sich verpflichten sollen. Wie oben dargestellt stellt der Staat jedoch das notwendige Sanktionsinstrumentarium sowie für viele Fälle dispositive Regeln zur Verfügung.

Es ist also zunächst Sache der Vertragsparteien selbst zu entscheiden, ob, worüber und wie sie miteinander kontrahieren (d. h. einen Vertrag schließen). Allerdings wird dabei nicht aus den Augen verloren, dass es schutzwürdige Interessen gibt, die mit Hilfe zwingender Regeln zur Geltung gebracht werden sollen.

Die grundlegende Maxime des Vertragsrechts ist also: Soviel Freiheit wie möglich, soviel Intervention wie nötig (vgl. auch den Wortlaut des § 311 Abs. 1).

Hiermit wird das grundlegende Verständnis des Vertrages als Ausdruck von Freiheit und wechselseitiger Selbstbestimmung zum Ausdruck gebracht, die faktisch sehr weit geht: Denn die geschuldete Leistung kann vor staatlichen Gerichten eingeklagt und mit dem Mittel der Zwangsvollstreckung durchgesetzt werden (s. o.). D. h. der Staat respektiert die Bindungen aufgrund eines Vertrages als rechtlich verbindlich und er mobilisiert dafür sein Gewaltmonopol.

Diese schwerwiegende Konsequenz ist jedoch nur gerechtfertigt, wenn die Leistungspflicht jeder Vertragspartei auf deren freien Willen zurückgeführt werden kann. Dazu dienen die Vorschriften über die Wirksamkeit von Willenserklärungen im Allgemeinen Teil des BGB (insbesondere die §§ 104 ff. über die Geschäftsfähigkeit und die §§ 119 und 123 über die Anfechtbarkeit).

‚Vertragsfreiheit' ist allerdings eine sehr abstrakte und pauschalierende Formel. Was darunter im Einzelnen zu verstehen ist, wird deutlicher bei der Betrachtung ihrer Dimensionen, inkl. der jeweils geltenden Grenzen.

A. Abschlussfreiheit

1. Prinzip

Die Abschlussfreiheit gibt dem Einzelnen die Möglichkeit zu entscheiden, ob er überhaupt und mit wem (Freiheit der Partnerwahl) einen Vertrag schließt. Er ist nicht gezwungen, nur mit einem besonderen Interessierten oder Bedürftigen zu kontrahieren oder sich für das beste Angebot zu entscheiden.

2. Ausnahmen

Dieser Grundsatz wird in bestimmten Fallen durch gesetzliche Abschlussverbote und -gebote eingeschränkt:

a) Abschlussverbote

In bestimmten Fällen dürfen Verträge mit bestimmten Personen nicht geschlossen werden. Hierunter fallen z. B. gesetzliche Beschäftigungsverbote. Verträge, die gegen ein solches Verbot verstoßen, sind nach § 134 nichtig.

> **Beispiel**
> Jugendliche dürfen nicht mit bestimmten gefährlichen oder gesundheitsschädlichen Arbeiten betraut werden (vgl. §§ 22-25 Jugendarbeitsschutzgesetz).

In anderen Fallen wird die Gültigkeit des Vertrages von einer staatlichen Genehmigung abhängig gemacht. Bis zur Genehmigung ist der Vertrag schwebend unwirksam (s. BGB AT); bei Versagung der Genehmigung ist er nichtig.

> **Beispiel**
> Der Export bestimmter Güter, die dem Außenwirtschaftsgesetz unterliegen, ist genehmigungspflichtig.

b) Abschlussgebote

Manchmal gebietet der Gesetzgeber, ein bestimmtes Vertragsangebot anzunehmen („Kontrahierungszwang'), wodurch normalerweise auch die Inhalte vorgegeben werden. In anderen Fällen kann sich ein Abschlussgebot indirekt aus gesetzlichen Bestimmungen ergeben bzw. abgeleitet werden:

- Dies ist der Fall bei (insbesondere öffentlichen) Unternehmen, die Monopole innehaben.

> **Beispiele**
> § 22 Personenbeförderungsgesetz (bzgl. ÖPNV), § 5 Abs. 2 Pflichtversicherungsgesetz (bzgl. Kfz-Haftpflichtversicherung)

- Außerdem kann die Ablehnung eines Vertragsangebots den Tatbestand einer sittenwidrigen Schädigung erfüllen, die nach § 826 zum Schadensersatz verpflichtet, woraus indirekt eine Pflicht zur Annahme des Angebots folgt. Dies wird aber nur in Ausnahmefällen gegeben sein.

- Das Allgemeine Gleichbehandlungsgesetz (AGG) enthält ein weitreichendes (aber mit zahlreichen Ausnahmen versehenes) Diskriminierungsverbot (mittelbare oder unmittelbare Benachteiligungen aus Gründen der Rasse oder wegen der ethnischen Herkunft, des Geschlechts, der Religion oder Weltanschauung, einer Behinderung, des Alters oder der sexuellen Identität), das nicht per se ein Abschlussgebot darstellt, aber die Abschlussfreiheit deutlich einschränkt. Dies greift insbesondere bei Arbeitsbeziehungen, aber auch bei der Begründung, Durchführung und Beendigung zivilrechtlicher Schuldverhältnisse, die typischerweise ohne Ansehen der Person zu vergleichbaren Bedingungen in einer Vielzahl von Fällen zustande kommen (Massengeschäfte) oder bei denen das Ansehen der Person nach der Art des Schuldverhältnisses eine nachrangige Bedeutung hat und die zu vergleichbaren Bedingungen in einer Vielzahl von Fällen zustande kommen (so der Wortlaut von § 19 Abs. 1 AGG).

> Beispiel
> Bei einer Stellenausschreibung wird eine ältere Bewerberin mit dem Argument abgelehnt, Frauen störten bloß das Betriebsklima und seien zu oft krank. Dies ist diskriminierend.

Daneben kann ein Abschlussgebot auch aus einem freiwillig eingegangenen Vorvertrag oder Rahmenvertrag resultieren (s. 2. Teil).

B. Inhalts- bzw. Gestaltungsfreiheit

1. Prinzip

a) Typenfreiheit

Die Vertragspartner sind frei darin, den Inhalt des Vertrages zu bestimmen. Sie sind nicht gezwungen, einen Vertragstyp auszuwählen, der gesetzlich geregelt ist.

Sie können also auch einen sogen. ‚atypischen Vertrag' schließen, dessen wesentliche und für die Rechtsnatur des Vertrages relevante Leistungspflichten keinem der geregelten Verträge entspricht. Aus diesen Verträgen ergeben sich manchmal bestimmte häufig verwendete Muster, die zu einer faktischen Standardisierung führen (diese Vertragsformen werden dann oft ‚verkehrstypische Verträge' genannt, was aber nichts daran ändert, dass sie gesetzlich nicht geregelt sind).

> Beispiele
> Leasingvertrag, Franchisingvertrag, Energielieferungsvertrag, Cash-Management-Vertrag

Oft liegt auch ein ‚gemischter Vertrag' vor, der die Elemente verschiedener Vertragstypen enthält.

> Beispiel
> Der Vertrag über ein Mittagessen im Restaurant setzt sich aus Elementen des Kaufs (der Speise), der Miete (des Geschirrs) und des Dienstvertrages (der Bedienung) zusammen.

Die Behandlung dieser gesetzlich nicht geregelten Vertragstypen wird in Band 3 dargestellt.

b) Gestaltungsfreiheit

Auch wenn die Parteien einen bestimmten Vertragstyp wählen, können sie die gesetzlichen Regeln abbedingen, d. h. durch eigene Regelungen ersetzen.

> Beispiel
> Das Gesetz sieht beim Mangel der Kaufsache (§§ 434-435) nach Wahl des Käufers Nacherfüllung, Rücktritt, Minderung (Herabsetzung des Kaufpreises) oder Schadensersatz vor (§ 437).
> Die Parteien können jedoch vereinbaren, dass der Rücktritt ausgeschlossen sein und Minderung erst nach einem vergeblichen Nachbesserungsver-

such des Verkäufers in Betracht kommen soll. Möglich ist auch ein vertraglicher Gewährleistungsausschluss.

Das Schuldrecht der Verträge ist also grundsätzlich dispositiv. D. h.:
- Alles was nicht verboten ist, ist erlaubt.
- Alles, was nicht zwingend gesetzlich vorgeschrieben ist, kann anders geregelt werden als ggf. im dispositiven Gesetz vorgesehen.

Damit hat das dispositive Schuldrecht im Grundsatz nur eine Auffang-funktion. Es wird nur in den Situationen benötigt, die die Vertragsparteien nicht geregelt haben. Das kann zum einen der Fall sein, weil sie ‚sich nichts gedacht' haben. Es kann aber auch sein, dass sie sich nur auf das Nötigste verständigt (z. B. Spezifikation der geschuldeten Leistung und Preis) und das Regelwerk des Gesetzes bewusst als sinnvolle Ergänzung akzeptiert haben.

In diesem Sinne enthält das dispositive Recht ‚Ersatzordnungen' für alle von den Vertragsparteien nicht geregelten Punkte. Das betrifft insbesondere die beiden für alle Verträge bedeutenden Fragen:
1. Wie soll der Vertrag durchgeführt werden? (Vertragsinhalt und Vertrags-erfüllung).
2. Was passiert, wenn etwas ‚schief läuft'? (Pflichtverletzungen / Leistungs-störungen).

Der Gesetzgeber legt dabei fest, was er in dieser Hinsicht bezogen auf typische Vertragsgestaltungen für nützlich und gerecht hält.

Damit wird eine weitere präventive Funktion des dispositiven Schuldrechts neben der Konfliktregelung deutlich: Je mehr das Gesetzesrecht von den Parteien als für beide Seiten angemessene Konfliktlösung akzeptiert werden kann, desto mehr entlastet es die Vertragsverhandlungen.

2. Ausnahmen

a) Interessen Dritter

Die hiervor beschriebenen Freiheiten erklären sich daraus, dass es beim Schuldvertrag i. d. R. nur um die Interessen der Vertragsparteien selbst geht. Wenn aber Interessen Dritter im Spiel sind, werden der Gestaltungsfreiheit der Parteien Grenzen gesetzt.

Beispiele
Dingliche Rechte können vertraglich nur in den gesetzlich vorgesehenen Formen begründet bzw. übertragen werden (Typenzwang im Sachenrecht). Beim Gesellschaftsvertrag sind die Parteien regelmäßig frei in der Gestaltung des Innenverhältnisses (der Parteien untereinander); dagegen sind im Außenverhältnis (gegenüber Dritten) die Gesetzesbestimmungen im Allgemeinen zwingend.

---

b) Schutz der schwächeren Vertragspartei

Das normative Leitbild des Vertrages ist das einer individuell ausgehandelten Willensübereinstimmung gleich starker Parteien. Die Wirklichkeit sieht in weiten Teilen aber anders aus, d. h. oft befindet sich eine Vertragspartei in einer unterlegenen Verhandlungsposition (z. B. typischerweise Verbraucher, Arbeitnehmer, Mieter).

Dann werden ausnahmsweise der Gestaltungsfreiheit durch zwingende gesetzliche Bestimmungen Grenzen gesetzt. Diese Schranken werden durch zwingendes Recht so bewirkt, dass entweder ein unerwünschtes Verhalten verboten oder ein gewünschtes vorgeschrieben wird.

Wichtigste Beispiele
Bestimmte Haftungsfreistellungen sind verboten (z. B. §§ 276 Abs. 3, 476).
Das Recht der Allgemeinen Geschäftsbedingungen (AGB, das ‚Klein-gedruckte', §§ 305-310) enthält Einschränkungen der Gestaltungsfreiheit.
Im Miet-, Arbeits- und Verbraucherschutzrecht gibt es zahlreiche zwingende Bestimmungen zugunsten des schwächeren Vertragspartners (s. o.).
Das bereits erwähnte Allgemeine Gleichbehandlungsgesetz statuiert auch ein inhaltliches Diskriminierungsverbot.

Diese Einschränkungen werden vertieft in Band 3 behandelt.

c) Interessen der Allgemeinheit bzw. der Rechtsordnung

Allgemeine Grundsätze wie die Einhaltung von Verbotsgesetzen (§ 134), die Übereinstimmung mit den guten Sitten (§ 138) oder das Handeln nach Treu und Glauben (§ 242) sind Generalklauseln, unter denen das BGB gewisserma-ßen einen ‚Notausstieg' bereithält, mit denen außergewöhnliche Probleme bewältigt und ggf. formal möglichem Verhalten Grenzen gezogen werden sollen.

d) Formen zwingender Regeln

Zwingende Normen kommen in zweierlei Form vor:
- Es kann ein bestimmter Inhalt verbindlich festgelegt werden, von dem durch Vertrag nicht abgewichen werden darf (z. B. § 622 Abs. 1-3: Kündigung von Arbeitsverhältnissen): Bei Zuwiderhandeln gelten dann die gesetzlichen Inhalte statt der vertraglichen (z. B. Kündigungsfristen).
- Die Vereinbarung eines bestimmten Regelungsinhaltes kann ausdrücklich als unwirksam bezeichnet werden (z. B. §§ 138, 248 Abs. 1, 276 Abs. 3): Vertragsklauseln, die gegen solches zwingendes Recht verstoßen, sind nichtig, und mit ihm ggf. der gesamte Vertrag (§ 139), es sei denn, dieser enthält sogenannte salvatorische Klauseln, die sicherstellen sollen, dass die anderen Inhalte des Vertrages wirksam bleiben (s. hierzu Band 3).

C. Formfreiheit

1. Prinzip

Grundsätzlich kann jeder Vertrag formlos geschlossen werden. Es genügen also mündliche Vereinbarungen. Dabei ist allerdings nicht außer Acht zu lassen, dass es aus Beweisgründen sehr ratsam ist, solche Vereinbarungen auch schriftlich festzuhalten. Auch bei einer schriftlichen Bestätigung der Vereinbarung, die nicht von der anderen Partei unterzeichnet wird, kann das

Schweigen des anderen u. U. als Zustimmung gewertet werden, oder zumindest wird dadurch deutlich, was Inhalt Ihrer Zustimmung war bzw. ist (s. BGB AT).

Zu beachten ist auch, dass grundsätzlich das als Vertragsinhalt gilt, was tatsächlich gewollt ist, nicht das, was (ggf. unvollständig oder fehlerhaft) zu Papier gebracht wurde (s. 3. Teil). Es obliegt dann aber demjenigen, der eine solche Abweichung behauptet, dies auch nachzuweisen, was in den meisten Fällen nicht einfach sein dürfte.

Formfreiheit bedeutet auch, dass schriftliche Vereinbarungen bzgl. eines Vertragsgegenstands nicht zwingend in einem einzigen Dokument enthalten sein müssen. Rahmenverträge oder Allgemeine Geschäftsbedingungen (s. 2. Teil) sind z. B. in einem separaten Dokument enthalten. Auch nachträgliche Änderungen und Ergänzungen werden üblicherweise getrennt verfasst, ohne dass der gesamte Vertrag erneuert wird (ggf. werden sie sogar nur mündlich vereinbart). Es ist außerdem möglich, dass verschiedene Verträge sich auf einen Vertragsgegenstand beziehen, ebenso wie es umgekehrt vorkommt, dass ein Dokument mehrere unterschiedliche Verträge umfasst.

In all diesen Fällen ist es wichtig, ausgehend vom Vertragsgegenstand (und damit der Rechtsnatur des Vertrages: s. u.) den genauen jeweiligen Vertragsinhalt zu bestimmen. Das kann insbesondere dann problematisch werden, wenn die Inhalte mehrerer Dokumente nicht (ganz) übereinstimmen.

Vorformulierte Vertragsklauseln, sogen. Allgemeine Geschäftsbedingungen, gelten u. U. als nicht vereinbart oder als nicht (vollständig) wirksam, auch wenn sie schriftlich fixiert (vorgedruckt) wurden (s. zur Vertiefung Band 3).

2. Ausnahmen

Ausnahmsweise besteht ein Formzwang dann, wenn er durch Parteivereinbarung oder Gesetz vorgesehen ist.

a) Gewillkürte Form

Die Vertragsparteien können die Gültigkeit eines Vertrages oder dessen Änderungen von der Beachtung einer bestimmten Form (üblicherweise Schriftform) abhängig machen, um einen später erforderlichen Beweis zu sichern oder (und) eine größere Rechtsklarheit zu erreichen. Wird die Form nicht eingehalten, ist der Vertrag im Zweifel nichtig (§ 125 Abs. 2).

Beispiel
Viele Verträge enthalten Klauseln folgender Art:
,Jegliche Änderungen und Ergänzungen des vorliegenden Vertrages der bedürfen Schriftform, mündliche Nebenabreden sind unwirksam.'

---

b) Gesetzliche Form

Das Gesetz schreibt ausnahmsweise in besonders gelagerten Fällen eine Form des Vertrages insgesamt oder nur einer der beiden Willenserklärungen vor. Grund dafür ist meist die Beweissicherung oder der Schutz vor Übereilung.

> **Beispiel**
> Gemäß § 550 ist für einen Grundstücksmietvertrag, der für länger als ein Jahr geschlossen wird, die Schriftform (Definition s. § 126) erforderlich. Dadurch soll vor allem der Beweis über den Vertragsinhalt gesichert werden; das ist besonders bei der Veräußerung des Grundstücks für den Erwerber wichtig, der anstelle des Vermieters in dessen Rechte und Pflichten eintritt (§ 566).
> Gemäß § 311b Abs. 2 ist eine notarielle Beurkundung (§ 128; vgl. auch § 127a) eines Grundstückskaufvertrages vorgeschrieben.

Ist die gesetzlich vorgeschriebene Form nicht eingehalten, so ist der Vertrag nichtig (§ 125 Abs. 1 BGB) (s. im Einzelnen BGB AT).

D. Sonstige Freiheiten

Neben diesen drei grundlegenden Freiheiten gibt es noch vier weitere, die in der Praxis der Vertragsgestaltung relevant sind und die kurz erwähnt werden sollen:

1. Änderungsfreiheit

In dem Maße, in dem die Vertragsparteien die Vertragsinhalte frei gestalten können, können sie auch einen einmal abgeschlossenen Vertrag einvernehmlich abändern (durch einen ‚Änderungsvertrag') bis hin zur vollständigen Änderung des Vertragsgegenstands (‚Novation': s. 4. Teil) (§ 311 Abs. 1).

Erfolgen diese Änderungen rechtzeitig und in ausdrücklicher Form, stellt diese kein besonderes Problem dar.

Schwieriger zu beurteilen wird eine mögliche Vertragsänderung, wenn sie stillschweigend erfolgt, insbesondere zum Zeitpunkt der Erfüllung. Wenn z. B. der Schuldner nicht genau so leistet, wie er sollte, der Gläubiger sich dies aber ‚gefallen lässt' (zumindest zunächst einmal) wird sich immer die Frage stellen, ob es sich dabei um eine einvernehmliche Änderung handelt (s. hierzu 3. Teil bzgl. der Erfüllung). Durch eine gewillkürte Form auch für Vertragsänderungen kann man dieses Problem einschränken, aber auch hier steht es den Parteien letztlich frei, ob sie sich auf diese Klausel berufen wollen oder nicht (s. hiernach Rechtsdurchsetzungsfreiheit).

Ggf. räumt der Vertrag auch einer Partei die Möglichkeit zur einseitigen Leistungsbestimmung (s. 3. Teil) oder Vertragsänderung ein. Auch dies ist dann Teil der Vertragsfreiheit.

Stimmt eine Partei jedoch nicht zu, muss der Vertrag im Prinzip so ausgeführt werden, wie dies ursprünglich vereinbart war. Dies kann u. U. (z. B. bei wesentlichen Änderungen der Verhältnisse während der Laufzeit des Vertrages) jedoch zu Ungerechtigkeiten bzw. Unzumutbarkeiten führen. Deshalb hat die Rechtsprechung auf der Basis von § 242 im Laufe mehrerer Jahrzehnte die Rechtsregel formuliert, dass bei einer ‚Störung der Geschäftsgrundlage' eine Partei die andere notfalls auf gerichtlichem Wege zu einer Vertragsanpassung zwingen kann. Dies ist jedoch nur unter eng definierten Voraussetzungen möglich, da ansonsten die rechtliche Bindungswirkung von Verträgen zu leicht in Frage gestellt werden könnte.

Dieses Institut ist heute in § 313 normiert. Gemäß § 313 Abs. 3 kann, wenn eine Anpassung des Vertrages nicht möglich oder der anderen Partei nicht zumutbar ist, die benachteiligte Partei ausnahmsweise vom Vertrag zurücktreten, obschon die andere Partei ihre Pflichten vertragsgemäß erfüllt hat. Dies wird im Einzelnen im Recht der Leistungsstörungen behandelt (s. Band 2, 12. Teil ff.).

2. Beendigungsfreiheit

Die Parteien können einen (insbesondere länger laufenden) Vertrag einvernehmlich beenden (durch einen ‚Aufhebungsvertrag').

Eine einseitige Beendigung hingegen ist nur möglich, wenn die Parteien dies bereits im Vertrag so vorgesehen haben (z. B. vertragliches Kündigungs- oder Rücktrittsrecht), oder wenn das Gesetz diese Möglichkeit vorsieht, insbesondere bei länger laufenden Verträgen, oder wenn die andere Partei ihren Pflichten nicht nachkommt (s. im Einzelnen 4. Teil).

Ansonsten ist jede Partei persönlich an den Vertrag gebunden (*pacta sunt servanda*), was aber nicht bedeutet, dass die Erfüllung unter bestimmten Umständen nicht durch einen Dritten erfolgen könnte (s. 3. Teil).

Allerdings kann der Schuldner seine Schuld als solche (vor Erfüllung) nicht ohne Zustimmung des Gläubigers auf einen Dritten übertragen. Umgekehrt kann der Gläubiger eine Forderung ohne Zustimmung des Schuldners an einen Dritten abtreten. Zu beachten ist dabei allerdings, dass bei gegenseitigen Verträgen die Parteien sich nur durch eine Kombination von beiden vollständig aus dem Vertrag lösen können (zur Vertiefung s. 8. Teil).

3. Rechtswahlfreiheit

Die Parteien können grundsätzlich frei entscheiden, welchem nationalen oder internationalen Recht sie ihren Vertrag unterstellen, selbst wenn dieser Vertrag keinen Auslandsbezug aufweist. Allerdings können durch die Wahl eines ausländischen Rechts bei einem ansonsten ‚inländischen Vertrag' keine zwingenden Bestimmungen des deutschen Rechts abbedungen werden (Art. 3 Abs. 3-4 Rom I-VO. S. herzu ausführlich Band 4).

4. Streitregelungs- / Rechtsdurchsetzungsfreiheit

Hierunter sind folgende Aspekte zu fassen:

(1) Jede Partei kann darauf verzichten, ihre Ansprüche einzuklagen und durchzusetzen, wenn dies (z. B. aus wirtschaftlichen Gründen, um bei einer langjährigen Geschäftsbeziehung ‚im Geschäft zu bleiben') sinnvoll oder vorteilhaft erscheint.

(2) Die Parteien können im Streitfall einen Vergleich schließen bzw. sich einseitig oder gegenseitig Schulden erlassen und damit auf einen Teil ihrer Rechte verzichten (s. 4. Teil).

(3) Nur die Parteien entscheiden darüber, ob sie ihre Rechte geltend machen oder nicht, keine Drittinstanz, selbst wenn der Vertrag gesetz- oder sittenwidrig ist (im Gegensatz zum Strafrecht, wo es zur Wahrnehmung der Interessen der Allgemeinheit den Staatsanwalt gibt). Eine beschränkte Ausnahme gibt es im Verbraucherrecht: Verbraucherverbände können Unterlassungsklagen gegen die systematische Nutzung rechtswidriger AGB führen; dies ist im Unterlassungsklagengesetz geregelt, das aber dem Wettbewerbsrecht, nicht dem Schuldrecht zuzuordnen ist.

(4) Die Parteien können sich darauf verständigen, dass Streitigkeiten über die Durchführung des Vertrages nicht vor staatlichen Gerichten, sondern von einem privaten Schiedsgericht entschieden werden (mit bestimmten Einschränkungen im Arbeitsrecht und Verbraucherrecht). Dieser Themenbereich wird im Zivilprozessrecht bzw. Internationalen Zivilverfahrensrecht behandelt.

Wiederholungsfragen

1. Worin besteht der Unterschied zwischen Schuld und Haftung?
2. Worin besteht der Unterschied zwischen Forderungsrecht und Gestaltungsrecht?
3. Warum hat der Gesetzgeber zahlreiche Schuldverträge ausführlich geregelt?
4. Was bedeutet der Grundsatz der Relativität der Schuldverhältnisse?
5. Was bedeutet der Grundsatz von Treu und Glauben?
6. Was bedeutet der Grundsatz der Naturalkondemnation?
7. Worin besteht die Besonderheit von gegenseitigen Verträgen?
8. Gibt es Verträge, die nur zu einer einseitigen Verpflichtung führen?
9. Wodurch unterscheidet sich ein Gefälligkeitsverhältnis von einem Schuldverhältnis?
10. Beschreiben und erläutern Sie die Anwendungsreihenfolge der verschiedenen Quellen im Falle einer Normenkonkurrenz.
11. Sind schuldrechtliche Normen typischerweise dispositiv oder zwingend? Warum? Anhand welcher Kriterien werden sie unterschieden?
12. Beschreiben Sie die wichtigsten Dimensionen der Vertragsfreiheit und ihre Grenzen.
13. In wiefern legt das Allgemeine Gleichbehandlungsgesetz Ausnahmen zur Vertragsfreiheit fest?

Übungen zum 1. Teil

Fall 1

Auf der Rückseite eines Baggers, der in Ihrer Straße Arbeiten durchführt, ist ein Schild mit folgender Aufschrift angebracht: ,Der Aufenthalt im Arbeitsbereich des Baggers ist verboten.'
Kann der Baggereigentümer bzw. der Baggerführer als dessen Vertreter tatsächlich von Ihnen fordern, sich nicht in die Nähe des Baggers zu begeben?

Lösung

Eine Privatperson kann von einer anderen Person nur etwas verlangen, wenn dafür eine Rechtsgrundlage besteht. In Frage käme hier ein privatrechtliches Schuldverhältnis. Gemäß § 241 Abs. 1 ist der Gläubiger nämlich kraft des

Schuldverhältnisses berechtigt, vom Schuldner nicht nur ein Tun, sondern auch ein Unterlassen zu fordern, d. h. im vorliegenden Fall sich nicht dem Bagger zu nähern.

Um dies fordern zu können müsste jedoch ein Schuldverhältnis zustande gekommen sein.

- Ein gesetzliches Schuldverhältnis ist hier nicht gegeben, da weder eine schadensverursachende unerlaubte Handlung, noch eine ungerechtfertigte Bereicherung noch eine Geschäftsführung ohne Auftrag vorliegt.

- Ebenso wenig besteht ein rechtsgeschäftliches Schuldverhältnis, da weder ein einseitiges Versprechen Ihrerseits noch ein Vertrag vorliegt.

Folglich sind Sie nicht dazu verpflichtet, der Aufforderung auf dem Schild Folge zu leisten.

(Ergänzende Anmerkungen: Da Sie sich auf einer öffentlichen Straße bewegen und nicht auf dem Grundstück des Baggereigentümers oder auf dem Bagger selbst, hat der Baggereigentümer auch keinen Anspruch auf Unterlassung auf der Basis seines Eigentumsrechts.

Das Schild ist dennoch rechtlich von Bedeutung, da es sinngemäß bedeutet, dass der Aufenthalt im Arbeitsbereich des Baggers gefährlich ist und Sie sich deshalb dort nicht aufhalten sollten (Verkehrssicherungspflicht des Baggereigentümers, abgeleitet aus § 823: s. Band 2, 10. Teil). Tun Sie es doch, werden Sie bei Eintreten eines Schadens zumindest einen Teil dieses Schadens selber tragen müssen, da Sie das Risiko trotz des Warnhinweises bewusst in Kauf genommen haben.)

Fall 2

‚Schlucki' Schepers wurde wegen einer Trunkenheitsfahrt der Führerschein abgenommen. Das ist ärgerlich für ihn, da er Handelsvertreter ist und viel reist. Meist nutzt er jetzt öffentliche Verkehrsmittel, aber manchmal kutschieren ihn auch Freunde zu Terminen.

Als er Anfang Mai von Borken zu einem geschäftlichen Termin in die entlegene Eifel fahren muss, klagt er sein Leid seinem Freund ‚Schlappi' Schludrig, seit Jahren Bezieher einer Vorruhestandsrente. Daraufhin verspricht dieser ihm, ihn unentgeltlich dorthin zu fahren, weil er ‚immer schon mal sehen wolle, was in der Eifel so abgeht'.

Sie verabreden sich für 5 Uhr morgens, um rechtzeitig um 9 Uhr dort zu sein. Aber Schludrig erscheint nicht und ist auch nicht erreichbar. Schepers lässt sich mit einem Taxi zu seiner Wohnung fahren und klingelt so lange, bis Schludrig an der Haustür erscheint. Das Verlangen von Schepers, ihn jetzt dringend in die Eifel zu fahren, lehnt er aber ab. Er habe es sich anders überlegt und nicht so gemeint. → Gefallen tuen wollen

Hat Schepers einen Leistungsanspruch gegen Schludrig?

Lösung

Schepers könnte einen Leistungsanspruch (d. h. den Anspruch, ihn in die Eifel zu fahren) haben, wenn es dafür eine rechtliche Grundlage gäbe. Eine solche könnte sich aus einem Schuldverhältnis ergeben, das zwischen beiden besteht.

Da hier kein gesetzliches Schuldverhältnis besteht, kommt nur ein rechtsgeschäftliches Schuldverhältnis (einseitiges Versprechen oder Vertrag) in Frage.

Voraussetzung dafür ist jedoch insbesondere (s. ergänzend BGB AT), dass Schludrig sein Versprechen mit Rechtsbindungswillen getätigt und nicht bloß ein Gefälligkeitsversprechen ausgesprochen hat, aus dem kein Anspruch abgeleitet werden kann.

Wenn es um die Ermittlung des Parteiwillens (hier: des Bindungswillens) geht, ist gemäß § 133 der wirkliche Wille relevant. Da dieser lt. Sachverhalt aber nicht eindeutig zu ermitteln ist, ist die Abmachung nach Treu und Glauben unter Berücksichtigung der Verkehrssitte auszulegen (§ 157) (s. hierzu auch 3. Teil). Zu diesem Zweck werden die Umstände des Gesprächs der beiden als Indizien gewertet.

Für ein Gefälligkeitsverhältnis spricht hier, dass die Beförderung unter Freunden vereinbart war und unentgeltlich sein sollte. Dies allein ist aber nicht entscheidend (auch ein rechtsverbindlicher Auftrag z. B. ist unentgeltlich: s. 7. Teil), sondern es sind bei der Abgrenzung zwischen Gefälligkeitsverhältnis und Schuldvertrag alle Umstände des Einzelfalls heran zu ziehen.

Hier musste Schepers einen bestimmten und wichtigen Termin einhalten. Es geht aus dem Sachverhalt hervor, dass dem Schludrig bekannt war, dass Schepers zu einem Geschäftstermin (mit fester Uhrzeit) in die Eifel reisen wollte und nicht zum Vergnügen. Schepers hatte zudem ein besonderes Interesse an der Zusage des Schludrig, was auch für diesen erkennbar war. Da er seine Zusage unter dieser Voraussetzung gegeben hat, ist hier das Zustandekommen eines Vertragsverhältnisses zu bejahen, zumal Schludrig ein Eigeninteresse an der Fahrt bekundet hat und Schepers aufgrund dessen annehmen konnte, dass Schludrig sein Angebot ernst nahm.

Schepers hat also einen Leistungsanspruch gegen Schludrig. Wenn dieser sich weigert, die Leistung zu erbringen, liegt eine Leistungsstörung vor, für die das BGB bestimmte Sanktionen vorsieht (z. B. Schadensersatz, wenn Schepers stattdessen mit dem Taxi in die Eifel fahren muss; s. im Einzelnen das Leistungsstörungsrecht in Band 2).

Fall 3

Die Rentnerin Hannelore Hahnenfuß besucht regelmäßig ihren Heilpraktiker Helmut Hundblut und bezahlt ihn auch privat, da dessen Leistungen sozialversicherungsrechtlich nicht erstattungsfähig sind. Eines Tages erhält sie ein Mahnschreiben von Hundblut, dem aufgefallen ist, dass eine Rechnung noch nicht bezahlt wurde.

1. Angenommen, sie bezahlt die Rechnung, stellt aber später fest, dass Hundblut sich geirrt hat und sie die Rechnung schon bezahlt hatte: Kann sie den zuviel bezahlten Betrag zurückfordern?

2. Angenommen, Hahnenfuß stellt fest, dass die in Frage stehende Rechnung zwar noch nicht beglichen, aber schon mehr als vier Jahre alt ist: Muss sie dann noch zahlen?

3. Angenommen, sie bezahlt diese alte Rechnung nach der Mahnung: Kann sie das Geld zurückverlangen, nachdem sie festgestellt hat, dass die Forderung bereits verjährt war?

Lösung

1. Hahnenfuß ist verpflichtet, die in Anspruch genommene Leistung vertragsgemäß zu vergüten, allerdings nur in Höhe des tatsächlich geschuldeten Betrags (da es sich typischerweise um einen Dienstvertrag handelt, schuldet sie die übliche Vergütung, auch wenn ausdrücklich über das Honorar nicht gesprochen wurde: § 612: s. 7. Teil). Zahlt sie irrtümlicherweise doppelt, könnte eine ungerechtfertigte Bereicherung (gesetzliches Schuldverhältnis) von Hundblut vorliegen.

Dies wäre im Einzelnen zu prüfen, ist jedoch aufgrund des Sachverhalts wahrscheinlich. Falls dies bejaht wird, kann Hahnenfuss auf dieser Anspruchsgrundlage den zuviel gezahlten Betrag zurückfordern (Leistungskondiktion § 812: s. Band 2, 10. Teil).

2. Grundsätzlich ist Hahnenfuß auch jetzt noch verpflichtet, ihre Schulden zu bezahlen, da diese im Normalfall (d. h. wenn nichts Abweichendes vereinbart wurde, was hier nicht erkennbar ist) nicht durch Zeitablauf erlöschen.

Sie kann sich aber auf die Verjährung der Forderung berufen und die Zahlung verweigern (§§ 195, 214 Abs. 1), da die Verjährungsfrist überschritten ist (§ 199) und keine Umstände erkennbar sind, die auf eine Hemmung oder Unterbrechung der Frist hinweisen (§§ 203 ff.) (die Verjährung ist eine dauerhafte Einrede).

3. In Frage käme eine Forderung von Hundblut aus ungerechtfertigter Bereicherung.

Dazu wäre es erforderlich, dass Hahnenfuß ohne Rechtsgrund bezahlt hat. Bezahlt sie jedoch aus Unwissenheit oder Irrtum die bereits verjährte Verbindlichkeit, lag dennoch ein Rechtsgrund vor, da die Forderung von Hundblut tatsächlich bestand, auch wenn sie nicht durchsetzbar war. Es liegt deshalb keine ungerechtfertigte Bereicherung seitens des Heilpraktikers vor, und Hahnenfuß kann den gezahlten Betrag nicht zurückfordern (§ 214 Abs. 2 S. 1).

*Fall 4

Kati Kränzler besucht zum ersten Mal einen Frisier-Shop, der in ihrer Straße neu eröffnet wurde. Sie lässt sich beraten und vereinbart schließlich, dass ihre Haare kurz geschnitten und blondiert werden sollen. Leider passiert der Inhaberin Fritzi Fetzig beim Färben ein Missgeschick, wobei nicht nur die Haare, sondern auch Kränzlers Kopfhaut in Mitleidenschaft gezogen werden. Welche Rechte kann Kränzler geltend machen?

Lösung

a) Kränzler könnte zum einen Ansprüche aus dem mit Fetzig geschlossenen Vertrag (der als Werkvertrag (§ 631) zu qualifizieren ist: s. 7. Teil) haben, der offensichtlich nicht leistungsgemäß erfüllt wurde.

Sie kann insbesondere fordern, dass die Leistung korrekt erbracht wird, d. h. wie vereinbart und unter Beachtung von Sorgfaltspflichten, die immer gelten und nicht ausdrücklich vereinbart werden müssen (s. 3. Teil). Dann muss sie auch den vereinbarten Preis zahlen, ggf. gemindert um (einfachen) Schadensersatz, sofern die Voraussetzungen für eine Haftung seitens Fetzig erfüllt sind.

Sie kann aber auch (vertragliche) Leistungsstörungsrechte geltend machen (z. B. Preisminderung, Schadensersatz statt der Leistung, Rücktritt vom Vertrag), wenn die entsprechenden Voraussetzungen erfüllt sind (s. Band 2, 11. und 15. Teil).

b) Sie könnte daneben einen (gesetzlichen) Anspruch auf Schadensersatz wegen Körperverletzung haben, wenn die Voraussetzungen von § 823 erfüllt sind. Sie kann diesen Anspruch neben den vertraglichen Ansprüchen geltend machen (Anspruchskonkurrenz). Allerdings kann der Schaden insgesamt natürlich nur einmal ersetzt werden.

(Anmerkung: Bitte beachten Sie, dass Leistungsstörungsrechte und Ersatzansprüche tatsächlich immer nur dann erfolgreich geltend gemacht werden können, wenn die jeweiligen gesetzlichen Voraussetzungen erfüllt sind. Dies wird nicht in diesem Band, sondern in Band 2, 11. Teil ff. behandelt).

Fall 5

Anna Apfel und Birgit Birne haben einen Vertrag geschlossen, der u. a. folgende Klausel enthält:

,Alle Rechte und Pflichten der Vertragsparteien ergeben sich aus dem vorliegenden Vertrag. Die Bestimmungen des BGB sollen in keinem Fall anwendbar sein.'

Können sie dies so vereinbaren bzw. muss sich ein Richter bei einem Streitfall hieran halten?

Lösung

Gemäß dem Grundsatz der Vertragsfreiheit sind grundsätzlich alle Vertragsinhalte erlaubt, und ein Richter wird im Streitfall auch diese Vereinbarungen seinem Urteil zugrunde legen. Eine Ausnahme gilt nur für Vereinbarungen, die gegen zwingende gesetzliche Bestimmungen verstoßen.

Insofern als nur dispositive Bestimmungen des BGB abbedungen werden, ist die vertragliche Regelung also in Ordnung. Ein allgemeiner Ausschluss des BGB ist jedoch nicht möglich, da dies auch die zwingenden Bestimmungen des BGB umfassen würde. Diese gelten jedoch auch dann, wenn die Parteien dies nicht wollen.

Wenn der Streitpunkt also zwingendes Recht beträfe, würde ein Richter das BGB anwenden und nicht den Vertrag.

*Fall 6

1. Frau Miesmacher ist im ganzen Dorf als Querulantin bekannt. Bäcker Schönbrot hat ihr deshalb Hausverbot erteilt. Als sie trotzdem wieder bei ihm erscheint, weigert er sich, ihr Brot zu verkaufen. Darf er das?

2. Maler Bunt verkauft mündlich sein Ferienhäuschen in der Eifel an seinen Nachbarn Eitel. Nachdem er aber erfährt, dass dieser daraus ein ,Etablissement für gewisse Stunden' machen möchte, weigert er sich, den Vertragsschluss zu vollziehen. Kann Eitel dennoch auf Erfüllung klagen?

3. Angenommen, im vorigen Fall kommt es zum wirksamen Kauf, aber vor Eintragung ins Grundbuch möchte Eitel den Vertrag rückgängig machen, da seine Frau schwer erkrankt ist und er das Geld für eine teure medizinische Behandlung benötigt: Ist Bunt verpflichtet, dem zuzustimmen?

Lösung

1. Aufgrund der Abschlussfreiheit als Kern der Vertragsfreiheit kann Schönbrot grundsätzlich seine Vertragspartner auswählen und ist nicht gezwungen, Geschäfte mit Miesmacher zu tätigen (d. h. Verträge mit ihr zu schließen).

Ausnahmsweise könnte sich lt. Rechtsprechung jedoch eine Pflicht zum Verkauf von Brot (Kontrahierungszwang) ergeben, wenn die Frau keine Alternative zur Versorgung mit diesem Grundnahrungsmittel hätte. Im Sachverhalt gibt es dazu keine Angaben, so dass eine endgültige Antwort eine weitere Klärung des Sachverhalts erfordert.

2. Grundsätzlich verpflichten auch mündliche Absprachen und sie reichen als Grundlage für eine Klage auf Erfüllung, die bei einem Immobilienkauf in der Übergabe und Übereignung (durch Auflassung und Eintragung ins Grundbuch: § 873) besteht (§ 433 Abs. 1 S. 1: s. 5. Teil).

Voraussetzung für letzteres Erfüllungsgeschäft ist jedoch ein wirksames Verpflichtungsgeschäft. Dieses scheitert im vorliegenden Fall an der Formvorschrift von § 311b, nämlich einer notariellen Beurkundung des Kaufvertrags. Der Vertrag ist folglich nichtig (§ 125) und Eitel wird mit seiner Klage keinen Erfolg haben.

(Anmerkung: Die Frage, ob Bunt aus sachlichen Gründen berechtigt war, den Verkauf nicht zu vollziehen, muss nicht mehr geprüft werden. Siehe hierzu auch die Lösung zu Frage 3).

3. Wenn ein wirksamer Kaufvertrag vorliegt, ist der Käufer grundsätzlich hieran gebunden, auch wenn er den Kauf nachträglich bereut oder er ihn aus anderen Gründen rückgängig machen möchte (pacta sunt servanda). Aus dem Kaufvertrag lösen könnte er sich nur in folgenden Umständen:

- Wenn er über ein vertragliches Rücktrittsrecht (s. hierzu 4. Teil) verfügt, was hier allerdings im Sachverhalt nicht erkennbar ist (ein gesetzliches Rücktrittsrecht ist übrigens mangels Leistungsstörung seitens des Verkäufers auch nicht gegeben: s. Band 2, 12. Teil).
- Wenn Bunte mit einer Vertragsaufhebung einverstanden ist: Dazu ist er jedoch grundsätzlich nicht verpflichtet. Etwas anderes könnte sich nur dann ergeben, wenn die Weigerung von Bunte gegen Treu und Glauben (§ 242) verstoßen würde. Dies wäre aufgrund der Umstände des Einzelfalls zu prüfen. (Auf § 242 beruht letztlich auch das Argument eines möglichen Wegfalls der Geschäftsgrundlage (§ 313), dessen enge Voraussetzungen auch zu prüfen wären: s. Band 2, 13. Teil).
- Zu prüfen wäre schließlich, ob Eitel ein Leistungsverweigerungsrecht wegen Unmöglichkeit besitzt (§ 275: s. hierzu Band 2, 13. Teil).

Fall 7

Student Willnich schließt mit dem Internet Provider MAILMASTER einen Vertrag über die kostenlose Nutzung eines E-Mail-Postfaches, indem er sich über das Internet anmeldet. Weitergehende schriftliche Unterlagen gibt es dazu nicht.

Nach zwei Monaten wird ihm der Zugriff auf sein Postfach verweigert und eine weitere Nutzung von der Zahlung eines Entgelts abhängig gemacht. Auf den Einwand des Willnich, dies stelle einen Vertragsbruch dar, behauptet MAILMASTER, es gebe überhaupt keinen Vertrag zur kostenlosen E-Mail-Nutzung im BGB, so dass der Vertrag nichtig sei. Und wenn doch, sei der Vertrag nicht formgültig geschlossen. Hat der Provider Recht?

Lösung

Das Prinzip der inhaltlichen Vertragsfreiheit (abgeleitet aus § 311 Abs. 1) gilt auch für sogenannte ‚atypische Verträge', die nicht ausdrücklich im BGB erwähnt und geregelt sind. D. h. solche Verträge dürfen selbstverständlich geschlossen werden und sind – sofern die entsprechenden Voraussetzungen vorliegen – wirksam. Folglich muss sich MAILMASTER an die ursprünglichen Vereinbarungen halten. Eine Änderung des Vertrags ist nur in beiderseitigem Einvernehmen möglich (s. § 311 Abs. 1). Ansonsten steht dem Provider normalerweise die Möglichkeit der Kündigung eines Dauerschuldverhältnisses offen (s. hierzu 4. Teil).

Auf der Basis des Prinzips der Formfreiheit ist auch keine besondere Form erforderlich, es sei denn, diese ist vom Gesetz vorgeschrieben oder zwischen den Parteien vereinbart (s. §§ 126-127). Da letzteres nicht der Fall ist, wäre zu prüfen, ob es gesetzliche Vorschriften gibt, die eine Schrift- oder Textform vorschreiben. Es gibt in der Tat verschiedene Vorschriften über Allgemeine Geschäftsbedingungen (§§ 305 ff.), Geschäfte im elektronischen Geschäftsverkehr (§ 312e) und ggf. Fernabsatzgeschäfte (§§ 312b-312d), die zwingend sind (s. §§ 306a, 312g) und hier hinsichtlich möglicher Formvorschriften relevant sein könnten. Diese sind demnach im Einzelnen zu prüfen (s. hierzu Band 3).

*Fall 8

Lieselotte Lehrmichwas, Studentin der Rechtswissenschaften an der Uni Unterburg, möchte mit ihrer Lebensgefährtin, der Kenianerin Emmanuelle Potokka, zusammenziehen und eine Zweizimmerwohnung mieten. Der potenzielle Vermieter Z. U. Streng weigert sich jedoch mit dem Hinweis, ‚so was gebe es in seinem Haus nicht' (die Wohnung liegt im Dachgeschoss des von Streng selbst bewohnten Hauses).

Lehrmichwas sucht jetzt nach Argumenten, wie sie Streng zwingen kann, ihr die Wohnung zu vermieten, die ihr sehr gut gefällt und die sie sich auch leisten kann.

Was würden Sie ihr raten?

Lösung

Grundsätzlich ist Streng aufgrund der Abschlussfreiheit nicht verpflichtet, einen Mietvertrag abzuschließen, wenn er dies nicht möchte, selbst wenn die Mieterin die Miete zahlen könnte.

Seine Ablehnung darf jedoch nicht diskriminierend sein. Eine Diskriminierung könnte hier jedoch vorliegen, und zwar aus Gründen der sexuellen Identität, da es für die Ablehnung keine sachliche Rechtfertigung gibt (§ 1, 19 Abs. 1, 20 AGG-Allgemeines Gleichbehandlungsgesetz).

Im Falle einer solchen Diskriminierung könnte Lehrmichwas von Streng Schadensersatz fordern (§ 21 Abs. 2), wenn sie ihre Forderung innerhalb von zwei Monaten geltend macht (§ 21 Abs. 5) und die Diskriminierung beweisen kann. Da sie durch die Aussage von Streng, die von Potokka bezeugt werden kann, Indizien für eine Diskriminierung vorweisen kann, obliegt es Streng nachzuweisen, dass keine Diskriminierung vorliegt (§ 22). Ein Anspruch auf Abschluss des Vertrags ergibt sich aus dem AGG jedoch nicht (nur faktisch könnte der drohende Schadensersatz Streng zum Abschluss bewegen).

Gemäß § 19 Abs. 5 S. 2 AGG ist das AGG jedoch nicht anwendbar auf Mietverträge zum nicht nur vorübergehenden Gebrauch von Wohnraum, wenn der Vermieter nicht mehr als 50 Wohnungen vermietet.

Selbst wenn hier eine Diskriminierung vorläge, ist das AGG also nicht anwendbar und Lehrmichwas kann sich nicht darauf berufen.

(Anmerkung: Eine Diskriminierung aus Gründen der Rasse könnte gegenüber ihrer Freundin Potokka vorliegen, wäre aber nur relevant, wenn diese eigene Ansprüche geltend machen möchte, weil sie z. B. den Mietvertrag zu zweit unterschreiben wollten. Hier geht es aber nur um Ansprüche von Lehrmichwas. Im Übrigen würden auch Ansprüche von Potokka daran scheitern, dass das AGG nicht anwendbar ist.)

2. Teil
Entstehung von (vertraglichen) Schuldverhältnissen

In diesem Teil wird der Frage nachgegangen, wie Schuldverhältnisse entstehen. Der Schwerpunkt wird dabei auf der Frage liegen, nach welchen Regeln und mit welchen Grenzen insbesondere vertragliche Schuldverhältnisse begründet werden können.

Hierbei wird in vielerlei Hinsicht angeknüpft an die Regeln zur Entstehung von Rechtsgeschäften, die im BGB AT behandelt werden.

I. Überblick

Schuldverhältnisse entstehen aus Gesetz oder Rechtsgeschäft:

1. Gesetzliche Schuldverhältnisse

Die Arten gesetzlicher Schuldverhältnisse wurden überblicksartig im 1. Teil (S. 27 ff.) dargestellt.

Ob ein solches Schuldverhältnis entsteht, d. h. jemand zum Schuldner wird, hängt davon ab, ob alle gesetzlichen (z. T. von der Rechtsprechung präzisierten) Voraussetzungen (d. h. Tatbestandsmerkmale) erfüllt sind.

Der Schuldner, der diese Situation i. d. R. nicht absichtlich herbeigeführt hat, kann zwar ggf. Gegenrechte geltend machen, aber seine Zustimmung zur Entstehung des Schuldverhältnisses ist nicht erforderlich, sondern das Gesetz ordnet die jeweils spezifische Rechtsfolge an. Entscheidend ist hier also das Vorliegen aller relevanten Tatbestandsmerkmale.

Ist dies der Fall, entsteht das Schuldverhältnis allerdings zunächst nur potenziell. Es entfaltet tatsächlich nur dann Wirkung, wenn der Anspruchsberechtigte (Gläubiger) seine Rechte auch geltend macht, wozu er nicht verpflichtet ist. Für die Durchsetzung seiner Rechte ist also eine Willensbekundung des Gläubigers erforderlich, nicht aber für die Entstehung.

2. Rechtsgeschäftliche Schuldverhältnisse

a) Wirksamkeit und Zustandekommen

Rechtsgeschäftliche Schuldverhältnisse entstehen durch ein- oder zweiseitige Willenserklärungen. Dies bedeutet zunächst, dass diese Erklärungen wirksam sein müssen, d. h. die Parteien müssen geschäftsfähig sein (s. §§ 104 ff.) und es dürfen keine anfechtbaren Willensmängel vorliegen (s. §§ 116 ff.). Da diese Voraussetzungen für alle Rechtsgeschäfte gelten, werden sie im BGB AT behandelt.

Bei Verträgen müssen darüber hinaus die Willenserklärungen (Angebot und Annahme) ‚zueinander finden' und übereinstimmen (s. §§ 145 ff.):

- Solange die Parteien sich nicht über alle Punkte geeinigt haben, über die nach der Erklärung auch nur einer Partei eine Vereinbarung getroffen werden soll, ist im Zweifel der Vertrag nicht geschlossen (offener Einigungsmangel: § 154 Abs. 1 S. 1).
- Haben die Parteien sich bei einem Vertrag, den sie als geschlossen ansehen (und z. B. schon erfüllt haben), über einen Punkt, über den eine Vereinbarung getroffen werden sollte, in Wirklichkeit nicht geeinigt, so gilt das Vereinbarte (d. h. der Vertrag gilt als abgeschlossen), sofern anzunehmen ist, dass der Vertrag auch ohne eine Bestimmung über diesen Punkt geschlossen sein würde (versteckter Einigungsmangel: § 155) (Dieser Punkt wird im 3. Teil vertieft.)

Auch diese Fragen, ebenso wie die der an eine Bedingung oder Zeitbestimmung geknüpften Entstehung eines Vertrages sowie des Zustandekommens durch einen Vertreter, werden im BGB AT geregelt.

Sind Teile eines Vertrages als Allgemeine Geschäftsbedingungen vorformuliert, werden diese nur dann Bestandteil des Vertrages, wenn die Voraussetzungen von §§ 305-305a vorliegen. Ist dies nicht der Fall, bleibt i. d. R. der restliche Vertrag wirksam und es greifen die dispositiven gesetzlichen Bestimmungen. Nur ausnahmsweise wird der gesamte Vertrag unwirksam (§ 306) (s. im Einzelnen Band 3).

Zu beachten ist, dass in den Fällen der Nichtigkeit und der Nichteinigung rechtlich kein Schuldverhältnis entstanden ist. In der Zwischenzeit ggf. eingetretene Vermögensverschiebungen sind rückgängig zu machen. Dies erfolgt mit Hilfe der gesetzlichen Schuldverhältnisse (es liegt z. B. meist eine ungerechtfertigte Bereicherung vor).

b) Beachtung zwingenden Vertragsrechts

Im 1. Teil wurden der Grundsatz der Vertragsfreiheit und seine Grenzen erläutert. Verstöße gegen letztere führen zur Nichtigkeit des Vertrages, wenn dieser angefochten wird. D. h. der Vertrag gilt als nicht zustande gekommen (Nichtigkeit *ex tunc*: § 142), wenn das nichtige Geschäft nicht umgedeutet werden kann (§ 140) oder von den Parteien bestätigt wird (§ 141) (s. im Einzelnen BGB AT).

Davon zu unterscheiden sind die Fälle des Rücktritts und Verbraucherwiderrufs, die nur zu einem Rückabwicklungsverhältnis führen, während der Vertrag aber grundsätzlich als wirksam geschlossen gilt (s. im Einzelnen 4. Teil).

II. Besonderheiten bei Verträgen

Wie hiervor beschrieben geht das Schuldvertragsrecht von wirksam geschlossenen Verträgen aus und behandelt nur diese. Dies reicht jedoch nicht, um der komplexen Realität Rechnung zu tragen:

- In der einem Vertragsabschluss vorangehenden Phase kommt es nämlich zu Kontakten zwischen den möglichen zukünftigen Parteien und ggf. zum Austausch von Schriftstücken, so dass zu klären ist, welche (schuld)rechtliche Bedeutung diesen zukommt.

- Außerdem hat ein bereits beendeter Vertrag (insbesondere ein Dauer-schuldverhältnis: s. u. 4. Teil) ggf. Folgewirkungen über das Vertrags-ende hinaus, die zu klären sind.
- Schließlich gibt es Rechtsverhältnisse, bei denen es am wirksamen Zustandekommen eines Vertrages fehlt, die aber Ähnlichkeiten mit diesen aufweisen. Auch hier ist zu klären, welche schuldrechtliche Regelung diese ggf. erfahren.

A. Vorvertragliche Bindungen

1. Grundsatz

Wegen der u. U. schwerwiegenden vollstreckungsrechtlichen Konsequenzen legt das Gesetz großen Wert darauf, dass ein Vertrag tatsächlich vollständig und wirksam zustande gekommen ist. Deshalb gilt ein Vertrag im Zweifel als nicht geschlossen, wenn die Parteien sich noch nicht über alle seine Punkte geeinigt haben (§ 154 Abs. 1). Das gilt gem. § 154 Abs. 1 S. 2 auch dann, wenn über einzelne Punkte des beiderseitigen Einverständnisses eine Aufzeichnung (‚Punktation') erfolgt ist (s. hiervor).

Im Rahmen der Vertragsfreiheit hat jeder Vertragspartner auch das Recht, von dem in Aussicht genommenen Vertragsabschluss Abstand zu nehmen; seinen Aufwand hierfür trägt er grundsätzlich auf eigene Gefahr. Nur im Ausnahmefällen, wenn der Vertragsabschluss vom anderen Vertragspartner als sicher hingestellt, aber letztlich nicht realisiert worden ist, kann es wegen dessen Verschuldens zu einem Anspruch auf Ersatz des Vertrauensschadens kommen (‚culpa in contrahendo': s. S. 31 und Abschnitt B hiernach).

Wenn ein Vertrag zustande kommt, wird das Verhalten bei den Verhand-lungen usw. im Übrigen nicht nur für eine mögliche Haftung bedeutsam, sondern auch für die Auslegung der Willenserklärungen (s. o.).

*2. Vorvertragliche Dokumente

Bei komplexeren Vertragsgegenständen, bei denen einem Abschluss lange Verhandlungen vorausgehen, werden in der Phase zwischen einzelnen Ver-handlungsetappen und erreichten Zwischenständen oft Vertragsentwürfe oder sonstige vorvertragliche Dokumente erstellt. In letzteren bestätigen die Vertragsparteien z. B. ihre grundsätzliche Absicht, einen Vertrag miteinander abzuschließen und halten fest, worüber sie sich bereits einig sind. Wenn den entsprechenden Dokumenten nicht ausnahmsweise etwas anderes zu entneh-men ist, erwachsen aus ihnen gem. § 154 Abs. 1 noch keine Vertragsbindun-gen.

*3. Vorvertrag

Wenn dem Abschluss eines Schuldvertrages noch tatsächliche oder rechtliche Hindernisse entgegenstehen, die Parteien sich aber bereits jetzt verpflichten wollen, in der Zukunft einen Schuldvertrag abzuschließen, kommt für sie ein Vorvertrag in Betracht. Dabei handelt es sich um einen Vertrag, durch den für eine oder beide Parteien die Pflicht begründet wird, einen anderen schuldrechtlichen Vertrag, den ‚Hauptvertrag‘, zu schließen. Hierdurch wird die Abschlussfreiheit der Parteien (s. 1. Teil) eingeschränkt, aber dies geschieht freiwillig.

Damit diese Pflicht ausreichend bestimmt ist, muss der Inhalt des Hauptvertrages schon feststehen und im Vorvertrag präzisiert werden. Daher werden die Parteien meist die Option wählen, den Hauptvertrag gleich abzuschließen, aber unter aufschiebender Bedingung oder Zeitbestimmung (§§ 158 ff.).

Der Vorvertrag muss im Übrigen kein selbständiger Vertrag sein, sondern kann eine Klausel eines anderen Vertrages darstellen. Gerade bei langfristigen Verträgen verpflichten die Parteien sich oft mehr oder weniger präzise, den abgeschlossenen Vertrag hinsichtlich bestimmter Inhalte neu zu verhandeln. Dann ergibt sich keine Pflicht, einen neuen Vertrag auf jeden Fall abzuschließen, wohl aber, hierüber ernsthaft zu verhandeln.

*4. Rahmenvertrag

Im Rahmenvertrag regeln Vertragsparteien, die in einer laufenden Geschäftsbeziehung stehen (werden), die Bedingungen, die für jeweilige Einzelgeschäfte (‚Abruf‘) zwischen ihnen gelten sollen. Aus Praktikabilitätsgründen wollen sie sich nicht jedes Mal mit den Einzelheiten beschäftigen, sondern diese einheitlich vorab regeln.

Meist beinhaltet der Rahmenvertrag als solcher im Gegensatz zum Vorvertrag also keine unmittelbaren Pflichten der Parteien, aber er entfaltet solche, wenn er durch Abschluss eines konkreten Geschäfts Vertragsbestandteil wird. In diesen Fällen können die Parteien normalerweise frei entscheiden, ob und in welchem Umfang sie Einzelgeschäfte abschließen. Allerdings kann auch eine Mindestabnahme vereinbart sein, oder der Rahmenvertrag kann einen echten Vorvertrag mit Zwang zum Abschluss weiterer Verträge darstellen.

Rahmenverträge haben oft die Form von gemeinsam beschlossenen AGB. § 305 Abs. 3 erlaubt ausdrücklich den Abschluss solche Vereinbarungen.

> Beispiele
> Der Bankvertrag, den Sie mit der Eröffnung eines Kontos und der Zustimmung zu den Bank-AGB abschließen, stellt einen Rahmenvertrag für alle Geschäfte dar, die Sie mit der Bank tätigen.
> Ein Seminarveranstalter kann mit einem freiberuflichen Dozenten einen Rahmenvertrag über die zu erbringenden Leistungen und die hierbei geltenden Modalitäten abschließen, ohne damit bereits einen konkreten Auftrag zu erteilen. Bei einer späteren Auftragsvergabe können die Parteien dann den Vertragsinhalt auf wenige Einzelheiten beschränken, da im Übrigen der Rahmenvertrag gilt.

B. Vor- und nachvertragliche Pflichten

1. Vorvertragliche Pflichten

Wer zu erkennen gibt, dass er mit einem anderen einen Vertrag abschließen möchte, darf ab diesem Zeitpunkt auf insbesondere eine Sorgfaltspflicht seines Gegenüber vertrauen, die über die hinausgeht, die dieser jedem Dritten schuldet.

Gemäß § 311 Abs. 2 entsteht in der Tat ein vorvertragliches Schuldverhältnis durch die Aufnahme von Vertragsverhandlungen, die Vertragsanbahnung und durch ähnliche geschäftliche Kontakte. Der Inhalt dieses Schuldverhältnisses ist gesetzlich in § 241 Abs. 2 definiert, d. h. die Pflicht zur Rücksichtnahme auf die Rechte, Rechtsgüter und Interessen des anderen Teils (s. im Einzelnen 1. Teil, 3. Teil sowie Band 2, 14. Teil).

*2. Nachvertragliche Pflichten

Auch bei einem bereits abgewickelten Vertrag (d. h. mit erloschenen Leistungsansprüchen) können noch Pflichten i. S. d. § 241 Abs. 2 bestehen, insbesondere Treue- und Sorgfaltspflichten. Hierfür gibt es keine ausdrückliche Rechtsgrundlage, sondern dies wird aus § 242 abgeleitet.

Es handelt sich dabei um vertragliche Nebenpflichten, die darauf gerichtet sind, nach Erfüllung der Hauptpflichten eine Handlung vorzunehmen oder häufiger zu unterlassen (s. auch 3. Teil).

> Beispiel
> Auch nach Beendigung eines Arbeitsverhältnisses gilt die Pflicht, keine Betriebsgeheimnisse auszuplaudern.
> Wenn ein Anwalt, der seine Büroräume gemietet hat, seine Kanzlei verlegt, muss sein ehemaliger Vermieter es dulden, dass während einer Übergangszeit ein Hinweisschild mit der neuen Anschrift des Anwalts angebracht wird.

Diese nachvertraglichen Pflichten sind nicht zu verwechseln mit den Gewährleistungs- / Garantiepflichten, die sich unmittelbar aus den Leistungspflichten ergeben. In beiden Konstellationen sind die Leistungpflichten erloschen, das Schuldverhältnis (der Vertrag) insgesamt ist jedoch noch nicht beendet (s. hierzu 4. Teil).

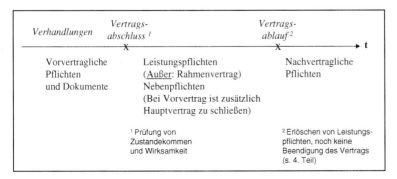

*C. Faktische bzw. fehlerhafte Vertragsverhältnisse

Es gibt Rechtsverhältnisse, bei denen es keinen wirksamen Vertragsschluss gibt, die von den Parteien aber behandelt wurden bzw. werden, als ob ein solcher bestünde, oder bei denen die Rechtsprechung einen Vertrag fingiert, da es ansonsten keine Rechtsgrundlage für solche Arten von Rechtsverhältnissen gibt.

Wenn es keinen wirksamen Vertragsabschluss gibt, aber bereits Leistungen erbracht wurden, müsste nach den Regeln des Schuldrechts eine Rückabwicklung nach den Regeln der ungerechtfertigten Bereicherung erfolgen (§§ 812 ff.). Dies ist jedoch oft nicht oder nur schwierig möglich, insbesondere bei Dauerschuldverhältnissen (zum Begriff s. 4. Teil) (z. B. kann eine einmal erbrachte Arbeitsleistung nicht rückgängig gemacht werden). Hierfür gibt es verschiedene rechtliche Lösungsansätze:

Zum einen wendet die Rechtsprechung in solchen Konstellationen Nichtigkeits- und Anfechtungsgründe in Einzelfällen (z. B. Arbeitsrecht; im Mietrecht ist die Lage nicht klar) entgegen den allgemeinen Regeln nur ex nunc an, sofern überhaupt ein – wenn auch fehlerhafter – Vertrag vorliegt.

Wenn eine Partei Leistungen einer anderen in Anspruch nimmt, ohne dass es überhaupt zu einem formellen Vertragsschluss gekommen wäre (z. B. Anzapfen einer Stromleitung, Fahren im Bus) kann oft von einem stillschweigenden Vertragsabschluss ausgegangen werden (s. Formfreiheit sowie 3. Teil bzgl. Leistungsbestimmung). Hierbei wird typischerweise das tatsächliche Verhalten als Zustimmung gewertet, selbst wenn verbal Vorbehalte oder Widerspruch geäußert wird, weil dies als sozialtypisch anzusehen ist. Dies führt dann zu einem Leistungsanspruch (insbesondere Vergütung für die in Anspruch genommene Leistung) gegen den Nutzer.

Eine Sonderregelung erfährt die Lieferung unbestellter Sachen oder die Erbringung unbestellter sonstiger Leistungen durch einen Unternehmer (Definition § 14) an einen Verbraucher (Definition § 13. S. im Einzelnen Band 3). Hierdurch wird grundsätzlich kein schuldrechtlicher (vertraglicher oder gesetzlicher) Anspruch gegen den Verbraucher begründet (§ 241a Abs. 1), insbesondere auch nicht aufgrund einer stillschweigenden Annahme. Gesetzliche Ansprüche (Herausgabe, Schadensersatz, Nutzungsherausgabe) gegen den Empfänger sind jedoch nicht ausgeschlossen, wenn die Leistung nicht für diesen bestimmt war oder in der irrigen Annahme einer Bestellung erfolgte und der Empfänger dies erkannt hat oder bei Anwendung der im Verkehr üblichen Sorgfalt hätte erkennen können (§ 241a Abs. 2).

In diesen Fällen ist eine Rückabwicklung auf der Grundlage ungerechtfertigter Bereicherung vorzunehmen. Wenn das Erlangte als solches nicht zurückgegeben werden kann, ist Wertersatz zu leisten (§ 818 Abs. 2). Im Ergebnis entspricht dies einer Situation, bei der der Nutzer / Empfänger ein vertraglich vereinbartes Entgelt für den Verbrauch bzw. die Nutzung gezahlt hätte.

Wiederholungsfragen

1. Wie wird man Beteiligter eines gesetzlichen Schuldverhältnisses bzw. wie entstehen gesetzliche Schuldverhältnisse?
2. Wo sind die rechtlichen Regelungen bzgl. des wirksamen Zustandekommens von Verträgen zu finden?
3. Kann es vor Vertragsabschluss und nach Vertragsbeendigung Pflichten für die Vertragsparteien geben? Welcher Art können diese ggf. sein?

Übungen zum 2. Teil

*Fall 9

Leo Lelgemann möchte einen Swimmingpool in das Kellergeschoss seiner Villa einbauen lassen und kontaktiert verschiedene Fachbetriebe, die er über ein Internetbranchenverzeichnis ermittelt hat.

Nach den ersten Gesprächen mit verschiedenen Anbietern verhandelt er nur noch mit Edwin Eifer. Dieser hat ihm nicht nur den vergleichsweise besten Preis genannt, sondern insbesondere auch eine Wassersäuberungstechnik aus den USA angeboten, die ganz ohne Chemie auskommt, was den gesundheits-bewussten Lelgemann besonders beeindruckt. Diese Anlage benötigt aber relativ viel Platz, der im Kellergeschoss nicht vorhanden ist.

Er erteilt Eifer schließlich dennoch den Auftrag und lässt von einem anderen Bauunternehmer schon mal verschiedene vorbereitende Arbeiten durchführen, insbesondere für 5.000 € einen kleinen Anbau errichten, in dem die Wasser-säuberungsanlage untergebracht werden soll.

Es stellt sich jedoch bald heraus, dass Eifer vollkommen überfordert ist und auch nach 2 Monaten immer noch nicht mit der Installation begonnen hat. Statt-dessen jammert er darüber, dass er einen Preisnachschlag brauche. Nach einer intensiven Diskussion gibt er zu, dass er einen unrealistischen ‚Kampfpreis' angeboten habe, weil er unbedingt diesen Auftrag haben wollte, der sein erster in diesem Bereich der Poolinstallation sei.

Als Lelgemann sich verärgert an einen anderen Fachmann wendet erfährt er zudem, dass die alternative Poolsäuberungstechnik von Eifer vom TÜV noch gar nicht genehmigt und auch im Handling nicht ganz problemlos sei, was Eifer ihm verschwiegen hat. Auf dieser Basis möchte Lelgemann die entsprechende Technik gar nicht verwenden und hat keine Verwendung für den Anbau.

Auf welcher Grundlage kann Lelgemann welche Rechte gegen Eifer geltend machen?

Abwandlung: Würde sich am Ergebnis etwas ändern, wenn der Vertrag noch gar nicht abgeschlossen wurde, Lelgemann aber schon den Anbau hat errichten lassen, den er nun nicht mehr benötigt?

Lösung

Zu unterscheiden ist grundsätzlich nach dem, was Lelgemann erreichen möchte.

Er hat auf jeden Fall mit Eifer einen Vertrag abgeschlossen (Werkvertrag: s. 7. Teil). Aus diesem hat er zunächst einen Anspruch auf Erfüllung, und zwar zum ursprünglich vereinbarten Preis. Sollte Eifer sich weigern zu leisten, kann Lelgemann Rechte wegen Nichtleistung, insbesondere auf Rücktritt und / oder Schadensersatz, geltend machen (s. Band 2, 12. Teil).

Lt. Sachverhalt ist es aber wohl eher so, dass Lelgemann gar nicht mehr möchte, dass Eifer liefert, weil er die angebotene Technik auf der Basis der ergänzenden Informationen nicht mehr einsetzen möchte. Hier wäre zu klären, ob er eine Möglichkeit besitzt, den Vertrag zu kündigen (außerordentliche Kündigung nach § 314) oder von ihm zurückzutreten (§ 324 i. V. m. § 241 Abs. 2) (s. hierzu 4. Teil). Für die getätigten nutzlosen Aufwendungen kann er ggf. Schadensersatz verlangen (§§ 280, 282: s. Band 2, 12. und 15. Teil).

(Anmerkung: Möglich wäre es ggf. auch, eine Täuschung durch Eifer und somit einen Willensmangel zu argumentieren, demzufolge kein wirksamer Vertrag zustande gekommen wäre (s. BGB AT). Dies wäre im Sachverhalt zu prüfen.)

Abwandlung: Auch hier hat sich Lelgemann nach den Aussagen Eifers bei den Vertragsverhandlungen gerichtet, diesen vertraut und auf dieser Grundlage Aufwendungen getätigt. Da gemäß § 311 Abs. 2 Nr. 1 ein Schuldverhältnis mit Pflichten nach § 241 Abs. 2 auch schon durch die Aufnahme von Vertragsverhandlungen entsteht, kann Lelgemann grundsätzlich Ersatz des Schadens, der ihm durch Verletzung dieser Pflichten (insbesondere Aufklärungspflicht) entsteht (*culpa in contrahendo*), verlangen, auch wenn letztlich kein Vertrag zustande gekommen ist (s. im Einzelnen Band 2, 15. Teil).

*Fall 10

Aufgrund eines Fehlers des Zustellers erhält Theo Tagblatt irrtümlich mehrere Wochen lang eine Tageszeitung, die er auch liest und anschließend entsorgt, ohne sich beim Zeitungsverlag deswegen zu melden. Als letzterer ihn nach Feststellung des Fehlers auffordert, für die Nutzung nachträglich zu zahlen, weigert sich Tagblatt mit dem Argument, er habe die Zeitung nicht bestellt und sei deshalb zu keiner Zahlung bereit. Muss er dennoch zahlen?

Lösung

Tagblatt müsste zahlen, wenn die Tageszeitung einen vertraglichen oder gesetzlichen Anspruch gegen ihn hätte.

a) Es liegt offenkundig kein Vertrag vor (auch kein konkludent abgeschlossener), da der Zeitungsverlag nicht einmal beabsichtigt hatte, mit Tagblatt einen solchen abzuschließen (es gibt kein Angebot).

Außerdem kann sich Tagblatt auf § 241a Abs. 1 berufen, demzufolge er als Verbraucher (Definition § 13) dem Zeitungsverlag als Unternehmer (Definition § 14) für die unbestellte Zusendung nichts schuldet.

b) Die Tageszeitung könnte allerdings Ansprüche aus ungerechtfertigter Bereicherung gegen Tagblatt haben.

Solche Ansprüche sind nach § 241a Abs. 2 nicht ausgeschlossen, wenn die Leistung in der irrigen Vorstellung einer Bestellung erfolgte und Tagblatt dies erkannt hat oder bei Anwendung der im Verkehr erforderlichen Sorgfalt hätte erkennen können (§ 241a Abs. 2 stellt alleine aber keine Anspruchsgrundlage dar).

Die Zeitung war in der Tat nicht für Tagblatt bestimmt und dieser hat dies erkannt bzw. hätte es erkennen können und müssen, da Probeabos i. d. R. nur gegen Absprache unverbindlich (und auch dann nicht immer kostenfrei) zur Verfügung gestellt werden.

Deshalb hat der Verlag ausnahmsweise gesetzliche Ansprüche (hier Nutzungsersatz aus ungerechtfertigter Bereicherung: s. Band 2, 10. Teil) gegen Tagblatt.

(Anmerkung: Problematisch ist hier die Feststellung der Bereicherung (muss Tagblatt die Zeitung gelesen haben?) und deren Rückabwicklung, da eine Rückgabe alter Zeitungen (sofern sie noch vorhanden sind) wenig sinnvoll ist.)

3. Teil
Inhalte von (vertraglichen) Schuldverhältnissen

Der Inhalt eines Schuldverhältnisses ergibt sich
- bei gesetzlichen Schuldverhältnissen jeweils spezifisch aus dem Gesetz. Diese Inhalte sind in der Zahl begrenzt und zielen insgesamt auf einen Vermögensausgleich. Diese werden im Einzelnen bei den gesetzlichen Schuldverhältnisses behandelt (s. Band 2, 10. Teil).
- bei vertraglichen Schuldverhältnissen aus den getroffenen Vereinbarungen, die wegen der Inhaltsfreiheit (s. 2. Teil) eine unendliche Vielfalt aufweisen können.

Insofern könnte es sich erübrigen, sich weiter mit den Inhalten zu befassen. Dennoch bleibt dies erforderlich:
- Der Inhaltsfreiheit sind Grenzen gesetzt durch zwingende Regeln, die von den Parteien einzuhalten sind und ihnen demnach bekannt sein müssen.
- Die von den Parteien vereinbarten vertraglichen Leistungsinhalte sind ggf. nicht klar oder nur lückenhaft festgelegt. Hier stellt sich die Frage, wie in solchen Fällen zu verfahren ist und welche dispositiven Gesetzesregeln dann greifen.

Im vorliegenden Teil wird es vor allem um die Methodik der Bestimmung von Vertragsinhalten sowie die Darstellung der dispositiven Regeln des Allgemeinen Schuldrechts für die verschiedenen vertraglich relevanten Dimensionen gehen. Die jeweils vertragsspezifischen Regeln werden im 5.-7. Teil dargestellt. Weitere zwingende Regeln (insbesondere bzgl. AGB und Verbraucherverträgen) werden in Band 3 behandelt.

I. Grundlagen

A. Vertragliche Pflichten und Rechte

Die im Vertrag begründeten Forderungs- und Gestaltungsrechte (s. S. 20) resultieren aus verschiedenartigen Pflichten des Vertragspartners. Diese sind grundsätzlich Leistungspflichten. Daneben bestehen aber auch unselbständige Nebenpflichten sowie ggf. Obliegenheiten (Das im 1. Teil dargestellte Grundmodell wird insofern ergänzt.). Diese stellen insgesamt ‚Primärpflichten' dar, aus denen sich bei Pflichtverletzung neue oder ersetzende ‚Sekundärpflichten' ergeben.

Zu beachten ist, dass sowohl die sachliche Einteilung der verschiedenen Pflichten als auch ihre Bezeichnung im BGB nicht festgelegt und im Schrifttum uneinheitlich sind. Für die korrekte Lösung eines Falles kommt es jedoch nur darauf an, die folgenden Kategorien zu unterscheiden:

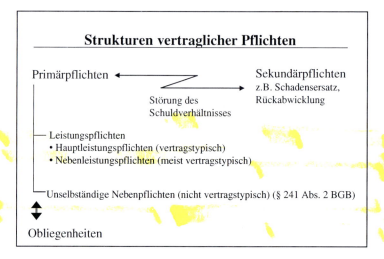

Strukturen vertraglicher Pflichten

Primärpflichten ←————————————→ Sekundärpflichten
z.B. Schadensersatz,
Störung des   Rückabwicklung
Schuldverhältnisses

— Leistungspflichten
• Hauptleistungspflichten (vertragstypisch)
• Nebenleistungspflichten (meist vertragstypisch)

—Unselbständige Nebenpflichten (nicht vertragstypisch) (§ 241 Abs. 2 BGB)

Obliegenheiten

1. Leistungspflichten

a) <u>Grundsatz</u>

Leistungspflichten stellen den Kern der Schuldnerpflichten dar; ihnen entsprechen die Leistungsansprüche des Gläubigers (s. § 241 Abs. 1). Aufgrund der vertraglichen Inhaltsfreiheit (s. S. 42) sind den Gestaltungsmöglichkeiten der Parteien grundsätzlich keine Grenzen gesetzt, mit Ausnahme der zwingenden Bestimmungen, die meist bestimmte Inhalte verbieten, gelegentlich auch Inhalte vorschreiben.

b) <u>Leistungserfolg</u>

Je nach Vertragstyp verpflichtet sich der Schuldner, etwas zu tun und / oder unterlassen (vgl. § 194). Dabei besteht grundsätzlich seine Verpflichtung in der Erbringung des Leistungserfolges, d. h. es reicht nicht, dass er sich bemüht, sondern er muss tatsächlich das vereinbarte Ergebnis erzielen. Hierbei ist aber zu bedenken, dass es tätigkeitsbezogene und leistungsbezogene Schuldverhältnisse gibt, bei denen der Leistungserfolg unterschiedlich zu definieren ist.

(1) Tätigkeitsbezogene Schuldverhältnisse

Bei tätigkeitsbezogenen Schuldverhältnissen liegt der geschuldete Leistungserfolg allein in der Vornahme der Leistungshandlung, unabhängig von deren Ergebnis.

Beispiel
Ein Arbeitnehmer schuldet nur die Tätigkeit. Er erfüllt seine Leistungspflicht, indem er diese Tätigkeit erbringt, unabhängig von der Qualität seiner Arbeit.

Dies ist aber die Ausnahme und greift nur bei Tätigkeiten bzw. Dienstleistungen.

(2) Leistungsbezogene Schuldverhältnisse

Grundsätzlich liegt die geschuldete Leistung nicht allein in der Handlung, sondern in einem konkreten Leistungsergebnis.

> **Beispiele**
> Der Verkäufer soll nicht nur eine Übereignungserklärung abgeben, sondern die verkaufte Sache übereignen (§ 433 Abs. 1).
> Ein Schneider soll nicht nur einen Stoff ‚bearbeiten', sondern das konkret geschuldete Werk (z. B. einen Anzug) herstellen (§ 631 Abs. 1).

Für die Erfüllung reicht es hier also nicht aus, dass der Schuldner die Leistungshandlung (z. B. Abschicken der Kaufsache an den Käufer) vorgenommen hat, sondern es kommt auf den Eintritt des Leistungserfolges (z. B. Übergang von Eigentum und Besitz an der Kaufsache auf den Käufer) an. Nur dadurch wird das Interesse des Gläubigers verwirklicht.[1]

Hat also der Schuldner alles seinerseits zu Erfüllung Notwendige getan, nimmt der Gläubiger diese Leistung aber nicht entgegen, wird die Schuld nicht getilgt (s. 4. Teil). Das Gesetz berücksichtigt in einem solchen Fall allerdings die notwendige Mitwirkung des Gläubigers am Leistungserfolg durch die Regeln über den Gläubigerverzug, welche die Rechtsposition des Schuldners verbessern (s. Band 2, 12. Teil).

c) Struktur der Leistungspflichten

(1) Hauptleistungspflichten

Hauptleistungspflichten sind die wesentlichen Pflichten, um derentwillen das Schuldverhältnis eingegangen wurde.

Sie sind ausschlaggebend für die Bestimmung der Rechtsnatur eines Vertrags, d. h. die Zuordnung eines konkreten Vertrags zu einem der verschiedenen gesetzlich vorgesehenen Vertragstypen. Diese ist wichtig für die Ermittlung des hierauf anwendbaren zwingenden und dispositiven Rechts. Deshalb nennt man diese auch die vertragstypischen Leistungspflichten. Diese gibt es im Übrigen auch für die gesetzlich nicht normierten Verträge, nur kann es ggf. schwieriger sein, sie zu identifizieren.

Welche beiderseitigen Hauptleistungspflichten für die einzelnen Verträge gelten, ergibt sich i. d. R. aus dem ersten Paragraphen des jeweiligen Vertragstyps im Schuldrecht BT.

> **Beispiele**
> So prägen z. B. die Lieferpflicht des Verkäufers (§ 433 Abs. 1) und die Zahlungspflicht des Käufers (§ 433 Abs. 2) den Kaufvertrag, oder die Pflicht zur Gebrauchsüberlassung (§ 535 Abs. 1) und zur Mietzinszahlung (§ 535 Abs. 2) den Mietvertrag. Ohne Zahlungspflicht des Käufers oder Mieters läge dagegen eine Schenkung (§ 516) bzw. Leihe (§ 598) vor.

---

[1] Nur wenn es um die Teilfrage geht, ob der Schuldner am rechten Ort oder zur rechten Zeit geleistet hat, kommt es auf seine Handlung an: s. u. Kapitel III.

(2) Nebenleistungspflichten

Nebenleistungspflichten dienen ergänzend der Vorbereitung, Unterstützung Durchführung und Sicherung der Hauptleistung. Im Unterschied zu den Hauptleistungspflichten wird der Vertrag nicht um ihretwillen geschlossen. Sie sind aber typischerweise mit den Hauptleistungspflichten verbunden und zählen deshalb mit zu den Leistungspflichten. Folglich sind sie auch selbständig mit einer Leistungsklage einklagbar.

Nebenleistungspflichten sind meist vertraglich vereinbart, gelegentlich sind sie auch gesetzlich statuiert.

Beispiele
Vertraglich vereinbarte Nebenleistungspflichten betreffen z. B. oft Fragen der Kostentragung, der Verpackung, ergänzender Dienstleistungen, usw. Gesetzlich normierte Nebenleistungspflichten betreffen typischerweise Aspekte wie Aufwendungsersatz, Wegnahmerechte oder Auskunfts- und Rechenschaftspflichten (z. B. § 666 für den Beauftragten).

Manche dieser Nebenleistungspflichten sind vertragstypisch (dann sind sie oft auch gesetzlich vorgesehen). Andere sind es nicht, insbesondere:

- Informations- und Aufklärungspflichten (sogen. leistungsbezogene Nebenpflichten): Sie betreffen die Pflicht, den Vertragspartner über alle erkennbar entscheidungserheblichen Umstände zu informieren, über die er nach herrschender Verkehrsauffassung redlicherweise eine Aufklärung erwarten darf.

Beispiele
Die Aufklärungspflicht über Unfallschäden beim Verkauf eines Kfz, die ärztliche Pflicht zur Aufklärung über Operationsrisiken, die Pflicht des Verkäufers zur Einweisung des Käufers in den Umgang mit einer komplizierten neuen Maschine

---

- Mitwirkungspflichten: Beide Vertragspartner müssen alles Zumutbare zur Erreichung des Leistungserfolges tun.

Beispiele
Die Pflicht, dem Vertragspartner Bescheinigungen zur Verfügung zu stellen, die dieser zur Wahrnehmung seiner steuerlichen Belange braucht; die Verpflichtung, bei genehmigungspflichtigen Geschäften mitzuwirken, die erforderliche Genehmigung (z. B. Exportgenehmigung) zu erhalten

---

(3) Bedeutung der Unterscheidung

Die Abgrenzung der Neben- von den Hauptleistungspflichten ist von Bedeutung wegen der Anwendbarkeit bestimmter gesetzlicher Regeln:

- Zur Anwendung dispositiver Regeln bei lückenhaften Verträgen muss die Rechtsnatur bestimmt werden, und diese ergibt sich aus den Hauptleistungspflichten, die im Gegensatz zu den Nebenleistungspflichten vertragstypisch sind.

- Bei gegenseitigen Verträgen stehen nur die Hauptleistungspflichten im Synallagma (Gegenseitigkeitsverhältnis, das zur Anwendung der §§ 320 ff. führt: s. o.), nicht die Nebenleistungspflichten.

(4) Prüfung im Einzelfall

Wenn Nebenleistungspflichten durch Vertrag oder Gesetz ausdrücklich vorgesehen sind, ist i. d. R. klar, um welche Art Leistungspflichten es sich handelt. Ist dies nicht der Fall, kann die Existenz solcher Pflichten sich aber auch aus der Vertragsauslegung ergeben.

Im Zweifelsfall muss durch Vertragsauslegung im Einzelnen geprüft werden, was die Parteien gewollt haben und welche Bedeutung sie dem einen oder anderen Aspekt beimessen (s. u. Abschnitt B. 3).

> **Beispiel**
> Die Abnahmepflicht des Käufers gem. § 433 Abs. 2 stellt i. d. R. eine Nebenleistungspflicht dar. Die Parteien können hieraus jedoch eine Hauptleistungspflicht machen, bzw. eine solche kann sich aus den Umständen ergeben, z. B. bei leicht verderblicher Ware.

Unter Umständen kann auch strittig sein, ob überhaupt eine Nebenleistungspflicht besteht. Auch hier ist die Vereinbarung auszulegen.

> **Beispiel**
> Die Hauptleistungspflicht eines Klavierlehrers besteht darin, Klavierunterricht zu erteilen. Als Nebenleistungspflicht kann vereinbart werden, dass er die Notenbücher beschafft. Ist dies nicht ausdrücklich vereinbart, wäre durch Vertragsauslegung unter Berücksichtigung der Verkehrssitte (§ 157) zu klären, ob diese Pflicht besteht. Ein Indiz hierfür könnte z. B. eine über dem Marktpreis liegende Vergütung sein, oder auch die Tatsache, dass der Klavierlehrer dies in anderen Fällen auch so handhabt.

Auch typische unselbständige Nebenpflichten (s. folgenden Abschnitt) können je nach getroffener Vereinbarung Leistungspflichten darstellen. Umgekehrt finden sich insbesondere Aufklärungs- und Informationspflichten als unselbständige Nebenpflichten. Die Abgrenzung zwischen beiden wird hiernach behandelt.

2. Unselbständige Nebenpflichten

a) Begriff

Im Rahmen schuldrechtlicher und insbesondere vertraglicher Beziehungen sind die Parteien nach Treu und Glauben (§ 242) gehalten, eine sinnvolle Durchführung des Vertrages zu ermöglichen und den anderen Teil vor vermeidbaren Schädigungen zu bewahren.

Hieraus resultieren grundsätzlich unselbständige Nebenpflichten (auch Verhaltenspflichten genannt, die sich auf Tun oder Unterlassen beziehen) für beide Parteien, auch ohne dass sie sich hierüber verständigt haben. Dies hat der Gesetzgeber in § 241 Abs. 2 bestätigt, in dem er bestimmt, dass jedes Schuldverhältnis nach seinem Inhalt jeden Teil zur Rücksicht auf die Rechte, Rechtsgüter und Interessen des anderen Teils verpflichten kann.

Ob und in welchem Umfang sich derartige Nebenpflichten im Einzelfall ergeben, lässt sich nicht allgemein beantworten, sondern erfordert jeweils eine Vertragsauslegung; entscheidend sind immer die Besonderheiten des jeweiligen

Schuldverhältnisses und bei Verträgen die für ihren Abschluss maßgebenden Erwägungen der Parteien.

b) Arten

Die Rechtsprechung hat im Laufe der Zeit zumindest mehr Klarheit darüber geschaffen, welche Nebenpflichten existieren können. Die wichtigsten sind:

- Schutz- und Sorgfaltspflichten: Die Vertragspartner haben sich beim Abschluss und bei der Abwicklung des Vertrages so zu verhalten, dass keine Rechtsgüter des anderen Teils verletzt werden bzw. ihm kein Schaden verursacht wird.

Beispiele
Die Pflicht des Kfz-Händlers, nur verkehrstaugliche Autos für Probefahrten zuzulassen
Die Pflicht des Lieferanten, Ware so zu verpacken, dass der Empfänger bei sachgemäßer Öffnung nicht verletzt wird

---

- Treuepflichten: Die Vertragspartner haben alles zu unterlassen, was den Vertragszweck gefährden könnte. Insbesondere bei Dauerschuldverhält-nissen (z. B. Miete, Darlehen) (s. 4. Teil) bzw. langfristig angelegten Verträgen (z. B. Dauerlieferungsvertrag) müssen die Parteien u. U. ihre eigenen Interessen zurückstellen und im Interesse der Fortführung des Vertrages (d. h. der ursprünglichen gemeinsamen Interessen) bereit sein, Kompromisse zu schließen.

Beispiele
Die (nachvertragliche) Pflicht des Verkäufers einer Zahnarztpraxis mit Kundenstamm, mit dem Käufer nicht in Wettbewerb zu treten
Die Pflicht des Vermieters, die persönlichen Lebensumstände des Mieters (z. B. Schicksalsschlag) bei der Durchsetzung seiner Rechte zu berücksichtigen

---

Daneben können sich auch die bei den Nebenleistungspflichten erwähnten Aufklärungs- / Informationspflichten und Mitwirkungspflichten im Sinne von unselbständigen Nebenpflichten aus einem Vertragsverhältnis ergeben.

c) Unterscheidung von (Neben-)Leistungspflichten

Unselbständige Nebenpflichten sind nicht vertragstypisch, sondern allgemeine-rer Natur und auf alle bzw. mehrere Verträge anwendbar.

Im Unterschied zu den Leistungspflichten sind sie i. d. R. auch nicht selbständig einklagbar. Jedenfalls ist eine Leistungsklage hier nicht möglich. Erst durch Verletzung von Nebenpflichten können Ersatzansprüche entstehen (s. Band 2, 15. Teil). Sie sind m. a. W. als Pflichten oft erst erkennbar, wenn sie verletzt worden sind.

Beispiel
Die Pflicht des Verkäufers. bei der Anlieferung der Ware die Rechtsgüter des Käufers nicht zu verletzen, ist zunächst wegen ihres allgemeinen Charakters nicht bestimmt genug und somit nicht einklagbar. Beschädigt

---

dagegen der Verkäufer bei der Anlieferung eine Sache des Käufers, führt dies ggf. zu einem Schadensersatzanspruch.

Es ist durchaus möglich, dass typische unselbständige Nebenpflichten auch ausdrücklich vertraglich vereinbart werden. Dadurch werden sie i. d. R. zu Haupt- oder meist Nebenleistungspflichten, da sie den Schuldner zu einem bestimmten Tun oder Unterlassen verpflichten und der Gläubiger dies durch eine Leistungsklage einfordern kann.

> **Beispiel**
> In einem Bewachungsvertrag sind die Schutzpflichten Hauptleistungspflichten.
> In einem Beförderungsvertrag können sie Nebenleistungspflichten darstellen, wenn bestimmte Pflichten mit Schutzzweck (z. B. die Vermeidung bestimmter Fahrtstrecken) vereinbart wurden.

Fehlt eine solche ausdrückliche Vereinbarung, ist die Zuordnung zu Nebenleistungspflichten oder unselbständigen Nebenpflichten im Einzelfall schwierig. Zur Abgrenzung kann man sich an folgenden Regeln orientieren:

- Kann eine Pflicht der geschuldeten Leistung unmittelbar zugeordnet werden, wird man von einer (durch Auslegung des Vertrags oder Gesetzes abzuleitende) Nebenleistung ausgehen.
- Geht es um den Schutz sonstiger Güter und Rechte des Gläubigers ohne direkten Bezug zur vereinbarten Leistung, handelt es sich um Nebenpflichten.

> **Beispiel**
> Ist wegen mangelhafter Aufklärung eine Maschine unbrauchbar, wurde eine Nebenleistungspflicht verletzt. Wird aus dem gleichen Grund der Käufer verletzt, wurde eine sonstige Nebenpflicht verletzt.

In der Praxis ist die Unterscheidung allerdings insofern nicht so bedeutsam, da ihre Verletzung in beiden Fällen zu möglichen Schadensersatzansprüchen führt. Nur bei Nebenleistungspflichten ist allerdings zusätzlich eine Leistungsklage möglich.

3. Obliegenheiten

Obliegenheiten sind keine Leistungspflichten und auch keine Nebenpflichten, da weder ihre Erfüllung verlangt werden kann noch bei ihrer Verletzung ein Schadensersatzanspruch entsteht.

Vielmehr handelt es sich um gebotene Maßnahmen im eigenen Interesse des Verpflichteten, deren Nichtbeachtung zu einer Rechtseinbuße führt, d. h. dem Verlust oder zumindest der Verschlechterung seiner Rechtsposition.

Obliegenheiten ergeben sich meist aus dem Gesetz, können aber auch vertraglich vereinbart sein.

> **Beispiele**
> Bei der Obliegenheit ‚ohne schuldhaftes Zögern' anzufechten (§ 121) hat der Anfechtungsgegner keinen Anspruch auf die Rechtzeitigkeit der

Anfechtung. Bei verspäteter Anfechtung entsteht auch kein Schadensersatzanspruch, vielmehr verliert der Anfechtungsberechtigte seine Anfechtungsmöglichkeit.

Weitere Obliegenheiten sind z. B. die Schadensminderungspflicht (§ 254), die rechtzeitige Annahme durch den Gläubiger, da er sonst in Annahmeverzug gerät (§§ 293 ff, 300), die Mahnung und die Fristsetzung mit Ablehnungsandrohung beim Schuldnerverzug, da sonst die Rechtsfolgen der §§ 286 ff. bzw. 326 nicht geltend gemacht werden können.

Auch Versicherungsverträge enthalten Obliegenheiten, wie z. B. die kurzfristige Meldung eines Schadensereignisses. Bei Nichtbeachtung droht ggf. die Einschränkung des Versicherungsschutzes (s. z. B. § 28, 58, 120 Versicherungsvertragsgesetz).

Durch ausdrückliche Vereinbarung können gesetzliche Obliegenheiten auch zu Leistungspflichten werden.

4. Primär- und Sekundärpflichten

Primärpflichten sind die Verpflichtungen, die sich auf die eigentliche Erfüllung des Vertrages richten. Die vorerwähnten Leistungs- und Nebenpflichten sind solche Primärpflichten.

Werden Primärpflichten nicht erfüllt, entstehen Sekundärpflichten. Die damit verbundenen Sekundäransprüche

- treten entweder neben den gestörten Primaranspruch (z. B. Preisminderung, Schadensersatz neben der Leistung)
- oder sie treten an seine Stelle (z. B. Rückabwicklung nach Vertragsrücktritt, Schadensersatz statt der Leistung).

Beispiel
Kommt der Schuldner mit seiner Primärpflicht auf Lieferung der Kaufsache (§ 433 Abs. 1) in Verzug (= Leistungsstörung), so können hieraus Schadensersatzansprüche als Sekundäransprüche entstehen. Der Anspruch auf Ersatz des Verzögerungsschadens nach § 280 Abs. 2 tritt neben den weiter bestehenden Primäranspruch auf Erfüllung. Unter den Voraussetzungen des § 281 tritt dagegen der Anspruch auf Schadensersatz wegen Nichterfüllung an die Stelle des Erfüllungsanspruches.

Sekundäransprüche sind der Regelungsgegenstand des Rechts der Pflichtverletzungen bzw. Leistungsstörungsrechts (s. Band 2, 12. Teil).

B. Bestimmung der vertraglichen Leistung

Im 2. Teil wurde bereits darauf hingewiesen, dass die Parteien sich über die wesentlichen Vertragsbestandteile geeinigt haben müssen, damit ein Vertrag zustande kommt. Auch aus der Perspektive der Erfüllung (s. Abschnitt C) ist Klarheit darüber erforderlich, was geschuldet wird.

Im Folgenden werden daher die Regeln und Methoden behandelt, welche die Bestimmung der vertraglichen Leistung sicherstellen sollen.

1. Notwendigkeit und Möglichkeit der Bestimmung

a) Nichtzustandekommen des Vertrags

In jedem Vertrag müssen zumindest die Hauptleistungspflichten bestimmt sein, denn zu einer unbestimmten Leistung kann der Schuldner nicht verpflichtet werden.

Wenn die Parteien einen Punkt zwar regeln wollen, eine solche Regelung aber noch nicht getroffen haben, d. h. sich nicht geeinigt haben, dann ist nach § 154 Abs. 1 S. 1 der Vertrag im Zweifel nicht geschlossen. Dabei genügt es, dass nach der Erklärung auch nur einer Partei eine Regelung getroffen werden sollte, aber nicht wurde, selbst wenn dispositives Gesetzesrecht zur Verfügung steht. Dies gilt für alle Hauptleistungspflichten, für Nebenleistungspflichten nur dann, wenn diese einen wesentlichen Vertragsbestandteil darstellen.[2]

> **Beispiel**
> Sagt der Handwerker, über den Ausführungstermin bestimmter Arbeiten müsse noch gesprochen werden, so ist vor einer Einigung über diesen Termin der Vertrag regelmäßig nicht wirksam, auch wenn über alle anderen Punkte Einverständnis herrscht, weil der Termin für ihn wesentlicher Vertragsbestandteil ist. Denn wenn er ihn wegen Überlastung nicht einhalten kann, liegt eine Leistungsstörung vor.
> Es kann aber auch sein, dass beide Parteien sich über alle Punkte einig sind und den Ausführungstermin noch offen lassen, weil zunächst andere Handwerker ihre Arbeiten beendigen müssen. Dann ist der Vertrag wirksam, aber die Parteien müssen noch den Ausführungstermin vereinbaren.

b) Ergänzung bestimmbarer Inhalte

Die Rechtsfolge des Nichtzustandekommens wird nur ausnahmsweise greifen, nämlich dann, wenn davon auszugehen ist, dass die Parteien mangels Einigung über bestimmte Punkte den Vertrag nicht geschlossen hätten. In vielen Situationen ist dies jedoch nicht der Fall. Die (beim Vertragsschluss noch) fehlende Bestimmtheit kann dann aufgefangen werden, wenn die Inhalte ‚bestimmbar' sind.

Diese Bestimmbarkeit weniger wichtige Aspekte (sekundäre Modalitäten, Nebenleistungspflichten u. ä.) kann sich aus vertraglichen Vereinbarungen der Parteien ergeben (s. Abschnitt 2) oder aus der Auslegung des Vertrages (s. Abschnitt 3).

c) Vorgehensweise

Wenn man diese Aspekte berücksichtigt, ergibt sich für die Festlegung der Inhalte eines (vertraglichen) Schuldverhältnisses folgende Reihenfolge in der Vorgehensweise:[3]

---

[2] Ebenso kann sich aus der Teilnichtigkeit eines Vertrages ergeben, dass dieser insgesamt nichtig ist und als nicht geschlossen gilt, wenn nicht anzunehmen ist, dass er auch ohne den nichtigen Teil abgeschlossen sein würde (§ 139) und wenn eine Umdeutung in einen anderen Vertrag gemäß § 140 nicht möglich ist.

[3] Diese Methodik wird auch dann angewendet, wenn sich Teile eines Vertrags als nichtig herausstellen, sowie ggf. bei den oben erwähnten faktischen oder fehlerhaften Vertrags-

> 1. Zwingendes Recht (Spezialgesetze => Schuldrecht BT => Schuldrecht AT => BGB AT)
> 2. Bestimmte vertragliche Vereinbarung
> 3. Ergänzung bestimmbarer Inhalte durch vertragliche Vereinbarung
> 4. Ergänzung durch erläuternde Vertragsauslegung bzw. gesetzliche Auslegungsregeln
> 5. Ergänzung durch dispositives Recht (Spezialgesetze => Schuldrecht BT => Schuldrecht AT => BGB AT)
> 6. Ergänzung durch ergänzende Vertragsauslegung

Dabei gilt, dass der jeweils nächste Schritt nur dann erforderlich ist, falls das fehlende oder unklare Inhaltselement noch nicht bestimmt werden konnte.

2. Bestimmbarkeit durch vertragliche Vereinbarung

a) Überblick

Ein Vertrag ist auch dann wirksam entstanden, wenn der Leistungsinhalt von den Parteien bei Vertragsabschluss noch nicht vollständig bestimmt, aber bereits bestimmbar festgelegt worden ist.

In diesem Zusammenhang stehen den Parteien verschiedene Möglichkeiten zur Verfügung:

(1) Die Parteien können von vornherein selbst die Wertmaßstäbe definieren, die bei der späteren Präzisierung von Inhalt und Umfang der Leistung zur Anwendung kommen (z. B. Preisgleitklauseln, Verweis auf den ,üblichen Mietzins').

(2) Die Parteien können vereinbaren (z. B. in einem Vorvertrag: s. 2. Teil), dass sie später auf der Basis neuer Verhandlungen oder im Rahmen bestimmter Vorgaben die fehlenden Inhalte festlegen werden.

(3) Die Parteien können vereinbaren, dass die Bestimmung einseitig durch eine Partei oder einen Dritten erfolgen soll. Auch für diesen Fall können die Parteien die Art und Weise der Bestimmung ausdrücklich regeln oder vereinbaren, dass der Betreffende nach freiem Ermessen oder Belieben entscheiden kann.

> Beispiel
> Erteilt A dem Maler B den Auftrag, ein Portraitbild von ihm zu malen, und können sie sich bei Vertragsschluss nicht auf einen Festpreis einigen, gibt es verschiedene Möglichkeiten, dennoch einen bestimmbaren Preis festzulegen:
> - eine Bezahlung nach benötigter Arbeitszeit mit einem Stundensatz von z. B. 100 € zzgl. Materialaufwand,
> - ein Preis in einer Bandbreite zwischen 5.000 € und 7.000 €, wobei der genaue Preis noch einvernehmlich festgelegt wird,
> - eine Vergütung ,nach künstlerischem Input', beliebig festzulegen durch den Maler, ggf. mit einer betraglichen Obergrenze,

---

verhältnissen (s. 2. Teil). Hierdurch wird die im 1. Teil, Kapitel III. D. beschriebene Anwendungsreihenfolge der schuldrechtlichen Quellen ergänzt.

- eine Bezahlung nach freiem Ermessen durch den Auftraggeber, ggf. mit einer Untergrenze,
- eine Preisfestlegung durch einen unabhängigen Dritten (mit ggf. weiteren Kriterien, an denn sich dieser orientieren soll).

Eine Festlegung nach freiem Ermessen durch eine Partei ist natürlich sehr riskant für die jeweils andere Partei und kann ggf. zur Sittenwidrigkeit (§ 138) führen. Unbedenklich ist das ‚Belieben' danach wohl nur, wenn die Bestimmung nicht die Äquivalenz von Leistung und Gegenleistung berührt.

> Beispiel
> Bei Versorgungsverträgen bestimmt der Kunde autonom die abzunehmende Menge von Strom, Gas und Wasser.

Nur wenn die Parteien keine Kriterien vereinbart haben, greifen subsidiär die §§ 315 ff. (s. hiernach).

Zu unterscheiden sind hiervon andere Fälle einer nachträglichen Leistungsbestimmung, die später noch behandelt werden und bei denen die Leistung bereits bei Vertragsabschluss ausreichend bestimmt ist:

- die Konkretisierung bei der Gattungsschuld: Bei der Gattungsschuld ist die Leistung wenigstens gattungsmäßig bestimmt, und § 243 Abs. 1 legt zusätzlich auch die Qualität fest.
- die Ausübung von Wahl- oder Ersetzungsrechten bei der Wahlschuld (§ 262) und die Ausübung der Ersetzungsbefugnis: Bei der Wahlschuld und der Ersetzungsbefugnis handelt es sich nur um eine beschränkte Zahl von Wahlmöglichkeiten zugunsten des Schuldners.

b) Bestimmungsrecht einer Partei

Die Bestimmung der Leistung oder einzelner Modalitäten kann sowohl dem Gläubiger als auch dem Schuldner überlassen sein (§ 315). Bestimmungsberechtigt ist für die Gegenleistung bei gegenseitigen Verträgen im Zweifel deren Gläubiger (§ 316).

> Beispiele
> Ein Arzt kann in den Grenzen der Gebührenordnung für Ärzte gegenüber Privatpatienten sein Honorar bestimmen.
> Die Banken haben gemäß Bank-AGB im Prinzip das Recht zur einseitigen Bestimmung der Bankgebühren.

Die Frage ist, nach welchen Maßstäben die Inhaltsbestimmung erfolgen soll, wenn die Parteien diesbezüglich nichts vereinbart haben (wenn doch, s. hiervor).

Nach § 315 Abs. 1 soll die Leistungsbestimmung durch eine Partei im Zweifel nach billigem Ermessen erfolgen, und sie ist für die andere Partei auch nur dann verbindlich (§ 315 Abs. 3). D. h. der Bestimmungsberechtigte hat einen gewissen Ermessensspielraum, aber dieser Spielraum wird durch die ‚Billigkeit' (Gerechtigkeit, Fairness) beschränkt. Notfalls erfolgt die Bestimmung durch Gerichtsurteil (§ 315 Abs. 3 S. 2).

c) Bestimmungsrecht eines Dritten

Die Parteien können vereinbaren, dass eine Leistungs(teil)bestimmung durch einen Dritten erfolgen soll. Dies wird insbesondere dann der Fall sein, wenn für diese Bestimmung besondere Sachkunde erforderlich ist, gleichzeitig aber auch eine neutrale und vertrauenswürdige Person über die Vertragspflichten entscheiden soll.

Auch die Leistungsbestimmung durch einen Dritten soll im Zweifel nach billigem Ermessen erfolgen (§ 317 Abs. 1). Sie ist allerdings nur dann unverbindlich, wenn sie ‚offenbar unbillig' ist. Dieses großzügigere Kriterium erklärt sich daraus, dass der Dritte im Gegensatz zur Partei selbst regelmäßig kein eigenes Interesse am Inhalt der Bestimmung hat; daher ist hier ein Missbrauch weniger zu fürchten. Notfalls erfolgt auch hier die Bestimmung durch Gerichtsurteil (§ 319 Abs. 1 S. 2).

3. Vertragsauslegung

Häufig sind schuldrechtliche Verpflichtungen zwar weitgehend, aber nicht in allen Einzelheiten oder eindeutig durch die Parteien bestimmt, z. B. wenn sekundäre Regelungen über Art, Gegenstand, Ort oder Zeit der Leistung fehlen, oder auch wenn Vertragsinhalte widersprüchlich sind. Dann stellt sich die Frage, wie dann zu verfahren ist bzw. was dann zu gelten hat.

Für die Lösung dieses Problems greift man methodisch auf die Vertragsauslegung zurück, und zwar auf unterschiedliche Weise (zur allgemeinen Systematik s. Abschnitt 1 hiervor):[4]

a) Erläuternde Vertragsauslegung

Bestehen keine ausdrücklichen oder eindeutigen Abreden, so kann ggf. eine Lösung über eine erläuternde Vertragsauslegung unter Anwendung gesetzlicher Auslegungsregeln gefunden werden (s. insbesondere §§ 133, 157, 242). Hier wird ermittelt, was die Parteien – übereinstimmend – tatsächlich gewollt haben, auch wenn es im Vertrag nicht (klar) zum Ausdruck kommt, und zwar noch ehe auf dispositives Gesetzesrecht zurückgegriffen wird.

Zu berücksichtigen sind dabei
- zunächst der objektive Sinn der Erklärungen,
- der dann daraufhin zu prüfen ist, ob er mit dem übereinstimmt, was die Parteien tatsächlich gewollt haben,
- und ergänzend bzw. einschränkend die Begleitumstände des Falls, Vertragszweck und Interessenlage, Verkehrssitte (d. h. gesellschaftlich in gleichartigen Umständen üblich ist), Treu und Glauben.

Hierdurch wird man oft zu dem Ergebnis kommen, dass die Parteien sich stillschweigend über etwas geeinigt haben, oder dass sie sich insoweit gewollt auf das dispositive Gesetzesrecht verlassen. Aus letzterem Grund unterbleiben

---

[4] Gibt es mehrere sich widersprechende Vertragsdokumente mit unterschiedlichem Datum, wird man üblicherweise (d. h. es liegen keine besonderen Umstände vor wie z. B. Vordatierung) davon ausgehen, dass das neuere gilt.

zumeist Vereinbarungen etwa über den Leistungsort oder die Folgen von Leistungsstörungen.

Das BGB enthält allerdings gerade für wichtige Vertragspunkte keine Regelung. So ist z. B. beim Kauf für den Kaufgegenstand und den Preis nichts bestimmt: Hierüber sind also individuelle Vereinbarungen unentbehrlich. Trotzdem wird über den Preis häufig nicht gesprochen, etwa bei Arztbesuchen, Taxifahrten, Einkäufen beim Bäcker, in der Apotheke usw.

Hier erfolgt dann die Ergänzung z. B. durch Bezugnahme auf Preislisten, Tarife, Gebührenordnungen u. ä. oder ganz allgemein die Verkehrssitte (s. Abschnitt c hiernach), die beiden Parteien bekannt sind und auf die sie sich stillschweigend beziehen, weil das z. B. so in einer Branche oder allgemein so üblich ist.

Beispiel
Die oben erwähnten Nebenleistungspflichten und unselbständigen Nebenpflichten werden oft nur durch Vertragsauslegung ermittelt und konkretisiert. Das gleiche gilt für sekundäre Leistungsmodalitäten, die bei Vertragsverhandlungen nicht ausdrücklich angesprochen werden.

---

b) Ergänzende Vertragsauslegung

Führt die erläuternde Auslegung zu keinem Ergebnis und bleibt auch nach Anwendung des dispositiven Gesetzesrechts immer noch eine Lücke über einen für die sachgerechte Vertragsabwicklung erforderlichen Umstand in den vertraglichen Regelungen (was selten vorkommen dürfte), so kann diese ggf. durch ergänzende Vertragsauslegung geschlossen werden. Hierbei ist der sogen. hypothetische Parteiwille zu ermitteln, d. h. es ist die getroffene vertragliche Vereinbarung im Wege des Zuendedenkens der vertraglichen Regelung zu ergänzen.

Hierbei wird darauf abgestellt, wie die Parteien bei billiger und vernünftiger Berücksichtigung aller Umstände, vor allem der beiderseitigen Interessen, den offen gebliebenen Punkt geregelt haben würden. Diese Interessenabwägung erfolgt auf objektivierter Grundlage, d. h. man geht von dem aus, was dem Vertragstyp bzw. den typischen Umständen entsprechen würde, nicht vom vermuteten Parteiwillen.

Dabei orientiert man sich auch an ähnlichen gesetzlichen Regelungen (analoge Anwendung der gesetzlichen Regeln bzgl. verwandter Vertragsformen) und vor allem auch am Grundsatz von Treu und Glauben (s. bereits § 157).

c) Treu und Glauben

In letzter Instanz ist oft der Grundsatz von ‚Treu und Glauben mit Rücksicht auf die Verkehrssitte' (§§ 157, 242) der Maßstab für die Bestimmung des Vertragsinhalts. Er ist zwingendes Recht und kann von den Parteien nicht abbedungen werden.

Um bei der Anwendung dieses Auslegungsgrundsatzes nicht zu vorschnellen ‚Billigkeitsurteilen' zu gelangen, muss jedoch immer zunächst geprüft werden, ob nicht spezialgesetzliche Regelungen nach ihrem Sinn und Zweck eine sachgerechte Lösung des konkreten Falles ermöglichen. In den weitaus meisten Fällen wird das zu bejahen sein und sich deshalb ein Zurückgreifen auf den allgemeinen Grundsatz von Treu und Glauben erübrigen.

Nur wenn sich ausnahmsweise herausstellt, dass die Anwendung des vertraglich Vereinbarten oder des Gesetzes wegen der Besonderheit des konkreten Falles den einen oder anderen Teil in einer offenbar unbilligen, dem Sinn des Rechtsverhältnisses widersprechenden Weise benachteiligt, kann als *ultima ratio* über die §§ 157, 242 ein Interessenausgleich herbeigeführt werden.

Insbesondere § 242 (s. auch S. 24) übt dabei eine Funktion aus, die über die Auslegung hinausgeht, da Treu und Glauben auch als Korrektiv für tatsächlich Vereinbartes genutzt wird. § 242 selbst ist aber als Gesetzesnorm auch auslegungsbedürftig:

- Wichtige Anhaltspunkte bieten hierbei gesetzliche Interessenbewertungen, die in anderen Normen ihren Ausdruck gefunden haben. Zu berücksichtigen sind hier ggf. auch die Wertentscheidungen des Grundgesetzes.
- Eine weitere Hilfe bei der Ausfüllung dieser Generalklausel bildet die Verkehrssitte, auf die § 242 ausdrücklich verweist. Hierunter ist die im Verkehr tatsächlich herrschende Übung zu verstehen (d. h. das, was die Menschen tatsächlich tun), nach der in einer großen Zahl gleichartiger Fälle verfahren wird. Das wichtigste Beispiel für eine Verkehrssitte bilden die Handelsbräuche der Kaufleute (§§ 346 Handelsgesetzbuch).

Nur wenn bei der Bestimmung dessen, was der Grundsatz von Treu und Glauben im Einzelfall erfordert, diese verschiedenen rechtlichen Gesichtspunkte beachtet werden, lassen sich willkürliche Zufallsergebnisse verhindern. Auch die Anwendung des § 242 erfordert also stets eine eingehende Begründung, die erkennen lässt, dass und nach welchen rechtlichen Kriterien die gegensätzlichen Interessen der Beteiligten gegeneinander abgewogen werden.

Rechtsprechung und Schrifttum haben sich ständig darum bemüht, die bei der Anwendung des § 242 auftretenden Einzelprobleme zu ordnen und zu bestimmten Fallgruppen zusammenzufassen, um bei der Handhabung dieser Generalklausel eine gewisse Rechtssicherheit zu erreichen. Die dabei entwickelten Regeln bieten aber immer nur einen ersten Anhaltspunkt und müssen in jedem einzelnen Fall daraufhin überprüft werden, ob sie der besonderen Interessenlage des konkreten Lebenssachverhalts gerecht werden.

C. Erfüllung

Gemäß § 241 muss der Schuldner die den Inhalt des Schuldverhältnisses bildende Leistung (korrekt) erbringen. Dies nennt man ‚Erfüllung', und diese führt zum Erlöschen der Schuld bzw. Forderung (s. 4. Teil). Zu klären ist also, wie die Erfüllung genau zu erfolgen hat.

1. Bewirken der Leistung

§ 362 Abs. 1 fordert, dass die geschuldete Leistung 'bewirkt' wird, d. h. die richtige Leistung (Quantität, Qualität) muss am rechten Ort, zur rechten Zeit, in der richtigen Art und Weise vom richtigen Schuldner dem richtigen Empfänger erbracht werden, damit der Leistungserfolg eintritt.

Dies gilt bei gegenseitigen Verträgen jeweils für beide Parteien.

Die Folgen der Erfüllung sind:

- Wenn alles richtig gemacht wurde, erlischt die Verbindlichkeit (§ 362 Abs. 1).
- Wenn nicht, liegt eine Pflichtverletzung und / oder Leistungsstörung vor. Der Gläubiger ist dann zur Ablehnung berechtigt (kein Annahmeverzug), der Schuldner kommt in Schuldnerverzug (s. Band 2, 12. Teil).

'Richtig' bedeutet in dem Zusammenhang: In erster Linie gemäß dem (ggf. auszulegenden) Vertragsinhalt, wenn diese Modalitäten im Vertrag geregelt sind und es keine vorgehenden zwingenden Regeln gibt (s. hiervor bzgl. der Regeln zur Inhaltsbestimmung). Nur wenn dann Punkte offen bleiben, müssen dispositive Regeln greifen, die im weiteren Verlauf dieses Abschnitts dargestellt werden.

Zu beachten ist allerdings, dass der Schuldner ggf. Gegenrechte besitzt, die er geltend machen kann und mit Hilfe derer er seine Leistung vorübergehend oder dauerhaft verweigern kann, ohne dass eine Pflichtverletzung bzw. Leistungsstörung seinerseits vorläge Dies wird ausführlich im Recht der Pflichtverletzungen und Leistungsstörungen behandelt (s. Band 2, 12.-14. Teil).

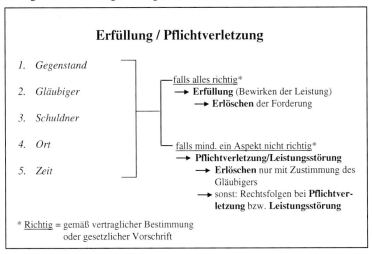

2. Ersatzerfüllung

Voraussetzung für die Anwendung der vorerwähnten Regeln ist, dass es beim ursprünglichen Vertragsinhalt bleibt. Es steht den Parteien auf der Grundlage der Vertragsfreiheit (s. 1. Teil) jedoch frei, den Vertrag vorzeitig einvernehmlich aufzuheben (dann ist keine Erfüllung erforderlich) oder inhaltlich zu ändern (dann ist der neue Inhalt entscheidend. S. 4. Teil bzgl. der Novation).

Wenn also der Schuldner feststellt, dass er seine Schuld nicht wie gefordert erfüllen kann, kann er den Gläubiger bitten, den Vertrag zu ändern. Dieser ist jedoch grundsätzlich nicht verpflichtet, dem zuzustimmen.

Es kann auch sein, dass der Vertrag zwar nicht ausdrücklich geändert wird, aber dass der Gläubiger eine andere als die geschuldete Leistung (oder unter anderen Modalitäten) akzeptiert. Dieser Aspekt wird im folgenden Abschnitt bzgl. des Leistungsgegenstands behandelt, gilt jedoch grundsätzlich für alle Modalitäten der Leistungserbringung.

Faktisch entspricht dem die stillschweigende Änderung des Vertragsinhalts oder der Verzicht auf die Geltendmachung von Rechten durch den Gläubiger.

3. Erfüllung nach Treu und Glauben

Nach § 242 ist der Schuldner verpflichtet, die Leistung so zu bewirken, wie Treu und Glauben mit Rücksicht auf die Verkehrssitte es erfordern. Die Bestimmung erwähnt zwar nur den Schuldner, aber das Gebot zur Rücksichtnahme gilt ebenso für den Gläubiger (s. S. 24, 76).

Auch ohne eine besondere gesetzliche Regelung kann es demnach dem Schuldner nach Treu und Glauben verwehrt sein, seine Leistung z. B. zu einer bestimmten Zeit oder an einem bestimmten Ort zu erbringen. Anderseits kann der Gläubiger unter Umständen gezwungen sein, Leistungen unter nicht vereinbarten Modalitäten (z. B. Teilleistungen) anzunehmen.

II. Leistungsgegenstand

Der Leistungsgegenstand ist das, was der Schuldner im Kern schuldet, d. h.

- ein materielles Tun (Handlung, Dienst, Arbeitsleistung, Geldzahlung usw.) oder Unterlassen, oder
- ein rechtliches Tun (z. B. Übereignung, Abtretung) oder Unterlassen.

Die (positiven) Handlungen und Rechtsgeschäfte beziehen sich ihrerseits wiederum oft auf einen Gegenstand, d. h. eine Sache, ein Recht, einen Geldbetrag oder eine Information. Um diese letzteren geht es i. w. im Folgenden durch die Darstellung der gesetzlichen Regelungen, die sich hierauf beziehen. Diese Bestimmungen greifen jedoch nur subsidiär, wenn eine vertragliche Regelung fehlt oder unklar ist, es sei denn, es handelt sich um zwingende Bestimmungen (was aber die Ausnahme ist).

A. Identität

Eine Erfüllung tritt nur ein, wenn der Schuldner den ‚richtigen' Gegenstand liefert, verarbeitet, vermietet usw. Es ist also zu klären, wie im Zweifel der ‚richtige' Gegenstand ermittelt wird und was geschieht, wenn der ‚falsche' Gegenstand zur Erfüllung angeboten wird.

1. Gegenstandsarten

Was der ‚richtige' Gegenstand ist, hängt davon ab, um welche Art Schuld es sich handelt:

a) <u>Stückschuld</u>

In vielen Situationen schuldet der Schuldner von Anfang an einen ganz bestimmten Gegenstand, so dass mit einem anderen (lat. *aliud*) nicht erfüllt werden kann (dies wird einem Sachmangel gleichgesetzt: s. u. bzgl. Beschaffenheit). In diesen Fällen spricht man von einer Stück- oder Speziesschuld.

> Beispiele
> Kaufvertrag über ein bestimmtes Gemälde, Schenkungsvertrag über eine ganz bestimmte antike Vase, Mietvertrag über eine bestimmte Wohnung, Werkvertrag über Sonderanfertigungen

Im Wirtschaftsleben stellen Stückschulden die Ausnahme dar, im BGB hingegen bilden sie den Standardfall der gesetzlichen Regelung.

b) <u>Gattungsschuld</u>

Es kommt oft vor, dass der Leistungsgegenstand bei Vertragsschluss noch nicht individuell festgelegt ist, sondern nur nach allgemeinen Gattungsmerkmalen, wie z. B. Zahl, Gewicht, Sorte oder sonstige allgemeinere Merkmale. Dann spricht man von einer Gattungsschuld.

Es bleibt hier zunächst offen, mit welchem konkreten Gegenstand der Schuldner später erfüllen wird. Geschuldet ist nur die Beschaffung irgendeines Stückes aus der im Vertrag umschriebenen Gattung. Im Gegensatz zur Stückschuld hat der Schuldner hier eine gewisse Wahl zwischen den Einzelstücken einer Gattung (zur erforderlichen Qualität s. Abschnitt 2).

> Beispiele
> Kaufvertrag über 10 Zentner Boskopäpfel oder 10.000 Schrauben einer bestimmten Größe
> Miete einer Studentenwohnung in einem Wohnheim, ohne sie vorab konkret gesehen bzw. individualisiert zu haben

Gattungsschulden können sich gem. § 243 Abs. 2 zu Stückschulden umwandeln bzw. konkretisieren. Geschuldet ist dann nur noch der konkretisierte Gegenstand.

Voraussetzung für diese ‚Konkretisierung' ist, dass der Schuldner gem. § 243 Abs. 2 das ‚seinerseits Erforderliche' getan hat. Dazu muss er alles getan haben, was von seiner Seite zur vollständigen Erfüllung notwendig ist. Er muss somit insbesondere die erforderlichen Leistungshandlungen am richtigen Leistungsort und zum richtigen Zeitpunkt vorgenommen haben.

c) <u>Vorratsschuld</u>

Einen Sonderfall der Gattungsschuld bildet die sog. Vorratsschuld (auch ‚beschränkte Gattungsschuld' genannt). Auch hier ist der Leistungsgegenstand bei Vertragsschluss nur durch Gattungsmerkmale festgelegt. Im Gegensatz zur normalen Gattungsschuld verpflichtet sich der Schuldner jedoch nur zur Leistung aus einem bestimmten Vorrat.

Beispiel
Verpflichtung in einem Kaufvertrag zur Lieferung ‚solange der Vorrat reicht' aus einer bestimmten Ernte

---

d) Wahlschuld und Ersetzungsbefugnis

(1) Bei der Wahlschuld werden von Anfang an mehrere verschiedene Gegenstände geschuldet, von denen aber nur einer geleistet werden soll, und zwar nach vorangegangener Auswahl seitens der wahlberechtigten Partei. Je nach gesetzlicher Bestimmung oder Vereinbarung können der Gläubiger oder Schuldner wahlberechtigt sein, im Zweifel ist es der Schuldner (§§ 262 ff.).

Beispiele
Das Recht des Schuldners zwischen verschiedenen Währungen zu wählen oder zwischen verschiedenen zu stellenden Sicherheiten.
Zahlung in Geld oder Naturalien
Ein Vertreter ohne Vertretungsmacht haftet dem anderen Teil nach dessen Wahl auf Erfüllung oder Schadensersatz (§ 179 Abs. 1).

---

(2) Hiervon zu unterscheiden ist die Ersetzungsbefugnis, bei der zwar eine bestimmte Leistung geschuldet wird, aber der Gläubiger oder der Schuldner aufgrund von Vertrag oder Gesetz das Recht haben, statt der geschuldeten Leistung eine andere zu erbringen.

Beispiel
Lieferung von Apfelsinen eines Herkunftslandes X, ersatzweise des Herkunftslandes Y

---

2. Ersatzleistungen

Leistet der Schuldner ohne diesbezügliche vertragliche Vereinbarung nicht das eigentlich geschuldete ‚Etwas', sondern einen Ersatz, ist zu klären, welche rechtliche Wirkung dies hat.

a) Leistung an Erfüllungs statt

Nur durch den richtigen Gegenstand wird der Schuldner frei. Leistet er etwas anderes als vereinbart wurde, so erlischt das Schuldverhältnis nur, wenn der Gläubiger damit einverstanden ist, d. h. er eine andere Leistung als die geschuldete ‚an Erfüllungs statt' annimmt, wozu er jedoch nicht verpflichtet ist (§ 364 Abs. 1).

Beispiel
Ein Häuslebauer hat weiße Rollladen bestellt, erhält aber graue. Wenn er sich damit einverstanden erklärt, erlischt die Schuld des Lieferanten gem. § 364 Abs. 1. Ansonsten schuldet dieser weiterhin weiße Rollladen.

Voraussetzung für die Wirkung einer Leistung an Erfüllungs statt ist ein entsprechender Erfüllungsvertrag zwischen den Parteien. Sie müssen sich also darüber einigen, dass die erbrachte Leistung an die Stelle der geschuldeten Leistung treten soll.

b) Leistung erfüllungshalber

Wenn der Gläubiger sich nicht sicher ist, ob der ‚falsche' Gegenstand seinen Ansprüchen gerecht wird, kann er ihn ‚unter Vorbehalt' annehmen.

Bei dieser ‚Leistung erfüllungshalber' (§ 364 Abs. 2) tritt zunächst keine Tilgungswirkung ein. Gemäß dem Erfüllungsvertrag versucht der Gläubiger zunächst, aus dem Ersatzgegenstand Befriedigung zu erlangen. Die ursprüngliche Forderung (mit etwaigen Sicherheiten) bleibt so lange bestehen und ist zunächst gestundet. Kann er Befriedigung erlangen, so erlischt die Ursprungsschuld. Gelingt ihm dies hingegen nicht, so kann er wieder Erfüllung dieser Forderung verlangen.

Ob im Einzelfall eine Leistung an Erfüllungs statt oder erfüllungshalber erfolgt, ist nach dem Parteiwillen zu beurteilen. Bei der Entgegennahme anderer als der geschuldeten körperlichen Sachen ist zu unterscheiden, ob der Gläubiger

- diese annimmt, um sich daraus zu befriedigen: Dann handelt es sich um eine Leistung erfüllungshalber, oder
- ob er sie anstatt der geschuldeten Leistung annimmt: Dann liegt eine Leistung an Erfüllungs statt vor.

Beispiel
Sie haben einem Freund eine Musik-CD geliehen, die dieser zurückgeben soll. Gibt er ihnen aber eine Kopie zurück, handelt es sich zunächst um eine Leistung erfüllungshalber, es sei denn, Sie geben sich damit zufrieden, weil aus Ihrer Sicht die Kopie den gleichen Wert besitzt wie das Original: Dann liegt eine Leistung an Erfüllungs statt vor.

Der Abschluss des Erfüllungsvertrages kann auch konkludent (d. h. stillschweigend, aber durch das Verhalten eine klare Schlussfolgerung hinsichtlich des Parteiwillens erlaubend) in der Entgegennahme des angebotenen Gegenstandes liegen. Sind keine Anzeichen für einen entsprechenden Parteiwillen zu erkennen, so wird auszulegen sein:

- Wird statt des bestimmten geschuldeten Gegenstands ein nur wenig davon unterschiedlicher geleistet und vom Gläubiger angenommen, so spricht dies für Leistung an Erfüllungs statt.
- Soll der Gläubiger einer Geldforderung eine vom Schuldner gelieferte Sache vereinbarungsgemäß verkaufen, um dadurch zu seinem Geld zu kommen, ist erfüllungshalber geleistet worden.

Im Zweifel (d. h. wenn keine eindeutige Auslegung möglich ist) ist gemäß § 364 Abs. 2 im Interesse des Gläubigers nur eine Leistung erfüllungshalber anzunehmen.

B. Menge und Beschaffenheit

1. Menge

a) Grundsatz

Der Schuldner muss selbstverständlich die vereinbarte Menge bzw. Anzahl der geschuldeten Leistung erbringen, ggf. abzüglich vereinbarter Skonti, Rabatte usw.. Abweichungen werden wie ein Sachmangel behandelt (s. u. bzgl. Beschaffenheit).

Handelt es sich um eine komplexe Sachgesamtheit, müssen alle Bestandteile erfasst sein. Strittig kann ggf. sein, was dazu gehört. Bei Veräußerungs- und Belastungsverträgen sagt § 311c ausdrücklich, dass der Vertrag auch das Zubehör der Sache umfasst. Im Übrigen ist diese Frage, die oft auch die Existenz oder den Umfang von Nebenleistungspflichten betrifft, mangels ausdrücklicher Vereinbarung durch Auslegung des Vertrages oder Gesetzes zu klären.

b) Teilleistungen

Teilzahlungen sind zulässig, wenn sie vereinbart wurden (z. B. Ratenzahlungskauf) oder das Gesetz sie gestattet. Ansonsten ist nach § 266 der Schuldner zur Teilleistung nicht berechtigt.

Diese Bestimmung soll Belästigungen des Gläubigers vermeiden (er müsste z. B. über Teilleistungen Buch führen). Er kann also (zur Fälligkeit oder vorher erbrachte) Teilleistungen ablehnen, ohne dadurch in Annahmeverzug zu kommen. Das Angebot von Teilleistungen verhindert nicht einen Schuldnerverzug hinsichtlich der ganzen Leistung, wenn die Fälligkeit (s. u.) überschritten ist. Der Gläubiger kann aber auch Teilleistungen annehmen, z. B. einen Teil des Kaufpreises.

Ausnahmsweise kann jedoch die Ablehnung einer Teilleistung dem Grundsatz von Treu und Glauben (§ 242) widersprechen, so dass der Gläubiger zur Annahme gezwungen ist.

Beispiel
Bei der Rückzahlung eines Darlehens fehlt nur ein geringfügiger Betrag. Hier überwiegt das Interesse an der Rückzahlung gegenüber dem Belästigungseffekt, so dass der Gläubiger die Teilzahlung annehmen muss. Etwas anders wäre die Lieferung eines Autos, bei dem ein Rad fehlt: Dies stellt zwar nur einen kleinen Teil des Gesamtwertes dar, aber einen entscheidenden für die Gebrauchsfähigkeit. Folglich ist der Käufer nicht zur Annahme verpflichtet.

---

2. Beschaffenheit

a) Mängelfreiheit

Die Leistung des Schuldners muss frei von Sach- oder Rechtsmängeln sein. Was darunter genau zu verstehen ist, wird im BGB nicht allgemein definiert, sondern nur bei einzelnen Vertragsarten. Eine ausdrückliche (übereinstimmende) Definition findet sich nur bzgl. des Kauf- und Werkvertrags (§§ 434, 633).

Demzufolge liegt allgemein formuliert ein *Sachmangel* vor, wenn der Gegenstand nicht die vereinbarte Beschaffenheit besitzt. Ist nichts vereinbart worden, liegt ein Sachmangel vor,

- wenn der Gegenstand sich nicht für die nach dem Vertrag vorausgesetzte Verwendung eignet, sonst
- wenn er sich nicht für die gewöhnliche Verwendung eignet und keine Beschaffenheit aufweist, die bei Gegenständen der gleichen Art üblich ist und der Vertragspartner erwarten durfte (§§ 434 Abs. 1, 633 Abs. 2 S. 1-2).

Auch ein falscher Gegenstand oder eine falsche Menge werden als Sachmangel betrachtet (§§ 434 Abs. 3, 633 Abs. 2 S. 3).

Ein *Rechtsmangel* liegt vor, wenn Dritte im Bezug auf den Gegenstand Rechte geltend machen können, die der Gläubiger bzw. Leistungsempfänger im Vertrag nicht ausdrücklich akzeptiert hat (§§ 435, 633 Abs. 3).

Hat die Leistung nicht den geschuldeten Standard, liegt keine vertragsgemäße Erfüllung vor (zur Vertiefung s. Recht der Leistungsstörungen Band 2, 12. Teil).

b) Qualität bei Gattungsschulden

Das Problem bei Gattungsschulden besteht darin, dass die Einzelteile einer Gattung nicht unbedingt identisch sind, so dass sich die Frage stellt, welche Qualität der Schuldner liefern muss bzw. der Gläubiger fordern darf. Indirekt stellt sich hier also das Problem, ab wann die Lieferung qualitativ zu einer ‚Schlechtlieferung' wird, die eine Leistungsstörung darstellt.

Diese Frage ist grundsätzlich gemäß vertraglicher Vereinbarung zu beantworten. Ansonsten gilt gem. § 243 Abs. 1, dass der Schuldner eine Sache von ‚mittlerer Art und Güte' leisten muss, d. h. die Sache muss mindestens Durchschnittsqualität besitzen. Der Schuldner muss also zwar einerseits nicht die besten Stücke aus der Gattung liefern, er darf aber andererseits nicht unterdurchschnittlich schlechte Stücke auswählen.

C. Sonderregeln bzgl. Geld- und Zinsschulden

Die Geldschuld ist die im Rechtsverkehr am häufigsten vorkommende Schuld, da bei entgeltlichen gegenseitigen Verträgen eine Partei i. d. R. nur einen Preis bzw. eine Vergütung zahlt. Auch die Schadensersatzpflicht wird meist eine Geldschuld sein.

Die Geldschuld (und mit ihr die abgeleitete Zinsschuld) ist jedoch kein normaler Leistungsgegenstand, sondern es gibt diesbezüglich einige Sonderregeln, obschon die Materie im BGB nicht umfassend geregelt ist (vgl. die §§ 244-248, 270, 272, 288-291, 301).

1. Natur

Nach herrschender Meinung[5] (h. M.) ist die Geld(zahlungs)schuld keine echte Gattungsschuld, denn sie ist keine Sachschuld, sondern eine Wertverschaffungsschuld. Die Vorschriften über Gattungsschulden gelten allenfalls analog, aber nur, soweit keine Sondervorschriften der Geldschuld eingreifen. Im Übrigen kann eine Geld(sach)schuld auch eine Stückschuld sein (z. B. eine Sammlermünze).

,Wertverschaffungsschuld' bedeutet, dass der Schuldner dem Gläubiger eine durch den Nennbetrag der Schuld ausgedrücktes Wertmenge verschaffen muss. Dieser Wert kann zwar in einer Sache (Bargeld) verkörpert sein, muss es jedoch nicht notwendigerweise (z. B. Überweisung). Daher ist die Geldschuld keine Sachschuld.

Die normale Geldschuld ist eine ,Geldsummenschuld' (,Nenn- bzw. Geldbetragsschuld'), bei der die geschuldete Leistung summen- bzw. betragsmäßig festgelegt wird. Hierbei gilt der Grundsatz des ,Nominalismus', d. h. die Leistungspflicht des Schuldners richtet sich unabhängig von der jeweiligen Kaufkraft allein nach der geschuldeten Summe. Somit trägt der Gläubiger das Risiko einer Geldentwertung.

Ausnahmsweise handelt es sich um eine ,Geldwertschuld', bei der die Leistungspflicht des Schuldners nicht von Anfang an auf Zahlung eines bestimmten Geldbetrages gerichtet, sondern auf den in Geld noch zu berechnenden Wert eines Gegenstandes oder eines Vermögensanteils. Hier gilt das Prinzip des ,Valorismus', d. h. Preisschwankungen hinsichtlich des Gegenstandes oder Vermögensanteils wirken sich auch auf die Höhe des geschuldeten Geldbetrages aus. Somit trägt hier der Schuldner das Risiko einer Geldentwertung. Das gilt allerdings nur solange bis der Wert als Nominalbetrag fixiert ist. Dann handelt es sich wieder um eine Geldsummenschuld.

Beispiele
Ein Kaufpreis über 1.000 € ist eine Geldsummenschuld, Ansprüche auf Schadensersatz, Wertersatz, Aufwendungsersatz sind Geldwertschulden.

Gegen die Geldentwertung kann sich der Gläubiger im Übrigen durch Preisgleitklauseln schützen, die jedoch bestimmten zwingenden Beschränkungen (im Preisklauselgesetz festgelegt) unterliegen.

2. Erfüllung

Die Erfüllung einer Geldschuld soll nach dem Modell des BGB durch Barzahlung, d. h. die Übereignung von Noten und Münzen, erfolgen.

Wenn der Schuldner den Rechnungsbetrag stattdessen auf das Girokonto des Gläubigers, so ist hierin eine Leistung an Erfüllungs statt zu sehen, wenn das

---

[5] Von ,herrschender Meinung' spricht man dann, wenn eine Rechtslage nicht klar ist, sich bei unterschiedlichen Meinungen hierzu in Rechtsprechung und Lehre aber eine mehr oder weniger eindeutige Mehrheit für eine bestimmte Auslegung bzw. Lösung ausspricht. Der ,herrschenden Meinung' kommt keine Rechtsverbindlichkeit zu, aber sie dokumentiert die Wahrscheinlichkeit, dass in einem Streitfall ein Gericht in dieser Weise entscheiden würde.

Konto vom Gläubiger zu diesem Zweck mitgeteilt wurde. Der Schuldner leistet nämlich nicht den geschuldeten Geldbetrag, sondern verschafft einem Gläubiger einen Anspruch gegenüber seiner Bank. Durch die Angabe der Kontonummer auf dem Rechnungsformular erklärt sich der Gläubiger jedoch regelmäßig mit der Leistung an Erfüllungs statt einverstanden. Voraussetzung ist jedoch, dass die Zahlung auf ein angegebenes Konto erfolgt. Bei Zahlung auf ein sonstiges Konto des Gläubigers handelt es sich nur um eine Leistung erfüllungshalber.

Bei Zahlung mit einem Scheck oder Wechsel sowie durch Abtretung von Forderungen handelt es sich um Leistungen erfüllungshalber. Erfüllung tritt erst ein, wenn hieraus auch tatsächlich die geschuldete Zahlung erlangt wurde (ein Scheck könnte z. B. nicht gedeckt sein). Bei garantierten und fungiblen Bankschecks (die überall als Zahlungsmittel eingesetzt werden können) soll es sich hingegen um eine echte Erfüllung handeln (die diesbezüglichen Rechtsmeinungen sind strittig).

3. Zinsschuld

Unter Zinsen versteht man die für die Kapitalüberlassung zu entrichtende Vergütung.

a) <u>Zinszahlungspflicht</u>

Das BGB kennt keine allgemeine Verzinsungspflicht. Sie kann aber im Rahmen der Vertragsfreiheit vereinbart werden (Musterbeispiel: Darlehen) oder auf gesetzlicher Regelung beruhen (z. B. Verzug § 288, Rechtshängigkeit § 291, Zinspflicht unter Kaufleuten § 353 HGB).

b) <u>Zinssatz</u>

Der vertragliche Zinssatz unterliegt grundsätzlich der Vertragsfreiheit, wird aber durch das allgemeine Verbot des Wuchers nach § 138 Abs. 2 begrenzt.

Ist gemäß Vertrag oder Gesetz ein sogen. ‚gesetzlicher Zinssatz' zu zahlen, dann beträgt dieser im BGB 4 Prozent, im HGB 5 Prozent (vgl. §§ 246, 352 HGB), soweit nichts anderes bestimmt ist (§ 246).

Letzteres ist der Fall bei Verzugszinsen, nämlich ein Zinssatz von 5 Prozentpunkten bzw. bei Rechtsgeschäften, bei denen ein Verbraucher (§ 13) nicht beteiligt ist, für Entgeltforderungen ein Zinssatz von 8 Prozentpunkten über dem Basiszinssatz (§ 288 Abs. 1 und 2).

Der Basiszinssatz (ursprünglich 3,62 Prozent, (§ 247 Abs. 1 S. 1) verändert sich jedes Jahr zum 1. Januar und 1. Juli um die Prozentpunkte, um welche die Bezugsgröße (d. h. der Zinssatz für die jüngste Hauptrefinanzierungsoperation der Europäischen Zentralbank vor dem ersten Kalendertag des betreffenden Halbjahres) seit der letzten Veränderung des Basiszinssatzes gestiegen oder gefallen ist. Der Betrag des Basiszinssatzes wird jeweils von der Bundesbank festgelegt und veröffentlicht.

III. Art und Weise der Leistung

Um vollständig zu erfüllen, reicht es nicht, die richtige Leistung zu erbringen bzw. den richtigen Gegenstand zu leisten, sondern dies muss durch den richtigen Schuldner an den richtigen Gläubiger am rechten Ort und zur richtigen Zeit erfolgen. Es ist deshalb unerlässlich zu klären, wie diese Modalitäten korrekt zu erfüllen sind. Auch für den Gläubiger ist dies wichtig, da er verpflichtet ist, die korrekt erbrachte Leistung entgegen zu nehmen, da er ansonsten in Gläubigerverzug gerät (s. Band 2, 12. Teil).

A. Schuldner

Grundsätzlich ergibt sich aus dem Vertrag, wer konkret die Leistung zu erbringen hat, insbesondere ob der Schuldner dies persönlich tun muss. Ist dort nichts geregelt, ist der Vertrag auszulegen. Führt dies zu keinem Ergebnis, greifen die dispositiven gesetzlichen Bestimmungen.

1. Leistung des Schuldners in Person

Ob der Schuldner die Leistung persönlich bewirken muss, ergibt sich aus der getroffenen Vereinbarung, aus dessen Auslegung unter Berücksichtigung der Umstände und der Verkehrssitte oder subsidiär aus dem Gesetz (z. B. beim Dienstvertrag: § 613 Abs. 1).

Ist dies der Fall, tritt nur bei persönlicher Leistungserbringung Erfüllung ein. Es steht dem Gläubiger aber frei, auch bei persönlicher Leistungspflicht des Schuldners die Leistung eines Dritten anzunehmen. Ob es sich dabei sinngemäß um eine Leistung an Erfüllungs statt oder erfüllungshalber handelt, bemisst sich nach den oben dargestellten Regeln.

2. Leistung durch einen Dritten

a) Regel

Soweit nicht der Schuldner aufgrund vertraglicher Vereinbarung oder wegen der Besonderheit des Schuldverhältnisses in Person zu leisten hat, kann auch ein Dritter an seiner Stelle die Leistung erbringen und ihn damit von der Verbindlichkeit befreien (§ 267 Abs. 1 S. 1). Der Dritte muss allerdings die Leistung mit dem erkennbaren Willen erbringen, die fremde Schuld zu erfüllen.

In vielen Fällen ist dem Gläubiger in der Tat die Person des Leistenden gleichgültig. Außerdem wird der Schuldner (z. B. eine Rechtsperson) oft gar nicht selber eine Leistung erbringen können, sondern sich hierzu seiner Angestellten bedienen müssen, die im Verhältnis zu den Vertragsparteien Dritte sind. Bedient sich der Schuldner zur Erfüllung absichtlich eines Dritten, wird dieser ‚Erfüllungsgehilfe'.

Die Einwilligung des Gläubigers ist in diesem Fall nicht erforderlich (im Gegensatz zur Schuldübernahme, weil dort nicht sofort geleistet wird, sondern die Schuld mit einem anderen Schuldner ausgestattet wird: s. 8. Teil). Er muss im Gegenteil die Leistung annehmen, wenn er nicht in Annahmeverzug geraten will.

b) <u>Widerspruchsrecht des Schuldners und des Gläubigers</u>

(1) Üblicherweise handelt der Dritte im Auftrag bzw. in Absprache mit dem Schuldner. Er kann aber auch ohne Einverständnis oder sogar gegen den Willen des Schuldners dessen Schuld tilgen. Dies wird er natürlich nur tun, wenn er hieran ein Interesse hat, z. B. um seine Rechtsposition zu sichern, oder weil das Gesetz ihm auf dieser Basis Rechte (insbesondere gegen den eigentlichen Schuldner) verleiht, die ihn für seine Leistung entschädigen.

Diesbezüglich ist in der Tat Folgendes zu beachten: Leistet der Dritte mit dem Willen, die fremde Schuld zu tilgen, so erlischt zwar die Forderung des Gläubigers gegen den ursprünglichen Schuldner. Aber in vielen Fällen erwirbt hierdurch der Dritte gegen den Schuldner einen Ersatzanspruch (Regressrecht) in gleicher Höhe, woran der Dritte ein besonderes Interesse haben kann. Ob dies tatsächlich der Fall ist, richtet sich nach den zwischen ihnen bestehenden Rechtsbeziehungen (z. B. Auftrag, Geschäftsführung ohne Auftrag, Bereicherung) oder ergibt sich aus dem Gesetz (gesetzlicher Forderungsübergang: s. 8. Teil).

> Beispiele
> Wenn ein Gesamtschuldner den Gläubiger befriedigt, geht dessen Forderung gegen die Mitschuldner auf ihn über (§ 426 Abs. 2).
> Bei einer echten Geschäftsführung ohne Auftrag erwirbt der Geschäftsführer einen Anspruch auf Ersatz seiner Aufwendungen (§ 683).

(2) Wenn der Schuldner der Leistung durch den Dritten widerspricht, kann (muss aber nicht) der Gläubiger die Leistung des Dritten ablehnen (§ 267 Abs. 2). Wenn Gläubiger und Schuldner sich in der Ablehnung also einig sind, kann die Leistung des Dritten abgewehrt werden, ansonsten muss der Gläubiger annehmen (s. hiervor).

Das Widerspruchsinteresse des Schuldners resultiert daraus, dass er ggf. vermeiden möchte, Regressansprüchen des Dritten ausgesetzt zu sein. Denn dieser hat vermutlich (das ist im Einzelnen zu prüfen) einen Ausgleichanspruch (s. hiervor) gegen den Schuldner, d. h. aus Sicht des Schuldners wird nicht die Schuld reduziert, sondern es wird bloß der alte durch einen neuen Gläubiger ersetzt, und daran ist dem Schuldner vielleicht nicht gelegen.

(3) In manchen Fällen hat der Dritte ein berechtigtes Interesse, für den Schuldner zu leisten. Dann darf er die Schulden des eigentlichen Schuldners begleichen, ohne dass dieser widersprechen kann, und die Forderung des ursprünglichen Gläubigers geht dann gemäß § 268 Abs. 1 S. 2, Abs. 3 per Gesetz auf ihn über (Ablösungsrecht).

> Beispiel
> Es droht eine Zwangsversteigerung eines vermieteten Immobils. Der Mieter muss befürchten, dass der Mietvertrag gekündigt wird. Er kann dann die

Schulden des Eigentümers begleichen; die Forderung des Gläubigers geht in diesem Umfang auf ihn über.

c) Haftung für Erfüllungsgehilfen

Bedient sich der Schuldner zur Erfüllung absichtlich eines ‚Erfüllungsgehilfen', dann haftet er nicht nur für dessen objektive Fehlleistung, sondern auch für dessen Verschulden (Vorsatz, Fahrlässigkeit) grundsätzlich so, als ob er selbst gehandelt hätte (§ 278: s. hierzu Band 2, 16. Teil).

B. Gläubiger

Wie bzgl. des Schuldners ergibt sich die Antwort auf die Frage, an wen zu leisten ist, in erster Linie aus dem Vertrag bzw. dessen Auslegung und subsidiär aus dem Gesetz.

1. Leistung an den Gläubiger

Regelmäßig hat der Schuldner an den Gläubiger selbst zu leisten; nur dann tritt Erfüllung ein. Eine Leistung an den richtigen Gläubiger liegt dabei auch dann vor, wenn im Vertrag eine andere Person als Empfänger bezeichnet wird und die Leistung diesem erbracht wird.

Der Gläubiger ist bei Erbringung der richtigen Leistung grundsätzlich zur Annahme verpflichtet (sonst gerät er in Annahmeverzug: s. Band 2, 12. Teil). Je nach Inhalt des Schuldverhältnisses kann er darüber hinaus auch zur Mitwirkung verpflichtet sein. Dies kann sich aus einem Vertrag ergeben (z. B. in Form einer Nebenleistungspflicht) oder auch aus dem Gesetz (s. z. B. § 640 zur Abnahme beim Werkvertrag). Für diese Mitwirkung gilt er jedoch als Schuldner.

2. Leistung an einen Dritten

Die Leistung an einen echten Dritten (Nichtgläubiger) ist grundsätzlich fehlerhaft und befreit den Schuldner nicht von seinen Pflichten. Ausnahmsweise ist sie dem Gläubiger gegenüber jedoch wirksam,

- wenn dieser sich damit einverstanden erklärt hat (bereits im Vertrag oder nachträglich vor der Leistung im Sinne eines Änderungsvertrags) oder
- wenn er sie nachträglich genehmigt (§§ 362 Abs. 2, 185).

Beispiel
Sie haben per Internet eine Kamera gekauft, die am 22.4. geliefert werden soll, so dass Sie sich für diesen Tag frei nehmen. Die Lieferung erfolgt jedoch schon einen Tag früher, als niemand zuhause ist. Der Paketzusteller gibt das Paket beim Nachbarn (Dritter) ab. Hieraus wird eine Erfüllung, wenn dies in den AGB als Möglichkeit vereinbart wurde oder wenn sie die ‚Fehllieferung' nachträglich (stillschweigend) genehmigen, als Ihr Nachbar Ihnen das Paket aushändigt.

In allen anderen Fällen der Leistung an einen nichtberechtigten Dritten liegt also keine Erfüllung vor. Zum Schutz des Schuldners bestimmt das Gesetz allerdings an einigen Stellen, dass die Schuld ausnahmsweise dennoch erlischt.

Beispiel
Nach § 370 gilt der Überbringer einer Quittung als ermächtigt, die Leistung zu empfangen. Hier soll der Schuldner in seinem Vertrauen auf die vom Gläubiger ausgestellte Quittung geschützt werden.

Bei einem ,echten Vertrag zugunsten Dritter' darf der Schuldner im Übrigen mit befreiender Wirkung an den Dritten leisten. Diesem steht dann ein eigener Anspruch zu, was in der hier behandelten Konstellation – beim sogenannten unechten Vertrag zugunsten Dritter – nicht der Fall ist (s. § 328 Abs. 1) (s. im Einzelnen 8. Teil).

C. Leistungsort

1. Begriff

Jede Leistung muss an einem bestimmten Ort erbracht werden. Bei einem gegenseitigen Vertrag kann es dabei für die Leistungen beider Parteien unterschiedliche Orte geben.

Für der Bestimmung des ,richtigen Ortes' muss man zwei Begriffe unterscheiden:

- Der ,Leistungsort' (LO) ist derjenige Ort, an dem der Schuldner die geschuldete Leistungshandlung (das ,seinerseits Erforderliche' i. S. v. § 243 Abs. 2) vorzunehmen hat. Der Schuldner braucht dabei immer nur am Leistungsort zu leisten und nur dort muss der Gläubiger die angebotene Leistung annehmen.
- Der Erfolgsort (EO) ist der Ort, an dem der Leistungserfolg (das ,Bewirken' der Leistung i. S. v. § 362 Abs. 1) eintritt.

Wenn der Gesetzgeber den Begriff ,Erfüllungsort' verwendet, ist damit i. d. R. der Leistungsort zu verstehen. Wenn die Parteien diesen Begriff benutzten, ist durch Auslegung zu klären, was gemeint ist (manchmal ist dies sogar nur der Gerichtsstand: ,Erfüllungsort ist München').

2. Schuldarten

Die Unterscheidung von Leistungs- und Erfolgsort bildet die Grundlage für die Definition von drei ortsbezogenen Schuldarten:

- Bei der ,Holschuld' liegen LO und EO beim Schuldner. Somit hat er an seinem Wohnsitz bzw. seiner gewerblichen Niederlassung die geschuldete Leistungshandlung vorzunehmen und dort tritt auch der Leistungserfolg ein.

Beispiel
Sie bestellen bei einem Buchhändler ein Buch und vereinbaren, dass Sie es abholen.

- Bei der ‚Bringschuld' liegen LO und EO beim Gläubiger oder einem vereinbarten Dritten, fallen also wiederum zusammen.

Beispiel
Vereinbaren Sie eine Bringschuld, muss der Verkäufer das Buch Ihnen an Ihrem Wohnsitz anbieten und ebenfalls dort Besitz und Eigentum verschaffen.

Hier trägt also der Schuldner das Risiko, dass die Sache beim Bringen verloren geht, beschädigt wird usw..

- Bei der ‚Schickschuld' fallen LO und EO auseinander: Hier ist der LO beim Schuldner und der EO beim Gläubiger. Eigentlich handelt es sich um eine Holschuld, aber es wird auf Wunsch des Käufers vereinbart, dass der Schuldner zuschicken soll.
  Wichtigste Anwendungsfälle sind der Versendungskauf und die Geldschuld (s. o.).

Beispiel
Wenn Sie eine Vereinbarung treffen, dass der Buchhändler Ihnen ein bestelltes Buch zuschicken soll, muss er die geschuldete Leistungs-handlung (Übergabe der Ware an eine Transportperson) an seinem Wohnsitz (= LO) vornehmen. Der Leistungserfolg (Besitz- und Eigentums-verschaffung) tritt dagegen erst an Ihrem Wohnsitz ein, wenn die Sache Ihnen durch die Transportperson ausgehändigt wird.

---

3. Bestimmung

Zur Bestimmung der ortsbezogenen Schuldart und damit des ‚richtigen Ortes' in einem konkreten Schuldverhältnis ist gem. § 269 Abs. 1 eine bestimmte Prüfungsreihenfolge zu beachten, die den oben beschriebenen allgemeinen Regeln entspricht:

a) Parteivereinbarung

In erster Linie ist der Parteiwille entscheidend, d. h. eine ausdrückliche oder zumindest stillschweigende Vereinbarung.

b) Umstände

Fehlt eine Parteivereinbarung, so entscheiden die Umstände, insbesondere die Natur des Schuldverhältnisses. Zu den wesentlichen Umständen gehört insbe-sondere die Verkehrssitte (§ 157) und der Handelsbrauch i. S. v. § 346 HGB.

Beispiele
Bei Ladengeschäften des täglichen Lebens ist nach der Verkehrssitte das Ladenlokal für beide Parteien Leistungs- und Erfolgsort.
Bei Verträgen über den Verkauf von Heizöl oder eines Klaviers für den Haushalt ist aus den Umständen auf eine Bringschuld zu schließen, denn der Käufer kann diese aufgrund ihrer Beschaffenheit kaum selber transportieren und ihre Anlieferung ist allgemein üblich.
Für Ansprüche aus einem Arbeitsverhältnis ist nach der Natur des Schuld-verhältnisses das Betriebsgebäude Leistungs- und Erfolgsort.

---

c) Gesetzliche Sonderbestimmungen

Lässt sich der Ort weder aus der Parteivereinbarung, noch aus den Umständen entnehmen, können u. U. gesetzliche Spezialvorschriften (s. z. B. §§ 374, 697, 700, 811) einschlägig sein und den Leistungsort bestimmen. Hier handelt es sich allerdings nicht um zwingende Vorschriften (sonst würden diese den Vereinbarungen vorgehen).

d) Gesetzliche Zweifelsregelung

Sind auch keine Spezialvorschriften einschlägig, ist auf § 269 und 270 abzustellen.

(1) Gem. § 269 Abs. 1 liegt der ‚Leistungsort‘ bei Sachleistungen im Zweifel am Wohnsitz des Schuldners bzw. bei Gewerbeschulden gem. § 269 Abs. 2 am Ort seiner gewerblichen Niederlassung. D. h. es handelt sich i. d. R. um eine Holschuld, es sei denn, diese wurde zu einer Schickschuld umgewandelt.

Dieser Grundsatz gilt gem. § 269 Abs. 3 auch dann, wenn bei einer Versendungsvereinbarung der Verkäufer (entgegen § 448) die Transportkosten übernimmt.

(2) Gem. § 270 Abs. 1 i. V. m. § 269 Abs. 1 ist der ‚Zahlungsort‘ für Geldschulden ‚im Zweifel‘ (d. h. sofern er sich nicht anderweitig vorrangig ermitteln lässt), der Wohnsitz des Gläubigers. Die Geldschuld ist somit Bring- oder Schickschuld (s. o.).

D. Leistungszeit

1. Begriff

Nicht nur der Ort, sondern auch der Zeitpunkt der Leistung des Schuldners muss zur ordnungsgemäßen Erfüllung klar sein.

Dabei muss man zwei Begriffe unterscheiden:

- Die ‚Erfüllbarkeit‘ ist der Zeitpunkt, zu dem der Schuldner die Leistung erbringen darf und ab dem der Gläubiger annehmen muss, ansonsten kommt letzterer gem. §§ 293 ff. in Annahmeverzug, wenn er die ordnungsgemäß angebotene Leistung nicht annimmt.
- Die ‚Fälligkeit‘ ist der Zeitpunkt, ab dem der Gläubiger die Leistung fordern darf und zu dem der Schuldner spätestens leisten muss, ansonsten gerät der Schuldner gem. §§ 284 ff. in Schuldnerverzug, sofern er trotz Mahnung schuldhaft nicht leistet.

Die Erfüllbarkeit muss spätestens bei Fälligkeit vorliegen, kann jedoch auch früher gegeben sein.

	Schuldner	*Gläubiger*
Erfüllbarkeit	darf (frühestens) leisten	muss annehmen (sonst Gläubigerverzug)
Fälligkeit	muss (spätestens) leisten (sonst Schuldnerverzug)	darf (gerichtlich) fordern

2. Bestimmung

Bei der Ermittlung der Leistungszeit ist gemäß § 271 wiederum die standardmäßige Prüfungsfolge zu beachten:

a) Ausdrückliche oder konkludente Parteivereinbarung

Die Parteien können die Leistungszeit in unterschiedlichster Weise durch vertragliche Vereinbarung festlegen:

- Vereinbarung eines festen Zeitpunkts für die Erfüllung Zug-um-Zug.
- Vereinbarung, dass eine Partei später als die andere leisten muss. Dies kann festgelegt werden
  - von vornherein, wenn eine Partei bereit ist, vorzuleisten,
  - als nachträgliche Stundungsvereinbarung, d. h. Hinausschieben der Fälligkeit (vgl. § 271 Abs. 2),

> Beispiel
> Die Vereinhartung in einem Kaufvertrag, dass die Kaufpreisforderung erst nach einem Monat fällig wird.

  - oder durch Vereinbarung eines sog. ‚*pactum de non petendo*', d. h. einer sofortigen Fälligkeit mit dem Versprechen des Gläubigers, den fälligen Anspruch zeitweilig nicht geltend zu machen.

> Beispiel
> Die Vereinbarung in einem Kaufvertrag, dass der Verkäufer bereit ist, den Kaufpreis erst in einem Monat geltend zu machen.

- Vereinbarung einer sogen. Verfallklausel: Hierdurch wird z. B. im Rahmen von Kreditgeschäften bei nicht rechtzeitiger Ratenzahlung die Fälligkeit des gesamten, noch ausstehenden, Restbetrages bewirkt.

> Beispiel
> B gewährt A ein Darlehen in i. H. v. 50.000 €, das in monatlichen Raten von 5.000 € zurückzuzahlen ist. Im Darlehensvertrag wird u. a. vereinhart, dass der Restbetrag in voller Höhe fällig ist, sofern A mit zwei aufeinander folgenden Raten in Verzug ist.

- Verwendung einer handelsüblichen Klausel

> Beispiel
> Die Klausel ‚Kasse gegen Factura' bedeutet, dass der Schuldner schon gegen Empfang der Rechnung zu leisten hat, auch wenn die Ware an ihn noch nicht abgeschickt wurde.

b) Umstände

Liegt keine Parteivereinbarung bzgl. der Leistungszeit vor, so kann sich diese aus den Umständen, insbesondere aus der Natur des Schuldverhältnisses bzw. der Verkehrssitte ergehen.

> **Beispiel**
> Beim Kauf eines Weihnachtsbaums ergibt sich aus den Umständen, dass spätester Lieferzeitpunkt der 24. Dezember ist.

Auch ohne Vereinbarung ergibt sich der Zeitpunkt der Fälligkeit ggf. auch aus der Natur des Schuldverhältnisses, wenn z. B. Forderungen erst bei der Beendigung eines Dauerschuldverhältnisses entstehen und damit fällig werden können (z. B. Rückgabe der Mietkaution beim Mietvertrag).

c) Gesetzliche Sondervorschriften

Weiterhin kann sich die Leistungszeit aus subsidiär geltenden gesetzlichen Spezialbestimmungen (z. B. §§ 556b, 604 Abs. 2, 609, 614) ergeben.

> **Beispiel**
> Haben der Besteller und der Unternehmer im Rahmen eines Werkvertrages keine Vereinbarung über die Fälligkeit des Vergütungsanspruchs getroffen und lässt sich dieser auch nicht aus den Umständen ermitteln, so kann der Unternehmer nach § 641 Abs. 1 Zahlung erst dann fordern, wenn das Werk abgenommen wurde (s. 7. Teil).

d) Gesetzliche Zweifelsregelung

Sofern keine der vorerwähnten Möglichkeiten greift, tritt gemäß § 271 Abs. 1 ‚sofortige' Fälligkeit und Erfüllbarkeit der Leistung ein. Dies bedeutet, dass der Schuldner so schnell, wie es ihm nach objektiven Maßstäben möglich ist, leisten muss, aber auch sofort leisten darf.

Hinsichtlich der Tageszeit ist auf § 242 (bzw. § 358 HGB) abzustellen. D. h. der Schuldner darf nicht zu unpassender Zeit leisten, bei Handelsgeschäften muss er die gewöhnliche Geschäftszeit einhalten.

Die Zusendung einer Rechnung ist grundsätzlich keine Voraussetzung für die Fälligkeit, es sei denn, dies wäre vertraglich vereinbart, verkehrsüblich oder gesetzlich vorgeschrieben. Eine stillschweigend vereinbarte Kopplung der Fälligkeit an eine Rechnung ergibt sich jedoch zwangsläufig, wenn der Schuldner erst auf Basis einer Rechnung weiß, wie viel er genau schuldet, oder der Gläubiger durch Angabe einer Fälligkeit auf der Rechnung auf die sofortige Fälligkeit verzichtet. Manchmal ist die Fälligkeit auch per Gesetz an die Rechnungsstellung gekoppelt (z. B. bei Arztrechnungen)

Wiederholungsfragen

1. Erläutern Sie die Begriffe „primäre Leistungspflicht" und „sekundäre Leistungspflicht".
2. Was sind die Hauptpflichten im vertraglichen Schuldverhältnis? Welche systematische Bedeutung kommt ihnen zu?
3. Wodurch unterscheiden sich Nebenleistungspflichten und sonstige Nebenpflichten? Warum ist diese Unterscheidung von Bedeutung?
4. Woraus lassen sich Nebenleistungspflichten herleiten, wenn das Besondere Schuldrecht dazu nichts regelt?
5. Wann können z. B. Aufklärungs- und Auskunftspflichten bestehen?

6. Müssen bei einem vertraglichen Schuldverhältnis sämtliche Leistungspflichten im Vertrag ausdrücklich geregelt sein?
7. Was sind Obliegenheiten?
8. Gibt es Schuldverhältnisse ohne Leistungspflichten?
9. Mittels welcher Modalitäten können Vertragsinhalte ausreichend bestimmbar gestaltet werden, ohne bereits fixiert zu sein?
10. Welches sind die Formen und Grundsätze der Vertragsauslegung?
11. Was bedeutet „Erfüllung" einer Schuld und welche sind ihre Konsequenzen?
12. Darf eine geschuldete Leistung von einem anderen als dem Schuldner erbracht werden?
13. Was ist eine Gattungsschuld? Was bedeutet Konkretisierung der Gattungsschuld?
14. Was versteht man unter einer „Vorratsschuld" im Gegensatz zu einer „Gattungsschuld"?
15. Wodurch unterscheiden sich Leistung an Erfüllungs statt und Leistung erfüllungshalber?
16. Welche Qualität ist bei Gattungsschulden gefordert?
17. Wodurch unterscheiden sich Geldschulden von Sachschulden?
18. Wann darf der Schuldner an jemand anderen als den Gläubiger leisten?
19. Was regelt die Festlegung des Leistungsorts und welcher Zusammenhang besteht mit den Begriffen Hol-, Bring- und Schickschuld?
20. Welche Umstände entscheiden, wo der Erfüllungsort liegt?
21. Zu welchem Zeitpunkt muss eine geschuldete Leistung erbracht werden, sofern die Parteien nicht etwas anderes vereinbart haben?
22. Wodurch unterscheiden sich der Zeitpunkt der „Fälligkeit" und der Zeitpunkt der „Erfüllbarkeit"?
23. Stimmt es, dass zur Erfüllung seiner Pflicht der Schuldner nur das seinerseits Mögliche tun muss?

Übungen zum 3. Teil

Fall 11

Juwelier Guido Goldgelb lässt seine Geschäftsräume vom Malermeister Manni Murksmann renovieren. Nach Abschluss der Arbeiten, die nicht zu beanstanden sind, stellt er fest, dass seine wertvollen Ausstellungsvitrinen an mehreren Stellen Kratzer aufweisen. Außerdem hat Murksmann Tapetenreste und Farbeimer nicht entsorgt. Kann Goldgelb deswegen Ansprüche gegen Murksmann geltend machen?

Lösung

(1) Zunächst könnten Goldgelb Leistungsansprüche gegen Murksmann aus dem zwischen ihnen geschlossenen Vertrag zustehen. Hierbei handelt es sich um einen Werkvertrag gem. § 631 (s. 7. Teil).

Nach § 631 Abs. 1 hat Murksmann die Hauptleistungspflicht, das versprochene Werk herzustellen, also die Anstreicher- und Tapeziererarbeiten durchzuführen. Diese Verpflichtung hat er lt. Sachverhalt allerdings ordnungsgemäß erfüllt, so dass sie erloschen ist und Goldgelb hieraus keine weiteren Ansprüche geltend machen kann.

(2) Darüber hinaus könnten sich aus dem Vertrag auch noch Nebenleistungspflichten für Murksmann ergeben, die im Vertrag oder Gesetz nicht ausdrücklich

geregelt sein müssen. Ihr näherer Umfang ergibt sich durch Vertragsauslegung u. a. aus den Umständen, der Art des Schuldverhältnisses und der Verkehrssitte.

Aus letzteren kann man ableiten, dass die Entsorgung der alten Tapeten und Farbeimer zu den Nebenleistungspflichten zählt. Auch wenn die Parteien dies nicht ausdrücklich vereinbart haben, kann Goldgelb also verlangen, dass Murksmann diese nicht zurücklässt (Leistungsanspruch).

(3) Schließlich könnten Murksmann aus dem Vertrag besondere Schutz- und Verhaltenspflichten (unselbständige Nebenpflichten: § 241 Abs. 2) obliegen. Diese müssen ebenfalls nicht ausdrücklich vereinbart sein, sondern werden bei allen vertraglichen Beziehungen automatisch angenommen.

Bei den Anstreicherarbeiten hätte Murksmann zum Schutz des Eigentums des Goldgelb die gefährdeten Vitrinen so abdecken müssen, dass sie nicht beschädigt werden konnten. Verletzt der Schuldner (hier: Murksmann) schuldhaft eine solche Nebenpflicht und entsteht dadurch ein Schaden, so ist er dem Gläubiger (hier: Goldgelb) zu Schadensersatz verpflichtet (s. im Einzelnen Schadensersatzrecht Band 2, 13. Teil).

(NB: Möglich wären hier auch gesetzliche Ansprüche aus unerlaubter Handlung (§ 823 Abs. 1) wegen Verletzung des Eigentums: s. Band 2, 10. Teil).

Fall 12

Bodo Blech betreibt in einer Kleinstadt einen Handel mit Eisenwaren und Haushaltsartikeln. Aus privaten Gründen (er heiratet und zieht in eine andere Stadt) verkauft er das Geschäft an Stefan Stahl. Dabei erzielt er einen sehr guten Preis, weil das Geschäft in der Stadt ohne Konkurrenz ist. Eine Wettbewerbsverbotsklausel wird angesichts der Umstände nicht vereinbart.

Nachdem seine Ehe schon nach einigen Monaten in die Brüche geht, zieht Blech in seine Heimatstadt zurück und eröffnet dort wieder einen Handel mit Eisenwaren und Haushaltsartikeln, was bei Stahl zu deutlichen Ertragseinbußen führt.

Stahl verlangt von ihm Unterlassung und Schadensersatz. Blech hingegen meint, in dem Kaufvertrag mit Stahl sei ihm die Wiedereröffnung eines Geschäfts nicht untersagt worden.

Wie ist die Rechtslage?

Lösung

(1) Stahl könnte einen Anspruch auf Unterlassung (s. § 241 Abs. 1: die Leistung kann auch in einem Unterlassen bestehen) haben, wenn es hierfür eine gesetzliche oder vertragliche Grundlage gäbe.

Aus dem Sachverhalt ist kein gesetzlicher Anspruch ableitbar.

Bei dem zwischen beiden Parteien geschlossenen Vertrag handelt es sich um einen Kaufvertrag (§ 433), dessen Hauptleistungspflicht Blech durch Übereignung und Übergabe offenkundig erfüllt hat. Da ihm auch vertraglich nicht ausdrücklich verboten ist, mit dem Käufer erneut in Wettbewerb zu treten, verletzt er auch keine sonstige ausdrückliche vertragliche Nebenleistungspflicht.

Eine solche Nebenleistungspflicht zur Unterlassung des Wettbewerbs kann jedoch durch Auslegung aus der Natur eines Unternehmenskaufvertrags mit Rücksicht auf die Verkehrssitte (§ 157) abgeleitet werden. Für Blech ergibt sich daraus die Nebenpflicht, die Eröffnung eines Konkurrenzunternehmens am gleichen Ort zu unterlassen; er hat schließlich gerade wegen der Konkurrenzlosigkeit des verkauften Geschäfts in dieser Kleinstadt einen sehr guten Kaufpreis erzielt und die Stadt ist zu klein, um zwei solcher Geschäfte rentabel führen zu können.

Stahl kann somit von Blech verlangen, dass er das Konkurrenzunternehmen vor Ort einstellt.

(2) Soweit Stahl bereits Schaden erlitten hat, kann er auch Schadensersatz aus dem Gesichtspunkt der schuldhaften Verletzung einer vertraglichen Nebenpflicht verlangen (§ 280: s. Schadensersatzrecht Band 2, 12. und 13. Teil).

(Anmerkung: Im vorliegenden Fall ist die Unterscheidung zwischen Nebenleistungspflicht und unselbständiger Nebenpflicht schwierig. Es handelt sich eher um erstere, da eine selbständige Klage auf Unterlassung möglich ist. Bzgl. des Schadensersatzanspruchs ist die formelle Zuordnung ohne Bedeutung, da in beiden Fällen eine Anspruchsgrundlage gegeben ist: s. § 282.)

Fall 13

Katharina Krankl hat einen privaten Haftpflichtversicherungsvertrag abgeschlossen, der u. a. folgende Klausel enthält:

> *‚Der Versicherungsfall ist dem Versicherer unverzüglich, spätestens innerhalb einer Woche, schriftlich anzuzeigen. ... Der Versicherungsnehmer ist verpflichtet, nach Möglichkeit für die Abwendung und Minderung des Schadens zu sorgen. ... Werden diese Obliegenheiten verletzt, so ist der Versicherer von der Verpflichtung zur Leistung frei, es sei denn, dass die Verletzung weder auf Vorsatz noch auf grober Fahrlässigkeit beruht. ... Bei grobfahrlässiger Verletzung bleibt der Versicherer insoweit zur Leistung verpflichtet, als der Umfang des Schadens bei gehöriger Erfüllung der Obliegenheit nicht geringer gewesen wäre.'*

Als Krankl eines Tages vom Einkaufen nach Hause kommt, ist es in der Zwischenzeit seit dem Verlassen der Wohnung zu einem Wasserrohrbruch in ihrer Küche gekommen, und nicht nur ihre gesamte Mietwohnung im 2. Stock steht unter Wasser, sondern es gibt Wasserschäden am Haus und beim Mieter im 1. Stock.

Der Eigentümer und der andere Mieter verlangen Schadensersatz, so dass Krankl zehn Tage nach dem Unglück ihren Versicherungsmakler informiert. Die Versicherungsgesellschaft weigert sich jedoch, den Schaden zu übernehmen mit dem Argument, Krankl habe den Schaden zu spät und nicht formgerecht gemeldet. Außerdem habe sie nichts zur Schadensbegrenzung getan, da sie nach Feststellung des Wasserrohrbruchs nicht sofort den Hauptwasserzufluss gesperrt habe. Das hat Krankl in der Tat nicht getan, weil sie gar nicht wusste, dass es so etwas gibt. Erst der andere Mieter hatte, nachdem er von Krankl alarmiert worden war, den Haupthahn gesperrt.

Verliert Krankl tatsächlich ihren Versicherungsschutz? (*Hinweis*: Die Bestimmungen des Versicherungsvertragsgesetzes sollen hier außer Acht bleiben.)

Lösung

Krankl würde ihren Versicherungsschutz verlieren, wenn sie gegen die vertragliche Vereinbarung verstoßen hätte, sofern die Vertragsklausel wirksam vereinbart wurde und keinen gesetzlichen Bestimmungen widerspricht (wovon hier mangels weiterer Hinweise auszugehen ist).

Denn die im Versicherungsvertrag vereinbarten Pflichten sind zwar nur Obliegenheiten, d. h. begründen keinen Leistungsanspruch der Versicherungsgesellschaft. Aber ihre Verletzung kann gemäß Vertrag dazu führen, dass Krankl ihre Versicherungsansprüche aus dem Vertrag verliert und dann den Schaden selbst begleichen muss.

Letzteres ist jedoch nur der Fall, wenn sie lt. Vertrag vorsätzlich (d. h. absichtlich) oder grob fahrlässig gehandelt hätte. Ersteres ist mit Sicherheit nicht der Fall. Ob ihr Verhalten letztlich als grob fahrlässig bewertet wird, kann man so allgemein nicht abschließend beantworten, sondern wird aufgrund der genauen Umstände von einem Gericht zu beurteilen sein (es gibt im Übrigen eine umfangreiche Rechtsprechung zu diesen Fragen. S. hierzu auch Band 2, 9. Teil).

Krankl kann jedenfalls zu ihren Gunsten argumentieren, dass die Fristüberschreitung und die fehlende Schriftlichkeit allenfalls als leichte Fahrlässigkeit gewertet werden können, zumal dies für die Gesellschaft keine negativen Konsequenzen hat. Auch bzgl. der Schadensbegrenzung kann Krankl anführen, dass sie sofort den anderen Mieter informiert hat. Außerdem muss ihr als (technisch nicht versierter) Frau nicht bekannt sein, dass es einen Hauptsperrhahn gibt bzw. wo sich dieser befindet.

In wiefern ein Gericht dieser Argumentation folgen würde, ist allerdings schwer vorherzusagen.

(Anmerkung: Bevor Krankl sich auf einen Prozess einlässt, wird ihr Anwalt überprüfen, wie die Gerichte in ähnlichen Fällen geurteilt haben um einzuschätzen, wie erfolgversprechend ein Rechtsstreit wäre.)

*Fall 14

Konrad Klein lässt seinen Lieferwagen, der einen Unfallschaden hat, in der Kfz-Werkstatt von Wolfgang Wüst reparieren. Da die beiden sich seit langem kennen, erfolgt nur eine mündliche Absprache über die erforderliche Reparatur; ein Kostenvoranschlag wird nicht erstellt. Klein rechnet mit Kosten in Höhe von unter 1.000 €; Wüst verlangt jedoch 1.650 €. Klein meint, es sei kein bestimmter Preis vereinbart worden; daher sei kein wirksames Rechtsverhältnis zustande gekommen. Wer hat Recht?

Lösung

Zu prüfen ist zunächst, ob ein wirksamer Vertrag zwischen Klein und Wüst zustande gekommen ist.

Dabei ist anzumerken, dass aufgrund des Prinzips der Formfreiheit Verträge grundsätzlich auch dann wirksam sind, wenn sie mündlich geschlossen werden, es sei denn, es gäbe für den vorliegenden Vertrag zwingend einzuhaltende Formvorschriften. Letzteres ist hier nicht der Fall, da es sich um einen Werkvertrag (§ 631) handelt, der formfrei geschlossen werden kann.

Zu einem vertraglichen Schuldverhältnis gehört jedoch auch ein bestimmter oder wenigstens bestimmbarer Schuldinhalt, und zwar sowohl hinsichtlich der Leistung als auch hinsichtlich der Gegenleistung, weil nur eine so bestimmte Leistung einklagbar und vollstreckbar ist. Fehlt eine Vereinbarung bzgl. eines solchen wesentlichen Bestandteils, ist ein Vertrag nicht zustande gekommen (§ 154 Abs. 1 S. 1). In diesem Fall hätte Wüst keine vertraglichen Ansprüche gegen Klein und letzterer müsste – zumindest auf vertraglicher Grundlage – nichts zahlen.

Zu den wesentlichen Vertragsbestandteilen zählt der vom Besteller zu zahlende Preis. Im vorliegenden Fall wurde in der Tat kein bestimmter Preis für die Reparatur vereinbart. Dies ist allerdings dann nicht problematisch, wenn die von Klein zu erbringende Gegenleistung (d. h. die Zahlung des Kaufpreises) zwar nicht bestimmt ist, aber bestimmbar.

Denn zum einen kann durch Auslegung des Vertrages gemäß § 157 Bezug auf die Verkehrssitte genommen werden, derzufolge Kfz-Reparaturen üblicherweise nicht unentgeltlich ausgeführt werden. Auch für die Stundensätze könnte man brauchbare preise ermitteln.

Zum anderen hat der Gesetzgeber in § 632 Abs. 1-2 festgelegt, dass eine Vergütung als stillschweigend vereinbart gilt, wenn die Leistung den Umständen nach nur gegen eine Vergütung zu erwarten ist, und zwar in der üblichen Höhe. Sie ist notfalls durch ein Sachverständigengutachten (‚Taxe') zu ermitteln. Dies kann man als dispositive Sachregel betrachten (dann würde sie nur benötigt, wenn keine Auslegung möglich wäre) oder als spezielle Auslegungsregel, die § 157 verdrängt. Letzteres wird üblicherweise vertreten, hat im vorliegenden Fall aber keine Bedeutung, da beide Vorgehensweisen zum selben Ergebnis führen.

(Anmerkung: Klein könnte auch auf gesetzlicher Grundlage verpflichtet sein, den geforderten Preis zu zahlen. Sollte nämlich kein wirksamer Vertrag bestehen, könnte Wüst Ansprüche auf Ersatz seiner Aufwendungen aus ungerechtfertigter Bereicherung oder Geschäftsführung ohne Auftrag geltend machen (zur Prüfung im Einzelnen s. Band 2, 10. Teil).)

Fall 15

Sibylle Siegs ist Kundin der Volksbank Oberhinterhausen. Letztere hat (lt. Werbung ‚im Interesse der Kundenbeziehung') ein neues Kontoführungs- und Preismodell eingeführt. Hierauf wurde Siegs durch einen Hinweis auf ihrem Kontoauszug hingewiesen. Hier wurde auch erläutert, dass dies im Rahmen der geltenden Allgemeinen Geschäftsbedingungen (AGB) erfolge.

Bei der nächsten Quartalsabrechnung stellt Siegs zu ihrem Ärger fest, dass sie nach diesem Preismodell doppelt so viel zahlt wie vorher. Als sie sich darüber bei der Volksbank mit dem Argument beschwert, diese einseitige Änderung sei unzulässig, verweist diese auf ihre AGB, die in § 12 Abs. 3 S. 2 Folgendes besagen:

‚Das Entgelt für Leistungen, die im Rahmen der Geschäftsbeziehung typischerweise dauerhaft in Anspruch genommen werden (z. B. Konto- und Depotführung) kann die Bank nach billigem Ermessen (§ 315 BGB) ändern.'

Wer hat Recht?

Lösung

Die Volksbank könnte den in Rechnung gestellten Preis fordern, wenn sie sich an die vertragliche Vereinbarung gehalten hat und die AGB wirksam vereinbart wurden.

Von der Vereinbarkeit mit AGB-Recht ist mangels Angaben im Sachverhalt auszugehen (s. hierzu Band 3). Im Übrigen steht es den Parteien frei zu vereinbaren, dass Preisfestlegungen und Preisänderungen durch eine Partei einseitig vorgenommen werden können; dabei können sie auch die Kriterien für diese einseitige Leistungsbestimmung definieren.

Im vorliegenden Fall ist eine solche Vereinbarung in den Volksbank-AGB getroffen worden, denen Siegs bei der Kontoeröffnung zugestimmt hat (zumindest ist dies der Standardfall im Privatkundengeschäft. Hinweise auf andere Vereinbarungen enthält der Sachverhalt nicht). Gemäß diesen AGB kann die Bank also die Bankpreise einseitig ändern, allerdings nur ‚nach billigem Ermessen'. Die dispositive Zweifelsregelung von § 315 ist hier nicht direkt anwendbar, da es eine vertragliche Vereinbarung gibt, wohl aber durch ausdrücklichen Verweis in den AGB. Dies hilft bei der Klärung der Frage, was unter ‚billigem Ermessen' zu verstehen ist, denn durch den Verweis wird auf die Auslegung des gleichen gesetzlichen Begriffs Bezug genommen, so dass die diesbezügliche Rechtsprechung zur Vertragsauslegung herangezogen werden kann.

‚Billig' (gerecht) ist demgemäß der Preis, wenn er unter Berücksichtigung der Umstände sowie der Interessenlage beider Parteien ein angemessenes Entgelt (unter Berücksichtigung des in vergleichbaren Fällen Üblichen) darstellt. Ist dies strittig, trägt die Volksbank die Beweislast, dass der Rahmen des billigen Ermessens nicht überschritten wurde.

Die Chancen von Siegs, die Volksbank wegen Verletzung der AGB zum Einlenken zu bewegen, hängen also konkret von der Höhe der festgelegten Preise ab. Deren Angemessenheit wäre ggf. durch unabhängige Experten zu überprüfen.

*Fall 16

Kartoffelgroßhändler Knolle verkauft an die Handelskette LEMI 10.000 Zentner Kartoffeln der Sorte ‚Linda' zum Preis von 7,50 € je Zentner. Infolge plötzlich eintretender Kälte erfrieren 5.000 Zentner der Kartoffeln, so dass er nur die Hälfte an LEMI liefern kann.

1. Kann LEMI die Lieferung anderer ‚Linda'-Kartoffeln verlangen, obwohl Knolle z. Zt. kaum Kartoffeln beschaffen kann und infolge des Ansteigens der Preise nunmehr selbst 9 € für den Zentner zahlen müsste? (Hinweis: Es gibt zu diesem Problemfall keine ausdrücklichen Vereinbarungen zwischen den Parteien.)

2. Abwandlung: Würde sich an der Rechtslage etwas ändern, wenn Knolle die später erfrorenen Kartoffeln bereits vertragsgemäß an einem Verladebahnhof für LEMI bereitgestellt hätte?

Lösung

1. LEMI könnte einen Anspruch auf Lieferung der ursprünglich vereinbarten 10.000 Zentner aufgrund des vereinbarten Kaufvertrags haben.

Da keine Hinweise auf eine Unwirksamkeit des Vertrags vorliegen, ist Knolle verpflichtet, vertragsgemäß 10.000 Zentner ‚Linda'-Kartoffeln zu liefern (§ 433 Abs. 1).

Knolle könnte jedoch von seiner Leistungspflicht bzgl. der erfrorenen Kartoffeln frei geworden sein, weil seine Leistung in diesem Umfang unmöglich geworden ist (§ 275 Abs. 1: Einzelheiten s. Leistungsstörungsrecht Band 2, 12. Teil).

Bei Kartoffeln handelt es sich jedoch um eine Gattungsschuld (die Gattung ist hier: Kartoffelsorte ‚Linda'). Bei Gattungsschulden hat der Schuldner seine Nichtleistung grundsätzlich immer zu vertreten, auch wenn ihn kein Verschulden trifft (§ 276 Abs. 1: Übernahme eines Beschaffungsrisikos). Knolle wird somit nicht von seiner Leistungspflicht frei, sondern bleibt zur Leistung verpflichtet, solange die Leistung aus der Gattung möglich ist, mit anderen Worten, solange er ‚Linda'-Kartoffeln am Markt besorgen kann.

Knolle muss daher, notfalls auch zu einem höheren Preis, noch 5.000 Zentner ‚Linda'-Kartoffeln beschaffen und an LEMI für 7,50 € je Zentner liefern.

2. Abwandlung: Wenn Knolle die Kartoffeln separiert und vertragsgemäß (d. h. am richtigen Ort zur richtigen Zeit) bereitgestellt hätte, dann hätte er ‚das seinerseits Erforderliche' getan. Es wäre also eine ‚Konkretisierung' eingetreten, und dann würde sich seine Verbindlichkeit auf diese Kartoffeln beschränken (§ 243 Abs. 2), d. h. er müsste trotz des Erfrierens keine neuen besorgen (Es würden dann die üblichen Regeln für den Fall der Unmöglichkeit greifen: s. Band 2, 14. Teil). Durch die Konkretisierung verschiebt sich also das unvorhergesehene Frostrisiko auf den Käufer.

(Anmerkung: Hätte bereits eine Übereignung stattgefunden, wovon laut Sachverhalt nicht auszugehen ist, wäre das Risiko des Verlusts ohnehin bereits vollständig auf LEMI als neuen Eigentümer übergegangen, da Knolle vertragsgemäß geleistet hätte).

Fall 17

Ottilie Oberglaub bestellt im Restaurant ‚Tischfein' ein Menü für die Kommunionfeier ihrer Tochter. U. a. soll es ‚Kartoffeln oder Pommes Frites' geben, außerdem ‚Spargel oder frisches Gemüse der Saison'.

Am Festtag stellt Oberglaub fest, dass es nur Kartoffeln gibt, aber keine Pommes, die von den Kindern vehement eingefordert werden. Außerdem gibt es keinen Spargel, sondern Brokkoli. Sie verlangt vom Restaurantbesitzer, dass er das anbiete, ‚was vereinbart war'. Dieser widerspricht. Seiner Ansicht nach sei alles so, wie vereinbart, denn schließlich sei schriftlich festgehalten, dass es das eine oder das andere gebe, und Brokkoli sei ein Gemüse der Saison. Oberglaub argumentiert, Tischfein müsse beides anbieten, denn das ‚oder' deute auf eine Wahlmöglichkeit seitens der Gäste hin, damit nicht alle das Gleiche essen müssen. Wer hat Recht?

Lösung

Oberglaub hat einen Vertrag mit Tischfein, dessen Rechtsnatur hier unerheblich ist, da es nicht um die Art der Leistung geht, sondern um den konkret geschuldeten Gegenstand. Strittig (und rechtlich entscheidend) ist nämlich, welches Essen im Rahmen dieses Vertrags von Tischfein zu servieren ist.

Tischfein argumentiert, dass es sich im ersten Fall um eine Wahlschuld, im zweiten um eine Stückschuld mit Ersetzungsbefugnis handelt. Wäre dem so, hätte er Recht. Oberglaub allerdings hat ihre Vereinbarung offenbar anders verstanden.

Für die Klärung der Frage ist eine Auslegung des Vertrags erforderlich. Hierbei ist der wirkliche Wille der Parteien zu ermitteln (§ 133), ansonsten ist der Vertrag nach Treu und Glauben unter Berücksichtigung der Verkehrssitte auszulegen (§ 157). Der Parteiwille ist hier schwer zu ermitteln, da beide offenbar etwas anderes gemeint haben (zumindest behaupten sie dies). Bei einer Auslegung nach § 157 muss man aber die Verkehrssitte berücksichtigen und daher möglicherweise differenzieren:

Bzgl. der Kartoffel / Pommes ist es nicht unüblich, dass zwei Gerichte angeboten werden (gerade wenn Kinder zu den Gästen zählen), und dies dürfte Tischfein auch bekannt sein. Dies dürfte auch dann gelten, wenn tatsächlich ‚oder' und nicht ‚und' im Vertrag steht (gemäß § 133 ist nicht am buchstäblichen Sinne eines Ausdrucks zu haften).

Bzgl. des Spargels kann man ähnlich argumentieren. Hier ist es aber auch möglich, dass Tischfein sich eine Alternative offen gelassen hat für den Fall, dass er keinen Spargel (der ein typisches Saisongemüse ist) besorgen kann.

Wie bei vielen Auslegungsfragen ist eine eindeutige Antwort nicht möglich. In der Praxis werden die Parteien in solchen Fällen oft einen Kompromiss (Vergleich gemäß § 779; s. 4. Teil) schließen. Notfalls wird ein Richter die Frage endgültig entscheiden müssen.

Fall 18

Der deutsche Lebensmittelgroßhändler Kaufkraft kauft telefonisch bei der deutschen Vertretung der italienischen Firma Vita eine größere Menge neuseeländischer Muscheln zwecks Weiterverkauf an Supermarktketten. Nähere Vereinbarungen über die Qualität der Ware werden nicht getroffen. Die Muscheln werden geliefert und von Kaufkraft entgegengenommen. Später stellt das zuständige Untersuchungsamt jedoch hohe Cadmium-Werte in den Muscheln fest; die Messwerte überschreiten die Richtwerte des Bundesgesundheitsministeriums um mehr als das Doppelte. Daher untersagt das Untersuchungsamt den Weiterverkauf der Muscheln.

Kaufkraft erklärt daraufhin gegenüber Vita den Rücktritt vom Kaufvertrag gemäß § 437 Nr. 2. Ist dies rechtens?

Lösung

Kaufkraft könnte grundsätzlich vom Vertrag zurücktreten, wenn die Ware mit einem Sachmangel behaftet wäre (§ 437 Nr. 2) (es wird der Einfachheit halber davon ausgegangen, dass die weiteren Voraussetzungen der §§ 440, 323 und 326 Abs. 5 erfüllt sind. S. im Einzelnen Band 2, 15. Teil).

Ein Sachmangel liegt gemäß § 434 Abs. 1 S. 1 vor, wenn die Ware nicht die vereinbarte Beschaffenheit besitzt. Da bzgl. der Qualität außer dem Herkunftsland nichts spezifiziert wurde, hilft dies Kaufkraft nicht weiter.

Ersatzweise ist gemäß § 434 Abs. 1 S. 2 Nr. 1 zu fragen, ob die Muscheln sich für die nach dem Vertrag vorausgesetzte Verwendung eignen. Da sie das offenkundig nicht tun, liegt ein Sachmangel vor.

Der Vertragsrücktritt ist folglich gerechtfertigt.

Fall 19

Der Gemüsekonservenhersteller Vegebox vereinbart mit der Landwirtschaftsgenossenschaft AGROPRO die Lieferung von 1,5 Tonnen erntefrischer Möhren ohne weitere Spezifikationen. Nach Erhalt der fristgerechten Lieferung beschwert sich Vegebox über die angeblich mangelhafte Qualität der Möhren, die ,zwar genießbar seien, aber nicht schön aussähen', und macht eine Preisminderung geltend. AGROPRO gibt zwar zu, dass die schönen Exemplare an den Einzelhandel gehen, weil dort bessere Preise erzielt werden können, besteht aber auf seiner Position, vertragsgemäß geliefert zu haben. Wie ist dies rechtlich zu bewerten?

Lösung

Entscheidend für die Rechtsposition der Streitenden ist hier die geforderte Qualität der gelieferten Möhren.

(1) Zunächst stellt sich die Frage, ob ein Sachmangel vorliegt, der gemäß § 437 Nr. 2 eine Minderung des Kaufpreises rechtfertigen könnte. Da vertraglich nur das Merkmal ,erntefrisch' definiert wurde und dieses eingehalten wurde, liegt kein Sachmangel vor (§ 434 Abs. 1 S. 1).

(NB: Man könnte argumentieren, dass ,erntefrisch' kein Qualitätsmerkmal darstellt und stattdessen nach § 434 Abs. 1 S. 2 Nr. 1 zu prüfen ist, ob die Möhren sich für eine Verarbeitung als Dosengemüse eignen. Auch das führt jedoch zum selben Ergebnis, da Vegebox nur das Aussehen bemängelt, welches jedoch nicht relevant ist, da die Möhren für die Verarbeitung zerkleinert werden.)

b) Selbst wenn kein Sachmangel im gesetzlichen Sinne vorliegt, weil die Qualität nur grob spezifiziert wurde, könnte Vegebox sich darauf berufen, dass darüber hinaus die gelieferten Möhren keine beliebige Qualität haben dürfen (also z. B. nur Ausschussware, da die schönen herausgenommen worden wurden). Da es sich hier um eine Gattungsschuld handelt, ist AGROPRO nämlich verpflichtet, bei Fehlen genauerer Spezifizierung Möhren mittlerer Art und Güte zu liefern (§ 243 Abs. 1). Sollte zwischen den Parteien strittig sein, dass die gelieferten Möhren diese Qualität aufweisen, müsste ein Dritter (Gutachter) prüfen, ob sie diesem Standard noch entsprechen, wenn die schönen Exemplare herausgenommen wurden.

Fall 20

Gero Glut hat aus einem Kaufvertrag gegen Jean Schulz eine Forderung in Höhe von 10.000 €, die am 1.2. fällig ist. Dieter Dreyer, der Schwiegervater des Schulz, zahlt bei Fälligkeit den Betrag an Glut.

Muss Glut die Zahlung annehmen,

1. obwohl Schulz nicht gefragt wurde und demnach nicht klar ist, ob er dem zustimmen würde?
2. wenn Schulz der Leistung widerspricht?

Lösung

Glut müsste die Zahlung des Kaufpreises annehmen, wenn sie vertragsgemäß erfolgt ist, andernfalls käme er in Annahmeverzug (§ 293 ff: s. Leistungsstörungsrecht Band 2, 12. Teil). § 433 besagt zwar nicht ausdrücklich, dass der Verkäufer den Kaufpreis entgegennehmen muss, aber das ergibt sich sinngemäß aus den anderen Bestimmungen. Problematisch ist dies nur bzgl. des Aspekts, dass die vereinbarte Leistung hier von jemandem erbracht wird, der nicht an dem Vertrag beteiligt, insbesondere nicht Schuldner, ist. Zu prüfen ist demnach, ob dies die ‚Vertragsgemäßheit' in Frage stellt.

1. Grundsätzlich kann eine Leistung auch von einem Dritten erbracht werden, wenn sich dies aus der (ausdrücklichen oder stillschweigenden) vertraglichen Vereinbarung ergibt: Hierzu sagt der Sachverhalt nichts aus. Es ist deshalb davon auszugehen, dass eine solche hier nicht vorliegt (und auch nicht durch Auslegung des Parteiwillens ermittelt werden kann).

Subsidiär kann sich das Recht zur Zahlung durch Dreyer und die Pflicht zur Annahme durch Glut aus dispositiven gesetzlichen Bestimmungen ergeben, wobei zunächst Spezialbestimmungen zu prüfen sind, ehe allgemeine Regeln greifen. Hier handelt es sich um eine Kaufpreisschuld. Das Kaufrecht enthält bzgl. dieser Frage keine speziellen Bestimmungen. Deshalb kommt § 267 Abs. 1 S. 1 zur Anwendung, demzufolge mangels vertraglicher Vereinbarung der Schuldner nicht in Person zu leisten hat.

Folglich muss der Gläubiger Glut die Leistung annehmen, auch wenn keine ausdrückliche Einwilligung des Schuldners vorliegt (§ 267 Abs. 1 S. 2).

2. Wenn Schulz der Leistung durch Dreyer widerspricht, ändert sich das Ergebnis nur insofern, als gemäß § 267 Abs. 2 Glut die Leistung ablehnen kann (aber nicht muss), ohne dass er in Annahmeverzug gerät.

(NB: Der Grund für einen Widerspruch durch Schulz könnte darin liegen, dass er z. B. nicht gerne bei seinem Schwiegervater in der Kreide steht. Denn Dreyer erwirbt durch die Zahlung einen Ausgleichsanspruch gegen Schulz (§ 812: s. Recht der ungerechtfertigten Bereicherung Band 2, 10. Teil).)

Fall 21

Gregor Gutherz bestellt beim Buchhändler Schick ein Fachbuch, das für seinen Sohn Richard bestimmt ist, so dass er dessen Namen als Empfänger angegeben hat. Durch eine Namensverwechslung wird das Buch an einen anderen Richard Gutherz geliefert, der ein Vetter des ersteren ist und das Buch in Empfang nimmt.

Kann Gregor Gutherz von Schick nochmals Lieferung des Buches verlangen?

Lösung

Gregor Gutherz könnte von Schick nochmals Lieferung verlangen, wenn dieser seine Leistungspflicht durch die Lieferung an den falschen Gutherz noch nicht wirksam erfüllt hätte.

Grundsätzlich muss der Schuldner die Leistung an den (ursprünglichen) Gläubiger bzw. den von ihm benannten Empfänger erbringen; nur dann wird er von seiner Leistungspflicht befreit (§ 362 Abs. 1). Leistet der Schuldner an einen Dritten, so befreit ihn dies nur,

- wenn der Gläubiger damit einverstanden war: Dies ist hier nicht erkennbar. Das Buch sollte zwar nicht an den Gläubiger, wohl aber an dessen Sohn geliefert werden.
- oder es nachträglich genehmigt (§ 362 Abs. 2 i. V. m. § 185). Das ist hier nicht erkennbar, könnte aber eintreten, wenn der Vetter sich bereit erklärt, das Buch an seinen Vetter weiterzugeben, nachdem sich herausgestellt hat, dass es nicht für ihn bestimmt ist, und Gregor Gutherz die Sache damit bewenden lässt.

Wenn Gutherz also auf korrekter Lieferung besteht, muss Schick noch einmal liefern.

(Anmerkung: Bei dieser Art Fallaufgabe ist genau darauf zu achten, in welchem Rechtsverhältnis die Parteien zueinander stehen:

- Wäre das Buch an den Sohn geliefert worden, wäre er zwar nicht der Gläubiger, aber der vereinbarte Empfänger, so dass keine Falschlieferung vorgelegen hätte.
- Die Bestellung mit Lieferung an einen Dritten (z. B. Sohn, Vetter) kann vertraglich auch so ausgestaltet sein, dass der Dritte selbst ein Forderungsrecht erwirbt: Dann läge ein Vertrag zugunsten Dritter (§ 328: s. 8. Teil) vor. Das ist hier aber nicht erkennbar.)

Fall 22

Michael Müller hat gegen Manfred Maier eine Forderung über 10.000 €, die am 31.10. fällig ist. Bei Fälligkeit bringt Maier 1.000 €; Müller lehnt die Annahme ab und beansprucht später für den Gesamtbetrag Verzugszinsen nach § 286, 288. Maier hingegen meint, Müller habe falsch gehandelt und sei deshalb in Annahmeverzug geraten. Wer hat Recht?

Abwandlung: Wie wäre die Rechtslage zu beurteilen, wenn Maier mit 9.800 € erschienen wäre, weil er irrtümlicherweise angenommen hatte, er könne 2% Skonto abziehen?

Lösung

Müller kann Zinsen verlangen, wenn Maier mit der Rückzahlung in Verzug gerät. Für den Betrag von 9.000 € ist dies unstrittig. Zu klären ist, ob Müller die angebotenen 1.000 € ablehnen konnte und hierauf auch einen Zinsanspruch besitzt.

Der Schuldner ist grundsätzlich verpflichtet, dem Gläubiger die geschuldete Leistung im Zusammenhang zu erbringen. Nach § 266 ist er – sofern nichts anderes vereinbart war oder sich aus den Umständen ergibt und auch keine speziellen gesetzlichen dispositiven Regeln greifen – nicht zu Teilleistungen berechtigt. Daraus folgt, dass der Gläubiger solche Teilleistungen ablehnen kann, ohne Rechtsnachteile (z. B. wegen Annahmeverzugs) zu erleiden.

Da im vorliegenden Fall eine Ausnahme von diesem Grundsatz weder durch Vertrag noch durch Gesetz gegeben ist, muss der Gläubiger Müller die Teilleistung von 1.000 € nicht annehmen. Er kann demnach, wenn die sonstigen Voraussetzungen des Schuldnerverzugs vorliegen (§ 286 ff.), von Maier für den gesamten Betrag Verzugszinsen fordern.

Abwandlung: Wenn kein Abzug von der Rechnung vereinbart war, hat Maier auch in diesem Fall eine Teilleistung angeboten. Dazu ist er nach § 266 nicht berechtigt.

Fraglich ist jedoch, ob Müller auch diese Teilleistung zurückweisen kann, ohne in Gläubigerverzug zu geraten.

Denn Maier hat eine Teilleistung angeboten, die nahezu die gesamte Leistung ausmacht; der fehlende Teil ist sehr gering und nach der Art der Leistung nicht geeignet, den Leistungserfolg zum Nachteil des Gläubigers zu beeinträchtigen. Außerdem beruht das Verhalten des Schuldners auf einem Irrtum.

Daher ist die Zurückweisung der Leistung durch Müller in diesem Falle rechts-missbräuchlich. Sie verstößt gegen den Grundsatz von Treu und Glauben (§ 242), den auch der Gläubiger beachten muss.

Maier schuldet also weiterhin 10.000 €, aber er schuldet für den Verzögerungs-zeitraum keine Zinsen. Außerdem gerät Müller durch seine Ablehnung in Annah-meverzug (§ 293 ff. s. hierzu Band 2, 12. Teil).

Fall 23

Franz Ferdinand kauft beim Büroeinrichtungshaus Otterfluss eine Computer-anlage zum Preise von 8.000 € und nimmt sie gleich mit. Als am nächsten Tag Otterfluss wegen der Bezahlung anruft erklärt Ferdinand, er solle warten, über die Bezahlung sei nichts vereinbart, außerdem müsse er sich das Geld schon selbst holen.

Beraten Sie Otterfluss.

Lösung

Zwischen Ferdinand und Otterfluss ist ein Kaufvertrag zustande gekommen, dem-zufolge Ferdinand 8.000 € schuldet. Strittig ist aber, wann (1) und wo (2) Müller zahlen muss, da hierüber keine ausdrückliche Regelung getroffen wurde.

(1) Ist für die Leistung keine Zeit vereinbart noch durch Auslegung aus den Umständen zu entnehmen, und geht keine gesetzliche Spezialregel vor, kann der Gläubiger sofort Zahlung verlangen (sofortige Fälligkeit gemäß § 271 Abs. 1). Da die beiden Vertragspartner keine Zahlungsfrist vereinbart haben, kann Otterfluss das Geld sofort fordern, Ferdinand kommt ab dem Telefonanruf in Verzug, wenn er nicht sofort zahlt, und er muss ggf. Zinsen und weiteren Schadensersatz zahlen.

(2) ‚Im Zweifel', d. h. sofern nichts anders vereinbart oder den Umständen zu ent-nehmen ist und auch keine speziellen gesetzlichen Bestimmungen vorgehen, hat der Schuldner Geld gem. § 270 Abs. 1-2 auf seine Gefahr und seine Kosten dem Gläubiger an dessen Wohnsitz bzw. seine gewerbliche Niederlassung zu übermit-teln.

Auch hier liegen keine konkreten Vereinbarungen zwischen den Parteien vor.

Folglich muss Ferdinand das Geld an den Geschäftssitz des Otterfluss persönlich bringen oder schicken.

Fall 24

Kurt Kloss hat gegen Karl Kitz eine Kaufpreisforderung. Kitz überweist den Betrag auf ein Konto, das auf der Rechnung von Kloss angegeben war. Hat Kitz wirksam erfüllt?

Lösung

Kitz hätte wirksam erfüllt, wenn er gemäß vertraglicher Vereinbarung (inkl. Ver-tragsauslegung) oder ersatzweise dispositivem Gesetz gehandelt hätte (zwin-gende Regeln gibt es in diesem Zusammenhang nicht).

Eine ausdrückliche Vereinbarung liegt nicht vor.

Das BGB geht (implizit) noch von einer Barzahlung aus, die heutzutage aber nicht mehr der Standard ist. Kitz hätte also in bar zahlen müssen und die Überweisung würde nicht ausreichen, weil er nicht den richtigen ‚Gegenstand' geleistet hat.

Nach einhelliger Meinung ist die Zahlung einer Geldschuld durch Überweisung auf ein Konto des Gläubigers jedoch eine Leistung an Erfüllungs statt, durch die ebenfalls die Schuld erlischt (§ 364 Abs. 1), wenn der Gläubiger damit einverstanden ist, was sich implizit aus der Angabe der Bankverbindung auf der Rechnung ergibt.

Mit der Gutschrift des Betrags auf dem Konto von Kloss erlischt damit die Schuld von Kitz, so dass er wirksam erfüllt hat.

Fall 25

Kaffeehändler Neu aus München bestellt beim Kaffeeröster Alt in Bremen 1.000 Doppelzentner Kaffeebohnen zum 1.10.. Die Transportkosten soll vereinbarungsgemäß Alt tragen. Dieser versendet mit der Post eine Auftragsbestätigung inkl. Rechnung an Neu. Unten auf der Rechnung befindet sich der Vermerk: ‚Erfüllungsort für mit uns abgeschlossene Verträge ist Bremen.' Als am 1.10. keine Lieferung erfolgt, beschwert sich Neu bei Alt, woraufhin dieser argumentiert, u. a. mit Hinweis auf den Rechnungsaufdruck, er sei zur Lieferung nicht verpflichtet, sondern Neu müsse die Ware abholen lassen. Wer hat Recht?

Lösung

Strittig ist hier der Leistungsort, denn davon hängt ab, wer von den beiden Vertragspartnern Recht hat.

Dazu ist zunächst zu berücksichtigen, dass in einem gegenseitigen Vertrag für jede der Leistungen ein eigener Leistungsort besteht bzw. bestehen muss, und dieser für beide Parteien nicht einheitlich sein muss. Da hier die Lieferung bzw. der Lieferort der Kaffeebohnen streitig ist, geht es um den Ort, an dem Alt seine Leistung erbringen muss.

Dieser Ort ergibt sich aus den Vereinbarungen der Parteien oder aus deren Auslegung (insbesondere den Umständen); lässt sich hieraus nichts entnehmen und gibt es keine gesetzlichen Spezialbestimmungen, so ist gemäß § 269 Leistungsort der Ort der Niederlassung des Schuldners.

(1) Alt hat auf seiner Rechnung eine Bestimmung über den Leistungsort getroffen; wäre sie wirksam, so wäre Bremen für die Lieferungspflicht Leistungsort. Der Vermerk auf der Rechnung stellt jedoch eine einseitige Änderung des Vertrags dar. Eine solche Änderung bedarf für ihre Wirksamkeit aber der Vereinbarung beider Parteien (§ 311. Handelsrecht bleibt hier außer Betracht), die hier nicht vorliegt. Die einseitige Bestimmung ist deshalb unwirksam.

Zwar hat Alt (abweichend von der dispositiven Regel von § 448 Abs. 1) die Transportkosten übernommen, jedoch lässt sich daraus allein nicht schließen, dass der Ort, nach dem die Versendung erfolgt (d. h. München), Leistungsort sein soll (§ 269 Abs. 3). Dies kann z. B. auch bedeuten, dass Neu von der zu zahlenden Rechnung den Betrag abziehen darf, den der Transport von Bremen nach München ihn kostet.

(Anmerkung: Der von Alt verwendete Begriff des ‚Erfüllungsortes' ist im Übrigen nicht eindeutig, da er meist als ‚vereinbarter Gerichtsstand' gemeint ist, nicht zwingend als Leistungsort für die Leistungen der Parteien. § 29 ZPO verwendet im Übrigen diesen Begriff, § 269 spricht hingegen von ‚Leistungsort'.)

(2) Auch aus den Umständen – insbesondere der Natur des Schuldverhältnisses (Lieferung von Kaffeebohnen) – lässt sich keine Aussage über den Leistungsort

treffen. Dies könnte anders sein, wenn z. B. Neu aus früheren Geschäften weiß, dass Alt grundsätzlich nicht liefert. Hierzu sagt der Sachverhalt jedoch nichts aus.

(3) Demzufolge muss die dispositive Regelung von § 269 greifen. Infolgedessen ist als Leistungsort für die Lieferung der Kaufsache der Ort der gewerblichen Niederlassung des Schuldners, also Bremen, anzusehen (§ 269 Abs. 1-2).

Folglich handelt es sich nicht um eine Bringschuld, sondern um eine Holschuld oder eine Schickschuld. Welche von beiden Schuldformen hier vorliegt, ist im Wege der Auslegung zu ermitteln. Angesichts der vorliegenden Umstände und analog zu § 269 Abs. 3 kann man annehmen, dass es sich hier um eine Holschuld handelt. Eine endgültige Antwort könnte jedoch nur gegeben werden, wenn der Sachverhalt weitere Angaben enthielte, die man für eine Auslegung des Vertrages benötigt (z. B. frühere Geschäftsbeziehung zwischen beiden, übliche Praxis in der Branche).

Fall 26

Im vorigen Fall hat Neu den Kaufpreis an Alt überwiesen, und zwar auf das Konto einer Privatbank in Bremen, das auf der Rechnung angegeben war. Bevor das Geld aber auf das Konto von Alt eingeht und dieser über das Geld verfügen kann, wird die Bank insolvent, so dass Alt leer ausgeht. Muss Neu noch einmal zahlen?

Lösung

(1) Zunächst ist zu klären, ob die Zahlung durch Überweisung überhaupt geeignet ist, die Schuld zu erfüllen.

Grundsätzlich sind Geldschulden in bar zu begleichen. Gibt der Schuldner jedoch auf seiner Rechnung ein Bankkonto an, erklärt er sich dadurch implizit mit einer Überweisung auf dieses Konto einverstanden. Es handelt sich bei der Überweisung dann um eine Leistung an Erfüllungs statt (§ 364 Abs. 1), die zum Erlöschen der Verbindlichkeit führt, wenn alle anderen Modalitäten ‚stimmen'.

(2) Die Erfüllung kann nur eintreten, wenn das Geld am vereinbarten Ort vorliegt. Für Geldschulden bestimmt sich der Zahlungsort ‚im Zweifel' nach § 270 Abs. 1-2, nicht nach § 269, d. h. es handelt sich also um eine Schickschuld.

Da im vorliegenden Fall keine wirksame Vereinbarung darüber getroffen wurde, sich aus den Umständen nichts ergibt und auch keine gesetzliche Spezialbestimmung vorgeht, muss der Schuldner deshalb das Geld auf seine Gefahr und seine Kosten dem Gläubiger an den Sitz dessen gewerblicher Niederlassung übermitteln (d. h. Bremen), d. h. es muss dort ankommen, so dass der Gläubiger es in seiner Verfügungsgewalt hat (es zählt der Leistungserfolg). Geht das Geld vorher verloren, kann Alt demnach von Neu nochmals Zahlung verlangen, obwohl dieser den Kaufpreis an ihn abgeschickt hat.

Lt. Sachverhalt geht das Geld nicht einmal auf das Konto von Alt ein, so dass Neu in der Tat noch einmal zahlen muss.

(Anmerkung: Neu kann die erste Zahlung von der Bank zurückfordern. Wenn diese insolvent ist, sind die Chancen allerdings gering, dass Neu den gesamten Betrag zurückerhält.)

Fall 27

Der Möbelhändler Mumpitz verkauft an den Steuerberater Siegbert Sauer eine Büroeinrichtung. Auf einen Liefertermin will Mumpitz sich nicht festlegen, er geht aber davon aus, dass es ‚mindestens zwei Wochen dauern' werde, ‚vielleicht auch mehr'. Nach zwei Wochen teilt Mumpitz dem Sauer mit, die Büromöbel seien eingetroffen und würden am nächsten Tag geliefert. Sauer ist damit nicht einverstanden, weil erst eine Woche später der Büroraum frei werde. Er meint, die Lieferung sei noch gar nicht fällig und verlangt, dass Schick eine Woche später liefere. Muss Mumpitz, der nur wenig Lagerraum hat, das hinnehmen?

Lösung

Mumpitz müsste dies hinnehmen, wenn dies zwingenden gesetzlichen Regeln (die es aber nicht gibt), der vertraglichen Regelung (inkl. Vertragsauslegung) oder ersatzweise den dispositiven gesetzlichen Bestimmungen entspricht.

In dem zwischen Mumpitz und Sauer abgeschlossenen Kaufvertrag ist keine eindeutige Leistungszeit festgelegt. Aus dem Sachverhalt kann man allenfalls ableiten, dass Mumpitz frühestens zwei Wochen nach Vertragsabschluss liefern muss (Frage der Fälligkeit). Hier geht es aber um die Frage, wann Mumpitz schon liefern darf (Frage der Erfüllbarkeit, und nicht wie Sauer meint, der Fälligkeit). Aus der Vereinbarung lässt sich diesbezüglich keine eindeutige Absprache ableiten; insbesondere hat Sauer diesbezüglich bei Vertragsabschluss offenbar nicht darauf hingewiesen, dass nicht vor dem Ablauf von drei Wochen geliefert werden soll.

Es ist daher zu prüfen, ob sich aus gesetzlichen Vorschriften bestimmen lässt, ab wann Mumpitz liefern darf. Nach § 271 Abs. 1 ist der Schuldner in der Regel befugt, die Leistung sofort zu bewirken. Die Schuld ist also grundsätzlich sofort erfüllbar.

Daher kann Mumpitz auf Lieferung am nächsten Tag bestehen.

Fall 28

Elli Emser hat an Kuni Kunz Waren für 6.000 € verkauft. Kunz bezahlt mit einem Scheck. Bei Einlösung des Schecks stellt sich heraus, dass das Konto von Kunz nicht ausreichend Guthaben aufweist und der Scheck ‚platzt'. Kann Kunz sich darauf berufen, dass Emser mit Annahme des Schecks diesen an Erfüllungs statt angenommen hat und die Schuld damit erloschen ist?

Lösung

Die Bewertung der Annahme eines falschen Leistungsgegenstands als Leistung an Erfüllungs statt (die eine echte Erfüllung darstellt) setzt das Einverständnis des Gläubigers (im Rahmen eines sogenannten Erfüllungsvertrags) voraus. Der Sachverhalt lässt nicht erkennen, dass eine solche ausdrückliche Zustimmung gegeben wurde. Zu klären ist jedoch auch, ob ggf. eine stillschweigende Zustimmung erteilt wurde. Bei dieser Auslegungsfrage wird man insbesondere auf die Verkehrssitte Bezug nehmen.

Die Annahme eines Schecks erfolgt jedoch üblicherweise (Verkehrssitte) – d. h. auch ohne dass ausdrücklich darauf hingewiesen wird – unter dem Vorbehalt, dass dieser gedeckt ist.

Es ist davon auszugehen, dass hier nur eine Leistung erfüllungshalber vorliegt und Emser weiterhin die Zahlung von 6.000 € fordern kann.

4. Teil
Erlöschen und Beendigung von Schuldverhältnissen

Die in diesem Teil behandelten Themen sind aus verschiedenen Gründen besonders wichtig:

- Wenn und sobald eine Schuld erloschen ist, hat der Gläubiger keine Ansprüche mehr und der Schuldner keine Verbindlichkeiten. Neben der Frage, ob überhaupt ein Schuldverhältnis entstanden ist, geht es also auch hier um die Existenz des Schuldverhältnisses, über die es durchaus unterschiedliche Ansichten seitens der Parteien des Schuldverhältnisses geben kann.
- Der Zeitpunkt des Erlöschens bzw. der Beendigung ist relevant für die Frage, was bei einer (Rück-)Abwicklung des Schuldverhältnisses zu erfolgen hat, sowie ob ggf. bei einer verspäteten Leistung Verzugsschäden zu ersetzen sind, die nicht nur zu Lasten des Schuldners, sondern auch des Gläubigers gehen können (s. hierzu Band 2, 12. Teil).

Einleitung

1. Begriffe

Das Schuldverhältnis verliert seine rechtlichen Wirkungen entweder durch Erlöschen oder durch Beendigung:

- Das ‚Erlöschen' bezieht sich auf einzelne Forderungen. Mit dem Erlöschen gehen diese unter, der Gläubiger kann kein Recht auf Leistung mehr geltend machen. Aber das Schuldverhältnis im weiteren Sinne ist nicht unbedingt beendet. Denn es können sich aus dem Schuldverhältnis noch weitere Rechte und Pflichten ergeben, außerdem bestehen selbst nach dem Erlöschen von Forderungen z. B. diesbezügliche Gewährleistungsrechte und nachwirkende Treuepflichten.
- Die ‚Beendigung' betrifft das Schuldverhältnis im weiteren Sinne, also die Gesamtheit der Rechte, Pflichten (inkl. Nebenpflichten) und Obliegenheiten. Die Beendigung des Schuldverhältnisses setzt das Erlöschen aller Forderungen voraus bzw. führt zu diesem Erlöschen.

2. Erlöschensgründe

Das Schuldverhältnis im engeren Sinne kann erlöschen durch
- Erfüllung (§ 362 Abs. 1: s. o. 3. Teil),
- Leistung an Erfüllungs statt (§ 364 Abs. 1: s. o. 3. Teil),
- auflösende Bedingungen oder Zeitbestimmungen (§§ 158, 161),
- Aufrechnung (s. hiernach), sowie
- Hinterlegung, Erlass, Vergleich, Novation (s. hiernach).

3. Beendigungsgründe

Das Schuldverhältnis als Gesamtgefüge kann beendet werden durch

- das Erlöschen aller (auch nachvertraglicher) Ansprüche, insbesondere durch deren Erfüllung (s. o. 3. Teil),
- einen Aufhebungsvertrag (gemäß dem Grundsatz der Vertragsfreiheit gemäß § 311 Abs. 1: s. 1. Teil, Abschnitt IV),
- eine auflösende Bedingung oder Zeitbestimmung (§§ 158, 161),
- eine Kündigung (s. hiernach),
- eine vollständige Rückabwicklung infolge eines Rücktritts oder Verbraucherwiderrufs (s. hiernach),
- die Regelung einer Leistungsstörung (s. Band 2, 12. Teil).

Beispiele
Die einzelne monatliche Mietzinsforderung erlischt mit der Erfüllung. Ein Mietverhältnis wird jedoch durch die Kündigung oder durch Zeitablauf beendet.
Der Kaufpreisanspruch des Verkäufers erlischt mit Zahlung, jedoch bleibt das Schuldverhältnis im weiteren Sinne bestehen, solange der Käufer Mängelgewährleistungsrechte geltend machen kann.

I. Erlöschen

A. Erfüllung

1. Grundsatz

Der wichtigste und normale Erlöschenstatbestand ist die Erfüllung: Der Schuldner wird befreit durch das umfängliche richtige Bewirken der geschuldeten Leistung und Befriedigung des Gläubigers (§ 362 Abs. 1) (s. 3. Teil).

Ansonsten ist der Gläubiger zur Ablehnung der Leistung berechtigt; er kommt hierdurch nicht in Annahmeverzug, der Schuldner jedoch in Schuldnerverzug (s. Band 2, 12. Teil).

Ausnahmsweise wird der Schuldner auch bei Unstimmigkeit frei, wenn der Gläubiger damit einverstanden ist (§ 364 Abs. 1: Leistung an Erfüllungs statt) oder eine zunächst erfüllungshalber erbrachte Leistung im Endergebnis auch zum gewünschten Erfolg führt (s. 3. Teil).

2. Wirkungen

a) Tilgung der Schuld

Durch die Erfüllung wird die betreffende Schuld automatisch getilgt (§ 362 Abs. 1) ohne dass es weiterer Handlungen oder Bestätigungen bedarf.

b) <u>Erfüllung bei Bestehen mehrerer Ansprüche</u>

Bestehen mehrere Ansprüche des Gläubigers gegen den Schuldner, reicht die Leistung des Schuldners jedoch nicht zur Tilgung aller dieser Ansprüche aus, so ist zu ermitteln, welcher Anspruch befriedigt werden sollte und somit erloschen ist.

Werden verschiedenartige Leistungen geschuldet, so lässt sich aus der Art der Leistung problemlos ableiten, welche Forderung getilgt werden soll.

Probleme ergeben sich aber bei gleichartigen Leistungen (vor allem Geld). Hier ist zu klären, welche Schuld in welcher Reihenfolge erlischt.

(1) Ausdrückliche oder konkludente Tilgungsbestimmung

Eine Tilgungsbestimmung kann ausdrücklich erfolgen oder sich aus den Umständen ergeben.

Grundsätzlich steht es dem Schuldner offen, ausdrücklich die zu tilgende Forderung zu bestimmen (Leistungsbestimmungsrecht gemäß § 366 Abs. 1).

Beispiel
Durch Angabe der Rechnungsnummer identifiziert der Schuldner, auf welche Forderung seine Zahlung angerechnet werden soll.

Auch bei mehreren gleichartigen Ansprüchen kann sich aus den Umständen ergeben, welche Forderung erfüllt werden soll.

Beispiel
Wenn bei mehreren offenen Rechnungen der gezahlte Betrag genau mit einem Rechnungsbetrag übereinstimmt ist davon auszugehen, dass diese Schuld getilgt werden soll.

(2) Gesetzliche Tilgungsreihenfolge

Ersatzweise richtet sich die Tilgungsreihenfolge nach § 366 Abs. 2. Danach erfolgt die Anrechnung in folgender Reihenfolge:
- Fälligkeit (früher fällige Forderungen erlöschen vor später fälligen),
- Sicherheit (schlechter gesicherte Forderungen erlöschen vor besser gesicherten),
- Lästigkeit, z. B. Zinsbelastung (lästige Schulden erlöschen vor weniger lästigen),
- Alter (ältere Forderungen erlöschen vor jüngeren).

Sind ausnahmsweise alle Forderungen in jeder Hinsicht gleichartig, erfolgt eine verhältnismäßige Tilgung aller Forderungen.

c) <u>Pflichten des Gläubigers</u>

(1) Ausstellen einer Quittung

Der Gläubiger ist gemäß § 368 verpflichtet, dem Schuldner auf dessen Verlangen eine schriftliche Quittung über den Empfang der Leistung zu erteilen. Bis zu deren Erteilung steht dem Schuldner ein Zurückbehaltungsrecht nach § 273 Abs. 1 zu (s. Band 2, 11. Teil). Die Kosten der Quittung trägt im Zweifel der Schuldner (§ 369 Abs. 1).

(2) Rückgabe des Schuldscheins

Der Gläubiger ist außerdem verpflichtet, einen etwa ausgestellten Schuldschein über die Forderung dem Schuldner zurückzugeben (§ 371). Da der Schuldschein ein Indiz für das Bestehen der Schuld ist, soll der Gläubiger nach Erlöschen der Schuld nicht in dessen Besitz bleiben.

B. Aufrechnung

1. Begriff und Funktion

Die Aufrechnung (§§ 387 ff.) ist ein Erlöschensgrund für eine spezielle Ausgangslage, bei der zwei Personen der jeweils anderen etwas schulden.

Durch die Aufrechnung kann der Aufrechnungsberechtigte eine gegen ihn gerichtete Forderung zum Erlöschen bringen und dabei gleichzeitig Befriedigung seines eigenen Anspruchs, der ihm gegen den Aufrechnungsgegner zusteht, erlangen. Die Aufrechnung erfolgt aber nicht automatisch, sondern erfordert eine Aufrechnungserklärung seitens des Berechtigten.

Diese einseitig erklärte ,Aufrechnung' ist von der auf der Grundlage der Vereinbarung einer ,Verrechnung' der beiderseitigen Forderungen zu unterscheiden: Während letztere immer ein beiderseitiges Einverständnis erfordert, kann der Aufrechnende einseitig, auch gegen den Willen des Aufrechnungsgegners, die Aufrechnung erklären.

Die Aufrechnung bedeutet demnach nicht bloß eine Vereinfachung der Erfüllung. Sie erlaubt jedem Beteiligten, seine Forderung gegen den anderen ohne Klage, Urteil und staatliche Zwangsvollstreckung durchzusetzen. Diese Durchsetzung bringt sogar in der Insolvenz des Schuldners vorrangige Befriedigung.

Weil die Aufrechnung somit ein machtvolles einseitiges Instrument darstellt, ist seine Wirkung an mehrere Voraussetzungen geknüpft, die alle erfüllt sein müssen (s. hiernach).

Beispiel

Malermeister Pinsel hat einen Anspruch i. H. v. 3.000 € gegen die Autowerkstatt Gunselmann, weil er den Verkaufsraum neu gestrichen hat. Gunselmann hat einen Anspruch i. H. v. 500 € gegen Pinsel wegen der Reparatur dessen Lieferwagens.

Bei dieser Ausgangslage kommt grundsätzlich eine Aufrechnung in Frage. Ob eine solche hier möglich ist und durch wen, muss anhand der nachfolgend aufgeführten Voraussetzungen geprüft werden.

---

2. Voraussetzungen

Damit eine Aufrechnung erfolgen kann, müssen alle folgenden Tatbestände vorliegen. Dabei ist darauf zu achten, dass diese Voraussetzungen z. T. spezifisch sind, je nachdem wer Aufrechnender (Aufrechnungsberechtigter) und Aufrechnungsgegner ist.

a) Wechselseitige Forderungen

(1) Wechselseitigkeit

Nach § 387 müssen ‚zwei Personen einander' Leistungen schulden: Jede der beiden Personen muss also sowohl Gläubiger wie Schuldner sein. Denn die Aufrechnung bedeutet, dass der Aufrechnende dem Aufrechnungsgegner dessen Forderung entzieht, um sich hierdurch eigenmächtig zu befriedigen. Eine echte ‚Gegenseitigkeit' im Sinne eines gegenseitigen Vertrags als Grundlage ist nicht erforderlich, aber möglich.

(2) Personenidentität

Die Forderungen müssen zwischen denselben Personen bestehen. Hierzu gibt es jedoch zwei Ausnahmen:

- Nach § 268 Abs. 2 (s. 3. Teil) kann auch ein ablösungsberechtigter Dritter mit einer ihm zustehenden Forderung aufrechnen; Hier wird also im Interesse dieses Dritten ausnahmsweise auf die Wechselseitigkeit verzichtet.
- Nach § 406 überdauert die Aufrechnungsmöglichkeit regelmäßig eine Forderungsabtretung (s. 8. Teil); hier genügt also, dass die Wechselseitigkeit in der Vergangenheit bestanden hat.

b) Gleichartigkeit der Forderungsgegenstände

(1) Nach § 387 müssen die einander wechselseitig gegenüberstehenden Forderungen ‚ihrem Gegenstande nach gleichartig' sein. Das ist denkbar bei Geld- und Gattungsschulden, doch kommt die Gleichartigkeit in der Praxis nur bei Geldschulden vor.

Bei Ungleichartigkeit hat der auf Leistung in Anspruch genommene Schuldner allenfalls (nämlich bei Konnexität der Forderungen) ein Zurückbehaltungsrecht nach § 273 (oder bei gegenseitigen Forderungen aus § 320) (s. Band 2, 11. Teil). Ein solches Zurückbehaltungsrecht lässt aber die Forderungen nicht erlöschen, sondern bewirkt bloß eine Verurteilung zur Leistung Zug um Zug. Daher scheidet das Zurückbehaltungsrecht aus und kommt nur die Aufrechnung in Betracht, soweit es sich um Forderungen gleichen Inhalts handelt.

(2) Nicht ausgeschlossen wird die Gleichartigkeit:

- durch Verschiedenheit der Leistungs- und Ablieferungsorte bei beiden Forderungen (§ 391 Abs. 1). Doch muss der Aufrechnende dem Aufrechnungsgegner den Schaden ersetzen, den dieser etwa dadurch erleidet, dass er die Leistung nicht an dem bestimmten Ort erhält oder bewirken kann (was aber bei Geld kaum je eine Rolle spielt);
- durch die Verschiedenheit des Forderungsumfangs: Die Aufrechnungswirkung tritt bei unterschiedlichen Betragsgrößen ein, ‚soweit' die Forderungen sich decken (§ 389). Das bedeutet zugleich eine Ausnahme von der Unzulässigkeit einer Teilleistung nach § 266.

c) Durchsetzbarkeit der Forderung des Aufrechnenden

Die Aufrechnung bedeutet eine Durchsetzung der Forderung des Aufrechnenden. Dieser Durchsetzung dürfen daher keine rechtlichen Hindernisse im Wege stehen, d. h. der Aufrechnende müsste auch ein Leistungsurteil erlangen können, wenn er nicht aufrechnet. Das bedeutet im Einzelnen:

- Die Forderung des Aufrechnenden (man nennt sie die Gegenforderung oder Aktivforderung) muss (noch) bestehen. Wenn sie z. B. schon durch Erfüllung erloschen ist, kann sie nicht mehr zur Aufrechnung verwendet werden, weil der Gläubiger die Erfüllung sonst doppelt erhielte.

- Diese Gegenforderung muss einredefrei sein (§ 390 S. 1). Denn mit einer Einrede könnte der Schuldner seine Verurteilung verhindern; daher soll sich der Gläubiger die Erfüllung auch nicht durch Aufrechnung verschaffen können.

  Nach § 215 schließt jedoch die Verjährung (vgl. § 222 Abs. 1) der Gegenforderung die Aufrechnung nicht aus, wenn diese Forderung beim Eintritt der Aufrechnungslage (d. h. zum Zeitpunkt, zu dem alle sonstigen Voraussetzungen für eine Aufrechnung erfüllt waren) noch unverjährt war. Das Gesetz will dem Gläubiger also die einmal entstandene Aufrechnungsmöglichkeit erhalten.

- Die Gegenforderung muss fällig sein (Definition s. 3. Teil). Wer bloß eine noch nicht fällige Forderung hat, soll auch mit der Aufrechnung noch warten müssen.

d) Erfüllbarkeit der Forderung gegen den Aufrechnenden

Die Forderung gegen den Aufrechnenden (Hauptforderung oder Passivforderung genannt), die also durch die Aufrechnung getilgt werden soll, muss nicht durchsetzbar setzbar sein. Nötig ist nur ihre Erfüllbarkeit (Definition s. 3. Teil), weil die Aufrechnung zur Erfüllung der eigenen Leistungspflicht führt.

e) Nichteingreifen eines Aufrechnungsverbots

Ein weiterer Hinderungsgrund für eine Aufrechnung könnte sich aus einem Aufrechnungsverbot ergeben.

(1) Ein solches Verbot kann grundsätzlich zwischen den Parteien vereinbart werden. Eine solche Bedeutung hat nach § 391 Abs. 2 im Zweifel die Verabredung, dass die Leistung zu einer bestimmten Zeit an einem bestimmten Ort zu erbringen ist; dann soll nicht mit einer Forderung aufgerechnet werden können, für die ein anderer Leistungsort besteht. Denn dann soll die Leistung regelmäßig gerade in der bestimmten Weise zur Verfügung stehen; die Aufrechnung würde einem solchen Vertragszweck nicht genügen.

(2) Ein Aufrechnungshindernis resultiert auch aus der Beschlagnahme der Hauptforderung unter den in § 392 definierten Bedingungen. Dabei meint ‚Beschlagnahme' vor allem die Pfändung der Forderung durch einen Dritten.

(3) Nach § 394 kann regelmäßig gegen eine unpfändbare Forderung nicht aufgerechnet werden. Die Unpfändbarkeit (§§ 850 ff. ZPO) bezweckt nämlich, dem Vollstreckungsschuldner das zu einer bescheidenen Existenz Erforderliche zu belassen. Von diesem Grundgedanken her dürfen Forderungen auf das Existenzminimum auch durch Aufrechnung nicht beeinträchtigt werden.

(4) Nach § 393 kann gegen eine Forderung aus einer vorsätzlich begangenen unerlaubten Handlung nicht aufgerechnet werden. Das soll eine Art Privatrache

an einem zahlungsunfähigen Schuldner verhindern: Der Gläubiger der uneinbringlichen Forderung soll nicht gegen seinen Schuldner Delikte begehen (z. B.
diesen verprügeln) und dann gegen den hieraus entstandenen Ersatzanspruch
des Schuldners mit der uneinbringlichen Forderung aufrechnen dürfen.
Umgekehrt könnte der Geschädigte grundsätzlich natürlich wohl aufrechnen.

(5) Nach § 395 kann gegen eine Forderung des Bundes, eines Landes, einer
Gemeinde oder eines Kommunalverbandes nur aufgerechnet werden, wenn der
Aufrechnende an dieselbe Kasse zu zahlen hat, aus der auch seine Forderung zu
befriedigen wäre. Es soll also z. B. niemand seine Verpflichtung aus einer
gebührenpflichtigen Verwarnung wegen Falschparkens durch Aufrechnung mit
einer Forderung auf Einkommensteuererstattung tilgen können.

f) Aufrechnungserklärung

Letztes Erfordernis der Aufrechnung ist eine Aufrechnungserklärung (§ 388 S.
1). Das ist die empfangsbedürftige (aber nicht zustimmungspflichtige) Willenserklärung des Aufrechnenden, die den Willen zur Aufrechnung ergibt.

Nach § 388 S. 2 darf die Aufrechnungserklärung nicht bedingt oder befristet
sein (die Ausübung von Gestaltungsrechten ist bedingungsfeindlich). Wenn
schon der Gestaltungsgegner die Gestaltung ohne sein Zutun hinnehmen muss,
soll er wenigstens sofort wissen, woran er ist.

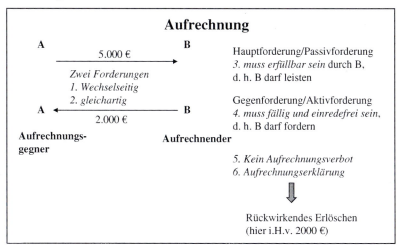

3. Wirkungen

Die Aufrechnung bewirkt das Erlöschen von Haupt- und Gegenforderung,
soweit beide sich decken.

a) Rückwirkung

Nach § 389 sollen die Forderungen ‚als in dem Zeitpunkt erlöschen gelten, in
welchem sie zur Aufrechnung geeignet einander gegenübergetreten sind', d. h.
in dem der Aufrechnende zum ersten Mal hätte aufrechnen können. Die Auf-

rechnung wirkt also auf den Zeitpunkt des Entstehens der ‚Aufrechnungslage'
zurück, nicht auf den Zeitpunkt der Aufrechnungserklärung.

Daher erlöschen, wenn die Aufrechnung erklärt wird, die seit dem Entstehen
der Aufrechnungslage schon erwachsenen Forderungen auf Zinsen und den
Ersatz von Verzugsschäden, d. h. diese können nicht mehr geltend gemacht
werden, da ein Verzug ab diesem Zeitpunkt nicht mehr möglich ist.

Folge ist auch, dass eine Beschlagnahme nach Entstehen der Aufrechnungsmöglichkeit die Aufrechnung nicht unmöglich macht. Auch eine spätere
Verjährung oder Insolvenz des Schuldners verhindert die Aufrechnung nicht.

b) Mehrere Forderungen

Wenn der eine oder der andere Teil mehrere zur Aufrechnung geeignete Forderungen gegen den anderen besitzt, ist zu klären, auf welche konkrete Forderung
sich die Aufrechnung beziehen soll?

§ 396 beantwortet das ähnlich wie § 366 für die Erfüllung: In erster Linie
kann der Aufrechnende bestimmen; Besonderheiten gelten aber für das
Verhältnis Hauptleistung / Zinsen / Kosten. Fehlt eine erkennbare Bestimmung
des Schuldners, so gilt nach § 396 Abs. 1 S. 2 die in § 366 Abs. 2 angeordnete
Reihenfolge.

Allerdings soll der Aufrechnungsgegner die gesetzliche Reihenfolge von
§ 366 Abs. 2 auch gegenüber einer abweichenden ausdrücklichen Bestimmung
des Aufrechnenden durchsetzen können, wenn er dieser Bestimmung unverzüglich widerspricht (§ 396 Abs. 1 S. 2).

Damit soll der Aufrechnungsgegner die Möglichkeit haben, die Aufrechnung auf eine inzwischen verjährte, bei Eintritt der Aufrechnungslage aber
noch unverjährte (§ 390 S. 2) Forderung zu lenken. Denn eine solche Forderung könnte anders als durch die Aufrechnung überhaupt nicht mehr nutzbar
gemacht werden und wäre also für den Aufrechnungsgegner praktisch verloren.

C. Sonstige Erlöschensgründe

*1. Hinterlegung und Selbsthilfeverkauf

a) Hinterlegung

Damit der Schuldner leisten kann, müssen bestimmte Voraussetzungen bzgl.
der Person des Gläubigers erfüllt sein:
- Der Schuldner muss i. d. R. wissen, wer sein Gläubiger ist.
- Meist muss der Schuldner zudem wissen, wo sich der Gläubiger befindet
  (außer z. B. bei Unterlassungspflichten).
- Der Schuldner ist zur Erfüllung oft auf eine Mitwirkung des Gläubigers
  angewiesen. Zwar kann der Schuldner den die Mitwirkung verweigern-
  den Gläubiger in Annahmeverzug setzen (s. Band 2, 12. Teil). Aber das
  erfordert regelmäßig das Wissen von Person und Aufenthalt des
  Gläubigers. Überdies genügen die Rechtsfolgen des Annahmeverzugs
  dem Schuldner nicht immer: Bisweilen will er die geschuldete Sache
  loswerden, weil ihm deren Aufbewahrung lästig ist bzw. Kosten verursacht.

Damit der Schuldner leisten (um nicht in Schuldnerverzug zu geraten) bzw. sich einer lästigen Sache erledigen kann, sieht das Gesetz in solchen Fällen die Möglichkeit vor, bestimmte (Wert-)Sachen zu hinterlegen (§§ 372 ff.), und zwar beim Amtsgericht am Sitz des Gläubigers (Einzelheiten des Verfahrens regelt die Hinterlegungsordnung).

Allerdings betreffen die §§ 372 ff. nur die Hinterlegung als Erfüllungsersatz. Nicht anwendbar sind diese Vorschriften dagegen, wo die Hinterlegung selbst die geschuldete Leistung darstellt; hier wird der Schuldner mit der Hinterlegung schon nach § 362 befreit.

b) Selbsthilfeverkauf

Wenn sich die Sache nicht zur Hinterlegung eignet (was außer bei Geldschulden meist der Fall ist), soll der Schuldner sie durch Selbsthilfeverkauf zu Geld machen und dann den Erlös hinterlegen können (§ 383 ff.); der Selbsthilfeverkauf (i. d. R. durch öffentliche Versteigerung der geschuldeten Sache) ist also ein Mittel zur Ermöglichung der Hinterlegung.

Da der Selbsthilfeverkauf im Gegensatz zur Hinterlegung bewirkt, dass der Gläubiger die geschuldete Sache einbüßt und nur den (oft im Wert geringeren) Verkaufserlös bekommt, soll dieser Selbsthilfeverkauf dem Gläubiger vorher angedroht werden (§ 384). Auch sind die Zulässigkeitsvoraussetzungen etwas enger als die der Hinterlegung selbst (§ 383 Abs. 1 S. 2).

2. Erlass, Vergleich, Novation

Bis hierher wurden Erlöschensgründe dargestellt, die i. w. auf einseitigem Handeln des Schuldners beruhen, ggf. mit (stillschweigendem) Einverständnis des Gläubigers.

Die folgenden Beendigungsgründe erfordern eine einvernehmliche (vertragliche) Regelung über das Erlöschen von Forderungen, was aufgrund der Vertragsfreiheit (s. 1. Teil) jederzeit möglich ist, d. h. sowohl vor als auch nach dem eigentlichen Erfüllungstermin.

a) Erlass und negatives Schuldanerkenntnis

Der Erlass ist nach § 397 Abs. 1 ein (formfreier) Vertrag zwischen Gläubiger und Schuldner. Dieser Vertrag bewirkt das Erlöschen der Forderung.

Dem Erlass stellt § 397 Abs. 2 das sog. ‚negative Anerkenntnis' gleich: Dies ist ein vertragsmäßiges Anerkenntnis des Gläubigers, keine Forderung mehr gegen den Schuldner zu besitzen. Dabei ist die Aussage des Anerkenntnisses anders als beim Erlass nicht konstitutiv (‚hiermit erlasse ich'), sondern deklaratorisch (‚die Forderung besteht jedenfalls jetzt nicht mehr'); ob sie früher einmal bestanden hat und wann sie erloschen ist, bleibt offen.

Sofern die Forderung bei dem negativen Anerkenntnis noch bestanden hat, erlischt sie wie durch einen Erlass; dann verändert also das negative Anerkenntnis die Rechtslage.

Nicht selten ist der Erlass (oder das negative Anerkenntnis) Bestandteil einer umfassenderen, das Schuldverhältnis als Ganzes betreffenden Regelung, z. B. eines Vergleichs oder einer Novation (s. hiernach).

b) Vergleich

Der Vergleich ist definiert als ‚Vertrag, durch den der Streit oder die Ungewissheit der Parteien im Wege gegenseitigen Nachgebens beseitigt wird' (eine Art beiderseitiger Teilerlass) (§ 779 Abs. 1). Dabei genügt schon die Ungewissheit über die Verwirklichung eines Anspruchs (§ 779 Abs. 2).

Vergleiche können außergerichtlich (d. h. außerhalb eines Prozesses) und als gerichtlich (in einem Prozess) geschlossen werden.

Häufig enthält ein Vergleich auch Regelungen für das bestehende Schuldverhältnis zwischen den Parteien: Er stellt etwa die Höhe einer Forderung und ihren Inhalt fest und bestimmt ihre Fälligkeit (etwa durch Einräumung von Ratenzahlung); im Übrigen enthält er einen Erlass oder ein negatives Anerkenntnis.

c) Novation

Die Novation oder Schuldersetzung ist im Allgemeinen Schuldrecht nicht besonders geregelt; ihre Zulässigkeit folgt aber aus dem Grundsatz der Vertragsfreiheit.

Die Novation besteht darin, dass die Parteien durch Vertrag an die Stelle der bestehenden Forderung noch vor Erfüllung eine andere setzen. Die bestehende Forderung erlischt damit.

Abzugrenzen ist die Novation nach drei Seiten:

- Erstens können nach § 311 Abs. 1 Inhalt und Eigenschaften einer Forderung durch Vertrag auch so geändert werden, dass die Existenz und Identität der Forderung nicht berührt wird (Änderungsvertrag).
- Zweitens kann eine neue Forderung auch neben die alte gesetzt werden, entweder als Vertragserweiterung (Auswirkungen auf die ursprüngliche Forderung sind dann zu vereinbaren) oder vorübergehend bei der Leistung erfüllungshalber (s. 3. Teil), bis der Gläubiger die Möglichkeit hatte, sich aus der Ersatzforderung zu befriedigen.
- Bei einer an Erfüllungs statt angebotenen (falschen) Leistung kann der Gläubiger grundsätzlich diese andere Leistung ablehnen (s. 3. Teil). ‚Falsch' ist die Leistung jedoch natürlich nur, wenn die Parteien sich vorher nicht durch Novation auf diese neue Leistung geeinigt haben.

II. Beendigung

A. Überblick

1. Einverständliche und einseitige Beendigung

Der häufigste und normale Weg zur Beendigung eines Schuldverhältnisses ist die Befriedigung aller einzelnen in ihm enthaltenen Pflichten bzw. Ausübung der Befugnisse: Die Forderungen werden erfüllt oder erlöschen auf andere Weise; Rechte zur Gestaltung des Forderungsinhalts werden ausgeübt oder erlöschen durch den Wegfall ihrer Voraussetzungen.

Daneben kann aber auch eine andere Art der Abwicklung des Schuldverhältnisses treten. Insbesondere können die Parteien durch Vertrag das Schuldverhältnis einverständlich wieder aufheben. Dieser Aufhebungsvertrag muss dann die Einzelheiten regeln: Ob die Aufhebung nur für die Zukunft oder auch für die Vergangenheit gelten soll, wie im letzteren Fall die schon ausgetauschten Leistungen zurückgewährt werden sollen, usw.

Oft erzielen die Parteien jedoch keine Einigkeit über die Aufhebung des Schuldverhältnisses. Denn häufig ist nur eine der beiden Parteien anderen Sinnes geworden (z. B. weil sie auf Schwierigkeiten bei der Erfüllung gestoßen ist), während die andere Partei am Vertrag festhalten will. Dann scheidet eine einseitige Lösung wegen der Bindung durch das Schuldverhältnis grundsätzlich aus (s. den Grundsatz *pacta sunt servanda*).

Allerdings kann den Parteien ausnahmsweise ein einseitiges Gestaltungsrecht zustehen, das es ihnen ermöglicht, sich auch ohne Zustimmung der anderen Seite aus dem Schuldverhältnis zu lösen. Um diese einseitigen Beendigungs- oder Lösungsrechte soll es im Folgenden gehen.

2. Einteilungen der Auflösungsrechte

a) Nach ihrer Herkunft

Man kann die das Schuldverhältnis auflösenden Gestaltungsrechte zunächst nach ihrer Herkunft einteilen: Sie können beruhen

- auf Rechtsgeschäft (insbesondere Vertrag): Vertragliche Auflösungsrechte sind der vorbehaltene (also vereinbarte) Rücktritt und die vertragsmäßige (ordentliche) Kündigung. Außerdem die auflösende Bedingung und Zeitbestimmung, mit deren Eintritt das Rechtsgeschäft ohne weitere Erklärung für die Zukunft aufgelöst wird (§§ 158-163, s. BGB AT).
- auf Gesetz: Hierunter fallen insbesondere die gesetzlichen Rücktrittsrechte bei Vertragsstörungen, das Widerrufsrecht und das Recht zur außerordentlichen Kündigung.

b) Nach ihrer Wirkung

Die Einteilung der Auflösungsrechte nach ihrer Wirkung unterscheidet danach, ob die Auflösung nur für die Zukunft oder auch für die Vergangenheit erfolgen soll.

- Nur für die Zukunft wirkt (neben der auflösenden Bedingung oder Zeitbestimmung) die Kündigung, d. h. es muss nichts rückabgewickelt werden. Dabei kann man weiter unterscheiden, ob die Wirkung sofort (fristlose Kündigung) oder erst nach einer gewissen Zeit eintreten soll (befristete Kündigung).
- Nicht nur für die Zukunft, sondern auch für die Vergangenheit wirken dagegen Rücktritt und Widerruf. Sie kommen deshalb insbesondere auch

bei solchen Schuldverhältnissen vor, die keine Dauerschuldverhältnisse sind und sich folglich nicht nach Zeitabschnitten einteilen lassen.

Wegen der Wirkung für die Vergangenheit muss hier auch der Rückaustausch der bereits erbrachten Leistungen geregelt werden. Die diesen Rückaustausch bewirkenden Ansprüche und Gegenansprüche bilden ihrerseits ebenfalls ein Schuldverhältnis. Rücktritt und Widerruf beenden deshalb das ursprüngliche Schuldverhältnis nicht, sondern verwandeln es in ein Rückgewährschuldverhältnis.

Auflösungsrechte

Wirkung Rechtsgrundlage	nur für Zukunft	für Zukunft und Vergangenheit
Vertrag	vertragsgemäße Kündigung	vereinbarter Rücktritt
Gesetz	ordentliche Kündigung außerord. Kündigung Widerruf § 671	gesetzlicher Rücktritt Widerruf § 355 f, 530

einseitige Gestaltungsrechte

3. Dauerschuldverhältnisse

Die Beendigung von Schuldverhältnissen wird naturgemäß geprägt von der Art dieses Schuldverhältnisses und von der Dauer, auf die es ursprünglich angelegt war. In diesem Zusammenhang spielt die Kategorie der Dauerschuldverhältnisse eine besondere Rolle.

a) Begriff

Dauerschuldverhältnisse unterscheiden sich von einfachen Schuldverhältnissen dadurch, dass sich ihre Abwicklung nicht in einer einmaligen oder gestaffelt zu erbringenden abgegrenzten Leistung erschöpft, sondern sie nach ihrem Wesen auf einen längeren Zeitraum angelegt sind. Während dieses Zeitraums ist entweder ein dauerndes Verhalten, oder es sind mehrere wiederkehrende einzelne Leistungen geschuldet.

Das wesentliche Merkmal der Dauerschuldverhältnisse besteht somit darin, dass der Umfang der Gesamtleistung von der Dauer des Schuldverhältnisses abhängt und dass das Schuldverhältnis von seiner Natur her auf Dauer angelegt ist, d. h. ohne Zeitablauf keinen Sinn ergibt.

Beispiel
Beim Mietvertrag schuldet der Vermieter die Gebrauchsüberlassung der Sache für die Mietdauer und der Mieter die regelmäßig wiederkehrende Mietzinszahlung. Die Miete setzt begrifflich immer eine Dauer voraus, auch wenn diese ggf. sehr begrenzt ist.

---

b) Arten

Eigentliche Dauerschuldverhältnisse sind diejenigen, die der Gesetzgeber als solche ausgestaltet hat. Sie sind auf eine bestimmte Dauer ausgerichtet, wobei dieser Zeitraum befristet oder unbefristet sein kann.

Beispiele

Gesetzlich geregelt: Gebrauchsüberlassungsverträge (Miete, Pacht oder Leihe), Dienst- und Arbeitsverträge, Darlehen, Verwahrung, Gesellschaft
Gesetzlich nicht geregelt: Franchising-Vertrag, Facility-Management-Vertrag, Projektsteuerungsvertrag

---

Auch Kauf, Werkvertrag u. ä. können nach Umständen Dauerschuldverhältnisse darstellen, wenn die o. g. Kriterien erfüllt sind. Dies ist insbesondere der Fall beim Bezugs- oder Sukzessivlieferungsvertrag, wenn die Leistungsmenge nicht von vornherein festgelegt ist, sondern je nach Bedarf des Abnehmers im Einzelfall bestimmt wird.

Beispiele

Verträge über Bierlieferung an Gastwirte oder Energielieferung an Konsumenten: Die konkrete Menge der Abnahme richtet sich nach dem jeweiligen Bedarf und wird nicht vorab festgelegt.

Zu unterscheiden hiervon ist der Raten- oder Teillieferungsvertrag, bei dem die Leistungsmenge von vornherein bestimmt, aber in Teilmengen zu liefern ist.

Beispiele

Ein Zeitungsabonnement ist kein Dauerschuldverhältnis, wohl aber ein Handyvertrag.

Der Bezugsvertrag kann ggf. auch als Rahmenvertrag (s. 2. Teil) gestaltet sein, unter dem jeweils weitere getrennte Verträge geschlossen werden. Ob hier ein echtes Dauerschuldverhältnis vorliegt, hängt dann von den konkreten Vereinbarungen ab.

c) Rechtliche Bedeutung

Bei Dauerschuldverhältnissen entstehen immer wieder Einzelforderungen, die durch Erfüllung erlöschen, während das Schuldverhältnis weiter bis zur Beendigung besteht, die normalerweise durch Kündigung erfolgt.

Die Unterscheidung zwischen einfachen Schuldverhältnissen und Dauerschuldverhältnissen ist zudem bedeutsam für die Pflichten der Vertragsparteien und die Rechtsfolgen, die sich aus ihrem Verhalten ergeben. Denn die Tatsache, dass die Parteien sich für längere Zeit aneinander binden und daher ihr vertrauensvolles Zusammenwirken in besonderem Maße erforderlich ist, führt zu gesteigerten Treuepflichten im Interesse der Aufrechterhaltung des Vertrags, wie z. B. Loyalitätsverhalten, Pflicht zur persönlichen Rücksichtnahme usw. (s. 3. Teil). Bei Verletzung ergibt sich hieraus ggf. ein außerordentliches Kündigungsrecht (s. u.).

B. Kündigung

Die Kündigung wird im Allgemeinen Schuldrecht nur teilweise ge.   Das beruht insbesondere auf den beträchtlichen Unterschieden zwischen u..i sehr mannigfaltigen Anwendungsfällen der Kündigung, die im Einzelnen in verschiedenen Bestimmungen des Schuldrechts BT geregelt sind.

1. Kündigung bei Dauerschuldverhältnissen

Den wichtigsten Anwendungsfall der Kündigung bildet die Beendigung von Dauerschuldverhältnissen für die Zukunft.

Sie ist im Einzelnen unterschiedlich ausgestaltet und weitestgehend in den Spezialbestimmungen zur jeweiligen Vertragsform geregelt (s. 6. und 7. Teil). Im Grundsatz sind dabei zwei Kündigungsformen zu unterscheiden, denen trotz der unterschiedlichen Einzelregelungen bestimmte gemeinsame Grundgedanken zugrunde liegen, die hier kurz dargestellt werden sollen. Bzgl. der außerordentlichen Kündigung enthält § 314 im Übrigen eine allgemein anwendbare Regelung, die dann greift, wenn keine Spezialbestimmungen vorgehen.

a) Ordentliche Kündigung

(1) Die ordentliche Kündigung ist die übliche Form, auf unbestimmte Zeit geschlossene Dauerschuldverhältnisse zu beenden.

Sie bedarf regelmäßig keines Grundes, steht also im Belieben des Kündigenden. Ausnahmen gibt es bzgl. der beiden wichtigsten existenzsichernden Dauerschuldverhältnisse, nämlich der Wohnungsmiete und dem Arbeitsverhältnis. Da hier die Kündigung der ‚stärkeren' Partei, d. h. dem Vermieter und dem Arbeitgeber, nicht beliebig freistehen soll, bedarf hier ausnahmsweise auch die ordentliche Kündigung eines Grundes; außerdem sind Formvorschriften einzuhalten.

Andererseits ist diese Art der Kündigung regelmäßig befristet, d. h. zwischen dem Zugang der Kündigungserklärung und ihrem Wirksamwerden muss eine bestimmte Mindestzeitspanne liegen. Damit soll der Kündigungsgegner Gelegenheit haben, sich auf die neue Rechtslage einzustellen.

(2) Auf bestimmte Zeit abgeschlossene Dauerschuldverhältnisse enden ohne weiteres mit dem Ablauf dieser Zeit. Deshalb ist bei dieser Form von Schuldverhältnissen eine ordentliche Kündigung nicht möglich.

b) Außerordentliche Kündigung

(1) Sowohl bei befristeten als auch bei unbefristeten Dauerschuldverhältnissen ist als allgemeine Regel auch eine außerordentliche Kündigung möglich. Denn unter bestimmten Umständen kann es nötig sein, das Schuldverhältnis sofort (insbesondere schon vor seinem ‚verabredeten' Ende) aufzulösen.

Diese Form der Kündigung erfordert (weil außerordentlich) einen ‚wichtigen Grund'. Gemäß der allgemeinen Definition von § 314 Abs. 1 liegt ein wichtiger Grund vor, *wenn dem kündigenden Teil unter Berücksichtigung aller Umstände des Einzelfalls und unter Abwägung der beiderseitigen Interessen die Fortsetzung des Vertragsverhältnisses bis zur vereinbarten Beendigung oder bis zum Ablauf einer Frist nicht zugemutet werden kann.'*

Bei den einzelnen Dauerschuldverhältnissen findet sich dieser Grundgedanke ebenfalls wieder oder wird durch spezifische Gründe konkretisiert.

Typischerweise bestehen solche Gründe in einem Verschulden (Fehlverhalten) des Kündigungsgegners. Aber sie können auch verschuldensunabhängig sein und sich aus äußeren Umständen ergeben (z. B. Tod einer Partei). Normaler Weise sind dabei Umstände, die im Risikobereich des Kündigenden liegen, kein Kündigungsgrund.

> **Beispiel**
> Nach der Rechtsprechung des BGH ist bei langfristigen Verträgen mit einem Fitness-Club die Versetzung eines Soldaten an einen anderen Standort kein wichtiger Grund außerhalb seines Risikobereichs, wohl aber eine dringende ärztliche Empfehlung, kein Fitnesstraining mehr durchzuführen.

Diese außerordentliche Kündigung ist meist fristlos, weil der Kündigungsgrund nicht bloß die Beendigung des Schuldverhältnisses überhaupt gebietet, sondern auch eine schnelle Beendigung.

Zwingend gehört die Fristlosigkeit aber nicht zur außerordentlichen Kündigung; vielmehr wird diese nicht selten nur ‚unter Einhaltung der gesetzlichen Frist' gewährt, insbesondere wenn die Dringlichkeit zur Beendigung des Schuldverhältnisses weniger stark ist.

(2) § 314 enthält eine allgemein auf alle Dauerschuldverhältnisse bezogene Regel zur außerordentlichen Kündigung. Sie ist jedoch nur anwendbar, wenn ihr keine speziellen Regelungen im Besonderen Schuldrecht vorgehen.

Neben dem wichtigen Grund (Abs. 1: s. hiervor) müssen für eine außerordentliche Kündigung folgende Voraussetzungen erfüllt sein.

- Bei Kündigung wegen einer Vertragsverletzung ist eine Fristsetzung zur Abhilfe oder eine Abmahnung erforderlich (§ 314 Abs. 2 S. 1), dies in Analogie mit dem Rücktrittsrecht bei Vertragsverletzung gem. § 323. Wie bei § 323 Abs. 2 Nr. 1 und 2 entfällt diese Notwendigkeit unter bestimmten Umständen, außerdem wenn besondere Umstände vorliegen, die unter Abwägung der beiderseitigen Interessen die sofortige Kündigung rechtfertigen (§ 314 Abs. 2 S. 2-3). Bei einer Konkurrenz mit § 323 geht ausnahmsweise § 314 vor.
- Der Berechtigte kann nur innerhalb einer angemessenen Frist kündigen, nachdem er vom Kündigungsgrund Kenntnis erlangt hat (§ 314 Abs. 3).

Im Übrigen wird die Berechtigung, Schadensersatz zu verlangen, durch die außerordentliche Kündigung nicht ausgeschlossen (§ 314 Abs. 4).

2. Kündigung bei anderen Schuldverhältnissen

Vereinzelt ermöglicht das BGB auch bei Schuldverhältnissen, die keine echten Dauerschuldverhältnisse darstellen, aber deren Erfüllung ggf. eine gewisse Dauer in Anspruch nimmt, eine Kündigung; Anwendungsfälle sind die

Kündigung durch den Beauftragten (§ 671 Abs. 2-3) und durch den Besteller beim Werkvertrag (§§ 649-651). (s. hierzu 7. Teil).

648 - 649

3. Kündigungserklärung und Mahnung

Das Kündigungsrecht ist ein Gestaltungsrecht, das durch die Kündigungserklärung ausgeübt wird. Diese ist eine einseitige empfangsbedürftige Willenserklärung, für die ggf. inhaltliche und formelle Anforderungen gelten (z. B. im Mietrecht).

Besteht bei einer außerordentlichen Kündigung der wichtige Grund in der Verletzung einer Pflicht aus dem Vertrag, ist die Kündigung erst nach erfolglosem Ablauf einer zur Abhilfe bestimmten Frist oder nach erfolgloser Abmahnung zulässig. § 323 Abs. 2 findet entsprechende Anwendung (§ 314 Abs. 2). Entsprechende Regelungen können auch in Spezialregeln enthalten sein.

Kündigung		
	Dauerschuldverhältnis	
	zeitlich unbefristet	zeitlich befristet
Ordentliche Kündigung i.d.R. ohne Grund, aber mit Frist	möglich (Regelfall)	nicht möglich
Außerordentliche Kündigung mit Grund, i.d.R. ohne Frist	möglich gemäß BGB-Spezialbestimmungen oder subsidiär gemäß § 314 BGB	

*C. Rücktritt

Von einem Vertrag zurückzutreten bedeutet, ein Schuldverhältnis durch eine einseitige empfangsbedürftige Willenserklärung rückgängig zu machen. Das Rücktrittsrecht ist wie die Kündigung ein (einseitiges) Gestaltungsrecht. Das besondere hier zu regelnde Problem besteht darin, dass der Rücktritt zeitlich zurückwirkt, d. h. er erfordert die Rückabwicklung bereits erbrachter Leistungen, um den Ursprungszustand vor Vertragsabschluss wieder herzustellen.

Die Modalitäten des Rücktrittsrechts sind einheitlich in den §§ 346 ff. geregelt. Zunächst ist allerdings immer zu klären, *ob* überhaupt ein Rücktrittsrecht besteht, da im Gegensatz zur Kündigung bei Dauerschuldverhältnissen der Rücktritt wegen der Bindungswirkung einer vertraglichen Vereinbarung keine ‚normale' Beendigungsform darstellt, sondern nur in Ausnahmefällen gestattet ist.

1. Voraussetzungen

Die Berechtigung zum Rücktritt kann sich aus Vertrag oder Gesetz ergeben.

a) Vertragliches Rücktrittsrecht, Rücktrittsvorbehalt

Das vertragliche Rücktrittsrecht kann von den Parteien ausdrücklich vereinbart werden, um dem Berechtigten (dies kann jede der Parteien sein) die Möglichkeit zu geben, sich (meist innerhalb einer bestimmten Bedenkfrist) von einem Vertrag bzw. Geschäft zu lösen.

Ein vertragliches Rücktrittsrecht kann aber auch konkludent vereinbart werden. Wenn insbesondere in einem Vertrag vereinbart wird, dass der Schuldner bei Nichterfüllung seine Rechte aus dem Vertrag verlieren soll (Verwirkungsklausel), so ist damit eine Rücktrittsvereinbarung getroffen (§ 354). Voraussetzung für das Rücktrittsrecht des Gläubigers ist aber, dass der Schuldner die Nichterfüllung zu vertreten hat. Soll dagegen der Schuldner nur einzelne Rechte verlieren, so kann darin die Vereinbarung einer Vertragsstrafe zu erblicken sein.

Die Bestimmungen der §§ 346 ff. sind im Übrigen dispositiv, so dass die Parteien auch die Modalitäten des Rücktrittsrechts vereinbaren können; durch Auslegung der Vereinbarungen ist jeweils zu ermitteln, inwieweit die gesetzliche Regelung ggf. noch eingreifen soll.

b) Gesetzliches Rücktrittsrecht

(1) Existenz

Häufiger als ein vertragliches wird ein gesetzliches Rücktrittsrecht greifen. In einer Anzahl von speziellen Bestimmungen bzgl. möglicher Leistungsstörungen sieht das BGB nämlich die Möglichkeit und die jeweiligen Bedingungen zum (gesetzlichen) Rücktritt von einem gestörten Vertrag bei Vorliegen bestimmter materieller Voraussetzungen vor:

- § 313 Abs. 3: Störung der Vertragsgrundlage und Unmöglichkeit der Vertragsanpassung,
- § 321 Abs. 2: nach fruchtlos gesetzter Frist bei Unsicherheiteneinrede,
- § 323 (§§ 437, 634): bei Nicht- und Schlechtleistung,
- § 324: bei Verletzung einer sonstigen Pflicht,
- § 325: bei Verletzung einer Pflicht nach § 241 Abs. 2 bei einem gegenseitigen Vertrag,
- § 326 Abs. 5 (§§ 437, 634): bei Unmöglichkeit oder sonstiger Leistungsbefreiung nach § 275),
- §§ 438 Abs. 4 S. 2, 634a Abs. 4 S. 2: nach Rücktrittseinrede des Käufers bzw. Bestellers.

Außerhalb dieser limitativ aufgezählten Fälle gibt es kein gesetzliches Rücktrittsrecht, insbesondere keine allgemeine Klausel für ein allgemeines außerordentliches Rücktrittsrecht wie bei der Kündigung.

(2) Modalitäten

§ 323 definiert einige allgemeine Voraussetzungen für den gesetzlichen Rücktritt bei gegenseitigen Verträgen, die durch Verweis auch bei anderen Rücktrittsfällen anwendbar sein können:

- Der Schuldner hat eine ihm obliegende Pflicht aus einem gegenseitigen Vertrag nicht oder nicht vertragsgemäß erbracht (Abs. 1). Dies setzt normaler Weise voraus, dass die zu erbringende Leistung fällig war. Der Gläubiger kann jedoch bereits vor Fälligkeit zurücktreten, wenn offensichtlich ist, dass die Voraussetzungen des Rücktritts eintreten werden (Abs. 4).

- Der Gläubiger hat eine angemessene Frist zur Leistung oder Nacherfüllung bestimmt, die erfolglos verstrichen ist (Abs. 1). Kommt eine Fristsetzung nicht in Betracht, ist eine Abmahnung erforderlich (Abs. 3). Fristsetzung bzw. Abmahnung sind unter bestimmten Voraussetzungen entbehrlich (s. im Einzelnen Abs. 2).

- Hat der Schuldner teilweise oder nicht wie geschuldet geleistet, so kann der Gläubiger vom ganzen Vertrag nur zurücktreten, wenn er an der Teilleistung kein Interesse hat bzw. die Pflichtverletzung erheblich ist (§ 323 Abs. 5).

- Der Rücktritt ist ausgeschlossen, wenn der Gläubiger für den Umstand, der ihn zum Rücktritt berechtigen würde, allein oder weit überwiegend verantwortlich ist, oder wenn der vom Schuldner nicht zu vertretende Umstand zu einer Zeit eintritt, zu welcher der Gläubiger im Verzug der Annahme ist (Abs. 6).

c) Rücktrittserklärung

Das Rücktrittsrecht wird durch eine einseitige empfangsbedürftige Willenserklärung gegenüber dem Vertragspartner ausgeübt (§ 349). Diese darf grundsätzlich nicht an eine Bedingung geknüpft sein. Eine solche ist nur zulässig, wenn dadurch für den Erklärungsempfänger keine unzumutbare Ungewissheit über den neuen Rechtszustand eintritt; das ist insbesondere der Fall, wenn der Eintritt der Bedingung vom Willen des Rücktrittsgegners abhängt.

> Beispiel
> A tritt unter der Bedingung zurück, dass sein Vertragspartner B nicht bis zum Jahresende den Kaufpreis zahlt.

Die Erklärung muss nicht begründet werden und ist formfrei, d. h. sie kann konkludent erfolgen (z. B. durch Zurücksenden der Ware).

Die Erklärung unterliegt keiner Frist. Bei einem vertraglich vereinbarten, aber noch nicht ausgeübten Rücktrittsrecht ohne vereinbarte Frist kann allerdings der Rücktrittsgegner dem Rücktrittsberechtigten eine Frist setzen, innerhalb derer er Erklären muss, ob er zurück tritt oder nicht, um Rechtssicherheit zu erlangen (§ 350).

Sind bei einem Vertrag auf der einen oder anderen Seite mehrere beteiligt, so kann das Rücktrittsrecht nur von allen und gegen alle ausgeübt werden (§ 351).

2. Wirkungen

a) Erlöschen nicht erfüllter Leistungspflichten, Leistungsbefreiung

Soweit die Vertragspflichten noch nicht erfüllt sind, müssen Leistungen nicht mehr erbracht werden. Nach allgemeiner Meinung erlöschen nämlich die noch nicht erfüllten Leistungspflichten (Leistungsbefreiung); es besteht also nicht nur ein Einrederecht.

b) Rückgewähr erbrachter Leistungen

(1) Soweit die Vertragspartner bereits ihre Vertragspflichten erfüllt haben, sind gem. § 346 Abs. 1 die Leistungen zurückzugewähren. Hierbei handelt es sich um eine Rückgewähr in natura. Es tritt mit der Ausübung des Rücktrittsrechts also keine dingliche Rechtsänderung ein, sondern es handelt sich um ein Schuldverhältnis auf Rückgewähr.

Beispiel
Der Käufer, der wegen Sachmängeln gemäß § 437 vom Vertrag zurücktritt, bleibt Eigentümer der ihm übereigneten Waren. Er ist nur schuldrechtlich zur Rückübereignung verpflichtet. Was für die Übereignung gilt, gilt auch für die Rückübereignung (s. 5. Teil).

---

(2) Es sind die gezogenen Nutzungen herauszugeben. Falls Nutzungen entgegen den Regeln einer ordnungsgemäßen Wirtschaft nicht gezogen wurden, ist Wertersatz geschuldet (§ 347 Abs. 1).

(3) Wenn eine Partei nach Ausübung des Rücktrittsrechts ihrer Pflicht nach § 346 Abs. 1 nicht nachkommt, kann die andere Partei nach Maßgabe der §§ 280-283 Schadensersatz verlangen (§ 346 Abs. 4). Hierbei handelt es sich um eine Störung des (neuen) Rückabwicklungsschuldverhältnisses.

c) Wertersatz statt Rückgewähr

(1) Regel

In einer bestimmten Anzahl von Fällen – wenn nämlich die erhaltene Leistung nicht ohne weiteres zurückerstattet werden kann – ist statt der Rückgewähr Wertersatz zu leisten (§ 346 Abs. 2):
- die Rückgewähr oder Herausgabe ist nach der Natur der Sache ausgeschlossen,
- der empfange Gegenstand ist verbraucht, veräußert, belastet, verarbeitet oder umgestaltet, oder
- der empfangene Gegenstand hat sich verschlechtert oder ist untergegangen; die durch bestimmungsgemäße Ingebrauchnahme entstandene Verschlechterung bleibt jedoch außer Betracht.

Der Rücktrittsberechtigte (z. B. Käufer, Besteller) bleibt also auch dann zum Rücktritt berechtigt, wenn er zur Rückgewähr der empfangenen Leistungen außerstande ist. Aber er trägt das Risiko des zufälligen Untergangs, da er Wertersatz zu leisten hat (auch für den Fall, dass die andere Partei rechtmäßig vom Vertrag zurücktritt). Dessen Berechnung orientiert sich an der vereinbarten Gegenleistung.

(2) Ausnahme

Unter bestimmten Bedingungen entfällt die Pflicht zum Wertersatz (§ 346 Abs. 3), d. h. bei gegenseitigen Verträgen kann die eigene Leistung zurückgefordert werden (sofern die andere Partei nicht ebenfalls nach Abs. 3 befreit ist), ohne selbst leisten zu müssen. Dies ist in folgenden Fällen gegeben:

- Der zum Rücktritt berechtigende Mangel hat sich erst während der Verarbeitung oder Umgestaltung des Gegenstands gezeigt.
- Der Gläubiger (d. h. primär der Rücktrittsgegner) selbst hat die Verschlechterung oder den Untergang zu vertreten oder der Schaden wäre auch bei ihm selbst eingetreten.
- Bei einem gesetzlichen Rücktrittsrecht ist die Verschlechterung oder der Untergang beim Berechtigten eingetreten, obwohl der diejenige Sorgfalt beobachtet hat, die er in eigenen Angelegenheiten anzuwenden pflegt (§ 277). D. h. das Risiko geht in diesem Fall auf die andere Partei über, was dadurch gerechtfertigt wird, dass diese ihren Pflichten nicht nachgekommen ist, da ansonsten ja kein gesetzliches Rücktrittsrecht gegeben wäre.

In diesen Fällen bleibt der Gläubiger auf das Bereicherungsrecht angewiesen, um ggf. Ansprüche geltend zu machen (§ 346 Abs. 3 S. 2).

d) Weitere Folgen

(1) Demjenigen, der zurücktritt oder Wertersatz leistet bzw. davon befreit ist, sind notwendige Verwendungen (getätigte Ausgaben im Zusammenhang mit der Leistung) zu ersetzen. Andere Aufwendungen sind zu ersetzen, soweit der Gläubiger durch diese bereichert wird (§ 347 Abs. 2).

(2) Die sich aus dem Rücktritt ergebenden Verpflichtungen der Parteien sind Zug-um-Zug zu erfüllen (§§ 348, 320, 322).

(3) Das Recht, bei einem gegenseitigen Vertrag Schadensersatz zu verlangen, wird nicht durch den Rücktritt ausgeschlossen (§ 325). Der Gläubiger kann demnach vom Vertrag zurücktreten und gleichzeitig z. B. die Mehrkosten aus einem Deckungsgeschäft oder einem entgangenen Gewinn vom Schuldner ersetzt verlangen.

*D. Widerruf § 355

1. Begriff

a) Verbraucherschützender Widerruf

Gemäß dem Grundsatz *pacta sunt servanda* ist grundsätzlich jeder an die einmal gegebene eigene Willenserklärung gebunden, wenn ein Vertrag wirksam zustande gekommen ist.

Ist an dem Vertrag aber eine natürliche Person beteiligt, die zu privaten Zwecken handelt – d. h. ein Verbraucher (s. genaue Definition in § 13) – und mit einem Unternehmer (Definition in § 14) kontrahiert, wird deren Bindung an ihre eigene Willenserklärung relativiert: Wenn nämlich die (z. T. sehr komplexen) weiteren Voraussetzungen bestimmter gesetzlicher Vorschriften bzgl. typischer Verbrauchergeschäfte[1] erfüllt sind, steht dem Verbraucher grundsätzlich ein Widerrufsrecht zu.

Dieses Widerrufsrecht bedeutet, dass der Verbraucher an seine auf den Abschluss eines Vertrags gerichtete Willenserklärung nicht mehr gebunden ist, wenn er sie unter den speziellen Voraussetzungen von §§ 355 ff. widerrufen hat.

Der Vertrag ist also schwebend wirksam. Die infolge des Widerrufs erfolgende Rückabwicklung richtet sich allein nach den §§ 357 ff., nicht nach den allgemeinen Regeln bzgl. des Rücktritts (auch nicht nach §§ 812 ff. (Bereicherungsrecht): s. dazu Band 2).

Sowohl bzgl. der Voraussetzungen als auch bzgl. der Rechtsfolgen enthält das BGB neben den allgemeinen Regeln zahlreiche ergänzende Vorschriften bzgl. spezieller Verbraucherverträge. Im Folgenden werden nur die gemeinsamen Grundlagen behandelt. Von diesen Regeln darf nicht zum Nachteil des Verbrauchers abgewichen werden (§§ 312k, 361 Abs. 2 S. 1).

b) Andere Arten von Widerruf

Nicht zu verwechseln ist dieser Widerruf mit anderen Formen des Widerrufs:

(1) Nach § 130 Abs. 1 S. 2 wird eine Willenserklärung nicht wirksam, wenn dem Empfänger zugleich mit ihr oder schon davor ein Widerruf zugeht. Der Widerruf verhindert hier also schon das Wirksamwerden der Willenserklärung; ein durch diese etwa zu begründendes Schuldverhältnis kommt daher nicht zustande. Folglich entstehen hier auch keine Rückabwicklungsprobleme.

(2) Nach § 183 ist die Einwilligung in ein Rechtsgeschäft regelmäßig bis zu dessen Vornahme widerruflich.

(3) Im Besonderen Schuldrecht wird der Begriff des Widerrufs in den §§ 530 (Schenkung), 610 (Darlehensversprechen), 658 (Auslobung), 671 Abs. 1 (Auftrag) und 790 (Anweisung) verwendet. Diese Fälle haben jedoch keine Gemeinsamkeit und unterliegen nicht den allgemeinen Regeln von §§ 355, 357.

2. Voraussetzungen für den verbrauchschützenden Widerruf

a) Sachlich

Das Widerrufsrecht steht nicht bei allen vertraglichen Problemen im Zusammenhang mit einem Verbrauchergeschäft zur Verfügung, sondern nur dann, wenn es vom Gesetz ausdrücklich vorgesehen ist. Dies ist bei jedem Verbrauchergeschäft an andere sachliche Voraussetzungen bzgl. des Vertragsinhalts geknüpft.

b) Formell

Zur korrekten Ausübung des Widerrufs muss dieser gegenüber dem Unternehmer und ausdrücklich erfolgen, erfordert aber keine Begründung. Eine beson-

---

[1] Das Verbrauchervertragsrecht wird in Band 3 behandelt.

dere Form ist nicht erforderlich, aber aus der Erklärung muss der Entschluss des Verbrauchers zum Widerruf eindeutig hervorgehen (§ 355 Abs. 1 S. 2-4).

Der Widerruf muss zudem innerhalb einer bestimmten Frist erfolgen, und zwar innerhalb von 14 Tagen ab Vertragsschluss, soweit gesetzlich nichts anderes bestimmt ist (was aber de facto bei vielen Verbrauchergeschäften der Fall ist). Zur Fristwahrung reicht die rechtzeitige Absendung des Widerrufs (§ 355 Abs. 1 S. 5, Abs. 2). Ein Musterformular des Widerrufs ist in Anlage 2 zu Art. 246a EGBGB enthalten.

Ist der Beginn der Widerrufsfrist streitig, trägt hierfür der Unternehmer die Beweislast (§ 361 Abs. 3).

3. Rechtsfolgen

Der Widerruf betrifft grundsätzlich einen wirksam geschlossenen Vertrag. Durch den Widerruf wird dieser beendet und in ein Rückabwicklungsverhältnis umgewandelt, d. h. die empfangenen Leistungen sind unverzüglich zurückzu-gewähren (§ 355 Abs. 3 S. 1). Für den Verbraucher bedeutet dies: innerhalb von 14 Tagen ab dem Zeitpunkt der Abgabe der Widerrufserklärung; für den Unternehmer: innerhalb von 14 Tagen ab Zugang dieser Erklärung (§ 357 Abs. 1). Ein Verbrauche wahrt die Frist durch rechtzeitige Absendung der Waren (§ 357 Abs. 3 S. 3). Hat der Unternehmer angeboten, die Waren abzuholen, reicht die rechtzeitige Bereitstellung (§ 357 Abs. 5).

Der Verbraucher muss die Waren zurücksenden. Der Unternehmer trägt die Gefahr der Rücksendung der Ware (§ 355 Abs. 3 S. 4). Die Kosten hierfür trägt grundsätzlich der Verbraucher, wenn der Unternehmer den Verbraucher vor-vertraglich über diese Pflicht informiert hat (§ 357 Abs. 6).

Der Unternehmer muss den gezahlten Preis erstatten, und zwar grundsätz-lich mit demselben Zahlungsmittel, das der Verbraucher verwendet hat (§ 357 Abs. 3 S. 1). Auch die ursprünglichen Lieferkosten sind zu erstatten, außer Zusatzkosten, soweit sie (auf Wunsch des Verbrauchers) die vom Unternehmer angeboten günstigste Standardlieferung überschreiten (§ 357 Abs. 2). Bei Warenrückgaben hat der Unternehmer ein Zurückbehaltungsrecht, bis er die Waren zurückerhalten hat oder der Verbraucher den Nachweis erbracht hat, dass er die waren abgesandt hat (§ 357 Abs. 4).

§ 357 Abs. 7-9 enthält Regelungen bzgl. des Anspruchs auf Wertersatz durch den Unternehmer, wenn die Ware nicht, nicht rückstandslos oder nur in verschlechterter Form zurückgegeben werden kann.

Weitergehende Ansprüche gegen den Verbraucher infolge des Widerrufs bestehen nicht (§ 361 Abs. 1).

Wiederholungsfragen

1. Kann ein Anspruch auch durch die Leistung an eine andere Person als den Gläubiger selbst erlöschen?
2. Wird durch das Erlöschen einer Schuld ein Schuldverhältnis beendet?
3. Vergleichen Sie eine vertragliche Kompensation von Schulden („Verrechnungsvertrag") und die (einseitige) „Aufrechnung".
4. Was haben Rücktritt bzw. Widerruf gem. § 355 BGB und Kündigung gemeinsam? Worin liegen die Unterschiede?
5. Kann ein Rücktrittsrecht noch ausgeübt werden, wenn der vom Rücktrittsberechtigten empfangene Gegenstand untergegangen ist?
6. Wann ist bei einem gegenseitigen Vertrag kein Wertersatz für einen zurückzuerstattenden Gegenstand zu leisten?
7. Unter welchen Voraussetzungen ist eine „Aufrechnungslage" gegeben?
8. Welche rechtliche Bedeutung hat die Einordnung eines Schuldverhältnisses als Dauerschuldverhältnis?

Übungen zum 4. Teil

Fall 29
Gabriele Gutheiß hat gegen Sabine Scheel eine aus einem Werkvertrag entstammende Forderung über 4.000 €, die am 6.6. entstanden und am 30.11. fällig ist. Am 30.9. verkauft Scheel an Gutheiß Kleidung für 1.000 €, die vereinbarungsgemäß bis zum 7.10. zu zahlen sind. Am 1.10. erklärt Gutheiß die Aufrechnung. Scheel wehrt sich hiergegen und verlangt Zahlung der 1.000 €.
1. Wie ist die Rechtslage?
2. Abwandlung: Wie wäre die Rechtslage, wenn Gutheiß am 7.10. nicht zahlt und Scheel daher am 10.10. die Aufrechnung erklärt, Gutheiß jedoch damit nicht einverstanden ist?

Lösung
(Vorbemerkung: Die Beurteilung der Rechtslage besteht darin zu prüfen, ob eine Aufrechnung möglich ist, d. h. konkret ob Gutheiß (1.) oder Scheel (2.) mit den entsprechenden Wirkungen aufrechnen können.)
1. Gutheiß (Aufrechnende) könnte aufrechnen, wenn die Voraussetzungen für eine Aufrechnung erfüllt wären. Diese sind (gemäß §§ 387 ff. und Rechtsprechung):
    1. Wechselseitige Forderungen zwischen den gleichen Personen,
    2. Gleichartigkeit der Forderungen,
    3. Fälligkeit und Einredefreiheit der Gegenforderung (hier von Gutheiß):
    4. Erfüllbarkeit der Hauptforderung (hier von Scheel),
    5. kein Aufrechnungsverbot,
    6. Aufrechnungserklärung (hier durch Gutheiß).
Die Prüfung dieser Voraussetzungen ergibt, dass es sich um wechselseitige gleichartige (beide sind auf Geld gerichtet) Forderungen handelt, für die laut Sachverhalt offensichtlich keine Einrede und kein Aufrechnungsverbot besteht. Die unterschiedliche Höhe der Forderungen schadet der Gleichartigkeit nicht, ebenso wenig dass sie einerseits aus einem Werkvertrag, andererseits aus einem Kaufvertrag herrühren.
Die Kaufpreisforderung von Scheel ist außerdem erfüllbar, da bei fehlender Zeitbestimmung im Zweifel Forderungen sofort erfüllbar sind (§ 271 Abs. 1).

Für die Forderung von Gutheiß ist jedoch eine Fälligkeit zum 30.11. vereinbart, so dass sie erst ab diesem Datum fordern darf. Folglich kann sie auch am 1.10. noch nicht aufrechnen.

Die Aufrechnung von Gutheiß ist demnach unwirksam und die Kaufpreisforderung von Scheel nicht durch Aufrechnung erloschen. Scheel kann deshalb nach einer Woche Zahlung des Kaufpreises von 1.000 € verlangen (§ 433 Abs. 2), ohne selbst bereits zahlen zu müssen.

2. Die Voraussetzungen für eine wirksame Aufrechnung sind dieselben wie im Grundsachverhalt, und die Aufrechnungsvoraussetzungen 1, 2, 5, 6 liegen hier ebenfalls vor. Zu beachten ist jedoch, dass die Hauptforderung hier die von Gutheiß ist und die Gegenforderung der Aufrechnenden die von Scheel, so dass hier eine erneute Prüfung aus verändertem Blickwinkel erforderlich ist:

Die Gegenforderung von Scheel ist nicht nur sofort erfüllbar, sondern am 10.10. auch schon (über)fällig.

Fraglich ist noch, ob die Hauptforderung von Gutheiß (d. h. der Aufrechnungsgegnerin) bereits erfüllbar ist. Bei dieser Forderung ist eine Leistungszeit vertraglich bestimmt, d. h. Zahlung bis zum 30.11. Aus § 271 Abs. 2 folgt jedoch, dass die Schuldnerin dieser Forderung sie im Zweifel vorher bewirken darf. Die Hauptforderung ist demnach erfüllbar

Daher ist die Aufrechnung durch Scheel wirksam. D. h. in Höhe von 1.000 € ist die Forderung von Gutheiß erloschen und Scheel schuldet ihr bis spätestens zum 30.11. nur noch 3.000 € (§ 389).

Fall 30

Heiner Herzog kauft bei Bubi Braun am 1.12.00 für 3.600 € Heizöl. Braun kauft seinerseits am 15.12.00 bei Herzog für 3.300 € Möbel. Am 20.12.00 mahnt Braun Herzog zur Bezahlung des Heizöls, dieser reagiert aber nicht.

Am 15.4.01 klagt Braun auf Zahlung der 3.600 € zuzüglich Verzugszinsen seit dem 20.12.00. In der mündlichen Verhandlung vor dem Amtsgericht am 30.5.01 rechnet Herzog in Höhe von 3.300 € mit seiner Gegenforderung auf.

Braun bringt vor, man könne Heizöl nicht mit Möbeln aufrechnen, zudem stimme der Betrag nicht überein und wenn schon, verlange er mindestens 300 € Restschuld nebst Verzugszinsen für die Gesamtsumme ab dem 20.12.00. Wer hat Recht?

Lösung

Herzog kann zu jeder Zeit (auch noch im Prozess) aufrechnen, wenn die Voraussetzungen für eine Aufrechnung vorliegen. S. hierzu den vorigen Fall, wobei Hauptforderung die Kaufpreisforderung von Braun ist, Gegenforderung die Kaufpreisforderung von Herzog.

Im Gegensatz zur Behauptung von Braun rechnet Herzog nicht Heizöl gegen Möbel auf, sondern seine Forderung in Höhe von 3.300 € gegen die Forderung von 3.600 €. Der Grund für die Forderung ist gleichgültig, Geld kann immer gegen Geld aufgerechnet werden. Es handelt sich also um gleichartige Forderungen (Nr. 2), die auch wechselseitig sind (Nr. 1). Über mögliche Aufrechnungsverbote liegen keine Angaben vor (Nr. 5), die Aufrechnungserklärung durch Herzog (Nr. 6) ist erfolgt.

Da bei beiden Kaufverträgen nichts vereinbart war, sind zudem gem. § 271 die Forderungen jeweils sofort fällig und erfüllbar, d. h. für das Heizöl am 1.12.00 und für die Möbel am 15.12.00.

Am 15.12.00 standen sich die Forderungen demnach erstmalig aufrechenbar gegenüber (Entstehung der Aufrechnungslage) und gelten durch Erklärung der

Aufrechnung (§ 388) als zu diesem Zeitpunkt rückwirkend in Höhe von 3.300 € erloschen (§ 389), auch wenn die Aufrechnungserklärung erst viel später erfolgt. Der Aufrechnung muss auch nicht zugestimmt werden, da sie durch einseitige empfangsbedürftige Willenserklärung erfolgt, die Aufrechnungswirkung erfolgt mit Zugang.

Für den Teil in Höhe von 3.300 € kann Braun daher keine Zinsen verlangen. Er hat lediglich noch einen Anspruch in Höhe von 300 € (verzinslich seit dem 20.12.00 als Verzugszinsen gem. §§ 286, 288: s. Band 2, 12. Teil).

Fall 31

Sibylle Schrott hat beim Möbelhändler Max Meier am 8.5.00 ein Schlafzimmer für 3.000 € gekauft, aber nicht bezahlt. Meier hat seither darauf verzichtet, den Kaupreis einzuklagen, weil Schrott in dieser Zeit als Verkäuferin auf Provisionsbasis für ihn tätig war und für guten Umsatz gesorgt hat. Diese Verkaufstätigkeit wurde jedoch inzwischen beendet. Aus dieser Tätigkeit schuldet Meier seinerseits Schrott noch Provisionen i. H. v. 5.000 €, die zum 16.4.03 fällig waren. Als am 10.2.04 Schrott die Zahlung anmahnt, erklärt Meier die Aufrechnung mit seiner Forderung für das Schlafzimmer.

Wie hoch sind die derzeitigen Schulden von Meier gegenüber Schrott?

Lösung

Grundsätzlich ist Meier verpflichtet, seine Schulden spätestens bei Fälligkeit zu begleichen. Dies gilt allerdings auch für Schrott. Meier könnte demnach seine längst überfällige Forderung gegen Schrott dadurch ‚eintreiben', dass er die Aufrechnung erklärt. Zu prüfen ist demnach, ob die Aufrechnung wirksam erfolgt ist.

Meier könnte gem. § 387 durch Erklärung nach § 388 aufrechnen, wenn die Voraussetzungen hierfür (s. Fall 29) vorliegen.

Grundsätzlich sind alle Voraussetzungen erfüllt (Prüfung wie in den beiden vorigen Fällen), mit Ausnahme der Tatsache, dass der Aufrechnung die Einrede der Verjährung der Kaufpreisforderung des Aufrechnenden Meier gem. § 390 entgegenstehen könnte.

Ansprüche verjähren gem. § 195 in drei Jahren. Gem. § 199 Abs. 1 beginnt die Verjährung mit dem Schluss des Jahres, in dem der Anspruch entstand, d. h. am 31.12.00. Die Verjährung trat demnach am 31.12.03 ein. Zum Zeitpunkt der Aufrechnung, am 10.2.04, war der Anspruch daher verjährt und Schrott gem. § 214 Abs. 1 berechtigt, die Leistung zu verweigern.

Dies müsste im Prinzip zur Folge haben, dass Meier nicht mehr aufrechnen kann. Dennoch könnte er gem. § 215 in Höhe von 3.000 € aufrechnen, wenn zu dem Zeitpunkt, als seine Forderung – die Forderung von 3.000 € für das Schlafzimmer (Gegenforderung) – noch nicht verjährt war, eine Aufrechnung mit der Forderung der Schrott – Provisionsforderung (Hauptforderung) – möglich gewesen wäre. Dies ist in der Tat der Fall, da sich beide Forderungen bereits ab dem 16.4.03 aufrechenbar gegenüber standen (Entstehungszeitpunkt der Aufrechnungslage).

Meier kann daher auch noch nach eingetretener Verjährung im Februar 04 mit seiner Forderung in Höhe von 3.000 € gegen die Forderung von Schrott aufrechnen. Gem. § 389 bewirkt diese Aufrechnung, dass die wechselseitigen Forderungen zum 16.4.03 als erloschen gelten, soweit sie sich decken.

Die restlichen 2.000 € muss Meier bezahlen (sofortige Fälligkeit).

Fall 32

Im Mai 07 kauft die Valimp Corp., eine ägyptische Importfirma, von Superbräu, einer deutschen Brauerei, 12.000 Kartons mit je 24 Dosen Exportbier. Der Gesamtpreis von 250.000 € wird im Juli 07 per Akkreditiv bezahlt, das Bier von Bremen aus verschickt und nach Kairo verbracht. Dort stellt sich heraus, dass – vermutlich durch schlechte Verpackung seitens Superbräu, ggf. aber auch durch unsachgemäße Lagerung seitens Valimp bzw. dessen Vertragsfirmen – ca. 40% der Ware beschädigt und unbrauchbar sind. Hierdurch entsteht Valimp ein Schaden i. H. v. ca. 100.000 €.

1. Im gegenseitigen Interesse künftiger Zusammenarbeit legen die Parteien ihren Streit über den Schadensersatz am 2.2.08 in einem Vergleich bei. Darin verzichtet Valimp auf die Durchsetzung der ihr zustehenden Ansprüche. Superbräu verspricht die Zahlung von 50.000 € und einen Preisnachlass von 0,40 € auf jeden bis zum 31.12.10 von Valimp gekauften Karton Bier (mind. 10.000 Stück). Ende 08 überlegt Valimp es sich jedoch aufgrund veränderter politischer Umstände in Ägypten anders und verlangt 100.000 € Schadensersatz. Wird Valimp Erfolg haben?

2. Abwandlung 1: Würde sich an dem Ergebnis etwas ändern, wenn sich später herausstellte, dass der Schaden tatsächlich ausschließlich auf die ungekühlte Lagerung in Ägypten (entgegen den eindeutigen Anweisungen von Superbräu) zurückzuführen ist?

3. Abwandlung 2: Könnte Superbräu auf der Basis des Sachverhalts a) verlangen, dass Valimp mind. 10.000 Kartons Bier bis Ende 10 kauft?

Lösung

1. Valimp könnte grundsätzlich Schadensersatz verlangen, wenn Superbräu seinen vertraglichen Pflichten nicht nachgekommen wäre. Auch die Verletzung von Nebenleistungspflichten (korrekte Verpackung) könnte als Anspruchsgrundlage dienen, allerdings ist hier nicht klar, ob solche Nebenleistungspflichten vertraglich konkretisiert wurden. Ersatzweise könnte Valimp sich auf die Verletzung von unselbständigen Nebenpflichten (hier Schutz- und Sorgfaltspflichten) berufen, die ebenfalls durch Schadensersatz sanktioniert werden.

Eine genauere Prüfung ist mangels Sachverhaltsangaben nicht möglich, allerdings ggf. auch nicht erforderlich, wenn die Parteien die Frage eines möglichen Schadensersatzes einvernehmlich geregelt hätten.

Beide haben einen Vergleich abgeschlossen. Dabei handelt es sich nach § 779 um einen ‚Vertrag, durch den der Streit ... der Parteien über ein Rechtsverhältnis im Wege gegenseitigen Nachgebens beseitigt wird'. Durch diesen erlischt eine mögliche Schadensersatzforderung und wird ersetzt durch das, was die Parteien vereinbart haben.

Voraussetzung ist, dass dieser Vergleich rechtswirksam abgeschlossen wurde. In § 779 Abs. 1 wird als möglicher Grund für eine Unwirksamkeit nur die Möglichkeit aufgeführt, dass der nach dem Inhalt des Vertrages als feststehend zugrunde gelegte Sachverhalt nicht der Wirklichkeit entspricht. Als feststehend zugrunde gelegt hatten beide die Beschädigung der gelieferten Bierkartons im genannten Umfang und die daraus herrührende Ersatzpflicht von Superbräu. Hieran hat sich nichts geändert. Die veränderten politischen Rahmenbedingungen spielten hier keine Rolle.

Da ansonsten keine Hinweise auf eine Unwirksamkeit vorliegen, kann Valimp nur noch das fordern, was im Vergleich vereinbart wurde. Superbräu ist entsprechend verpflichtet, ohne weitere Diskussion über ein mögliches Verschulden die Verpflichtungen hieraus zu erfüllen.

2. In diesem Fall wäre der Vergleich wohl unwirksam gemäß § 779 Abs. 1, weil der im Vertrag als feststehend zugrunde gelegte Sachverhalt nicht der Wirklichkeit entspricht. In diesem Fall ist die ursprüngliche Verbindlichkeit nicht erloschen und Superbräu könnte es auf eine Klage seitens Valimp ankommen lassen, wenn Superbräu in der Tat kein Fehlverhalten vorzuwerfen ist.

3. In dem Vergleich sind nicht nur Ansprüche über den erloschenen Kaufvertrag geregelt, sondern ggf. auch Verpflichtungen für beide Parteien über künftige Geschäfte enthalten.

Superbräu hat sich eindeutig verpflichtet, einen festgelegten Preisnachlass zu gewähren.

Valimp könnte sich verpflichtet haben, bis Ende 10 mind. 10.000 Kartons Bier zu bestellen. Eindeutig ist dies jedoch nicht. Es könnte sich auch um einen bloßen Rahmenvertrag handeln, der bestimmte Preismodalitäten regelt, ,falls' Valimp wieder Bier kauft, Valimp aber nicht dazu verpflichtet. Um diese Frage zu klären, müsste der Vertragstext vorliegen.

Fall 33

Der Ingenieur und Erfinder Timotheus Tüftler arbeitet an einer neuartigen Antriebsmaschine und studiert regelmäßig die aktuelle Fachliteratur in Fachdatenbanken, auf die er über das Internet zugreift. U. a. hat er mit dem Braintrail-Verlag einen 5jährigen Vertrag über die Nutzung von drei Datenbanken des Verlags geschlossen. Tüftler zahlt hierfür zum einen ein festes Entgelt pro Jahr sowie eine nutzungsabhängige Vergütung, abhängig von der Anzahl konsultierter Dokumente. Der Vertrag enthält daneben auch folgende Klauseln:

> „Nutzungsstörungen oder -ausfälle infolge höherer Gewalt oder ähnliche Ereignisse berühren nicht die Laufzeit dieses Vertrages. Eine vorzeitige Kündigung ist frühestens nach 2 Jahren gegen Zahlung einer Entschädigung i. H. v. 10 % des Nutzungsentgelts für die Restlaufzeit möglich."

Am Ende des ersten Jahres erhält Tüftler zweimal jeweils mindestens eine Woche lang keinen Zugang zu den Datenbanken. Die Gründe dafür lagen lt. Braintrail in Serverproblemen von Braintrail. Da Tüftler fast täglich die Datenbanken konsultieren muss, sucht er sich einen anderen Anbieter mit vergleichbarem Angebot und kündigt nach dem zweiten Mal den Vertrag fristlos. Der Braintrail-Verlag ist damit nicht einverstanden und verlangt die Fortführung des Vertrages. Wie ist die Rechtslage?

Lösung

Der Braintrail-Verlag hätte einen Anspruch auf Fortsetzung und Erfüllung des Vertrages mit Tüftler, wenn ein wirksamer Vertrag vorliegt und die Kündigung durch Tüftler unwirksam ist.

1. Der Datenbank-Nutzungs-Vertrag ist nicht im BGB geregelt, aber aufgrund des Grundsatzes der Vertragsfreiheit erlaubt. Hinweise auf ein Nichtzustandekommen oder Unwirksamkeitsgründe (Gemäß § 309 Nr. 9 darf die reguläre Laufzeit von Dauerschuldverhältnissen bei Abschluss mittels AGB maximal zwei Jahre betragen. Dies ist hier gegeben.) liegen nicht vor, so dass Braintrail grundsätzlich aus diesem Vertrag auf Erfüllung, d. h. Fortsetzung bis zum vereinbarten Vertragsablauf (und Zahlung des entsprechenden Entgelts), klagen kann.

2. Die einseitige Beendigung des Vertrags durch Tüftler ist nur möglich, wenn ihm ein einseitiges Beendigungsrecht in Form einer Kündigung oder eines Rücktritts zusteht.

a) Dieses kann zum einen vertraglich vereinbart sein. Der Vertrag enthält in der Tat eine Kündigungsklausel, aber diese eröffnet Tüftler erst ein Kündigungsrecht nach zwei Jahren (und mittels Zahlung einer Entschädigung), so dass er sich hierauf nicht berufen kann.

b) Eine Beendigung könnte daneben auf gesetzlicher Grundlage möglich sein. Ein vertragsspezifisches Kündigungsrecht gibt es nicht, da im BGB (oder einem Spezialgesetz) dieser Vertrag nicht geregelt ist und die analoge Anwendung einer geregelten Vertragsform mangels ausreichender Übereinstimmung nicht möglich ist (es handelt sich um eine Kombination aus Nutzungsüberlassung und Dienstleistung).

(1) In Frage käme jedoch eine außerordentliche Kündigung des Vertrags aufgrund der allgemeinen Regelung in § 314. Diese erlaubt eine fristlose Kündigung von Dauerschuldverhältnissen aus wichtigem Grund, wenn bestimmte Voraussetzungen erfüllt sind:

- Bei dem Vertrag handelt es sich in der Tat um ein sog. Dauerschuldverhältnis, also ein Schuldverhältnis, dessen Abwicklung sich nicht in einmaligen Leistungen erschöpft, sondern einen mehr oder weniger langen Zeitraum ausfüllt, innerhalb dessen der Nutzer die Menge der in Anspruch genommenen Leistung bestimmt.
- Ein wichtiger Kündigungsgrund liegt vor, wenn dem kündigenden Teil (Tüftler) unter Berücksichtigung aller Umstände des Einzelfalls und unter Abwägung der beiderseitigen Interessen die Fortsetzung des Vertragsverhältnisses bis zur vereinbarten Beendigung oder bis zum Ablauf der Beendigungsfrist nicht zuzumuten ist (§ 314 Abs. 1 S. 2).

Im vorliegenden Fall können die Lieferstörungen einen wichtigen Grund zur Kündigung des Abonnementvertrages darstellen. Auf das Verschulden des Verlages kommt es dabei nicht an. Voraussetzung ist allerdings, dass die länger dauernde Nutzungsunmöglichkeit die Fortsetzung des Vertrages für Tüftler unzumutbar macht. Dies ist grundsätzlich so, wenn ein Kunde aus beachtenswerten Gründen kontinuierlich Zugang zu den Datenbanken benötigt und ihm billigerweise nicht verwehrt werden kann, für die Zukunft nach einer anderen Informationsquelle Ausschau zu halten. So verhielt es sich im vorliegenden Fall, so dass Tüftler eine zweimalige längere Leistungsstörung nicht hinnehmen musste.

Demnach konnte Tüftler den Vertrag außerordentlich kündigen.

(2) Fraglich ist, ob die Kündigung durch die im Sachverhalt zitierte Vertragsklausel ausgeschlossen wird. Auch wenn § 314 dies nicht ausdrücklich sagt, ist diese Bestimmung aufgrund ihres Zwecks als zwingend zu betrachten. Der Gesetzgeber möchte gerade eine Auffangnorm schaffen für die wichtigen Fälle, in denen eine Vertragsweiterführung unzumutbar ist. Es wäre nicht zielführend, dies durch eine Vertragsklausel aushebeln zu können.

Auch die Tatsache, dass Tüftler den Vertrag ordentlich kündigen konnte, spricht nicht gegen die Möglichkeit der außerordentlichen Kündigung. Denn zum einen war die Kündigung erst nach zwei Jahren möglich, zum anderen hätte Tüftler eine erhebliche Entschädigung zahlen müssen. Beides wäre unter den gegebenen Umständen ebenso unzumutbar wie die Weiterführung des Vertrags bis zum Laufzeitende.

(3) Gemäß § 314 Abs. 2 S. 1 müsste Tüftler allerdings dem Verlag zunächst eine Frist setzen bzw. ihn erfolglos abgemahnt haben, ehe er kündigen kann. Gemäß § 314 Abs. 2 S. 3 ist eine Fristsetzung bzw. Abmahnung jedoch entbehrlich, wenn besondere Umstände vorliegen, die unter Abwägung der beiderseitigen Interessen die sofortige Kündigung rechtfertigen. Die zweimalige längerfristige Nutzungsunterbrechung kann als solche besondere Umstände betrachtet werden, die eine sofortige fristlose Kündigung rechtfertigen.

(4) Schließlich muss Tüftler innerhalb einer angemessenen Frist kündigen, nachdem er von der Kündigung Kenntnis erhält (§ 314 Abs. 3). Dies ist hier geschehen, da er unmittelbar nach der zweiten Störung gekündigt hat.

c) Im Ergebnis kann Tüftler also den Vertrag fristlos kündigen und muss folglich ab diesem Zeitpunkt kein Entgelt mehr zahlen.

(Anmerkung: Zu prüfen wäre auch ein gesetzliches Rücktrittsrecht wegen einer Leistungsstörung durch Braintrail. S. hierzu Band 2, 12. Teil ff.).

Fall 34

Susi Schlürf kauft anlässlich einer Promotion des Weinhändlers Alko Hohl 12 Flaschen edlen Wein (zu je 25 €/Flasche) mit ‚Geld-zurück-Garantie bei Nichtgefallen', d. h. sie kann lt. Werbeprospekt innerhalb eines Monats ohne Angabe von Gründen die Weinflaschen zurückgeben und erhält eine Kaufpreiserstattung.

Am darauffolgenden Wochenende lädt sie drei Freundinnen zu einer ‚dégustation' ein. Zu ihrer Enttäuschung ist der Wein nach einhelliger Meinung jedoch geschmacklich ein Flop, so dass Schlürf 10 nicht angebrochene Flaschen zu Hohl zurückbringt und die Erstattung des vollständigen Kaufpreises verlangt. Hohl ist aber nur bereit, den Preis für die 10 zurückgebrachten Flaschen zu erstatten. Wer hat Recht?

Lösung

Unstrittig ist hier zunächst, dass Schlürf grundsätzlich bei Nichtgefallen die gekauften Flaschen zurückgeben darf. Die ‚Geld-zurück-Garantie' ist rechtlich als vertragliches Rücktrittsrecht (§ 346 Abs. 1 S. 1) zu bewerten, das schon bei einfachem Nichtgefallen greift. (Hinweise auf eine bestimmte Qualitätszusage und die Garantie dieser Qualität sind dem Sachverhalt nicht zu entnehmen. Dies würde bei Nichteinhalten dieser Zusage zudem zu einem gesetzlichen Rücktrittsrecht wegen Sachmängeln (§ 437) führen.)

Strittig ist hingegen, welche Folgen hiermit verbunden sind, d. h. ob Schlürf die Erstattung des vollständigen Kaufpreises verlangen kann.

a) Hier greift in Ermangelung zwingender Vorschriften zunächst die vertragliche Regelung. Diese ist jedoch unklar hinsichtlich der Frage, ob der Kaufpreis für alle Flaschen erstattet wird oder nur für die zurückgebrachten nicht angebrochenen. Eine Auslegung der Vereinbarung ist mangels weiterer Hinweise im Sachverhalt nicht möglich.

b) Deshalb ist auf die dispositive gesetzliche Regelung in § 346 zurückzugreifen. Demzufolge muss der Zurücktretende grundsätzlich die empfangenen Leistungen (die 12 Flaschen) zurückgeben oder Wertersatz (für die fehlenden Flaschen) leisten (Abs. 1-2). Dieser Wertersatz würde verrechnet mit dem durch Hohl zu erstattenden Kaufpreis, so dass Schlürf nur den Kaufpreis von 10 Flaschen zurückerhalten würde.

Gemäß § 346 Abs. 3 S. 1 Nr. 1 entfällt jedoch die Pflicht zum Wertersatz, ‚wenn der zum Rücktritt berechtigende Mangel erst während der Verarbeitung oder Umgestaltung aufgetreten ist'. Hier muss vertragsgemäß kein Mangel vorliegen, sondern es reicht Nichtgefallen. Dies kann jedoch erst festgestellt werden, nachdem zumindest eine Flasche geöffnet und angetrunken wurde. Letzteres kann analog zur ‚Verarbeitung oder Umgestaltung' gesehen werden, so dass Schlürf zumindest den Kaufpreis von 11 Flaschen zurückerhalten müsste.

Sie hätte sicherheitshalber erst eine Flasche öffnen und probieren sollen, um zu sehen, ob ihr der Wein gefällt, so dass der Kaufpreis für die zweite Flasche zu ihren Lasten geht, da dies nicht mehr zur Prüfung des ‚Gefallens' erforderlich war.

Die angebrochene Flasche muss sie an Hohl zurückgeben (§ 346 Abs. 3 S. 2: ‚Eine verbleibende Bereicherung ist herauszugeben.').

(Anmerkung: Zum gleichen Ergebnis käme man über § 346 Abs. 2 S. 1 Nr. 3, demzufolge kein Wertersatz für eine durch die bestimmungsgemäße Ingebrauchnahme entstandene Wertminderung zu leisten ist. Denn das Öffnen und Probieren einer Flasche ist als bestimmungsgemäße Ingebrauchnahme der Weinflaschen zu betrachten.)

Fall 35

Der Rentner Karl Kuczinski lässt sich von einem reisenden Vertreter an der Haustür ein Zweijahres-Abo für eine monatlich erscheinende Lifestyle-Zeitschrift aufschwatzen. Das erste Heft wird im gleich ausgehändigt. Weil er zu diesem Zeitpunkt aber krank ist und auch etwas Zeit braucht, die Zeitschrift näher anzuschauen, vergeht ein Monat, bevor er – nachdem nun auch die Rechnung eingetroffen ist – das Abo kündigen will, weil ihn die dort behandelten Themen nicht interessieren.

Er fragt seinen Enkel Rüdiger, der Jura studiert, wie er sich dabei am besten verhält. Dieser stellt zunächst richtigerweise fest, dass hier ein außerhalb von Geschäftsräumen geschlossener Vertrag nach 312b vorliegt, der ein Verbrauchervertrag ist (die Ausnahme von § 312 Abs. 1 Nr. 12 greift nicht), bei dem ihm nach § 312g Abs. 1 ein Widerrufsrecht gemäß § 355 zusteht (dieses wird gemäß Abs. 2 Nr. 7 bei Abonnementverträgen auch nicht ausgeschlossen).

Dummerweise sei aber die Widerrufsfrist von 14 Tagen gemäß § 355 Abs. 2 schon abgelaufen und Opa Kuczinski müsse wohl oder übel den Vertrag erfüllen, d. h. zahlen.

Hat Rüdiger Recht? Was würden Sie Kuczinski raten?

Lösung

Grundsätzlich muss ein Verbraucherwiderruf innerhalb von 14 Tagen ab Vertragsabschluss erfolgen (§§ 355 Abs. 2, 356 Abs. 2 Nr. 2). Diese Frist ist in der Tat abgelaufen.

Der Gesetzgeber schützt den Verbraucher aber insofern, als er dem Unternehmer (d. h. dem Auftraggeber des Vertreters) bestimmte Informationspflichten auferlegt. Diese Pflichten sind gesetzestechnisch kompliziert geregelt (s. im Einzelnen Band 3). Z. T. hat die Nichterfüllung zur Folge, dass die Widerrufspflicht nicht nach 14 Tagen erlischt.

In der Tat besagt § 356 Abs. 3, dass die Widerrufsfrist nicht beginnt, bevor der Unternehmer den Verbraucher entsprechend den Anforderungen des Art. 246a § 1 Abs. 2 S. 1 Nr. 1 des Einführungsgesetzes zum Bürgerlichen Gesetzbuche (EGBGB) unterrichtet hat. Das Widerrufsrecht erlischt dann jedoch spätestens zwölf Monate und 14 Tage nach dem in Abs. 2 oder § 355 Abs. 2 S. 2 genannten Zeitpunkt, d. h. dem Zeitpunkt des Vertragsabschlusses. Nach Art. 246a § 4 Abs. 1-2 muss der Unternehmer dem Verbraucher diese Informationen vor Abgabe von dessen Vertragserklärung in klarer und verständlicher Weise zur Verfügung stellen, und zwar grundsätzlich in lesbarer Form auf Papier.

Sollte der Unternehmer dem im vorliegenden Fall nicht nachgekommen sein (das müsste im Sachverhalt noch geklärt werden), könnte Kuczinski auch jetzt noch widerrufen.

5. Teil
Veräußerungs- / Übertragungsverträge

Nachdem bisher die allgemeinen, für alle Verträge bzw. Schuldverhältnisse geltenden, Regeln des BGB dargestellt wurden (die zum Schuldrecht AT zählen), werden in den folgenden 3 Teilen die wichtigsten im BGB normierten Vertragsformen (die zum Schuldrecht BT zählen) in ihrer grundsätzlichen Wirkungsweise behandelt.

Hierzu zählt zunächst die Gruppe der Veräußerungs- bzw. Übertragungsverträge. Diese Eingruppierung bzw. Bezeichnung ist im BGB nicht vorgesehen und besitzt auch keine rechtliche Tragweite, sondern sie beruht auf der vergleichbaren Funktion der Verträge. Bzgl. der rechtlichen Ausgestaltung zeigt sich jedoch, dass diese Funktionsäquivalenz zu analogen Regelungen führt, die durch die im Folgenden vorgenommene Gruppierung transparenter wird.

Einleitung

A. Überblick

Eine Veräußerung ist ein Vorgang, durch den jemand dauerhaft und endgültig ein Wirtschaftsgut an eine andere Person überträgt. Dies geschieht in Form von ‚Wirtschaftsgut gegen Geld' (Kauf), ‚Wirtschaftsgut gegen Ware' (Tausch) sowie ‚Wirtschaftsgut ohne Gegenleistung' (Schenkung), wobei der Begriff ‚Wirtschaftsgut' hier im weiten Sinne zu verstehen ist: Denn übertragen werden können nicht nur Sachen, sondern auch immaterielle Güter und Rechte.

Zu beachten ist dabei, dass eine Übertragung sich immer aus zwei Bestandteilen zusammensetzt:

- Zum einen aus einem schuldrechtlichen Vertrag (Kauf, Tausch und Schenkung), durch den lediglich die Verpflichtung zur Übertragung des Wirtschaftsgutes begründet wird: Diesen nennt man auch Kausalgeschäft bzw. ‚Verpflichtungsgeschäft'.
- Zum anderen aus der Übertragung selbst, die rechtlich betrachtet in einem davon getrennten Rechtsvorgang erfolgt (auch wenn faktisch ggf. alles gleichzeitig erledigt wird): D. h. Sachen werden nach den Modalitäten des Sachenrechts übereignet, Rechte werden übertragen nach den jeweils für sie geltenden Vorschriften. Diesen Vorgang nennt man auch ‚Verfügungsgeschäft'.

Beide Geschäfte sind rechtlich von einander getrennt zu behandeln (s. u. Abschnitt C).

B. Exkurs ins Sachenrecht

Als Hintergrundwissen ist es sinnvoll, einige Grundregeln des rechtsgeschäftlichen Eigentumserwerbs (durch Verfügungsgeschäft) und des rechtlichen Eigentumsschutzes zu kennen. Dies ist eigentlich Gegenstand des Sachenrechts und soll deshalb hier nur sehr vereinfacht dargestellt werden, soweit es für das Verständnis von Veräußerungsgeschäften notwendig ist.

1. Rechtsgeschäftlicher Eigentumserwerb

a) Eigentumserwerb an beweglichen Sachen

Zur Übertragung des Eigentums an einer beweglichen Sache ist nach § 929 erforderlich, dass der Eigentümer die Sache dem Erwerber übergibt und beide darüber einig sind, dass das Eigentum übergehen soll. Der rechtsgeschäftliche Eigentumserwerb enthält also zweierlei:

- Einen rechtsgeschäftlichen Vorgang, die ‚Einigung' (d. h. ein abstrakter Vertrag, gerichtet auf den Übergang des Eigentums, auf den die Rechtsgeschäftslehre Anwendung findet) sowie
- einen tatsächlichen Vorgang, die ‚Übergabe' (d. h. die Verschaffung der tatsächlichen Gewalt über die veräußerte Sache). Ist der Erwerber bereits im Besitz der Sache, genügt die Einigung über den Übergang des Eigentums (§ 929 S. 2).

b) Eigentumserwerb an Immobilien

Die rechtsgeschäftliche Übertragung des Immobilieneigentums setzt ebenfalls zweierlei voraus (§ 873):

- Einen rechtsgeschäftlichen Akt, nämlich die Einigung des Berechtigten und des anderen Teils über den Eintritt der Rechtsänderung. Diesen bezeichnet das Gesetz als ‚Auflassung' (vgl. § 925 Abs. 1 S. 1). Diese Auflassung erfolgt meist im selben notariellen Vertrag wie der schuldrechtliche Kauf.
- Einen tatsächlichen Vorgang, nämlich die Eintragung der Rechtsänderung in das Grundbuch. Der Erwerber wird Eigentümer, sobald er im Grundbuch als neuer Eigentümer eingetragen wird.

2. Schutz des Eigentums

a) Eigentumsbeschädigung

Privatrechtlich ist Eigentum zunächst gegen Beschädigung nach § 823 Abs. 1 geschützt: Die rechtswidrige und schuldhafte Beschädigung oder Zerstörung einer Sache löst Schadensersatzansprüche aus. Hierbei handelt es sich um einen schuldrechtlichen Anspruch (gesetzliches Schuldverhältnis: s. Band 2, 10. Teil).

b) Eigentumsentziehung

Der Eigentümer kann nach § 985 vom Besitzer (d. h. demjenigen, der die Sache tatsächlich in Besitz hat) die Herausgabe der Sache verlangen. Hierbei handelt es sich nicht um einen schuldrechtlichen, sondern um einen dinglichen Anspruch, der sich aus der besonderen Herrschaftsmacht des Eigentümers ergibt und ihm entsprechende Rechte gegenüber jedem Dritten verleiht. Der Herausgabeanspruch ist allerdings nach § 986 ausgeschlossen, wenn der Besitzer ‚ein Recht zum Besitz' hat.

> **Beispiel**
> Ein Dieb hat kein Recht zum Besitz, wohl aber der Mieter für die Dauer der Mietzeit.

Wenn eine Sache gestohlen wird und nicht zurückgegeben werden kann, steht dem Eigentümer natürlich auch ein Schadensersatzanspruch nach § 823 zu.

c) Eigentumsstörung

Wird das Eigentum in anderer Weise beeinträchtigt, so kann der Eigentümer von dem Störer nach § 1004 die Beseitigung der Beeinträchtigung verlangen, wenn die Störung rechtswidrig bzw. der Eigentümer nicht zur Duldung verpflichtet ist. Wenn weitere Beeinträchtigungen zu befürchten sind, kann der Eigentümer auch auf Unterlassung klagen. Auch hierbei handelt es sich um sachenrechtliche Ansprüche.

> **Beispiel**
> Ihr Nachbar lädt seinen Müll auf Ihrem Grundstück ab.

C. Trennungs- und Abstraktionsprinzip

1. Trennungsprinzip

Bei Veräußerungs- und Übertragungsverträgen sind Verpflichtungs- und Verfügungsgeschäft rechtlich voneinander zu trennen (s. o.).

- Verpflichtungsgeschäfte (Kauf, Tausch, Schenkung: s. hiernach) begründen die Verpflichtung zur Vornahme von Verfügungen, aber durch sie wird weder eine Sache übereignet noch ein Recht übertragen.
- Verfügungsgeschäfte dienen der Erfüllung des Verpflichtungsgeschäfts. Erst sie wirken unmittelbar auf den Bestand (Existenz) oder die Zuordnung (Inhaberschaft) eines Rechts. Bei Mobilien geschieht dies durch Einigung und Übergabe, bei Immobilien durch Auflassung und Eintragung is Grundbuch (s. hiervor). Die Übertragung von Rechten erfolgt Forderungsabtretung (Zession) (s. im Einzelnen 8. Teil).[1]

> **Beispiel**
> Verkauft A seinen Pkw am 10.10. an B mit der Maßagbe, dass dieser zwei Tage später geliefert wird, so hat der Käufer aus dem Schuldverhältnis nur ein relatives Recht auf den Pkw gegenüber A, aber kein absolutes Recht an ihm, das er gegenüber jedermann geltend machen könnte. Erst durch die

---

[1] Es gibt auch Verfügungsgeschäfte über immaterielle Güter (z. B. Kundenstamm). Hier ist die Rechtslage jedoch komplizierter, so dass hierauf nicht weiter eingegangen wird.

Übereignung des Pkw an K am 12.10. erfüllt A seine schuldrechtliche Verpflichtung, so dass das Recht des B auf den Pkw erlischt und er nunmehr ein absolutes Recht (Eigentum) am Pkw hat.

Wird der Pkw in der Zeit zwischen Kauf und Übereignung gestohlen oder beschädigt, kann nur A als Eigentümer diesbezüglich Rechte (Herausgabe, Schadensersatz) geltend machen. Geschieht das Gleiche am 13.10., würden diese Ansprüche nunmehr B als neuem Eigentümer zustehen.

Aus dem Trennungsprinzip ergibt sich auch, dass es möglich ist, Dinge zu veräußern, deren Eigentümer man (noch) nicht ist. Der Verkäufer muss nur sicherstellen, dass er bei Fälligkeit in der Lage ist, zu erfüllen (z. B. indem er sich die zu übertragende Sache besorgt oder sie selber herstellt).

Beispiel
Wenn Sie einen neuen Pkw (Lieferfrist vier Monate) kaufen, gibt es diesen i. d. R. noch gar nicht. Der Autohändler hat einen wirksamen Kaufvertrag geschlossen, der ihn verpflichtet, aber erst bei Fälligkeit muss er Ihnen das Eigentum hieran verschaffen.

Ebenso kann eine Sache z. B. mehrfach verkauft werden. Allerdings kann der Verkäufer nur einmal erfüllen und wird in den anderen Fällen zwangsläufig vertragsbrüchig sein. Neuer Eigentümer wird derjenige, dem die Sache als erster übereignet wurde, auch wenn er der letzte war, der den Kaufvertrag abgeschlossen hat.

Auch bei den Kaufgeschäften des täglichen Lebens muss der (schuldrechtliche) Kaufvertrag von den (sachenrechtlichen) Übereignungen der Kaufsache und der Geldstücke unterschieden werden, obwohl in der Praxis die Geschäfte zeitlich zusammenfallen können.

2. Abstraktionsprinzip

Verpflichtungs- und Verfügungsgeschäft sind nicht nur zu trennen, sondern auch unabhängig voneinander. D. h. die Wirksamkeit des einen Geschäfts hängt nicht von der Wirksamkeit des anderen ab.

Von besonderer Bedeutung ist dies, wenn das zugrunde liegende Verpflichtungsgeschäft (Kausalgeschäft) sich im Nachhinein als nichtig herausstellt oder aus einem sonstigen Grund beendet wird. Dann bleibt eine aufgrund eines Verfügungsgeschäfts eingetretene Rechtsänderung zunächst einmal grundsätzlich wirksam. Da allerdings der Rechtsgrund für die Übertragung entfällt, muss wieder der Ursprungszustand hergestellt werden.

Wenn umgekehrt das Verfügungsgeschäft nichtig wäre (oder unmöglich), bleibt dennoch das Verpflichtungsgeschäft grundsätzlich wirksam.

Wie regelt man die Probleme, die durch das Abstraktionsprinzip entstehen?

- Wenn z. B. etwas übereignet wurde, obschon kein wirksamer schuldrechtlicher Vertrag vorlag, erfolgt die Regelung der gegenseitigen Ansprüche (Rückübereignung der Sache und Zurückzahlung des Preises) über das Recht der ungerechtfertigten Bereicherung s. Band 2, 10. Teil).

- Wenn eine Übereignung nicht mehr möglich ist, hat der Käufer i. w. ein Recht auf Schadensersatz (s. Leistungsstörungsrecht, Band 2, 12. Teil ff.).

I. Kauf

A. Allgemeine Grundlagen

1. Wesensmerkmale

Der Kaufvertrag (§§ 433 ff.) ist ein entgeltlicher Veräußerungsvertrag. Er gehört zu den gegenseitigen Verträgen. d. h. die Leistungsbeziehungen von Käufer und Verkäufer stehen in einem synallagmatischen Verhältnis (s. S. 20).

Der Kaufvertrag ist ein schuldrechtliches Verpflichtungsgeschäft. Er lässt die rechtliche, insbesondere die sachenrechtliche Zuordnung des Kaufgegenstandes unberührt. Hierzu ist ein Verfügungsgeschäft erforderlich, das in der Praxis aber zeitgleich mit ersterem erfolgen kann (s. o.).

Der Kaufvertrag als *die* grundlegende Vertragsform des Wirtschaftslebens hat ein sehr weites Anwendungsfeld und ist in der Praxis sehr vielgestaltig. Hieraus kann man verschiedene typische Arten ableiten (s. hiernach), deren Kenntnis die Anwendung des im Übrigen weitgehend einheitlich geregelten Kaufrechts erleichtert.

2. Arten

a) Sach- und Rechtskauf

Gegenstand des Kaufvertrags können alle Arten von Wirtschaftsgütern sein:
- Körperliche Gegenstände (§ 90) und Tiere (§ 90a) (Sachkauf),
- Rechte aller Art (z. B. Forderungen, gewerbliche Schutzrechte, Gesellschaftsanteile) (Rechtskauf),
- Sonstige verkehrsfähige Güter (z. B. Unternehmen oder Unternehmensteile, freiberufliche Praxen, Elektrizität und Fernwärme, technisches Know-how, Informationen, Software, Werbeideen, Kundenstamm usw.).

Das BGB-Modell des Kaufvertrages beruht auf dem Sachkauf. Die diesbezüglichen Vorschriften finden auf den Kauf von Rechten und sonstigen Gegenständen entsprechende Anwendung (§ 453).

b) Einteilungen nach dem Kaufgegenstand

Grundstücks- (oder Immobilien-) und Fahrniskauf (oder Mobilienkauf) beziehen sich auf den Kauf unbeweglicher bzw. beweglicher Güter.

Diese Vertragsarten werden rechtlich grundsätzlich gleich behandelt (mit Ausnahme der Formvorschriften für Grundstücksverträge: s. hiernach). Für den Kauf einer Eigentumswohnung gelten im Übrigen dieselben Grundsätze wie für den Grundstückskauf (vgl. § 4 Wohnungseigentumsgesetz), ebenso für den Kauf von eingetragenen Schiffen und Schiffsbauwerken (§ 452).

c) Einteilungen nach der Person der Vertragsparteien

Beim Verbrauchsgüterkauf kauft ein Verbraucher (Definition gemäß § 13) von einem Unternehmer (§ 14) eine bewegliche Sache. Hier gelten neben allgemeinen Kaufregeln bestimmte abweichende Bestimmungen zugunsten des Verbrauchers gem. §§ 474-479 (s. Band 3).

Beim Handelskauf handelt es sich um einen Kauf zwischen Kaufleuten. Diesbezügliche vom Kaufrecht abweichende Regeln sind in den §§ 373-382 HGB enthalten (s. Handelsrecht).

d) Sonstige besondere Arten des Kaufs

Angesichts der Vertragsfreiheit der Parteien können diese Kaufverträge mit allen möglichen Modalitäten abschließen. Einige davon hat der Gesetzgeber in den §§ 454-473 mit dispositiven Regeln versehen: Kauf auf Probe, Wiederkauf und Vorkauf.

3. Geltung und Anwendungsbereich des BGB-Kaufrechts

a) Geltung

Das BGB-Kaufrecht ist grundsätzlich dispositiv, d. h. es greift nur dann, wenn die Parteien keine wirksamen vertraglichen Vereinbarungen getroffen haben. Nur die Bestimmungen bzgl. des Verbrauchsgüterkaufs (§§ 474-479) sind wegen ihres Schutzzwecks zwingend.

Aber auch die dispositiven Regeln des BGB sind nur dann anwendbar, wenn keine Spezialregeln vorgehen, wie z. B. die Regeln des HGB oder des UN-Kaufgesetzes (ein Spezialgesetz für grenzüberschreitende Warenlieferungen auf der Basis des UN-Kaufrechtsabkommens).

b) Anwendungsbereich

Das Kaufrecht ist ganz oder teilweise (insbes. bzgl. der Mängelhaftung) auf andere Verträge anwendbar.

So sind gem. § 480 die Vorschriften über den Kauf auf den Tausch anzuwenden. Entsprechendes gilt für gemischte Kauf- / Tauschverträge, bei denen neben dem Tausch von Sachen eine Partei zum Wertausgleich noch Geld zahlt.

Auch das Schenkungsrecht verweist für die Rechtsmängelhaftung partiell auf das Kaufrecht (§ 523 Abs. 2 S. 2).

Problematisch ist immer wieder die Abgrenzung zu Werkverträgen, wenn der Unternehmer eine zu erstellende Sache liefert. Für Werkverträge über herzustellende oder zu erzeugende bewegliche vertretbare Sachen (Werklieferungsverträge) gilt deshalb vereinfachend gemäß § 650 Kaufrecht (s. hierzu u. 7. Teil).

Aus der Definition des Sachmangels in § 434 Abs. 2 für Fälle einer fehlerhaften Montage oder Montageanleitung ergibt sich im Übrigen indirekt, dass ein Kaufvertrag mit seitens des Verkäufers übernommener Montage insgesamt als Kaufvertrag und nicht als gemischter Kauf- / Werkvertrag zu qualifizieren ist.

4. Zustandekommen

Es gelten die allgemeinen Regeln (s. BGB AT). Zu beachten ist, dass Allgemeine Geschäftsbedingungen in diesem Bereich eine wichtige Rolle spielen (z. B. bzgl. eventueller Haftungsbeschränkungen) und demnach deren Einbezug zu prüfen ist (s. Band 3).

Außerdem ist bei bestimmten Verbraucherverträgen, bei denen dem Verbraucher ein Widerrufsrecht zusteht (s. §§ 312 ff.), auf eine ordnungsgemäße Widerrufsbelehrung zum Zeitpunkt des Vertragsabschlusses zu achten (s. o. 4. Teil).

Auch bei Kaufverträgen, die im elektronischen Geschäftsverkehr geschlossen werden, gelten bestimmten Pflichten beim Abschluss des Vertrages (s. § 312i ff.) (s. Band 3).

Ansonsten gilt für den Abschluss des Kaufvertrags grundsätzlich Formfreiheit. Nur für bestimmte Ausnahmefälle ist zwecks Schutzes vor Übereilung, fachlicher Beratung sowie Beweissicherung eine notarielle Beurkundung erforderlich:
- bei Verpflichtungen zum Erwerb oder zur Veräußerung eines Grundstücks (§ 311b),
- bei Kaufverträgen zwischen gesetzlichen Erben über den Nachlass eines noch lebenden Dritten (§ 312 Abs. 2),
- beim Erbschaftskauf (§ 2371).

B. Rechte und Pflichten der Vertragsparteien

Der Kaufvertrag begründet für beide Seiten Rechte und Pflichten, von denen die Hauptpflichten entscheidend für die Ermittlung der Rechtsnatur des Vertrags (und die Abgrenzung zu anderen Vertragsarten) sind (s. hierzu 3. Teil).

Das gesetzliche Modell des Kaufvertrags wird im Folgenden dargestellt. Zu beachten ist allerdings, dass durch vertragliche (Zusatz-)Vereinbarungen selbstverständlich weitere bzw. abweichende Pflichten begründet werden können.

Unselbständige Nebenpflichten (s. 3. Teil) werden im Folgenden nicht berücksichtigt, da sie nicht vertragstypisch sind. Sie existieren jedoch auch bei Kaufverträgen und können zu Pflichtverletzungen führen.

1. Pflichten des Verkäufers

a) Hauptleistungspflichten

Durch den Kaufvertrag wird der Verkäufer verpflichtet, dem Käufer den Kaufgegenstand zu übertragen und ihm die rechtliche Inhaberschaft zu verschaffen, wobei der Gegenstand frei von Sach- und Rechtsmängeln sein muss (§ 433).

Zu differenzieren ist nach Sach- und Rechtskauf, obschon beide grundsätzlich gleich behandelt werden.

(1) Sachkauf

Der Verkäufer einer Sache ist nach § 433 Abs. 1 S. 1 verpflichtet, dem Käufer das Eigentum an der Sache zu verschaffen. Diese Verpflichtung erfüllt der Verkäufer durch das Verfügungsgeschäft (s. o.).

Außerdem ist der Verkäufer verpflichtet, dem Käufer die Sache zu übergeben. Dieser Verpflichtung kommt er in der Regel dadurch nach, dass er dem Käufer den unmittelbaren Besitz an der Sache verschafft. Übergabesurrogate (s. Sachenrecht) genügen nur dann, wenn dies im Kaufvertrag ausdrücklich vereinbart ist.

(2) Rechtskauf

Der Verkäufer eines Rechts ist verpflichtet, dem Käufer das Recht zu verschaffen und, für den Fall, dass das Recht zum Besitz einer Sache berechtigt, die Sache zu übergeben (§ 453 Abs. 3).

> Beispiele
> Erbbaurecht, Nießbrauch, Wohnrecht, pfandgesicherte Forderung (wer eine Forderung verkauft, die durch ein Pfandrecht gesichert ist, muss dem Käufer auch das Pfand verschaffen).

Die Erfüllung der Rechtsverschaffungspflicht durch ein Verfügungsgeschäft richtet sich im Einzelnen nach der Art des verkauften Rechts. Grundsätzlich erfolgt sie durch Forderungsabtretung (§§ 398 ff.) auf der Basis eines Vertrags zwischen Alt- und Neugläubiger. Diese Regeln gelten entsprechend für die Übertragung anderer Rechte (§ 413) (s. 8. Teil).

(3) Mängelfreiheit

Nach § 433 Abs. 1 S. 2 hat der Verkäufer dem Käufer die Sache frei von Sach- und Rechtsmängeln zu verschaffen. Das gilt entsprechend für den Rechtskauf und die in dem Fall ggf. zu übergebende Sache (§ 453 Abs. 1 und 3).

Was ein Rechts- und Sachmangel ist, definieren allgemein §§ 434-435. Hinzuweisen ist darauf, dass die Lieferung eines falschen Gegenstands oder einer zu geringen Menge ebenfalls als Sachmangel angesehen wird (§ 434 Abs. 3) (s. auch 3. Teil und zur Vertiefung Band 2, 15. Teil).

b) Nebenleistungspflichten

Nebenleistungspflichten des Verkäufers ergeben sich entweder aus dem Gesetz, aus besonderer Vereinbarung oder aus Vertragsauslegung unter Berücksichtigung von Treu und Glauben sowie der Verkehrssitte (§§ 133, 157, 242).

Das Gesetz regelt in diesem Zusammenhang in §§ 448, 453 Abs. 2 nur (dispositiv) die Frage, wer ggf. anfallende Kosten zu tragen hat. Darüber hinaus können je nach Umständen insbesondere Aufklärungs-, Hinweis-, Schutz- und Unterlassungspflichten bestehen. Die Verletzung dieser Pflichten kann, wenn sie vom Verkäufer zu vertreten ist, zu Leistungs-, Unterlassungs- oder Schadensersatzansprüchen führen.

2. Pflichten des Käufers

a) Hauptleistungspflichten

Der Käufer ist nach § 433 Abs. 2 verpflichtet, den vereinbarten Kaufpreis zu zahlen und die gekaufte Sache abzunehmen.

(1) Höhe sowie Art und Weise der Kaufpreiszahlung ergeben sich regelmäßig aus der konkreten Vertragsabrede (s. 3. Teil bzgl. der Preisbestimmbarkeit).

Für die Gültigkeit des Kaufvertrages ist im Übrigen grundsätzlich eine Gleichwertigkeit der Leistungen nicht erforderlich, d. h. der Käufer muss den vereinbarten Preis zahlen, auch wenn er ihm im nachhinein überhöht erscheint. Der Gesetzgeber geht davon aus, dass der Käufer sich vor Vertragsabschluss informiert hat. Nur wenn der Verkäufer etwaige Aufklärungs- / Informationspflichten (im Sinne unselbständiger Nebenpflichten) verletzt, den Käufer täuscht, die Sache nicht mängelfrei ist oder bei einem längerfristigen Vertrag die Geschäftsgrundlage gestört wird oder entfällt, stehen dem Käufer entsprechende Rechte zu (s. im Einzelnen Recht der Pflichtverletzungen und Leistungsstörungen, Band 2, 12. Teil ff.).

(2) Unter Abnahme versteht man den tatsächlichen Vorgang, durch den der Verkäufer vom Besitz der Sache befreit wird (beim Rechtskauf gibt es keine Abnahme). Mit demselben Vorgang erfüllt der Verkäufer regelmäßig seine Übergabepflicht.

Die Abnahmeverpflichtung wird in der Rechtslehre oft nur als eine Nebenpflicht des Käufers betrachtet, die bei Nichterfüllung nicht zur Leistungsverweigerung durch den Verkäufer berechtigt. Entscheidend ist jedoch, was die Parteien im Einzelfall gewollt haben.

Beispiele

Beim Verkauf großer Warenmengen mit dem für den Käufer erkennbaren Zweck der Lagerräumung ist davon auszugehen, dass dabei die Parteien stillschweigend die Abnahme zur Hauptpflicht des Käufers gemacht haben. Dasselbe kann beim Verkauf von Abfallmaterial oder leicht verderblicher Ware der Fall sein.

b) Nebenleistungspflichten

Sofern dies dem Käufer nicht schon als Hauptpflicht obliegt, gehört es zu seinen Nebenpflichten, die gekaufte Sache abzunehmen. Darüber hinaus erwachsen dem Käufer ggf. weitere ausdrücklich vereinbarte, gesetzliche sowie sonstiger, im Wege der Vertragsauslegung unter Heranziehung von Treu und Glauben begründete Nebenpflichten.

Im Gesetz dispositiv vorgesehen ist hierbei nur die Kostentragungspflicht für Abnahme, Versendung, Beurkundung und Grundbucheintragung (§§ 448).

Pflichten der Kaufvertragsparteien	
Verkäufer	*Käufer*
• Eigentumsverschaffung (§ 433 Abs. 1 S. 1) bzw. Rechtsverschaffung (§ 453 Abs. 1) • Sachübergabe (§ 433 Abs. 1 S. 1, 453 Abs. 3) • Sach- und Rechtsmängelfreiheit (§ 433 Abs. 1. S. 2, 453 Abs. 3) • Vereinbarte Nebenleistungspflichten • Nebenleistungspflichten gemäß Gesetz (z.B. § 436 Abs. 1, 448 Abs. 1 1. Hs, 453 Abs. 2) • Allgemeine Nebenpflichten gemäß § 241 Abs. 2, 242	• Kaufpreiszahlung (§ 433 Abs. 1) • Sachabnahme (i.d.R. Nebenpflicht) (§ 433 Abs. 1) • Vereinbarte Nebenleistungspflichten • Nebenleistungspflichten gemäß Gesetz (z.B. § 448 Abs. 1 2. Hs., Abs. 2) • Allgemeine Nebenpflichten gemäß § 241 Abs. 2, 242

C. Beendigung

Der Kaufvertrag endet i. d. R. durch Erfüllung (die immer ein Verfügungsgeschäft voraussetzt: s. o.) bzw. Erfüllungsersatz (s. 3. Teil), oder durch einen der übrigen Beendigungsgründe (z. B. Verbraucherwiderruf: s. 4. Teil).

Die Kündigung spielt hier normalerweise keine Rolle, da Kaufverträge typischerweise keine Dauerschuldverhältnisse darstellen. Nur bei (Dauer-)Bezugsverträgen (z. B. Energielieferung) endet der Vertrag durch Kündigung. Dies ist zwar nicht ausdrücklich im Gesetz vorgesehen (außer für die außerordentliche Kündigung nach § 314, der hier zur Anwendung kommt, da es keine diesbezügliche Spezialnorm gibt), wird aber üblicherweise ausdrücklich vertraglich vereinbart oder ansonsten aus der Vertragsauslegung (bzw. analoger Gesetzesanwendung) abgeleitet.

II. Schenkung

A. Grundmerkmale

1. Begriff

a) Schenkung als unentgeltliche Vermögenszuwendung

Die Schenkung (§§ 516 ff.) ist nach § 516 Abs. 1 eine Zuwendung, durch die jemand aus seinem Vermögen einen anderen bereichert, wenn beide Teile darüber einig sind, dass die Zuwendung unentgeltlich erfolgt.

 *Definition*

(1) Als Zuwendung kommt jede Verschaffung eines Vermögensvorteils in Betracht (Sachen, Forderungen, Rechte, Schulderlass), sofern dieser das Vermögen des Zuwendenden mindert. Dies ist nach § 517 nicht der Fall, wenn jemand zugunsten eines anderen einen Vermögenserwerb unterlässt, auf ein angefallenes oder nicht endgültig erworbenes Recht verzichtet, oder eine Erbschaft bzw. ein Vermächtnis ausschlägt. Auch Dienstleistungen können nicht geschenkt werden.

Die Zuwendung muss auf Seiten des Beschenkten zu einer Bereicherung führen. Dies ist nicht der Fall, wenn der Zuwendungsempfänger das Erhaltene mit der Auflage erhält, es zu mildtätigen oder gemeinnützigen Zwecken zu verwenden, er letztlich also gar nicht beschenkt wird. Dies ist zu unterscheiden von der Schenkung unter Auflage (s. n. S.).

(2) Die Bereicherung muss unentgeltlich erfolgen, es darf also keine Verbindung mit einer Gegenleistung vorliegen. Deshalb sind Trinkgelder, Gratifikationen oder übertarifliche Löhne keine Schenkungen.

b) Schenkung als Vertrag

Die Schenkung ist kein einseitiges Rechtsgeschäft, sondern ein ‚einseitig verpflichtender Vertrag', d. h. sie setzt die Annahme durch den Beschenkten voraus: Niemand muss sich nämlich einseitig ein Geschenk aufdrängen lassen (denn daraus können sich z. B. erhebliche Aufwendungen für Sicherung, Unterhalt, Sanierung, Entsorgung, usw. ergeben).

Der Schenkungsvertrag beinhaltet das ‚Schenkungsversprechen', d. h. der Schenker verpflichtet sich zur unentgeltlichen Zuwendung. Hierbei handelt es sich um ein Verpflichtungsgeschäft, d. h. die hiermit bezweckte Vermögensübertragung tritt erst durch das anschließende Verfügungsgeschäft ein (s. hierzu oben zum Kaufvertrag).

2. Arten

a) Handschenkung

Von einer Handschenkung spricht man, wenn ohne ein vorangehendes Schenkungsversprechen die Leistung dem Beschenkten sofort verschafft wird. Dem Beschenkten wird eine Sache sofort übereignet, ein Recht sofort übertragen (zur Besonderheit bzgl. der Formvorschriften s. hiernach).

b) Gemischte Schenkung

Hierbei wird ein entgeltliches Geschäft (z. B. ein Kauf) mit einer Schenkung kombiniert.

> **Beispiel**
> Ein Grundstück wird weit unter Wert an einen Familienangehörigen verkauft in der übereinstimmenden Absicht, den über dem Kaufpreis liegenden Wert als Schenkung zuzuwenden.

Bzgl. der Frage, ob in solchen Fällen Schenkungsrecht oder Kaufrecht Anwendung findet, gibt es keine gesetzliche Regelung und keine einheitliche Rechtspraxis. Meist wird darauf abgestellt, ob der entgeltliche oder unentgeltliche Charakter bei der gemischten Schenkung überwiegt, und entsprechend wird Kauf- oder Schenkungsrecht angewendet.

Rechtliche Bedeutung hat diese Frage vor allem bei der Formbedürftigkeit und dem möglichen Rückforderungsverlangen durch den Schenker (s. u.).

c) Schenkung unter Auflage

Hier wird ausnahmsweise auch der Beschenkte zu einer Leistung verpflichtet. Nach § 525 kann der Schenker die Vollziehung der Auflage verlangen, wenn er seinerseits geleistet hat. Unterbleibt die Vollziehung der Auflage, kann der Schenker nach § 527 die Herausgabe des Geschenkes verlangen.

Im Gegensatz zur Schenkung unter Auflage, die den Beschenkten verpflichtet, gibt die sog. einfache Zweckschenkung dem Schenker keinen Anspruch gegen den Beschenkten, selbst wenn der mit der Schenkung verfolgte Zweck für den Beschenkten erkennbar ist.

d) Schenkung von Todes wegen

Auf das Schenkungsversprechen, welches unter der Bedingung erteilt wird, dass der Beschenkte den Schenker überlebt, sind nach § 2301 die erbrechtlichen Formvorschriften anwendbar. Wird die Schenkung von Todes wegen aber bereits zu Lebzeiten des Erblassers vollzogen, gelten die Vorschriften über die Schenkungen unter Lebenden (dies hat vor allem Bedeutung für die Heilung eines etwaigen Formmangels durch den Vollzug des Versprechens: s. hiernach).

3. Zustandekommen

Es gelten die allgemeinen Regeln bzgl. des Zustandekommens von Verträgen. Aufgrund seiner Unentgeltlichkeit und des Einsatzes vor allem im privaten Bereich spielen AGB und Verbraucherregeln hier normalerweise keine Rolle.

Eine Besonderheit ergibt sich aus den gleichen Umständen aber hinsichtlich der Formvorschriften. Denn ein Schenkungsversprechen (d. h. die schuldrechtliche Willenserklärung des Schenkers) ist nach § 518 nur wirksam, wenn es notariell beurkundet wird. Die Annahmeerklärung des Beschenkten unterliegt nicht diesem Formzwang.

Die Nichteinhaltung der Form führt nach § 125 grundsätzlich zur Nichtigkeit der Erklärung. Nach § 518 Abs. 2 wird jedoch der Mangel der Form durch die Bewirkung der versprochenen Leistung (d. h. die Durchführung der Schenkung) geheilt. Dasselbe gilt im Fall der Handschenkung.

B. Rechte und Pflichten der Vertragsparteien

Die Unentgeltlichkeit der Leistung ist der Grund, dass das Pflichtenverhältnis der Vertragsparteien im Vergleich zum entgeltlichen Rechtsgeschäft modifiziert ist.

1. Pflichten des Schenkers

Der Schenker ist zunächst vertraglich verpflichtet, die Schenkung auszuführen, d. h. der Beschenkte hat ein rechtlich sanktioniertes Forderungsrecht auf Vornahme des Verfügungsgeschäfts.

Der Schenker kann jedoch die Erfüllung verweigern (Notbedarfseinrede), soweit er bei Berücksichtigung seiner sonstigen Verpflichtungen außerstande ist, das Versprechen zu erfüllen, ohne dass sein angemessener Unterhalt oder die Erfüllung der ihm kraft Gesetz obliegenden Unterhaltspflichten gefährdet wird (§ 519 Abs. 1).

Da der Schenker dem Beschenkten etwas unentgeltlich zukommen lässt, hat er nach § 521 Pflichtverletzungen nur bei Vorsatz und grober Fahrlässigkeit zu vertreten. Außerdem entfällt nach § 522 beim Verzug die Pflicht zur Zahlung von Verzugszinsen.

Der Schenker haftet zudem grundsätzlich nicht für Rechts- und Sachmängel, es sei denn, er kannte diese und hat sie arglistig verschwiegen (§§ 523-524).

2. Pflichten des Beschenkten

Da es sich um einen einseitig verpflichtenden Vertrag handelt, hat der Beschenkte keine Hauptleistungspflichten, außer im Fall der Schenkung unter Auflage (s. o.).

Allerdings wird man von ihm als ungeschriebene Nebenleistungspflicht erwarten können, dass er das Geschenk auch entgegennimmt.

Außerdem können sich für ihn Pflichten bei Rückforderung wegen Notbedarfs oder Widerrufs des Schenkers ergeben (s. hiernach). Hierdurch entsteht jedoch ein neues Schuldverhältnis, d. h. es handelt sich um Sekundärpflichten aus der Schenkung.

C. Beendigung und Rückgängigmachung

1. Beendigung

Die Schenkung ‚endet' im Normalfall durch Erfüllung, ansonsten durch einen der anderen Beendigungsgründe. Da dem Beschenkten keine Leistungspflichten obliegen und folglich eine Leistungsstörung seinerseits nicht möglich ist, kann jedoch der Rücktritt von einem Schenkungsversprechen durch den Schenker nur aufgrund einer vertraglichen Vereinbarung erfolgen.

2. Rückforderungsrecht

Unter bestimmten Umständen kann der Schenker eine bereits durchgeführte Schenkung rückgängig machen. Hierdurch entsteht ein neues Schuldverhältnis auf Rückgabe.

a) Notbedarf

Soweit der Schenker nach Vollziehung der Schenkung außerstande ist, seinen angemessenen Unterhalt und ihm obliegende Unterhaltspflichten zu bestreiten, kann er nach § 528 vom Beschenkten die Herausgabe des Geschenkes verlangen, bis maximal 10 Jahre nach der Schenkung (§ 529) (Vor Vollzug der Schenkung hat er analog die Notbedarfseinrede gemäß § 519: s. o.).

Dies gilt nicht, wenn der Schenker seine Bedürftigkeit selbst vorsätzlich oder grob fahrlässig herbeigeführt hat oder soweit der Beschenkte bei Berücksichtigung seiner sonstigen Verpflichtungen außerstande ist, das Versprechen zu erfüllen, ohne dass sein angemessener Unterhalt oder die Erfüllung der ihm kraft Gesetz obliegenden Unterhaltspflichten gefährdet wird (§ 529).

b) Widerruf

Eine Schenkung (außer Pflicht- und Anstandsschenkungen: § 534) kann nach § 530 widerrufen (nicht zu verwechseln mit dem verbraucherschützendem Widerruf) werden, wenn sich der Beschenkte des ‚groben Undanks' schuldig macht. Darunter versteht man eine schwere Verfehlung gegen den Schenker oder einen nahen Angehörigen.

> Beispiele
> Körperverletzungen, schwere Beleidigungen, Ehebruch, grundlose Strafanzeige stellen schwere Verfehlungen dar.

Die Widerrufsfrist beträgt ein Jahr nach Kenntnis des Eintritts der Voraussetzungen für den Widerruf (§ 528). Die Rückgabepflicht richtet sich nach den Vorschriften über die Herausgabe einer ungerechtfertigten Bereicherung (§ 531 Abs. 2).

Die Schenkung ist allerdings nur insoweit herauszugeben, als der Beschenkte noch lebt (§ 532) und bereichert ist (vgl. §§ 818 Abs. 3, 819: s. Band 2, 10. Teil).

c) Schenkung unter Auflage

Nach § 527 kann der Schenker sein Geschenk zurückverlangen, wenn der Beschenkte die Auflage nicht erfüllt.

Wiederholungsfragen

1. Welche Bedeutung hat die Unterscheidung zwischen „Verpflichtungs-" und „Verfügungsgeschäften"?
2. Was bedeutet das „Abstraktionsprinzip"?
3. Sind schuldrechtliche Rechtsgeschäfte immer Verpflichtungsgeschäfte oder gibt es auch schuldrechtliche Verfügungsgeschäfte?
4. Kann man Sachen verkaufen, deren Eigentümer man nicht ist?
5. Was kann Gegenstand eines Kaufvertrags sein? Hat der Gegenstand Bedeutung für das anwendbare Kaufrecht?
6. In welchen Sonderregeln äußert sich die Besonderheit der Unentgeltlichkeit des Schenkungsvertrages?
7. Worin besteht die Besonderheit einer „Handschenkung"?
8. Wann kann man einen verschenkten Gegenstand zurückfordern?

Übungen zum 5. Teil

Fall 36

Valentin Vielfahrer bietet in einer Zeitungsanzeige seinen gebrauchten Pkw zum Preis von 5.000 € an. Kurt Kurzstrecke ist an dem Wagen interessiert. Nach einer Probefahrt schließt er mit Vielfahrer einen Kaufvertrag und bezahlt bar. Außer einem Quittungsvermerk wird nichts schriftlich festgehalten. Auf Wunsch von Kurzstrecke erhält der Pkw noch eine Motor-, Unterboden- und Außenwäsche. Als Kurzstrecke das Fahrzeug dann abholt, stellt er fest, dass Vielfahrer das Reserverad, das Warndreieck und den Verbandskasten herausgenommen hat. Vielfahrer meint, dies alles sei nicht mit verkauft. Wenn Kurzstrecke Wert darauf lege, müsse er noch ‚einen Hunderter' drauflegen. Wer hat Recht?

Lösung

Kurzstrecke könnte einen Anspruch auf Übergabe und Übereignung der strittigen Sachen aus § 433 Abs. 1 S. 1 haben.

Voraussetzung ist, dass die betreffenden Gegenstände mit verkauft worden sind. Eine ausdrückliche Regelung haben Kurzstrecke und Vielfahrer insofern nicht getroffen. Auch das Kaufvertragsrecht enthält keine spezielle Regelung zum Umfang des Kaufgegenstands.

Nach § 311c (Schuldrecht AT) wird jedoch mangels anders lautender Vereinbarungen der Parteien davon ausgegangen, dass Vielfahrer verpflichtet ist, neben dem Pkw auch das dazugehörige ‚Zubehör' des Wagens an Kurzstrecke zu übertragen. ‚Zubehör' sind bewegliche Sachen, die, ohne Bestandteil der Hauptsache zu sein, dem wirtschaftlichen Zweck der Hauptsache zu dienen bestimmt sind und zu ihr in einem dieser Bestimmung entsprechenden räumlichen Verhältnis stehen (s. die Definition in § 97).

Die in Fahrzeugen befindlichen Reservereifen, Warndreieck und Verbandskasten sind in diesem Sinne in der Tat als Zubehör des Pkw zu betrachten. Vielfahrer muss also diese Gegenstände ohne Aufpreis an Kurzstrecke herausgeben und übereignen.

Fall 37

Wendelin Wurmstich kauft beim Internet-Buchantiquariat Biblioman ein seltenes Buch zum Preis von 500 €, das lt. Angaben innerhalb von 2 Tagen zugestellt werden soll. Noch am selben Tag verkauft er es zum Preis von 700 € weiter an Mark-Martin Mythenmetz, lt. Vertrag *lieferbar innerhalb von 5 Werktagen.'*
Das Buch von Biblioman kommt jedoch nicht rechtzeitig bei Wurmstich an, so dass er selbst mit seiner Lieferung in Verzug gerät. Als Mythenmetz Lieferung fordert, argumentiert Wurmstich, er solle das Buch doch direkt beim Buchantiquariat Biblioman anfordern, schließlich sei er ja bereits Eigentümer. Hat Wurmstich Recht?

Lösung

Da Mythenmetz keinen Vertrag mit dem Antiquariat geschlossen hat, besitzt er keine vertraglichen Ansprüche gegen das letztere. Auch ein gesetzliches Schuldverhältnis ist zwischen beiden nicht zustande gekommen.
In Frage kämen daneben ggf. eigentumsrechtliche Herausgabeansprüche. Dies setzt aber voraus, dass Mythenmetz bereits Eigentümer geworden ist.
Der Kaufvertrag ist jedoch nur ein Verpflichtungsgeschäft. Durch ihn geht noch kein Eigentum über, denn dazu sind Einigung und Übergabe erforderlich (§§ 929 ff.). Vielmehr verpflichtet der Verkäufer sich bloß, dem Käufer Eigentum zu verschaffen (§ 433 Abs. 1) (Trennungsprinzip bei Veräußerungsgeschäften).
Hier ist Mythenmetz noch nicht Eigentümer geworden, weil es kein Verfügungsgeschäft gibt (außerdem ist offenbar nicht einmal Wurmstich Eigentümer geworden, so dass er kein Eigentum übertragen kann). Mythenmetz hat also keinen Herausgabeanspruch als Eigentümer (§ 985).
Folglich kann Mythenmetz nur von Wurmstich Leistung (d. h. Übergabe und Übereignung nach § 433) fordern, Wurmstich seinerseits vom Buchantiquariat.

Fall 38

Onkel Otto Olbrich verspricht seinem Neffen Norbert Notzon, er werde ihm seinen noch gut erhaltenen Pkw schenken, falls Notzon das Examen als Wirtschaftsjurist besteht. Als dies Notzon einige Monate später tatsächlich gelingt, übereignet ihm sein Onkel das Auto.
Einige Tage danach erfährt Olbrich, wie teuer ihn ein neuer Wagen zu stehen kommt. Er bereut die Schenkung und fordert seinen Neffen auf, das Auto zurückzugeben. Er vertritt die Ansicht, die Schenkung sei wegen Formmangels nichtig; Notzon habe kein Recht auf den bzw. an dem Wagen.
Muss Notzon den Pkw tatsächlich an Olbrich zurückgeben?

Lösung

Es liegt hier ein Schenkungsversprechen nach § 516 Abs. 1 vor, das auch bereits erfüllt wurde. Eine Rückforderung durch Olbrich wäre danach nur möglich, wenn es dafür eine Anspruchsgrundlage gäbe. Hier gibt es mehrere Möglichkeiten, die geprüft werden müssen:
(1) Zunächst könnte sich der Anspruch daraus ergeben, dass der Schenkungsvertrag (Verpflichtungsgeschäft) wegen eines Formmangels gemäß § 125 nichtig ist, weil die nach § 518 Abs. 1 erforderliche notarielle Beurkundung fehlt (so wie es Olbrich behauptet). Dadurch wäre die Übereignung des Pkw an Notzon (Verfügungsgeschäft) zwar aufgrund des Abstraktionsprinzips nicht auch nichtig, aber ohne Rechtsgrund erfolgt. Hieraus ergäbe sich für Olbrich ein Anspruch aus ungerechtfertigter Bereicherung (§ 812 Abs. 1) auf Herausgabe und Rückübereig-

nung des Pkw. Lt. Sachverhalt ist dieser Formmangel jedoch durch die Bewirkung der versprochenen Leistung (d. h. die tatsächliche Übergabe des Autos) geheilt worden (§ 518 Abs. 2). Notzon hat also mit Rechtsgrund das Eigentum an dem Auto erworben und Olbrich keinen Rückübertragungsanspruch.

(2) Des weiteren könnte sich der Anspruch von Olbrich aus einer vertraglichen Vereinbarung zwischen beiden ergeben (z. B. Rückgabe nach einer bestimmten Nutzungsdauer): Eine solche Vereinbarung ist dem Sachverhalt jedoch nicht zu entnehmen.

(3) Eine Rückgabepflicht von Notzon könnte auch aus einem Vertragsrücktritt durch Olbrich herrühren, denn hierdurch entsteht ein Rückabwicklungsverhältnis nach §§ 346 ff. Mangels eines vertraglichen Rücktrittsrechts (das dem Sachverhalt nicht zu entnehmen ist) wäre hierzu eine gesetzliche Grundlage (insbesondere eine Leistungsstörung durch Notzon) erforderlich, die lt. Sachverhalt jedoch nicht erkennbar ist (da es sich um einen einseitig verpflichtenden Vertrag handelt, hat Notzon ohnehin keine Leistungspflichten, es sei denn, es wäre eine Schenkung unter Auflage (§ 525) gewesen, die bei Nichtvollziehung zum Rücktritt und zur Herausgabe berechtigt (§ 527): Dies ist hier jedoch nicht erkennbar).

(4) Eine weitere Anspruchsgrundlage ist in § 528 Abs. 1 statuiert: Der geschenkte Gegenstand kann zurückgefordert werden, wenn der Schenker seit Vornahme der Schenkung verarmt ist (s. genaue Definition im Gesetzestext). Anhaltspunkte hierfür enthält der Sachverhalt jedoch nicht.

(5) Eine letzte Anspruchsgrundlage könnte sich aus der Besonderheit des Schenkungsrechts ergeben, dass der Schenker die Schenkung widerrufen kann (§ 530). Dies würde voraussetzen, dass der Beschenkte sich durch eine schwere Verfehlung gegen den Schenker oder einen nahe Angehörigen des Schenkers des groben Undanks schuldig gemacht hat. Auch hierauf gibt es keine Hinweise.

Im Ergebnis gibt es also keine Rechtsgrundlage für eine Rückforderung des Pkw durch Olbrich, so dass Notzon das Auto seinem Onkel nicht zurückgeben muss. (Anmerkung: Da Notzon bereits Eigentümer geworden ist, kann Olbrich den Wagen auch nicht auf der Grundlage eines eigentumsrechtlichen Herausgabeanspruchs herausverlangen.)

Fall 39

Der alleinstehende Rentner Balduin Baldrian schenkt der Gemeinde Schlendrian durch einen Notarvertrag ein unbebautes Grundstück, welches einen geschätzten Wert von 500.000 € hat. Dazu entschlossen hat Baldrian sich letztlich auf der Grundlage eines Briefes des Bürgermeisters, in dem dieser schreibt, die Gemeinde beabsichtige, das Grundstück innerhalb von drei Jahren für Freizeit- und Sportzwecke in der Jugendarbeit zu verwenden, was in der Schenkungsurkunde jedoch nicht erwähnt wird.

1. Nachdem die Gemeinde die Schenkung angenommen hat, kommen Baldrian Bedenken und er weigert sich, das Grundstück zu übereignen. Unter welchen Voraussetzungen kann die beschenkte Gemeinde von Baldrian Vollzug der Schenkung verlangen?

2. Angenommen, die Schenkung wird vollzogen, aber die Gemeinde baut auf dem Grundstück eine Straße, und Baldrian will deshalb die Schenkung rückgängig machen: Hätte er das Recht dazu, und wie müsste er ggf. vorgehen?

Lösung

1. Die Gemeinde kann den Vollzug des Schenkungsversprechens (= Leistung, d. h. Durchführung des Verfügungsgeschäfts durch Auflassung und Eintragung ins Grundbuch) verlangen, wenn eine wirksame Schenkung vorliegt.

Voraussetzungen für ein wirksames Schenkungsversprechen sind:

- Ein Vertrag (Schenkungsversprechen) gemäß § 516,
- die notarielle Beurkundung des Vertrags gemäß § 518 und
- der Schenkgeber kann keine Einrede geltend machen (insbesondere keine Notbedarfseinrede gemäß § 519).

Da im Sachverhalt keine Hinweise auf einen materiell oder formell unwirksamen Vertrag gegeben werden und auch nicht erkennbar ist, dass durch die Erfüllung Baldrian nicht mehr in der Lage wäre, seinen angemessenen Unterhalt zu bestreiten bzw. seinen gesetzlichen Unterhaltspflichten nachzukommen, kann die Gemeinde Vollzug der Schenkung verlangen.

2. Für eine Rückgängigmachung müsste ein Rechtsgrund vorliegen.

a) Eine erste Möglichkeit der Rückgängigmachung einer vollzogenen Schenkung ist der Widerruf gemäß § 530.

Dazu müssen jedoch bestimmte Voraussetzungen erfüllt sein:
- grober Undank durch eine schwere Verfehlung der Gemeinde gegenüber dem Schenker Baldrian (§ 530 Abs. 1),
- eine Widerrufserklärung des Schenkers Baldrian gegenüber der Gemeinde innerhalb eines Jahres, nachdem Baldrian vom Eintritt der vorerwähnten Voraussetzung Kenntnis erlangt hat (§§ 531 Abs. 1, 532).

Dann könnte Baldrian das Grundstück auf der Grundlage des Rechts der ungerechtfertigten Bereicherung herausverlangen, (§ 531 Abs. 1). Da das Grundstück inzwischen bebaut ist, wäre stattdessen Wertersatz zu leisten (§ 818 Abs. 2).

Es ist jedoch fraglich, ob das Verhalten der Gemeinde als grober Undank gewertet würde. Der Erfolg einer Rückforderung auf dieser Grundlage ist also unsicher.

b) Baldrian könnte des Weiteren argumentieren, dass es sich um eine Schenkung unter Auflage handelte, so dass er die Vollziehung der Auflage verlangen könnte (§ 525).

Würde keine Vollziehung erfolgen, hätte Baldrian das Recht, die Herausgabe des Grundstücks unter den für das Rücktrittsrecht bei gegenseitigen Verträgen bestimmten Voraussetzungen nach den Vorschriften über die Herausgabe einer ungerechtfertigten Bereicherung zu fordern (§ 527 Abs. 1). Auch hier wäre dann Wertersatz zu leisten, weil eine Rückgabe in natura nicht möglich ist (s. hiervor).

Da das Schenkungsversprechen selber aber offenbar keine Auflage enthält, sondern nur eine Absichtserklärung des Bürgermeisters vorliegt, dürfte es schwierig sein, nachzuweisen, dass eine Auflage tatsächlich vereinbart wurde. Dass Baldrian mit der Schenkung eine bestimmte Absicht oder Hoffnung verband, ist rechtlich nicht relevant, solange dies nicht zur gemeinsamen Vertragsgrundlage beider Parteien wird.

Auch auf dieser Basis kann Baldrian also das Grundstück nicht mit realistischer Aussicht auf Erfolg zurückfordern.

c) Zu prüfen wäre schließlich, ob hier ggf. ein Willensmangel (z. B. Irrtum, Täuschung, Geistesschwäche) seitens des Schenkers vorliegt, die ihn zu einer Anfechtung wegen Nichtigkeit berechtigt, oder ob es ggf. ein vertragliches Rücktrittsrecht gibt: Von beidem ist bei dem gegebenen Sachverhalt nicht auszugehen.

Im Ergebnis ist die Rechtslage also für Baldrian ungünstig. Sofern er keine weiteren relevanten Tatsachen beibringen kann, wird er also am ehesten auf dem Verhandlungswege (ggf. mit politischem Druck) versuchen, eine (Teil-)Entschädigung zu erhalten.

6. Teil
Gebrauchsüberlassungs- / Nutzungsverträge

Überblick

Bei Gebrauchsüberlassungs- / Nutzungsverträgen werden keine Gegenstände endgültig veräußert oder übertragen, sondern es werden hieran nur zeitlich begrenzte und im Einzelnen genauer zu definierende Nutzungsrechte für einen i. d. R. begrenzten (wenn ggf. auch sehr langen) Zeitraum eingeräumt. Es handelt sich hierbei also um Verpflichtungsgeschäfte, zu deren Erfüllung kein Verfügungsgeschäft erforderlich ist.

Typischer Weise handelt es sich bei der Nutzungsüberlassung um ein Dauerschuldverhältnis (s. S. 120), dessen Länge jedoch sehr unterschiedlich sein kann. Im Gegensatz zu Veräußerungsverträgen spielt hier demnach die Aufrechterhaltung bzw. Beendigung des Schuldverhältnisses eine wichtige Rolle.

Je nach Gegenstand der Nutzungsüberlassung sowie der (Un-)Entgeltlichkeit unterscheidet man als Grundmodelle Miete / Pacht, Leihe und Darlehen.

Gebrauchsüberlassungsverträge		
	entgeltlich	*unentgeltlich*
Sachen	ohne Fruchtziehung	Miete § 535 ff	Leihe § 598 ff
	mit Fruchtziehung	Pacht § 581 ff	
Rechte			
Geld und vertretbare Sachen		Darlehen § 488 ff, 607	
		verzinslich	unverzinslich

I. Miete

A. Grundlagen

1. Wesensmerkmale

Beim Mietvertrag (§§ 535 ff.) handelt es sich um einen gegenseitigen Vertrag über die entgeltliche Gebrauchsüberlassung von Sachen ohne Fruchtziehung während eines bestimmten, aber ggf. zunächst unbefristeten Zeitraums.

Als Entgelt wird regelmäßig eine Geldzahlung vereinbart; an ihre Stelle können aber auch (teilweise) Sach- oder Dienstleistungen treten (z. B. die Dienste des Hausmeisters bei der Überlassung einer Werkswohnung), ohne dass dies die Rechtsnatur des Vertrags verändert.

Die Erzeugnisse der vermieteten Sache (z. B. Naturprodukte) werden als ‚Früchte' bezeichnet (s. Definition § 99) und stehen (im Gegensatz zur Pacht: s. u.) dem Vermieter zu.

2. Arten

a) Differenzierung nach Gegenstand

Häufigster Gegenstand des Mietvertrags sind Grundstücke, Räume sowie einzelne bewegliche Sachen. Aber auch Sachgesamtheiten (z. B. Bibliothek, Gerätepark) können Gegenstand eines Mietvertrags sein, ebenso wie Teile einer Sache (z. B. Gebäudefassade), nicht hingegen Rechte.

In der Praxis am wichtigsten ist die Wohnraummiete. Dabei ist zu beachten, dass die Abhängigkeit des Einzelnen vom existenziellen Gut ‚Wohnung' im Laufe der Jahre zu zahlreichen gesetzgeberischen Eingriffen in die Vertragsfreiheit geführt hat, die den Schutz des Mieters bezwecken, und das Wohnraummietrecht zu einem weitgehend zwingend geregelten vertragsrechtlichen Bereich machen.

Diese Differenzierung nach dem Vertragsgegenstand findet sich auch in der Gesetzesstruktur wieder.

- Die Allgemeinen Vorschriften für Mietverhältnisse (§§ 535-548) gelten unabhängig von der Art der gemieteten Sache für alle Arten von Mietverhältnissen.
- Für Wohnräume – allerdings mit bestimmten Ausnahmen (§ 549 Abs. 2-3) – gelten daneben noch die umfangreichen Sondervorschriften der ‚Mietverhältnisse über Wohnraum' (§§ 549-577a).
- Bei Mietverhältnissen über Grundstücke und gewerbliche Räume sind ergänzend zu den allgemeinen Regeln die Spezialvorschriften über ‚Mietverhältnisse über andere Sachen' (§§ 578, 579-580a) anwendbar, die weitgehend Verweisungsnormen sind.
- Mietverhältnisse über eingetragene Schiffe unterliegen den allgemeinen Regeln sowie §§ 578a-580a.
- Mietverhältnisse über bewegliche Sachen unterliegen den allgemeinen Regeln sowie §§ 579-580, 580a Abs. 3.

Alle Mietverhältnisse (AT) (§§ 535-548)		
Wohnraum-miete (§§ 549-577a)	Andere Sachen (§§ 579-580a)	
	Grundstücke, Räume (§ 578)	Eingetrag. Schiffe (§ 578a)

Angesichts der besonderen Bedeutung der Wohnraummiete wird im Folgenden beispielhaft nur diese behandelt.

b) Differenzierung nach Dauer

Der Mietvertrag ist ein typisches Dauerschuldverhältnis, das über mehr oder weniger lange Zeiträume abgeschlossen wird. Er kann dabei zeitlich befristet oder unbefristet sein. Dies ist von Bedeutung für die Beendigung des Miet-verhältnisses, das bei zeitlicher Befristung üblicherweise mit Ablauf der Frist, ansonsten durch Kündigung seitens eines der Vertragspartner endet. Insbesondere die vorzeitige Beendigung eines Mietverhältnisses stellt dabei einen wichtigen möglichen Streitpunkt zwischen den Parteien dar (zur Vertiefung s. u. Abschnitt E).

3. Geltung und Anwendungsbereich des BGB-Mietrechts

Das BGB-Mietrecht ist grundsätzlich dispositiv, mit Ausnahme der Bestimmungen zum Wohnraummietrecht, die weitgehend zwingend sind, dabei oft aber nur einseitig zu Lasten des Vermieters (der zwingende Charakter wird in den Paragrafen ausdrücklich erwähnt).

Trotz der umfänglichen gesetzlichen Regelung insbesondere der Wohnraummiete spielt die Rechtsprechung in diesem Bereich eine wichtige Rolle bei der Auslegung und Konkretisierung der Normen.

Dem BGB-Mietrecht liegt das Modell des Mietgegenstands als Stückschuld zugrunde. Möglich ist aber auch eine gattungsmäßige Bezeichnung des Mietgegenstands bei Vertragsabschluss, der erst bei Erfüllung konkretisiert wird. In diesem Fall müssen ggf. die diesbezüglichen gesetzlichen Regeln durch jene des Schuldrechts AT über Gattungsschulden modifiziert werden.

Beispiele
Bei Autoanmietung über Telefon oder Internet wird zunächst nur ein Autotyp vereinbart.
Bei schriftlicher Anmietung eines Zimmers in einem Studentenwohnheim wird noch nicht festgelegt, welches Zimmer im Einzelnen reserviert wird.

Das BGB-Mietrecht stellt das Basismodell für alle Nutzungsüberlassungen dar. Das Pachtrecht verweist hierauf ausdrücklich (§ 581 Abs. 2). Auch bei der gesetzlich nicht geregelten Nutzungsüberlassung von Rechten (insbesondere Leasing- und Lizenzverträgen) wird von der Rechtsprechung sehr oft das Mietvertragsrecht analog angewendet.

4. Zustandekommen

a) Vertragsfreiheit

Für den Mietvertrag gilt zwar grundsätzlich die Vertragsfreiheit, aber im Bereich der Wohnraummiete gibt es zahlreiche zwingende Regelungen, oft auch nur einseitig zugunsten des Mieters (s. hiervor).

Zum Schutz des Mieters können Zeitmietverträge über Wohnraum nur bei Vorliegen eines in § 575 Abs. 1 S. 1 Nr. 1 bis Nr. 3 genannten Befristungs-grundes abgeschlossen werden. Damit ist bezweckt, dass der Vermieter nicht den dem Mieter zugute kommenden Kündigungsschutz (s. u.) durch Abschluss eines (ggf. mehrfach verlängerten) Zeitmietvertrages umgeht.

Eine mögliche Einschränkung der Abschlussfreiheit kann sich auch aus dem Allgemeinen Gleichbehandlungsgesetz ergeben, das grundsätzlich auf Wohnraummietverträge anwendbar ist, hiervon allerdings zahlreiche Ausnahmen statuiert (s. § 2 Abs. 1 Nr. 8, § 19 Abs. 3 und 5 AGG).

Weitere einschränkende Regelungen betreffen insbesondere die Inhaltsfreiheit (z. B. bzgl. Instandhaltung, Höhe und Anpassung der Miete, Untervermietung) und die Beendigungsfreiheit (Vertragskündigung) (s. im Einzelnen hiernach).

b) Allgemeine Geschäftsbedingungen

Mietverträge sind sehr oft standardmäßig vorformuliert, i. d. R. durch Interessenverbände der Vermieter, wobei im Rahmen des dispositiven Rechts die gesetzliche Regelung nicht selten zu Lasten des Mieters verändert wird. In solchen Fällen sind die Bestimmungen über Allgemeine Geschäftsbedingungen (§§ 305 ff.) uneingeschränkt anwendbar, und dies kann dazu führen, dass bestimmte Klauseln durch die Gerichte im Nachhinein für unwirksam erklärt werden (s. zur Vertiefung Band 3).

c) Formvorschriften

Der Mietvertrag ist grundsätzlich formfrei, aber in der Praxis wird zumindest bei der Wohnraummiete zwecks Rechtsklarheit der Vertrag üblicherweise schriftlich verfasst.

Zwingend vorgeschrieben ist die Schriftform gemäß § 550 bei Wohnraummietverträgen, wenn die Laufzeit mehr als ein Jahr betragen soll. Bei Nichteinhaltung ist der Vertrag allerdings nicht nichtig (was nicht im Interesse des Mieters wäre), sondern der Vertrag gilt als für unbestimmte Zeit geschlossen.

Zu beachten sind im Übrigen u. U. Formvorschriften bei der Kündigung des Mietvertrags (s. u.).

B. Pflichten der Vertragsparteien

Bei der Wohnraummiete (nur diese wird hiernach beispielhaft behandelt) ergeben sich aufgrund der Komplexität und Dauer des Schuldverhältnisses zahlreiche gegenseitige Leistungspflichten.

Daneben spielen (im Folgenden nicht vertiefte) unselbständige Nebenpflichten eine wichtige Rolle, insbesondere Schutz- und Sorgfaltspflichten (in der Praxis vor allem zugunsten des Mieters), Pflichten zur Rücksichtnahme und Treuepflichten, die vor allem bei langandauernden Mietverhältnissen ausgeprägt sein können.

1. Pflichten des Vermieters

a) Gebrauchsüberlassung

Die Hauptleistungspflicht des Vermieters besteht darin, dem Mieter den Gebrauch der vermieteten Sache zu überlassen. Der Mieter hat insoweit nach § 535 Abs. 1 S. 1 einen Erfüllungsanspruch, der durch ein außerordentliches Kündigungsrecht sanktioniert wird (§ 543 Abs. 2 S. 1 Nr. 1).

b) Instandsetzungs- und -haltungspflicht

Nach § 535 Abs. 1 S. 2 ist der Vermieter typischer Weise auch verpflichtet, die vermietete Sache in einem zum vertragsgemäßen Gebrauch geeigneten Zustand zu überlassen und sie während der Mietzeit in diesem Zustand zu erhalten.

Beispiel
Der Vermieter ist verpflichtet, Reparaturen und Renovierungen bei Beschädigungen und Abnutzungen auf seine Kosten vornehmen zu lassen.

Die Sache muss also bei Übergabe in einem sachmängelfreien Zustand sein und später bleiben. Allerdings definiert das Gesetz nicht genau, was unter einem Mangel zu verstehen ist. Gemäß § 536 kann darunter alles fallen, was als Eigenschaft zugesichert wurde oder was die Tauglichkeit zum vertragsgemäßen Gebrauch aufhebt, sofern die Minderung der Tauglichkeit nicht nur unerheblich ist.

In vielen Mietverträgen wird die Instandhaltungspflicht des Vermieters allerdings mehr oder weniger umfangreich dem Mieter auferlegt. So trägt letzterer durchweg die Kosten der sog. ‚Schönheitsreparaturen'. Im Einzelnen sind jedoch viele Punkte strittig und von der Rechtsprechung zu klären.

c) Gebrauchserhaltungspflicht

Der Vermieter darf den vertragsgemäßen Gebrauch nicht stören und muss Störungen Dritter abwehren. Vor allem bei der Vermietung von Wohnräumen ist der Vermieter deshalb gezwungen, andere Mietparteien in ihre mietvertraglichen Schranken zu verweisen (z. B. bei Lärmbelästigung).

Störungen können auch durch Rechtsmängel begründet sein, die zu den gleichen Rechtsbehelfen berechtigen wie Sachmängel (s. §§ 536-536a).

d) Verwendungsersatz

Der Vermieter muss nach § 536a Abs. 2 dem Mieter die auf die Sache gemachten notwendigen Ausgaben (d. h. solche, die eigentlich der Eigentümer hätte tätigen müssen) zur Beseitigung von Mängeln ersetzen, wenn der Vermieter mit der Beseitigung im Verzug ist oder die umgehende Beseitigung des Mangels zur Erhaltung oder Wiederherstellung des Bestands der Mietsache notwendig ist.

Beispiel
Das Dach des vermieteten Hauses ist leck, so dass es hereintropft. Der Mieter informiert den Vermieter, der jedoch tagelang nichts unternimmt. Daraufhin beauftragt der Mieter einen Handwerker. Die vom Mieter bezahlte Reparaturrechnung muss der Vermieter ersetzen (sofern mietvertraglich keine abweichende Kostentragungspflicht vereinbart ist).

Außerdem kann der Mieter vom Vermieter alle Aufwendungen auf die Mietsache, die nicht bereits nach § 536a Abs. 2 zu ersetzen sind, nach den Vorschriften über die Geschäftsführung ohne Auftrag ersetzt verlangen (§ 539 Abs. 1), sofern deren Voraussetzungen erfüllt sind (s. Band 2, 10. Teil).

Er ist auch berechtigt, eine Einrichtung wegzunehmen, mit der er die Mietsache versehen hat (§ 539 Abs. 2: s. u.).

2. Pflichten des Mieters

a) Mietzahlung

Hauptpflicht des Mieters ist die Zahlung der vereinbarten Miete (§ 535 Abs. 2).

(1) Umfang

Da nach § 535 Abs. 1 S. 3 grundsätzlich der Vermieter die auf der Mietsache ruhenden Lasten zu tragen hat, sind durch die Miete grundsätzlich sämtliche Leistungen des Vermieters abgegolten. Gemäß § 556 Abs. 1 können die Parteien jedoch vereinbaren, dass der Mieter die Betriebskosten trägt. Dies sind die Kosten, die dem Eigentümer durch das Eigentum am Grundstück oder durch den bestimmungsgemäßen Gebrauch des Gebäudes laufend entstehen. Darunter fallen beispielsweise die Grundsteuer, Straßenreinigung und Müllabfuhr sowie die Haftpflichtversicherung für das Gebäude.

Zu weiteren Einzelheiten s. § 556-556a, 560.

(2) Zahlungszeitpunkt

Im Bereich der Wohnraummiete ist die Miete zu Beginn der Mietzeit oder der vereinbarten Zeitabschnitte, spätestens zum dritten Werktag, zu entrichten (§ 556b Abs. 1). Diese Regelung ist allerdings nicht zwingend. Im Voraus zu viel gezahlte Miete ist zu erstatten (§ 547).

(3) Miethöhe

Die Miethöhe kann grundsätzlich bei Vertragsabschluss frei vereinbart werden. Bei Wohnraummiete in Gebieten mit angespannten Wohnungsmärkten darf die Miethöhe bei Mietbeginn die ortsübliche Vergleichsmiete (§ 558 Abs. 2: s. hiernach) höchstens um 10 % übersteigen. Die Festlegung der Gebiete mit angespannten Wohnungsmärkten erfolgt durch Rechtsverordnung auf Landesebene (§ 556d).

Ausnahmen sind erlaubt, wenn die Vormiete höher lag als die hiervor definierte Grenze, sowie wenn es sich um Neubauten handelt oder Modernisierungsmaßnahmen durchgeführt wurden (s. §§ 556e und 556f).

Bei unerlaubter Überschreitung wird die Miethöhe auf das erlaubte Niveau gesenkt und der Mieter hat einen Anspruch auf Herausgabe der zu viel gezahlten Miete (§ 556g).

(4) Mieterhöhung

Da es sich um ein Dauerschuldverhältnis handelt, stellt sich die Frage nach den möglichen Anpassungen der Miete während der Vertragslaufzeit. Denn während bei Zeitmietverträgen normalerweise (wenn auch nicht zwingend) die Miete für den Gesamtzeitraum feststeht, stellt sich bei unbefristeten Mietverträgen die Frage der Anpassbarkeit. Grundsätzlich gilt hier Vertragsfreiheit, außer bei Wohnraummietverträgen, für die das BGB begrenzte Anpassungsmöglichkeiten vorsieht:

Zunächst können die Parteien bereits im Mietvertrag Preisanpassungen vorsehen (§ 557 Abs. 2). Dabei sind die (zugunsten des Mieters zwingenden) Bestimmungen der §§ 557a-557b (Staffelmiete, Indexmiete) zu beachten.

Beispiele
Staffelmiete: ‚Der Mietvertrag hat eine Laufzeit von 5 Jahren. In den ersten 18 Monaten beträgt die monatliche Miete 750 €, danach 775 €. Nach 30 Monaten steigt sie auf 800 €.'
Indexmiete: ‚Die Miete beträgt 750 € / Monat. Sie wird jährlich entsprechend der Entwicklung des vom Statistischen Bundesamt ermittelten Preisindex für die Lebenshaltung der privaten Haushalte in Deutschland angepasst.'

Nach § 557 Abs. 1 können sie auch während des Mietverhältnisses eine Erhöhung der Miete um einen bestimmten Betrag vereinbaren.

Können die Parteien sich diesbezüglich nicht einigen, gibt § 557 Abs. 3 dem Vermieter einen Anspruch auf Mieterhöhung im Rahmen des sog. Vergleichs-mietensystems. Dabei hat der Vermieter einen Anspruch auf Zustimmung zur Mieterhöhung bis zur ortsüblichen Vergleichsmiete, sofern die Miete zum Zeitpunkt der Mieterhöhung, von Erhöhungen nach §§ 559, 560 abgesehen, mindestens fünfzehn Monate unverändert geblieben ist (§ 558 Abs. 1). Um sicherzustellen, dass der Mieter nicht unnötig und in unangemessen kurzen Zeitabständen mit Mieterhöhungen konfrontiert wird, darf zudem das Mieterhöhungsverlangen frühestens ein Jahr nach der letzten Mieterhöhung geltend gemacht werden.

Dabei gilt grundsätzlich eine Kappungsgrenze von 20 %, d. h. die Miete darf innerhalb von 3 Jahren grundsätzlich nicht um mehr als 20 % steigen (§ 558 Abs. 3-4). Die Kappungsgrenze dient dazu, einen zu raschen Anstieg solcher Mieten, die bislang erheblich unterhalb der ortsüblichen Vergleichsmiete lagen, zum Schutz der betroffenen Mieter zu vermeiden.

Das Mieterhöhungsverlangen ist dem Mieter in Textform (Definition s. § 126b) zu erklären und zu begründen (§ 558a Abs. 1). Die Begründung kann insbesondere unter Bezugnahme auf einen Mietspiegel (§ 558a Abs. 2 Nr. 1, 558c, 558d), eine Mietdatenbank (§ 558a Abs. 2 Nr. 2, 558e), das Gutachten eines öffentlich bestellten vereidigten Sachverständigen (§ 558a Abs. 2 Nr. 3) oder die Benennung von drei Vergleichswohnungen (§ 558a Abs. 2 Nr. 4) beruhen. Auch von diesen Bestimmungen darf nur zugunsten des Mieters abgewichen werden.

b) Rückgabe der Mietsache

Der Mieter ist verpflichtet, die Mietsache am Ende der Mietzeit zurückzugeben (§ 546). Im Vertrag ist üblicherweise geregelt, in welchem Zustand sich die Sache befinden soll; falls nicht, ist bei Wohnraum dieser ordnungsgemäß geräumt und gereinigt zurückzugeben. Veränderungen oder Verschlechterun-gen der Mietsache, die durch den ordnungsgemäßen Gebrauch der Sache herbeigeführt werden, hat der Mieter nicht zu vertreten (§ 538).

Der Mieter ist demnach verpflichtet, aber auch berechtigt (§ 539 Abs. 2), eine Einrichtung wegzunehmen, mit der er die Mietsache versehen hat. Eine Einrichtung ist lt. Rechtsprechung eine bewegliche Sache, die mit der Mietsa-che fest, aber abtrennbar verbunden ist und deren wirtschaftlichen Zweck dient.

Beispiele
Regal, Deckenlampe, Wandschrank, aber nicht Parkettboden, Einbauküche
(str.)[1]

Der Vermieter kann allerdings die Ausübung dieses Wegnahmerechts durch Zahlung einer angemessenen Entschädigung abwenden, außer wenn der Mieter ein berechtigtes Interesse an der Wegnahme hat (§ 552 Abs. 1).

Erfolgt die Rückgabe verspätet, muss der Mieter für diesen Zeitraum Miete zahlen und ggf. den Schaden (z. B. bei bereits erfolgter Weitervermietung) ersetzen (§ 546a).

c) Nebenpflichten

aa) Beschränkung auf vertragsgemäßen Gebrauch
Der Mieter darf von der Mietsache nur den vertragsgemäßen Gebrauch machen. Nähere Einzelheiten ergeben sich aus §§ 538, 541. Im Übrigen werden die näheren Einzelheiten des vertragsgemäßen Gebrauchs regelmäßig durch die Hausordnung festgeschrieben.

bb) Zustimmungspflicht zur Untervermietung
Nach § 540 darf der Mieter den Gebrauch der Mietsache nicht ohne Erlaubnis des Vermieters einem Dritten überlassen. Im Falle der Wohnraummiete kann der Mieter bei berechtigtem Interesse allerdings die Zustimmung des Vermieters unter den Bedingungen des § 553 verlangen.

cc) Sonstige Pflichten
Der Mieter hat Obhuts-, Sorgfalts- und Anzeigepflichten (vgl. insbesondere die Pflicht zur Mängelanzeige gem. § 536c). Nach §§ 555a-555f muss er zudem Instandhaltungs- und Modernisierungsmaßnahmen dulden.

Pflichten der Mietvertragsparteien

Vermieter	*Mieter*
• Gebrauchüberlassung (§ 535 Abs. 1 549) • Instandsetzung (§ 535 Abs. 1) • Gebrauchserhaltung (§ 535 Abs. 1) • Vereinbarte Nebenleistungspflichten • Verwendungsersatz (§ 536a Abs. 2, 539 Abs. 1) • Herausgabe von Einrichtungen (§ 539 Abs. 2, 552) • Unselbst. Nebenpflichten, insbes. Schutz-/Sorgfalts- und Treuepflichten	• Mietzahlung (§ 535, 537, 549, 556-61, 579) • Rückgabe am Ende der Mietzeit (§ 546, 546a, 570, 578 Abs. 1) • Vereinbarte Nebenleistungspflichten • Wegnahme von Einrichtungen (§ 539 Abs. 2) • Beschränkung auf vertragsgemäßen Gebrauch (§ 538, 541) • Keine Untervermietung (§ 540 Abs. 1, 553) • Obhuts-, Sorgfalts- und Anzeigepflichten (§ 536c) • Duldungspflichten (§ 555a ff) • Sonst. unselbst. Nebenpflichten, insbes. Treuepflichten

---

[1] Str. = strittig, d. h. die Ansichten in Rechtsprechung und Rechtslehre sind so unterschiedlich, dass es keine eindeutige Rechtslage oder zumindest herrschende Meinung (h. M.) zu dieser Frage gibt.

C. Vermieterpfandrecht und Mietsicherheiten

Die vollständige und fristgerechte Zahlung der Miete ist für den Vermieter von besonderer Bedeutung, da er diese Einkünfte oft für die Bedienung von Finanzierungskosten, den Unterhalt des Immobils und / oder die Deckung privater Lebenshaltungskosten benötigt.

Bei ausbleibender Zahlung hilft ein Kündigungsrecht allenfalls, weiteren Schaden zu vermeiden, aber dadurch kann rückständige Miete nicht eingebracht werden. Das Gesetz gibt dem Vermieter deshalb ein Vermieterpfandrecht, welches in der Praxis jedoch weitaus weniger Bedeutung besitzt als zwischen den Parteien vereinbarte Mietsicherheiten.

*1. Vermieterpfandrecht

Der Vermieter von Grundstücken oder Räumen erwirbt kraft Gesetzes für seine Forderungen aus dem Mietverhältnis ein Pfandrecht an den eingebrachten Sachen des Mieters (§§ 562, 578). Hierauf sind nach § 1257 die Vorschriften über das Vertragspfandrecht (§§ 1204 ff.) entsprechend anzuwenden.

Das Pfandrecht entsteht für alle Forderungen aus dem Mietverhältnis, auch für noch nicht fällige Mietzinsforderungen, jedoch nur für die des laufenden und des folgenden Jahres (§ 562 Abs. 2).

Dem Pfandrecht unterliegen alle im Eigentum des Mieters stehenden eingebrachten pfändbaren Sachen (nicht Forderungen) des Mieters (§ 562 Abs. 1). Ausgeschlossen sind unpfändbaren Sachen (§ 562 Abs. 1 S. 2, § 811 ZPO).

Der Vermieter kann die Entfernung der mit dem Pfandrecht belasteten Sachen aus den vermieteten Räumen verhindern. Beim Auszug des Mieters darf er die Sachen sogar in seinen Besitz nehmen (§ 562b Abs. 1). Sind Sachen des Mieters ohne Wissen oder trotz des berechtigten Widerspruchs des Vermieters vom Grundstück entfernt worden, so steht dem Vermieter ein Anspruch auf Rückschaffung gegenüber dem jeweiligen Besitzer zu (§ 562b Abs. 2 S. 1).

Der Vermieter ist berechtigt, bei Pfandreife die dem Vermieterpfandrecht unterliegenden Sachen zum Zweck seiner Befriedigung durch Verkauf zu verwerten (§§ 1257, 1228 ff.). .

Das Pfandrecht erlischt gemäß den allgemeinen Erlöschensgründen des Vertragspfandrechts (§ 1257 i. V. m. §§ 1242, 1252, 1255 f.). Gemäß § 562a geht das es auch unter, wenn die Sache von dem Grundstück oder aus den Mieträumen entfernt wird, außer wenn die Entfernung ohne Wissen oder gegen den Widerspruch des Vermieters erfolgt.

Der Widerspruch des Vermieters ist unbeachtlich, wenn die Entfernung der Mietsache den gewöhnlichen Lebensverhältnissen entspricht (z. B. Weggabe zur Reparatur) oder die zurückbleibenden Sachen zur Sicherung des Vermieters offensichtlich ausreichen (§ 562a S. 2).

Sind Sachen ohne Wissen oder trotz rechtserheblichen Widerspruchs des Vermieters weggeschafft worden, so besteht das Pfandrecht aber nicht zeitlich unbegrenzt fort. Es erlischt vielmehr unter den Voraussetzungen des § 562b Abs. 2 S. 2.

2. Sonstige Mietsicherheiten

a) <u>Zweck</u>

Das Vermieterpfandrecht bietet dem Vermieter vielfach eine zu geringe Sicherheit. Denn es entsteht nur an pfändbaren Sachen des Mieters (Hausrats-gegenstände z. B. sind oft gem. § 811 ZPO unpfändbar). Der Vermieter hat ggf. auch keinen Lagerraum für sichergestellte Gegenstände. Zudem wird bei der Verwertung gebrauchter Sachen meist nur ein geringer Erlös erzielt.

Deshalb machen viele Vermieter den Abschluss eines Mietvertrages davon abhängig, dass der Mieter eine Sicherheit leistet.

Beispiele
Bereitstellung einer Geldsumme, Abtretung von Gehalts- und Lohnansprü-chen, Mietaval einer Bank, Bürgschaft eines Verwandten (vgl. auch § 232).

---

b) <u>Gesetzliche Regelung bei Wohnraummiete</u>

Damit im Einzelfall gegenüber dem Sicherungsinteresse des Vermieters auch das Schutzbedürfnis des Mieters berücksichtigt wird, stellt § 551 für die Wohn-raummiete Regeln über die Vereinbarung von Sicherheiten auf, die nicht zum Nachteil des Mieters abbedungen werden können (§ 551 Abs. 4).

(1) Die Sicherheit darf das Dreifache des monatlichen Mietzinses (ohne Neben-kosten) nicht übersteigen (§ 551 Abs. 1-2). Dies muss auch bei Mehrfach-sicherungen (z. B. Barkaution und Lohnabtretung) beachtet werden, d. h. diese dürfen insgesamt nicht mehr als drei Monatsmieten ausmachen. Eine Barkau-tion kann vom Mieter in drei gleichen Monatsraten erbracht werden, wobei die erste Teilleistung zu Beginn des Mietverhältnisses fällig ist (§ 551 Abs. 2).

(2) Der Vermieter ist verpflichtet, die Barkaution bei einer Sparkasse oder Bank als Sparguthaben zum üblichen Zinssatz mit dreimonatiger Kündigungs-frist und von seinem Vermögen getrennt anzulegen (§ 551 Abs. 3). Die Zinsen (und Zinseszinsen) stehen dem Mieter zu, müssen jedoch auf dem Konto stehen bleiben (§ 551 Abs. 3).

(3) Bei Veräußerung des Wohnraums tritt der Erwerber hinsichtlich der Mietsicherheit des Mieters in die Rechte des Vermieters ein (§ 566a S. 1. S. auch hiernach). Kann der Mieter bei Beendigung des Mietverhältnisses die Sicherheit nicht vom Erwerber zurückerhalten, ist der Vermieter weiterhin zur Rückgewähr verpflichtet (§ 566a S. 2).

*D. Veräußerung der Mietsache

Werden (Wohn)Räume bzw. Immobilien nach der Überlassung an den Mieter vom Vermieter an einen Dritten veräußert, tritt nach § 566 der Erwerber anstelle des Vermieters kraft Gesetzes als Rechtsnachfolger in das Mietverhält-nis ein, ohne dass der Mieter dem zustimmen müsste.

Es handelt sich dabei um eine Ausnahme zum Grundsatz der Relativität der Schuldverhältnisse und der Regeln, die insbesondere zur Schuldübernahme gelten: Letztere ist nämlich nur möglich, wenn der Gläubiger zustimmt (s. im Einzelnen 8. Teil). Da in einem gegenseitigen Vertrag wie dem Mietvertrag der Mieter auch Gläubiger des Vermieters ist, müsste er eigentlich der Übernahme des Mietvertrages durch den Vermieter / Eigentümer zustimmen. Tut er dies nicht, kann der Vermieter das vermietete Immobil nicht veräußern, es sei denn, er nimmt einen Vertragsbruch in Kauf, da er nach Veräußerung seinen Pflichten als Vermieter nicht mehr nachkommen kann.

Auch für den Mieter ist die Regel von § 566 von Vorteil, da er nicht befürchten muss, bei einer Veräußerung als (im Verhältnis zum neuen Eigentümer) rechtloser Nutzer auf Herausgabe verklagt zu werden, da der neue Eigentümer wegen § 566 durch den Mietvertrag gebunden ist.

E. Beendigung und Fortsetzung des Mietverhältnisses

1. Grundlagen

a) Systematik

Der Mietvertrag ist ein Dauerschuldverhältnis, das ausnahmsweise nicht durch Erfüllung endet, sondern normalerweise (sofern es nicht im beiderseitigen Einvernehmen beendet wird) entweder durch Zeitablauf (befristeter Mietvertrag, Zeitmietvertrag) oder durch ordentliche Kündigung (unbefristeter Mietvertrag). Beide Vertragsformen können zudem außerordentlich fristlos oder mit gesetzlicher Frist gekündigt werden. Verkompliziert wird die Rechtslage noch dadurch, dass die Kündigungsregeln für Mieter und Vermieter in wichtigen Punkten unterschiedlich (i. d. R. zugunsten des Mieters) gestaltet sind (s. Abschnitt 2-3).

Daneben gibt es gemeinsame Regeln für die verschiedenen Konstellationen, die sich sowohl auf die Kündigungsmodalitäten als auch auf die Rückabwicklung und mögliche Fortsetzung des Mietvertrags beziehen (s. Abschnitt 4-5).

Kündigung des Wohnraummietvertrages		
	Unbefristetes Mietverhältnis	**Befristetes Mietverhältnis**
Ordentliche Kündigung	§ 542 Abs. 1, 573 - 573c, 574-574c	nicht möglich: § 542 Abs. 2*
A.o. Kündigung mit Frist	§ 540 Abs. 1 S. 2, 544, 561 Abs. 1, 564, 568, 573d	wie unbefristet, außer § 575a statt § 573d
fristlos	§ 543, 569	
	*Endet mit Ablauf der vereinbarten Mietzeit	

b) Kündigungsmodalitäten

Die Kündigung des Mietverhältnisses muss immer schriftlich erfolgen (§ 568 Abs. 1). Die Gründe für ein berechtigtes Interesse bei einer Kündigung durch den Vermieter sind im Kündigungsschreiben anzugeben (§ 573 Abs. 3), ebenso der wichtige Grund bei einer Kündigung aus wichtigem Grund durch eine der Parteien (§ 569 Abs. 4).

c) Mieterschutz

Neben dem Bereich der Mieterhöhung stellt die Beendigung des Mietverhältnisses den sensibelsten Punkt des Mietvertragsrechts dar. Die meisten diesbezüglichen gesetzlichen Bestimmungen sind deshalb einseitig zwingend, d. h. dürfen nicht zu Lasten des Mieters abbedungen werden. Unwirksam sind auch Klauseln im Mietvertrag, denen zufolge dem Vermieter ein (vertragliches) Rücktrittsrecht eingeräumt wird oder das Mietverhältnis zum Nachteil des Mieters auflösend bedingt ist (§ 572). Ein nachträglicher Aufhebungsvertrag zwecks vorzeitiger Beendigung ist allerdings uneingeschränkt möglich (der Mieter kann sich z. B. sein Mietrecht durch eine Abstandszahlung abkaufen lassen).

Zu beachten ist, dass einige Schutzbestimmungen bei bestimmten Mietverhältnissen über Wohnraum nicht anwendbar sind (s. im Einzelnen § 549 Abs. 2-3).

2. Unbefristeter Mietvertrag

a) Überblick

Ein auf unbestimmte Zeit eingegangener Mietvertrag endet durch Kündigung (§ 542). Zu unterscheiden sind dabei drei Arten der Kündigung: ordentliche, außerordentliche befristete und außerordentliche fristlose Kündigung.

Angesichts der großen existenziellen Bedeutung, über Wohnraum zu verfügen, greifen hierfür weitgehend zwingende Vorschriften des sozialen Mietrechts ein.

Erforderlich ist hier stets eine einseitige, schriftliche, empfangsbedürftige Kündigungserklärung (s. o.).

b) Ordentliche Kündigung

(1) Durch den Mieter

Der Mieter kann jederzeit ohne Begründung ordentlich kündigen (§ 542). Die Kündigungsfrist beträgt unabhängig von der Dauer des Mietverhältnisses drei Monate, wenn sie bis spätestens am dritten Werktag eines Kalendermonats erfolgt (sonst beginnt die Frist erst am Ende des Monats) (§ 573c Abs. 1 S. 1).

(2) Durch den Vermieter

Der Vermieter kann nur bei Vorliegen eines berechtigten Interesses im Sinne von § 573 ordentlich kündigen. Die ausdrücklich, aber nicht abschließend, im Gesetz (Abs. 2) genannten berechtigten Interessen des Vermieters an der Beendigung des Mietverhältnisses sind: schuldhafte erhebliche Verletzung vertraglicher Verpflichtungen (Nr. 1), Eigenbedarf des Vermieters (Nr. 2) und Hinderung des Vermieters an einer angemessenen wirtschaftlichen Verwertung (Nr. 3). In dem Kündigungsschreiben sind die Gründe anzugeben (Abs. 3).

Die Kündigungsfristen richten sich nach der Dauer des Mietverhältnisses. Sie beträgt wie bei der Kündigung durch den Mieter grundsätzlich drei Monate, verlängert sich aber nach fünf Jahren seit Überlassung des Wohnraums auf sechs Monate und nach acht Jahren auf neun Monate (§ 573c Abs. 1 S. 2).

Der Mieter genießt zusätzlichen Schutz in Form eines Widerspruchsrechts in besonderen Härtefällen (Sozialklausel) (§ 574-574c). Er kann in diesen Fällen verlangen, dass das Mietverhältnis so lange fortgesetzt wird, wie dies unter Berücksichtigung aller Umstände angemessen ist (§ 574a Abs. 1 S. 1). Der Vermieter muss auf diese Möglichkeit des Widerspruchs, ihre Form und die einzuhaltende Frist rechtzeitig (aber nicht unbedingt im Kündigungsschreiben) hinweisen (§ 568 Abs. 2).

c) Außerordentliche Kündigung

Das Mietvertragsrecht enthält hierzu Spezialnormen, die dem § 314 vorgehen, so dass letzterer nicht zur Anwendung kommt.

Zu unterscheiden sind hier die befristete und fristlose Kündigung:

(1) Außerordentliche befristete Kündigung

Diese bewirkt eine vorzeitige, aber nicht sofortige Beendigung eines Mietverhältnisses. Es handelt sich hierbei um Einzelfälle mit jeweils spezifischen Gründen:
- Bei Kündigung durch den Mieter: § 540 Abs. 1 S. 2, 544, 561 Abs. 1, 564.
- Bei Kündigung durch den Vermieter: § 544, 563 Abs. 4, 564, 573d bzw. 575a (durch den Verweis von § 573d Abs. 1 bzw. 575a Abs. 1 auf § 573 muss der Vermieter zudem ein berechtigtes Interesse geltend machen).

Die gesetzliche Kündigungsfrist ist i. w. analog zur Frist bei ordentlicher Kündigung gestaltet (§ 561 Abs. 1, 573d Abs. 2, 575a Abs. 3).

Die Sozialklausel (s. hiervor) gilt auch in diesen Fällen.

(2) Außerordentliche fristlose Kündigung

Diese bewirkt eine sofortige Beendigung des Mietverhältnisses und ist deshalb nur möglich, wenn ein wichtiger Grund vorliegt. Dies ist der Fall, wenn dem Kündigenden die Fortsetzung des Mietverhältnisses bis zum Ablauf der Kündigungsfrist oder bis zur sonstigen Beendigung des Mietverhältnisses nicht zugemutet werden kann (§ 543 Abs. 1). Auch Störungen des Mietverhältnisses, die nicht schuldhaft erfolgen, können die Grundlage für eine fristlose Kündigung bilden.

Einzelfälle des Kündigungsrechts finden sich
- für den Mieter in den §§ 543 Abs. 1, Abs. 2 S. 1 Nr. 1, 569 Abs. 1-2,
- für den Vermieter in den §§ 543 Abs. 1, Abs. 2 S. 1 Nr. 2-3, S. 2, 569 Abs. 2-3.

Zudem legt § 543 Abs. 3 ausdrücklich fest, dass als weitere Voraussetzung für die fristlose Kündigung grundsätzlich eine Abmahnung oder Fristsetzung zur Abhilfe erforderlich ist, wenn der wichtige Grund in einer Verletzung des Mietvertrags besteht. Bei Vorliegen besonderer Umstände (Nr. 1 bis Nr. 3) kann jedoch von dieser Erfordernis abgesehen werden.

3. Zeitmietvertrag

Grundsätzlich endet ein für eine bestimmte Zeit eingegangener Mietvertrag mit Zeitablauf (§ 542 Abs. 2), außer

- es erfolgt eine vorzeitige außerordentliche fristlose Kündigung aus wichtigem Grund: Hier greifen die gleichen Regeln wie bzgl. eines unbefristeten Vertrags (s. o.). Oder
- es erfolgt eine vorzeitige außerordentliche Kündigung mit gesetzlicher Frist: Hier sind ebenfalls die bei unbefristeten Mietverträgen geltenden Regeln anwendbar, mit der Ausnahme dass § 573d durch § 575a ersetzt wird.

Da Zeitmietverträge über Wohnraum nur unter bestimmten Voraussetzungen abgeschlossen werden können (s. o.), hat der Mieter zudem (frühestens) vier Monate vor Ablauf des Mietverhältnisses einen Auskunftsanspruch darauf, ob der Befristungsgrund, der ihm bei Vertragsschluss mitgeteilt wurde, noch besteht. Hierauf muss der Vermieter binnen eines Monats antworten. Wird diese Auskunft verspätet erteilt, gewährt § 575 Abs. 2 S. 2 dem Mieter einen Anspruch auf Verlängerung des Mietverhältnisses um den Verspätungszeitraum. Das Gleiche gilt, wenn der Grund der Befristung erst später eintritt (§ 575 Abs. 3 S. 1). Wenn dagegen der ursprüngliche Grund der Befristung ganz entfällt, hat der Mieter sogar einen Anspruch auf Verlängerung des Mietverhältnisses auf unbestimmte Zeit (§ 575 Abs. 3 S. 2).

Auch hier gilt bei einer außerordentlichen Kündigung mit gesetzlicher Frist im Übrigen das Widerspruchsrecht aus sozialen Gründen, mit der Maßgabe allerdings, dass eine Verlängerung höchstens bis zum vertraglich bestimmten Zeitpunkt der Beendigung verlangt werden kann (§ 575a Abs. 2).

4. Rückabwicklungsverhältnis

Die Kündigung des Mietvertrages beendet den Vertrag ex nunc, d. h. mit Ablauf der Kündigungsfrist ohne Rückwirkung. Es entsteht hierdurch ein Rückabwicklungsverhältnis, in dem

- der Mieter zur Rückgabe der Mietsache verpflichtet ist (§ 546),
- der Vermieter notwendige Verwendungen des Mieters ersetzen, die Wegnahme von Einrichtungen, mit denen der Mieter die Mietsache versehen hat, dulden (§ 539) und eine Mietvorauszahlung oder einen abwohnbaren Baukostenzuschuss, der noch nicht verbraucht ist, zurückzahlen muss (s. § 547a Abs. 1).

Dem Mieter steht ausnahmsweise kein Zurückbehaltungsrecht gegen den Rückgabeanspruch des Vermieters zu (§ 570).

Der Vermieter kann bei verspäteter Rückgabe für die Dauer der Vorenthaltung der Mietsache den vereinbarten oder – bei Wohnräumen – ortsüblichen Mietzins als Entschädigung verlangen (§ 546a, 571). Daneben kann ein weitergehender Schaden ersetzt verlangt werden.

5. Fortsetzung

Die Fortsetzung des beendigten Mietvertrages ist zunächst durch einen neuen ausdrücklichen Vertragsschluss (bzw. Verlängerungsvereinbarung oder ausgeübte Verlängerungsoption) möglich.

Daneben nimmt das Gesetz eine stillschweigende Verlängerung an, falls der Gebrauch der Mietsache vom Mieter nach Ablauf der Mietzeit fortgesetzt wird und der Vermieter nicht innerhalb von zwei Wochen widerspricht (§ 545). Diese Verlängerung kann jedoch von den Parteien durch entsprechende Vereinbarung verhindert werden, auch in vorformulierten Mietbedingungen.

Sonderregeln enthält das Gesetz auch für den Fall des Todes des Mieters. Grundsätzlich wäre dann das Mietverhältnis beendet. Da dies i. d. R. jedoch nicht im Interesse der Familienangehörigen bzw. Erben ist, gelten in diesem Fall folgende Regeln:

Gemäß § 563, 563b treten der Ehegatte sowie Familienangehörige in das Mietverhältnis ein und setzen es fort, auch wenn sie nicht Erben des Mieters sind.

Ist das nicht der Fall, wird das Mietverhältnis gem. § 564 Abs. 1 mit den Erben fortgesetzt. In diesem Fall steht sowohl dem Vermieter als auch den Erben des verstorbenen Mieters innerhalb eines Monats ab Kenntnis vom Tod des Mieters ein Sonderkündigungsrecht zu (§ 564 S.2). Von grundlegender Bedeutung ist aber vor allem, dass die Schutzvorschriften des sozialen Mietrechts dann nicht mehr gelten, d. h. der Vermieter braucht kein berechtigtes Interesse im Sinne von § 573 nachzuweisen (s. § 573d Abs. 1, 575a Abs. 1).

II. Sonstige Gebrauchsüberlassungsverträge

A. Pacht

1. Wesensmerkmale

Die Pacht ist ein gegenseitiger Vertrag, durch den sich der Verpächter verpflichtet, dem Pächter gegen Entgelt den Gebrauch des verpachteten Gegenstandes samt Fruchtziehung zu gewähren (vgl. § 581 Abs. 1).

Verpachtet werden können wie bei der Miete Grundstücke, Räume, Unternehmen, Unternehmensteile, daneben aber auch Rechte (z. B. Jagd-, Fischerei- und sonstige Rechte), da das Gesetz nicht von Sachen, sondern von ‚Gegenständen' spricht.

2. Regelung

Die Rechte und Pflichten der am Pachtverhältnis Beteiligten (und damit die entsprechenden Anspruchsgrundlagen) ergeben sich aus § 581 Abs. 1: Der Verpächter ist verpflichtet, den Gebrauch des verpachteten Gegenstandes und den Genuss der Früchte, soweit sie nach den Regeln einer ordnungsgemäßen Wirtschaft als Ertrag anzusehen sind, während der Pachtzeit zu gewähren; der Pächter ist zur Zahlung des vereinbarten Pachtzinses verpflichtet.

Von der Miete unterscheidet sich die Pacht somit i. w. durch den Inhalt der Nutzung, denn der Mietvertrag gestattet nur den Gebrauch, die Pacht auch die Fruchtziehung

Dennoch finden nach § 581 Abs. 2 auf die Pacht grundsätzlich die Vorschriften über die Miete entsprechende Anwendung, sofern sich aus den §§ 582-584b nichts abweichendes ergibt. Für spezielle Pachtgegenstände greifen Sondervorschriften ein (im BGB z. B. finden sich in den §§ 585 ff. Sonderregelungen bezüglich der sog. ‚Landpacht').

B. Leihe

1. Wesensmerkmale

Durch die Leihe wird der Verleiher einer Sache verpflichtet, dem Entleiher den Gebrauch der Sache unentgeltlich zu gestatten (§ 598).

Es handelt sich hierbei also um die unentgeltliche Variante des Mietvertrages (oder seltener der Pacht von Sachen), allerdings ist er nicht einseitig, sondern unvollkommen zweiseitig verpflichtend (s. hiernach).

Beispiel
Beim ‚Fahrradverleih' handelt es sich rechtlich um Miete, wenn die Leihe nicht unentgeltlich erfolgt.
Überlässt jemand seinem Nachbarn Handwerkszeug zur unentgeltlichen Nutzung, handelt es sich um eine Leihe.

---

2. Zustandekommen

Hier ergeben sich keine Besonderheiten, insbesondere keine Formvorschriften, da es sich im Gegensatz zur Schenkung nicht um eine endgültige Übertragung handelt, und im Gegensatz zur Miete der Entleiher im Normalfall nicht schutzbedürftig ist.

Strittig könnte je nach Umständen allerdings sein, ob seitens des Verleihers ein rechtlicher Bindungswille besteht, oder ob es sich um eine bloße Gefälligkeit handeln sollte (s. 1. Teil).

3. Rechte und Pflichten

a) Pflichten des Verleihers

Der Verleiher ist zur unentgeltlichen Gestattung des Gebrauchs verpflichtet. Da er dies unentgeltlich tut, hat er nach § 599 lediglich Vorsatz und grobe Fahrlässigkeit zu vertreten, und er haftet für Sach- und Rechtsmängel nach § 600 nur dann, wenn er den Mangel arglistig verschwiegen hat.

b) Pflichten des Entleihers

Die Pflichten entsprechen, von der Mietzahlung abgesehen, weitgehend denen des Mieters: Vertragsgemäßer Gebrauch (§ 603 S. 1), Verbot der Überlassung an Dritte ohne Zustimmung des Verleihers(§ 603 S. 2), Rückgabe bei Fälligkeit (§ 604).

Anders als im Mietrecht hat jedoch nach § 601 der Entleiher die gewöhnlichen Erhaltungskosten der geliehenen Sache zu tragen, allerdings nicht die Verantwortung für Veränderungen und Verschlechterungen, die sich aus dem vertragsgemäßen Gebrauch der Sache ergeben.

4. Beendigung

Befristete Leihverträge enden mit Ablauf der Leihfrist (§ 604 Abs. 1).

Bei unbefristeter Leihe gilt grundsätzlich nach § 604 Abs. 2, dass die Sache nach Gebrauchsbeendigung zurückzugeben ist oder nach Ablauf einer angemessenen Frist, innerhalb derer der Gebrauch hätte gemacht werden können, selbst wenn tatsächlich kein Gebrauch stattgefunden hat.

Ist die Dauer nicht bestimmt und dem Zweck der Leihe auch nicht zu entnehmen, kann der Verleiher die Sache jederzeit zurückfordern. Ansonsten kann er den Vertrag unter den in § 605 festgelegten Bedingungen außerordentlich (fristlos) kündigen. Daneben besteht nach h. M. das außerordentliche Kündigungsrecht nach § 314 aus (anderem) wichtigem Grund.

Der Entleiher kann die Sache i. d. R. jederzeit (also auch vor Vertragsende) zurückgeben, es sei denn, die Leihe erfolgt ausnahmsweise im Interesse des Verleihers.

C. Darlehen

1. Wesensmerkmale

Im Gegensatz zu den bisher behandelten Nutzungsüberlassungsverträgen wird beim Darlehen nicht nur der ‚Gebrauch' gestattet, sondern der ‚Verbrauch', d. h. der Darlehensnehmer muss nicht dieselbe Sache zurückgeben, sondern nur Sachen gleicher Art, Güte und Menge (s. § 607 Abs. 1).

Rechtstechnisch wird dies dadurch bewerkstelligt, dass über die Darlehensvergabe dem Darlehensnehmer das Eigentum an den betreffenden Gegenständen verschafft wird (d. h. hierzu ist ein Verfügungsgeschäft erforderlich: s. 5. Teil).

Dies bedeutet, dass das Darlehen nur für vertretbare Sachen möglich ist, d. h. bewegliche Sachen, die im Verkehr nach Zahl, Maß oder Gewicht bestimmt zu werden pflegen (§ 91).

Hieraus ergibt sich auch, dass der Darlehensvertrag sich immer auf Gattungsschulden bezieht, da es sich bei Stückschulden immer um individualisierte Einzelstücke handelt. Das Gesetz unterscheidet dabei Geld- und Sachdarlehen, wobei vor allem ersteres in der Praxis von Bedeutung sind und vom Gesetzgeber geregelt wurde (§§ 488 ff.), während das Sachdarlehen nur kurz abgehandelt (§§ 607-609) und hiernach nicht berücksichtigt wird.

> Beispiele
> Wenn ein Buch vermietet oder geliehen wird, ist dasselbe (identische) Buch zurückzugeben. Wenn es Gegenstand eines Sachdarlehens ist, kann auch ein anderes Exemplar des Buches zurückgegeben werden.
> Die Wertpapierleihe ist entgegen dem Wortlaut keine Leihe, sondern Sachdarlehen.
> Geld ist üblicherweise Gegenstand eines Darlehens, aber es kann auch Gegenstand von Miete oder Leihe sein, z. B. Sammlermünzen oder ein Geldschein mit einer bestimmten Nummer: Dann müssen genau die übergebenen Gegenstände zurückgegeben werden.

Beim Gelddarlehen wiederum muss man unterscheiden zwischen den allgemeinen Normen und den besonderen Vorschriften zu Verbraucherdarlehen oder -krediten (§§ 491 ff.: diese enthalten im Übrigen auch Vorschriften zu Vertragsarten, die keine Darlehen darstellen, sondern andere Formen (insbesondere Kauf, Finanzierungsleasing) mit integrierten Finanzierungsmodalitäten). Im Folgenden werden nur die allgemeinen Regeln dargestellt Zu Verbraucherdarlehen s. Band 3).

Darlehen können schließlich entgeltlich oder unentgeltlich sein. Letztere Form ist nicht getrennt geregelt und wird nur punktuell im BGB besonders angesprochen.

2. Zustandekommen

Da Darlehensverträge i. d. R. von den Kreditgebern formularmäßig vorformuliert werden, sind die Regeln bzgl. AGB anwendbar. Bei kreditgebenden Banken oder Sparkassen werden im Übrigen deren AGB üblicherweise zum Vertragsinhalt gemacht (s. hierzu Band 3).

Sind die zu zahlenden Zinsen über Gebühr hoch, kann u. U. ein nichtiges sittenwidriges Wuchergeschäft vorliegen (s. § 138 Abs. 2).

3. Pflichten der Vertragsparteien

a) Pflichten des Darlehensgebers

Durch einen Gelddarlehensvertrag verpflichtet sich der Darlehensgeber, dem Darlehensnehmer einen Geldbetrag in vereinbarter Höhe zur Verfügung zu stellen (§ 488 Abs. 1 S. 1).

Außerdem muss er ihm den Gebrauch während der vereinbarten Zeit gewähren, d. h. er darf den Darlehensbetrag nicht vorzeitig zurückfordern (s. aber unten bzgl. der Beendigung des Darlehens).

b) Pflichten des Darlehensnehmers

Der Darlehensnehmer ist verpflichtet, bei Fälligkeit das zur Verfügung gestellte Darlehen zurückzuerstatten (§ 488 Abs. 1 S. 2). Fällig ist das Darlehen zum vereinbarten Zeitpunkt (Ende der Laufzeit). Falls ein solcher nicht vereinbart wurde (unbefristetes Darlehen, z. B. Kontokorrentkredit), hängt die Fälligkeit davon ab, dass das Darlehen von einer der Parteien gekündigt wurde (§ 488 Abs. 3 S. 1).

Bei verzinslichen Darlehen (ein Darlehen kann auch zinslos vereinbart werden: arg. e § 488 Abs. 3 S. 3) sind die vereinbarten Zinsen zu zahlen, und zwar – soweit nichts anderes vereinbart wurde (was in der Regel aber der Fall sein wird) – grundsätzlich nach Ablauf je eines Jahres oder – bei einer kürzeren Laufzeit – bei Rückerstattung (Nachschüssigkeit) (§ 488 Abs. 2).

4. Beendigung

Darlehen können durch ordentliche oder außerordentliche Kündigung beendet werden. Dabei sind die Kündigungsrechte von Darlehensgeber und Darlehensnehmer z. T. unterschiedlich ausgestaltet.

a) Ordentliche Kündigung

(1) Durch beide Parteien

Ist von den Vertragsparteien kein bestimmter Zeitpunkt für die Rückzahlung des Darlehens vereinbart, können beide Parteien jederzeit kündigen. Die gesetzliche Kündigungsfrist beträgt drei Monate, aber es können auch andere Kündigungsfristen vereinbart werden (§ 488 Abs. 3 S. 2).

(2) Durch den Darlehensnehmer

Der Darlehensnehmer besitzt daneben folgende (nicht abdingbare) spezielle Kündigungsrechte:
- Kredite mit einem variablen Zinssatz können nach § 489 Abs. 2 jederzeit mit einer Kündigungsfrist von drei Monaten gekündigt werden;
- Kredite mit einem festen Zinssatz können nur unter den eingeschränkten Voraussetzungen des § 489 Abs. 1, in jedem Fall aber spätestens nach Ablauf von zehn Jahren gekündigt werden.

Eine Kündigung durch den Schuldner nach diesen Bestimmungen gilt jedoch als nicht erfolgt, wenn er den geschuldeten Betrag nicht binnen zweier Wochen nach Wirksamwerden der Kündigung zurückzahlt (§ 489 Abs. 3).

Bei zinslosen Darlehen kann der Darlehensnehmer auch ohne Kündigung jederzeit zurückzahlen (§ 488 Abs. 3 S. 3).

b) Außerordentliche Kündigung

(1) Durch den Darlehensgeber

Wenn sich beim Darlehensnehmer die Vermögensverhältnisse oder die Werthaltigkeit einer für das Darlehen gestellten Sicherheit wesentlich verschlechtern, kann der Darlehensgeber den Darlehensvertrag vor der Darlehensauszahlung im Zweifel immer, nach der Auszahlung nur in der Regel fristlos kündigen (§ 490 Abs. 1).

(2) Durch den Darlehensnehmer

Dem Darlehensnehmer steht bei einem festverzinslichen und durch Grundpfandrechte besicherten Darlehen ein vorzeitiges Kündigungsrecht zu, wenn er daran ein berechtigtes Interesse hat. Möglich ist dies allerdings erst nach Ablauf von sechs Monaten nach dem vollständigen Empfang des Darlehens unter Einhaltung einer Kündigungsfrist von drei Monaten (§ 490 Abs. 2 i. V. m. § 489 Abs. 1 Nr. 2).

Nach § 490 Abs. 2 S. 2 liegt ein berechtigtes Interesse insbesondere dann vor, wenn der Darlehensnehmer die Sache, die er zur Sicherung des Darlehens eingesetzt hat, anderweitig verwenden möchte.

Beispiel
Der Darlehensnehmer zieht in eine andere Stadt und möchte bzw. muss die selbstgenutzte und fremdfinanzierte Eigentumswohnung veräußern.

Allerdings ist er bei Kündigung dem Darlehensgeber zum Ersatz des aus der vorzeitigen Kündigung entstandenen Schadens verpflichtet (Vorfälligkeitsentschädigung).

Beendigung von Darlehensverträgen		durch Darlehensgeber	durch Darlehensnehmer
Unbefristetes Darlehen	verzinst	•o.K. mit Frist gem. § 488 Abs. 3	•o.K. mit Frist gem. § 488 Abs. 3 •Keine a.o.K.
	zinslos	•a.o.K. gem. § 490 Abs. 1 und Abs. 3	Jederzeitige Rückgabe gem. § 488 Abs. 3
Befristetes Darlehen	variabler Zins	•Ablauf vereinbarte Laufzeit •a.o.K. gem. § 490 Abs. 1 und Abs. 3	•Ablauf Laufzeit •o.K. gem. 489 Abs. 2-4 •a.o.K. gem. § 490 Abs. 2 und Abs. 3
	fester Zins		•Ablauf Laufzeit •o.K. gem. 489 Abs. 1, 3, 4 •a.o.K. gem. § 490 Abs. 2 und Abs. 3
	zinslos		Jederzeit § 488 Abs. 3

o.K.: ordentliche Kündigung; a.o.K.: außerordentliche Kündigung

Wiederholungsfragen

1. Nach welcher Systematik ist das Mietvertragsrecht strukturiert?
2. In welchen Aspekten äußert sich der zwingende Charakter des Mietvertragsrechts? Welche Aspekte sind nur dispositiv geregelt?
3. Welcher besondere Regelungsbedarf ergibt sich aus dem Dauerschuldcharakter der Gebrauchsüberlassungsverträge?
4. Wie wird der Mieter von Wohnraum bei Vertragsschluss und während der Vertragslaufzeit gegen zu hohe Mietpreise geschützt?
5. Welche Möglichkeiten gibt es, einen Wohnraummietvertrag ordentlich oder außerordentlich zu beenden? Warum ist dieser Bereich häufig Streitgegenstand?
6. Durch welche Merkmale unterscheiden sich Miete, Pacht, Leihe und Darlehen?
7. Wodurch unterscheiden sich Geld- und Sachdarlehen?
8. Wann ist § 314 bei den hier behandelten Verträgen anwendbar?
9. Welche unselbständigen Nebenpflichten spielen bei den hier behandelten Vertragsformen eine besondere Rolle?

Übungen zum 6. Teil

Fall 40

Vroni Vandamme vermietet an Molli Mies eine 2-Zimmer-Wohnung. Im schriftlichen Mietvertrag wird u. a. folgendes vereinbart:

„(1) Das Mietverhältnis ist durch die Vermieterin mit 3-tägiger Frist zu jedem Monatsende kündbar.

(2) Das gesetzliche Widerspruchsrecht der Mieterin gegen die Kündigung nach § 574 BGB entfällt.

(3) Schäden bis zu einem Betrag von 300 € im Einzelfall sind, auch wenn sie die vertragsgemäße Nutzung der Wohnung beeinträchtigen, von der Mieterin zu beseitigen."

Bei späteren Streitigkeiten will Mies die unterschriebenen Klauseln nicht einhalten und beruft sich auf deren Nichtigkeit. Mit Recht? (Hinweis: Bestimmungen des AGB-Rechts (§§ 305 ff.) sind hier nicht zu beachten.)

Lösung

Grundsätzlich gilt zwischen den Parteien eines Mietvertrags das, was sie vereinbart haben. Nur vertragliche Regelungen, die gegen zwingendes Recht verstoßen, sind unwirksam. Das Wohnunraummietrecht ist aus sozialen Gründen in weiten Bereichen für den Vermieter zwingend, d. h es darf nicht zu Lasten des Mieters davon abgewichen werden. Es ist daher im Einzelnen zu prüfen, ob die beanstandeten Klauseln zugunsten des Vermieters von zwingendem Recht abweichen.

Klausel (1) verstößt gegen die zugunsten des Mieters zwingende Regelung des § 573c (s. § 573c Abs. 4). Sollte darüber hinaus durch diese Klausel festgelegt werden, dass die Vermieterin kein berechtigtes Interesse nachweisen und angeben muss (was sich nur bei Vorliegen des gesamten Vertrags klären lässt, da dies in einer anderen Klausel geregelt sein kann), verstieße die Klausel auch gegen § 573 (s. Abs. 4).

Klausel (2) ist nach § 574 Abs. 4 unwirksam, da das Widerspruchsrecht gemäß § 574 nicht zum Nachteil des Mieters abbedungen werden kann.

Die von der gesetzlichen Leitvorstellung nach § 535 Abs. 1 S. 2 abweichende Reparaturregelung in Klausel (3) dagegen ist zulässig, weil es sich insofern lt. Rechtsprechung um dispositives Recht handelt.

Fall 41

Konrad Kunze hat eine Maisonettewohnung gemietet und hierin für seine gehbehinderte Frau einen Treppenlift auf eigene Kosten einbauen lassen. Als der Mietvertrag beendet wird, will er diesen Lift wieder entfernen.

Der Vermieter widerspricht mit der Begründung, er sei durch den Einbau des Lifts in seine Wohnung deren Eigentümer geworden, da er als wesentlicher Bestandteil gelte (s. § 93, 946). Daher könne er entschädigungslos über ihn verfügen. Hat er Recht (Der Mietvertrag verweist diesbezüglich auf die gesetzliche Regelung.)?

Lösung

Es handelt sich hier um einen Mietvertrag über Wohnraum, auf den die §§ 535-575a anwendbar sind (abweichende vertragliche Regelungen gibt es lt. Sachverhalt nicht.).

Nach § 539 Abs. 2 kann der Mieter eine Einrichtung wegnehmen, mit der er die Mietsache fest, aber abtrennbar versehen hat. Der Treppenlift stellt eine solche

Ergänzung und Verbesserung der Wohnung dar. Diesem Recht entspricht im Übrigen die Wegnahmepflicht nach § 546 Abs. 1.

Dabei kommt es nicht auf die Eigentumsverhältnisse an dem Lift an, also auch nicht auf die Tatsache, dass die Einrichtung wesentlicher Bestandteil des Mietobjekts geworden wäre (Rechtsprechung).

(Anmerkung: Hier kann man im Übrigen davon argumentieren, dass Kunze Eigentümer des Lifts geblieben ist; denn dieser ist von ihm nur zu einem vorübergehenden Zweck – nämlich für die Dauer des Mietvertrags – eingebaut worden und somit kein wesentlicher Bestandteil des Gebäudes geworden (§ 95).)

Kunze kann daher den Lift wieder entfernen. Er muss dabei jedoch den früheren Zustand der Mietsache wieder herstellen (§ 539 Abs. 2, 546 Abs. 1). Der Vermieter kann die Ausübung dieses Wegnahmerechts allerdings durch Zahlung einer angemessenen Entschädigung abwenden, es sei denn der Mieter hat ein berechtigtes Interesse an der Wegnahme (§ 552 Abs. 1).

Fall 42

Vincenzo Vermicelli vermietet an Marcello Maestro eine Dachwohnung. In dem schriftlich abgeschlossenen, aber sehr kurzen Vertrag wird für alle Streitfragen festgelegt, dass die gesetzliche Regelung anwendbar sein soll.

1. Als monatliche Miete wurden 1.000 € vereinbart, obschon die ortsübliche Vergleichsmiete nur 900 € beträgt. Nachdem Maestro dies erfährt, verlangt er eine Herabsetzung der Miete. Muss Vermicelli diese gewähren?

2. Nach 6 Monaten will Vermicelli die Miete auf 1.020 € erhöhen. Kann er dies durchsetzen, wenn Maestro sich weigert, dies zu akzeptieren?

Lösung

1. Grundsätzlich kann die Miete bei Vertragsabschluss frei ausgehandelt werden. Hier ist es Aufgabe von Maestro, sich über die Marktpreise zu informieren, ehe er einen Vertrag abschließt.

Gemäß § 556d Abs. 1 darf aber bei Neuvermietung die Miete die ortsübliche Vergleichsmiete (s. § 558 Abs. 2) um maximal 10% übersteigen, wenn der vermietete Wohnraum in einem Gebiet mit angespanntem Wohnungsmarkt liegt. Demzufolge dürfte die Miete höchstens 990 € betragen. Allerdings wäre zu klären, ob die Wohnung tatsächlich in einem Gebiet mit angespanntem Wohnungsmarkt liegt (dies wird auf Landesebene durch eine Verordnung festgelegt).

Auch in der Ausnahmesituation des Mietwuchers kann der Mieter sich gegen die Miethöhe wehren. Gemäß § 138 Abs. 2 wäre der Vertrag dann nichtig, aber die Rechtsprechung interpretiert dies im Interesse des Mieters dahingehend, dass nur die Klausel zur Miethöhe nichtig ist und durch einen objektiv ermittelbaren Preis ersetzt wird. Im vorliegenden Fall ist jedoch nicht von Mietwucher auszugehen (s. die Voraussetzungen in § 138 Abs. 2), da die Miete nicht entscheidend über der ortsüblichen Vergleichmiete liegt.

2. Wenn die Parteien bei Vertragsabschluss keine (mit den zwingenden Bestimmungen des BGB konforme) Regelung diesbezüglich getroffen haben und Maestro einer Mieterhöhung nicht zustimmt, kann Vermicelli eine Erhöhung nur nach Maßgabe der § 558-560 durchsetzen, soweit nicht eine Erhöhung vertraglich ausgeschlossen ist oder sich der Ausschluss aus den Umständen ergibt (§ 557).

Da letzteres nicht der Fall ist, könnte Vermicelli grundsätzlich lt. gesetzlicher Regelung eine (ggf. schrittweise) Mieterhöhung der Miete bis zur ortsüblichen Vergleichsmiete durchführen (§ 558). Da diese lt. Sachverhalt aber bereits überschritten ist (und die Miete zudem noch keine 15 Monate unverändert geblieben ist), kann Vermicelli auf dieser Grundlage keine Mieterhöhung verlangen.

Da auch keine Modernisierung stattgefunden hat, greift auch §§ 559 ff. (Mieterhöhung bei Modernisierung) nicht, so dass Vermicelli die Miete nicht erhöhen kann und diese weiterhin bei 1.000 € bleibt.

Fall 43

Sammy Schlesinger hat eine Wohnung an seinen Bekannten Benno Baier vermietet und dabei zunächst einmal auf eine Mietsicherheit verzichtet. Da Baier seine Miete nur unregelmäßig zahlt, verlangt Schlesinger nachträglich eine Mietkaution i. H. einer Halbjahresmiete.

1. Muss Baier die Kaution zahlen?

2. Falls nicht, was kann Schlesinger tun?

Lösung

1. Es handelt sich hier um ein mietvertragliches Schuldverhältnis über Wohnraum, auf den der geschlossene Vertrag anwendbar ist, sofern keine zwingenden gesetzlichen Regeln vorgehen.

Das Gesetz enthält nur Regeln für den Fall, dass tatsächlich eine Mietsicherheit vereinbart wurde. Wenn die Vertragsparteien aber ursprünglich keine Mietsicherheit vereinbart haben, kann der Vermieter nicht nachträglich einseitig eine solche rechtmäßig fordern.

Etwas anderes wäre nur der Fall, wenn im Vertrag ausdrücklich vereinbart wäre, dass Schlesinger dieses Recht zusteht und er jederzeit eine Kaution verlangen kann. Dann würde aber – da es sich um einen Wohnraummietvertrag handelt – die betragliche Begrenzung von § 551 greifen, d. h. max. die dreifache Monatsmiete.

Da offenbar keinerlei vertragliche Regelung vorliegt, muss Baier keine nachträgliche Kaution zahlen.

2. Schlesinger könnte außerordentlich kündigen, wenn bestimmte Voraussetzungen erfüllt sind, d.h.:

- es liegt ein wichtiger Grund vor, z. B. erheblicher Mietrückstand (s. im Einzelnen § 543 Abs. 2 S. 1 Nr. 3, S. 2 und § 569 Abs. 3),
- es wurde eine Kündigungsfrist eingehalten oder erfolglos abgemahnt, außer es liegen bestimmte erschwerende Umstände vor (s. im Einzelnen § 543 Abs. 3),
- die Kündigung entspricht den Form- und Inhalterfordernissen von § 568.

Abgesehen von den zu erfüllenden Formalien kann Schlesinger also nur kündigen, wenn ein wichtiger Grund vorliegt. Ein erheblicher Mietrückstand liegt laut Gesetz vor, wenn der Mieter für zwei aufeinander folgende Termine mit der Entrichtung der Miete oder eines nicht unerheblichen Teils der Miete im Rückstand ist oder in einem Zeitraum, der sich über mehr als zwei Termine erstreckt, mit der Entrichtung der Miete in Höhe eines Betrages in Verzug ist, der die Miete für zwei Monate entspricht (§ 543 Abs. 2 S. 1 Nr. 3). Allerdings wird die Kündigung ausgeschlossen, wenn der Vermieter vorher befriedigt wird (§ 543 Abs. 2 S. 2). Ob dies im vorliegenden Fall gegeben ist, lässt sich aus dem Sachverhalt nicht abschließend beantworten.

Fall 44

Student Michael Mühsam mietet zum 1.3. bei der Frau Grün ein möbliertes Zimmer bis zum 31.3. des nächsten Jahres. Die zeitliche Befristung geht auf seinen Wunsch zurück. Eine schriftliche Vereinbarung wird nicht getroffen.

Nach Ende des Sommersemesters des gleichen Jahres kündigt Mühsam den Mietvertrag zum 31.8., weil er im Wintersemester an einem anderen Ort weiterstudieren will.

Frau Grün will diese Kündigung nicht gelten lassen; sie verlangt, dass Mühsam die Miete bis zum 31.3. des nächsten Jahres bezahlt oder ihr einen akzeptablen Nachmieter beschafft. Hat sie Recht?

Lösung

Hier handelt es sich um ein mietvertragliches Schuldverhältnis über Wohnraum. Grundlage für die Regelung von Streitigkeiten zwischen den Parteien ist der Mietvertrag, sofern keine gesetzlichen zwingenden Vorschriften anwendbar sind. Führt beides zu keinem Ergebnis, greifen die dispositiven gesetzlichen Bestimmungen.

Zunächst ist zu prüfen, welche Art von Mietvertrag geschlossen wurde, da ggf. Formvorschriften einzuhalten sind und insbesondere die Kündigungsrechte unterschiedlich ausfallen. Hier wurde ein befristeter Mietvertrag geschlossen. Diesbezüglich sind zwei Sonderregeln zu beachten:

1. Gemäß § 575 Abs. 1 darf ein Zeitmietvertrag über Wohnraum grundsätzlich nur unter bestimmten Voraussetzungen eingegangen werden, die hier aber nicht vorliegen. In diesem Fall gilt der Vertrag als auf unbestimmte Zeit abgeschlossen und wäre nach den für diese Verträge geltenden Kündigungsregeln zu beenden.

Das BGB geht dabei jedoch davon aus, dass Zeitmietverträge im Interesse des Vermieters geschlossen werden. Gemäß § 575 Abs. 4 darf deshalb von dieser Regelung auch nicht zum Nachteil des Mieters abgewichen werden; das bedeutet aber, dass im Interesse des Mieters etwas anderes vereinbart werden darf. Da hier die ursprüngliche Befristung im Interesse Mühsams erfolgte, greift die Sanktion also nicht und es bleibt ein Zeitmietvertrag. Und ein Mietvertrag, der für einen bestimmten Zeitraum geschlossen worden ist, kann regelmäßig nicht vorzeitig gekündigt werden (§ 542 Abs. 1). Mühsam muss also bis zum Fristablauf die vereinbarte Miete zahlen.

Handelt es sich bei dem vermieteten Zimmer um einen Teil der von Grün selbst bewohnten Wohnung (was hier nicht klar ist, aber nicht unwahrscheinlich), wäre § 575 im Übrigen nicht anwendbar (§ 549 Abs. 2 Nr. 2). Durch diese Regelung soll zwar der Kündigungsschutz des Mieters gelockert werden, aber im vorliegenden Fall führt sie auch zu dem Ergebnis, dass die vertragliche Vereinbarung gilt.

2. Nach § 550 ist für alle Wohnraummietverträge, die für einen längeren Zeitraum als ein Jahr gelten sollen, Schriftform vorgeschrieben. Dies ist hier nicht der Fall. Wird diese Form nicht beachtet, so ist allerdings der Mietvertrag nicht gänzlich nichtig. Er bleibt vielmehr als für unbestimmte Zeit geschlossen wirksam. Eine Kündigung ist gleichwohl frühestens zum Schluss des ersten Mietjahres möglich (§ 550 S. 2, entgegen § 573, 573c). Folglich ist Mühsam also bis zum 28. 2. des folgenden Jahres an den Mietvertrag gebunden.

Die einzige Möglichkeit für Mühsam, sich früher aus dem Mietvertrag zu lösen, wäre eine außerordentliche Kündigung aus wichtigem Grund.

Es greift hier nicht § 314, sondern es sind die mietrechtlichen Spezialbestimmungen anzuwenden. Aber weder § 543 Abs. 1-2 noch § 569 Abs. 1-2 bieten hier Ansatzpunkte, nicht zuletzt weil Mühsam hier offenbar freiwillig den Studienort wechseln möchte und hierzu nicht durch äußere Umstände gezwungen wird (ob dann ein wichtiger Grund vorläge, kann daher offen bleiben).

Fr. Grün hat also weiterhin Anspruch auf Zahlung der Miete. Die Stellung eines Nachmieters kann Fr. Grün nicht fordern, da dies (sogen. Nachfolgeklausel) offenbar nicht vereinbart wurde. Für Mühsam wäre dies aber eine gute Gelegenheit, einvernehmlich (durch Aufhebungsvertrag) das Mietverhältnis zu beenden. Voraussetzung ist aber, dass der Nachmieter für Fr. Grün ‚akzeptabel' ist. Von der Rechtsprechung wird dies insbesondere so ausgelegt, dass der Mietvertrag mit dem Nachmieter mind. dem bisherigen Mietvertrag entsprechen muss. Ansonsten darf die Vermieterin vorgeschlagene Bewerber ablehnen. Eine rechtsmissbräuchliche Ablehnung (§ 242) dürfte nur in den seltensten Fällen anzunehmen sein.

Fall 45

Paul Pardauz ist Eigentümer eines Mietshauses mit drei Wohnungen. Da er sich selbst für handwerklich begabt hält, nimmt er alle Reparaturen an dem Haus selbst vor – aber nur wenn es unbedingt sein muss!

1. In dem Haus müsste das Treppenhaus neu gestrichen werden. Pardauz behauptet, dass mangels anderweitiger Vereinbarung die Mieter diese ‚Schönheitsreparatur' vornehmen müssen. Hat er Recht?

2. Angenommen, Pardauz streicht das Treppenhaus doch selber, und dabei fällt wegen seiner Ungeschicktheit die Leiter auf das Mountainbike des Mieters Stefan Stumpel. Hat Pardauz dadurch vertragliche Pflichten verletzt?

3. Angenommen, Pardauz weigert sich, Schadensersatz für das beschädigte Mountainbike zu zahlen und Stumpel ärgert sich hierüber so sehr, dass er kündigen möchte: Kann er dies, und mit welcher Frist? (Hinweis: Es sind alle Möglichkeiten zu prüfen.)

Lösung

1. Hier liegt offenkundig ein Mietverhältnis über Wohnraum vor. Da es zum Streitpunkt keine ausdrückliche vertragliche Regelung gibt, greift § 535 Abs. 1 S. 2, demzufolge dem Vermieter die Instandhaltungspflicht der Mietsache obliegt.

Zum gleichen Ergebnis käme man bei Anwendung von § 538, demzufolge der Mieter keine durch vertragsgemäßen Gebrauch bedingten Verschlechterungen der Mietsache zu verantworten hat. Da hier keine Hinweise darauf vorliegen, dass die Renovierungsnotwendigkeit durch nicht vertragsgemäßen Gebrauch der Mieter (z. B. vorsätzliche Schmierereien) zustande gekommen wäre, muss Pardauz die Kosten tragen.

2. Der Vermieter hat grundsätzlich auf der Grundlage des Mietvertrags gegenüber dem Mieter Leistungspflichten und unselbständige Nebenpflichten.

Eine Leistungspflicht wird hier nicht verletzt, da Pardauz ja gerade seiner Instandhaltungspflicht nachkommt, d. h. diese erfüllt. Beim Erbringen dieser Pflicht hat er jedoch auch Schutz- und Sorgfaltspflichten (die aus §§ 241 Abs. 2, 242 abgeleitet werden). Verletzt er diese wie im vorliegenden Fall, hat Stumpel grundsätzlich einen Anspruch auf Schadensersatz gemäß § 280 oder 282 (im Einzelnen wären weitere Voraussetzungen zu prüfen. S. hierzu Band 2, 15. Teil).

3. Es handelt sich hier um einen Wohnraummietvertrag, so dass dessen spezielle Kündigungsregeln anzuwenden sind. § 314 ist nicht anwendbar, da die Spezialbestimmungen des Mietrechts vorgehen.

Da gemäß Sachverhalt nicht klar ist, ob der Mietvertrag befristet ist oder nicht, muss man wie folgt unterscheiden:

a) Unbefristeter Mietvertrag

Bei einem unbefristeten Mietvertrag kann der Mieter grundsätzlich wie folgt kündigen:
- Eine ordentliche Kündigung, die keiner Begründung bedarf, aber schriftlich und mit Einhaltung einer Kündigungsfrist (spätestens am 3. Werktag eines Kalendermonats zum Ablauf des übernächsten Monats) erfolgen muss, ist gemäß § 542 Abs. 1, 568, 573c Abs. 1 immer möglich.
- Eine außerordentliche fristlose Kündigung nach § 543 Abs. 1, 3, 569 Abs. 1-2 dürfte hier mangels eines ausreichend wichtigen Grundes nicht möglich sein.
- Eine a. o. befristete Kündigung nach den §§ 540 Abs. 1 S. 2, 544, 561 Abs. 1, 564, 573d kommt nicht in Frage, da die dort vorgesehenen besonderen Gründe hier nicht gegeben sind.

Liegt demnach ein unbefristeter Mietvertrag vor, kann Stumpel nur ordentlich kündigen.

b) Befristeter Mietvertrag

Bei einem befristetem Mietvertrag ist keine vorzeitige ordentliche Kündigung möglich (§ 542 Abs. 2), sondern dieser endet durch Zeitablauf, so dass Stumpel den Vertrag nicht vorzeitig beenden kann.

Eine a. o. Kündigung wäre zwar grundsätzlich möglich, aber es fehlt hier an einem entsprechenden Kündigungsgrund (Erläuterung s. hiervor).

Fall 46

Der Kriminalbeamte Murat Merker hat vor vier Jahren in Darmstadt ein großes Gartengrundstück mit zahlreichen Obstbäumen von Wilhelm Wieser gepachtet. Er zahlt dafür monatlich 200 €. Merker und seine Familie benutzen den Garten als Erholungs- und Kinderspielplatz. Das Obst erntet Wieser vertragsgemäß selbst. Als Merker kurzfristig nach München versetzt wird, möchte er den Vertrag fristlos kündigen.
Wieser besteht auf Einhaltung der Kündigungsfrist. Hat er Recht?

Lösung

Zu klären ist zunächst, um welche Art Vertrag es sich handelt. Die von den Parteien gewählte Bezeichnung ist dabei ein Indiz, aber nicht entscheidend. Vielmehr hängt die Rechtsnatur eines Vertrages davon ab, welche Hauptleistungspflichten vereinbart wurden. Nur wenn diese mit der Definition von § 581 übereinstimmen, handelt es sich um einen Pachtvertrag.

Es ist aber fraglich, ob es sich hier um einen Pachtvertrag handelt. Die Pacht unterscheidet sich nämlich von der Miete darin, dass dem Pächter neben dem Gebrauch der Sache auch der Genuss der Früchte gewährt wird (§ 581 Abs. 1). Merker durfte jedoch nur das Grundstück benutzen, die Früchte zog Wieser selbst. Daraus folgt, dass die Parteien nur einen Mietvertrag geschlossen hatten. Hier handelt es sich um einen Mietvertrag über ein Grundstück, auf den die in § 578 Abs. 1 aufgeführten Normen sowie § 580a Abs. 1 als Spezialnorm anwendbar sind.

Der als Spezialnorm zunächst zu prüfende § 580a ermöglicht jedoch nur eine ordentliche Kündigung (mit der gleichen Frist wie § 573), und § 578 Abs. 1 verweist nicht auf das außerordentliche Kündigungsrecht von § 569, so dass eine fristlose Kündigung nicht möglich wäre.

Dabei ist jedoch zu beachten, dass zusätzlich die §§ 535-548 auf alle Mietverhältnisse anwendbar sind, also auch auf das vorliegende. Hier sieht § 543 Abs. 1 S. 1 ein außerordentliches fristloses Kündigungsrecht vor, wenn ein wichtiger Grund vorliegt. Angesichts der generalklauselartigen Definition des wichtigen Grundes (S. 2) kann man davon ausgehen, dass unter den gegebenen Umständen (wenn der Wechsel von Merker nicht planbar bzw. vorhersehbar war) eine fristlose Kündigung möglich sein sollte (wird in der Rechtsprechung teilweise anders gesehen).

(Anmerkung: Das Ergebnis wäre grundsätzlich das Gleiche, wenn es sich um einen Pachtvertrag gehandelt hätte. Denn ein Pachtvertrag kann gemäß § 581 Abs. 2 grundsätzlich nach den Regeln des Mietrechts gekündigt werden, sofern keine Sonderbestimmungen vorliegen, was hier nicht der Fall ist, da § 584 nur die ordentliche oder gesetzliche befristete Kündigung betrifft.)

Fall 47

Sigismund Schnell lässt sich an seinem Urlaubsort von Ronny Roth, der an seinem Ladengeschäft ein Schild mit der Aufschrift ‚R. Roth-Fahrradverleih' angebracht hat, ein Fahrrad übergeben. Beide vereinbaren, dass Schnell für den Gebrauch des Rades wöchentlich 50 € zahlt. Der Vertrag soll drei Wochen gelten.

Da das Wetter zum Radfahren zu nass und zu kalt ist, bringt Schnell das Rad am dritten Tag zu Roth zurück; er weigert sich, für die restliche Vertragszeit das vereinbarte Entgelt zu zahlen. Er meint, bei einem Leihvertrag könne er die entliehene Sache jederzeit zurückgeben.

Hat Roth Anspruch auf Zahlung des vollen Entgelts?

Lösung

Roth hätte keinen Anspruch auf Entgelt, wenn es sich um einen Leihvertrag gehandelt hätte. Denn für das Leihverhältnis ist die unentgeltliche Überlassung der Sache wesentlich (§ 598). In diesem Fall könnte Schnell des Rad auch vorzeitig zurückgeben (dies ist im Gesetz zwar nicht ausdrücklich vorgesehen, ergibt sich aber aus der Interessenlage der Parteien und im Umkehrschluss aus dem Gesetzestext).

Aufgrund der Vereinbarung eines Entgelts für den Gebrauch des Fahrrads handelt es sich hier jedoch um einen Mietvertrag (§ 535 S. 2) über einen beweglichen Gegenstand, auf den § 535-548 sowie §§ 579-580, 580a Abs. 3 anwendbar sind. Die fälschliche Bezeichnung ‚Fahrradverleih', die Roth an seinem Haus angebracht hatte, ändert hieran nichts.

Der befristete Mietvertrag kann jedoch nur dann vorzeitig beendet werden, wenn ein außerordentlicher Kündigungsgrund vorliegt (§ 542 Abs. 2, 543. § 580a Abs. 3 enthält nur eine Sonderregel für die ordentliche Kündigung). Ein solcher ist hier nicht zwingend gegeben, da Schnell das Rad für drei Wochen gemietet hat und davon ausgehen musste, dass das Wetter in dieser Zeit nicht immer günstig zum Fahrradfahren sein würde.

Schnell bleibt also an den Mietvertrag gebunden.

(Anmerkung: Schnell hätte ein vorzeitiges Rückgaberecht (d. h. Kündigungsrecht) für den Fall des schlechten Wetters vereinbaren können. Dann wäre eine vertragsgemäße Kündigung möglich gewesen. Er kann jetzt allenfalls versuchen, eine ‚Kulanzregelung' in Form eines Vergleichs zu erreichen.)

Fall 48

Ecki Eckel hat ein Buch unentgeltlich an Rosa Rundlich verliehen, ohne eine Leihfrist zu vereinbaren. Diese hat es ohne Wissen von Eckel an Kuni Kantig weitergegeben.

Kann Eckel das Buch von Kantig zurückfordern, wenn diese erklärt, mit Eckel seien doch überhaupt keine vertraglichen Beziehungen entstanden?

Lösung

Es handelt sich hier offenkundig um Leihverträge (zwischen Eckel und Rundlich sowie zwischen Rundlich und Kantig) gemäß § 598, da die diesbezüglichen Wesenmerkmale (unentgeltliche Nutzungsüberlassung) vorliegen.

Der Verleiher kann die Sache demzufolge jederzeit vom Entleiher zurückfordern, wenn – wie hier – keine bestimmte Vertragsdauer vereinbart wurde (§ 604 Abs. 1, 3). D. h. Eckel hat einen Rückforderungsanspruch gegen Rundlich.

Hier geht es jedoch um die Rückgabe von Kantig an Eckel. Mit ihr hat Eckel keinen Leihvertrag geschlossen, sondern nur mit Rundlich, so dass er aufgrund des Prinzips der Relativität der Schuldverhältnisse von Kantig (Dritte im Verhältnis zur Leihe zwischen Eckel und Rundlich) nichts fordern kann. Die Tatsache, dass die Weitergabe von ihm nicht autorisiert war (§ 603 S. 2 statuiert, dass der Entleiher die Sache nicht ohne Zustimmung der Verleihers den Gebrauch der Sache einem Dritte überlassen darf) ändert daran nichts; dies wäre allenfalls für die Haftung von Rundlich gegenüber Eckel relevant.

Hier hilft jedoch das Gesetz. Denn nach § 604 Abs. 4 kann der Verleiher nach der Beendigung der Leihe die Rückgabe auch von jedem Dritten verlangen, an den der Entleiher die Sache mit seinem oder ohne sein Einständnis weitergegeben hat (§ 604 Abs. 4).

Da hier keine Rückgabefrist vereinbart wurde, muss Eckel erst den Leihvertrag mit Rundlich kündigen, was er gemäß § 605 Nr. 2 kann, da der Entleiher das Buch unbefugt einem Dritten überlassen hat. Danach kann er das Buch von Kantig herausverlangen.

(Anmerkung: Es kommt bei alledem nicht darauf an, dass Eckel selbst Eigentümer der Sache ist – was allerdings die Regel ist. Als Eigentümer hätte er einen Herausgabeanspruch gemäß § 985 gegen den unberechtigten Besitzer Kantig.)

Fall 49

Gary Geller verpflichtet sich, Sheila Schiller ein Darlehen über 20.000 € mit einer Laufzeit von zwei Jahren zu gewähren. Bevor es zur Auszahlung gelangt, kommt Schiller in finanzielle Schwierigkeiten, so dass die Gefahr der Insolvenz droht. Geller muss befürchten, seinen Rückzahlungsanspruch am Ende der Laufzeit nicht mehr realisieren zu können.

Er möchte wissen, ob er unter diesen Umständen den Darlehensbetrag noch an Schiller auszahlen muss.

Lösung

Durch die Abgabe eines Darlehensversprechens wird der Gläubiger (Darlehensgeber) grundsätzlich verpflichtet, dem Schuldner (Darlehensnehmer) den versprochenen Geldbetrag als Darlehen zu überlassen (§ 488 Abs. 1 S. 1). Eine besondere Form ist für dieses Versprechen nicht vorgeschrieben.

Verschlechtern sich aber vor der Auszahlung des Darlehens die Vermögensverhältnisse des Empfängers so, dass der Darlehensgeber seinen Anspruch auf Rückzahlung gefährdet sieht, so kann er den Darlehensvertrag vor Auszahlung fristlos kündigen (§ 490 Abs. 1).

Geller kann also kündigen und muss das Darlehen nicht ausbezahlen.

Fall 50

Der Unternehmer Kalle Koch schuldet dem Kaufmann Leo Lang aus Kaufverträgen insgesamt noch 15.000 €. Da Lang mit Koch weitere Geschäfte schließen will, vereinbart er am 1.9. mit ihm, dass die Summe von jetzt an als unbefristetes

Darlehen geschuldet und mit einem Jahreszinssatz von 3 % über dem Basiszinssatz gem. § 247 variabel verzinst werden soll.

1. Als Koch zu Geld gekommen ist, will er das lästige Darlehen umgehend zurückzahlen. Lang ist damit nicht einverstanden, weil der Kredit aus seiner Sicht eine lukrative Geldanlage darstellt. Er besteht auf der Einhaltung einer Kündigungsfrist. Was kann Koch tun?

2. Wie wäre zu entscheiden, wenn beide Parteien stattdessen einen festen Zinssatz von 7 % und eine feste Laufzeit von vier Jahren vereinbart hätten?

Lösung

1. Koch könnte auf Basis der ursprünglichen Kaufverträge den Betrag von 15.000 € unverzüglich an Lang zahlen, wenn bzgl. der Kaufpreisschuld nichts anderes vereinbart wurde (sofortige Erfüllbarkeit nach § 271 Abs. 1).

Nach der in beiderseitigem Einvernehmen getroffenen Umwandlung in eine Darlehensforderung (Änderungsfreiheit) sind jedoch die Vorschriften für Darlehen auf das Rechtsverhältnis zwischen Koch und Lang anzuwenden.

Da es sich um ein unbefristetes Darlehen handelt, wäre nach § 488 Abs. 2 S. 3 eine Rückerstattung des Darlehensbetrages ohne vorherige Kündigung nur möglich, wenn die Parteien keine Zinsen vereinbart hätten, was hier nicht der Fall ist.

Bei verzinslichen Darlehen hingegen hängt die Rückzahlung von einer Kündigung ab. Diese kann der Schuldner bei einem veränderlichen Zinssatz unter Einhaltung einer Frist von drei Monaten erklären (§ 488 Abs. 3 S. 1-2).

Eine außerordentliche Kündigungsmöglichkeit ist nicht vorgesehen.

Koch kann also das Darlehen nur unter Beachtung der genannten Frist kündigen und das Darlehen bei Ablauf der Frist zurückzahlen.

2. Hat das Darlehen eine feste Laufzeit und ist für einen bestimmten Zeitraum ein fester Zins vereinbart, so darf der Schuldner die Schuldsumme grundsätzlich erst bei Fälligkeit am Ende der Laufzeit zurückzahlen. Ausnahmsweise erlaubt der Gesetzgeber eine vorzeitige Rückzahlung, wenn dem Darlehensnehmer ein ordentliches Kündigungsrecht nach § 489 Abs. 1 oder ein außerordentliches nach § 490 Abs. 2 zusteht.

Im vorliegenden Fall fehlt es an den speziellen gesetzlichen Voraussetzungen für die Anwendung von § 489 Abs. 1:
- Die Zinsbindung endet nicht vor dem Rückzahlungszeitpunkt (Ziff. 1).
- Die in Ziff. 2 vorgesehene Kündigungsmöglichkeit entfällt, wenn das Darlehen – wie hier – ganz für Zwecke einer gewerblichen Tätigkeit bestimmt war, da Koch kein Verbraucher i. S. d. § 13 ist.
- Ein Zeitraum von zehn Jahren ist noch nicht verstrichen (Ziff. 3).

Auch eine außerordentliche Kündigung nach § 490 Abs. 2 ist nicht möglich, da die dort definierten Voraussetzungen (insbesondere bzgl. der Besicherung) nicht vorliegen.

Koch kann daher nicht kündigen und darf das Darlehen gegen den Willen des Lang nicht vorzeitig zurückzahlen.

7. Teil
Dienstleistungsverträge

Überblick

Dienstleistungen haben im Wirtschaftsleben eine herausragende Stellung. Das BGB regelt neben den grundlegenden Vertragstypen (Dienstvertrag, Werkvertrag, Auftrag inkl. Geschäftsbesorgung) weitere Sonderformen, die z. T. sehr spezifische Inhalte aufweisen. Weitere Dienstleistungsverträge sind gar nicht oder außerhalb des BGB geregelt, wie z. B. Versicherungsverträge im Versicherungsvertragsgesetz. Bestimmte kaufmännische Dienstleistungen haben daneben im Handelsrecht eine Sonderregelung gefunden (Kommission, Spedition, Frachtgeschäft und Lagerhaltung, vgl. §§ 383 ff. HGB).

Der wichtigste Dienstleistungsvertrag, nämlich der Arbeitsvertrag, ist im BGB-Dienstvertragsrecht nur rudimentär geregelt. Angesichts seiner Bedeutung und der zahlreichen Spezialgesetze in diesem Bereich wird der Individualarbeitsvertrag im Arbeitsrecht behandelt, das sich als weitgehend eigenständige Rechtsmaterie etabliert hat.

Im Folgenden werden nur die vorerwähnten Grundformen behandelt. Das Gesetz unterscheidet dabei zum einen zwischen dem entgeltlichen und dem unentgeltlichen Tätigwerden. Letzteres wird unter dem Typus ‚Auftrag‘ erfasst, bei den Formen des entgeltlichen Tätigwerdens wird grundlegend zwischen dem Dienst- und dem Werkvertrag unterschieden. Entscheidendes Differenzierungsmerkmal zwischen beiden ist dabei, ob lediglich eine Tätigkeit oder auch ein darüber hinausgehender Erfolg geschuldet ist:

- Beim ‚Dienstvertrag‘ wird ‚die Tätigkeit als solche‘ geschuldet, das ‚Wirken‘, also eine (regelmäßig in Zeiteinheiten ausgedrückte) ‚bestimmte Arbeitsmenge‘.
- Beim ‚Werkvertrag‘ ist dagegen den ‚Erfolg‘, das ‚Werk‘, also ein ‚bestimmtes Arbeitsziel‘ Gegenstand der Leistungsbeziehung (s. im Einzelnen zur Abgrenzung unten beim Werkvertrag).

Ein weiteres Abgrenzungsproblem ergibt sich daraus, dass der Werkunternehmer sehr oft nicht nur das Werk erstellt, sondern auch die dazu benötigten Materialien liefert, d. h. ‚verkauft‘. Dann handelt es sich um einen sogen. ‚Werklieferungsvertrag‘, der im Folgenden deshalb ebenfalls behandelt wird.

Viele Dienstleistungen können sowohl als Dienstvertrag als auch als Werkvertrag erbracht werden, so insbesondere die ‚Geschäftsbesorgung‘. Hier zeigt sich einmal mehr die in diesem Bereich besonders wichtige Ermittlung der Rechtsnatur des zu beurteilenden Vertrags.

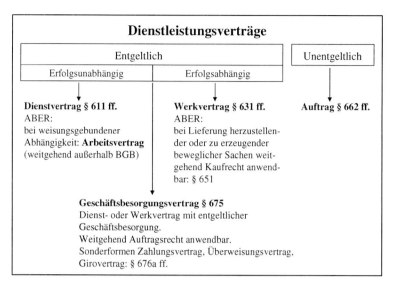

I. Dienstvertrag

A. Grundlagen

1. Wesensmerkmale

Durch den Dienstvertrag wird derjenige, welcher Dienste zusagt (,Dienstpflichtiger', zur Dienstleistung Verpflichteter), zur Leistung der versprochenen Dienste, der andere Teil (,Dienstberechtigter') zur Gewährung der vereinbarten Vergütung verpflichtet (§ 611).

Gegenstand des Dienstvertrags können nach § 611 Abs. 2 ,Dienste jeder Art' sein. Da Tätigkeiten, die im Rahmen einer weisungsgebundenen sozialen Abhängigkeit erbracht werden (Arbeitsverhältnisse), hier als Sonderfall nicht erfasst werden, fallen somit typischerweise folgende Dienstverhältnisse unter diese Vertragsform:

- die sogenannten freien Dienstverträge,

Beispiele
Arzt, Rechtsanwalt, Steuerberater

- die Dienstverhältnisse der ,Leitenden', sowie

Beispiele
Geschäftsführer einer GmbH sowie anderer Organe juristischer Personen

- die gelegentlichen Dienstleistungen ohne Weisungsbefugnisse und ohne Eingliederung in den Bereich des Dienstberechtigten.

Beispiele
Klavierlehrer, Babysitter

Es ist jedoch zu beachten, dass bestimmte (auch freie) Berufe nicht zwingend in wirtschaftlicher und sozialer Selbständigkeit und Unabhängigkeit geleistet werden. Es kommt immer auf den Einzelfall an.

> **Beispiele**
> Bei einem Arztvertrag ist im Verhältnis zum Patienten regelmäßig ein Dienstvertrag anzunehmen. Im Verhältnis zum Krankenhaus, in dem der Arzt ggf. angestellt ist, liegt jedoch ein Arbeitsvertrag vor.
> Die Tätigkeit des Rechtsanwalts kann sowohl einen Dienstvertrag (ständige Beratung des Mandanten), einen Geschäftsbesorgungsvertrag (das normale Mandat im Rahmen der Prozessführung) wie auch einen Werkvertrag (Gutachten oder Rechtsauskunft über eine Einzelfrage) begründen.

2. Geltung und Anwendungsbereich des BGB-Dienstvertragsrechts

Die Regelungen zum Dienstvertrag sind – solange kein Arbeitsvertrag vorliegt – weitestegehend (Ausnahme z. B. § 626) dispositiv. Gerade im Bereich der gesetzlich nicht geregelten Dienstleistungsverträge ist es im Übrigen wichtig, dass die vertraglichen Regelungen der Parteien möglichst vollständig und eindeutig sind.

Das BGB-Dienstvertragsrecht stellt das Grundmodell für jene gesetzlich nicht geregelten Dienstleistungsverträge dar, bei denen kein Erfolg geschuldet ist, d. h. die diesbezüglichen Regeln werden von den Gerichten analog auf solche Verträge angewendet.

3. Zustandekommen

Der Dienstvertrag kommt ohne Beachtung besonderer Formvorschriften zustande. Da Dienste oft auch ohne ausführliche Absprachen in Anspruch genommen bzw. geleistet werden, bestimmt § 612 Abs. 1 im Übrigen, dass mangels Vereinbarung eine Vergütung als stillschweigend vereinbart gilt (s. u.).

Da der zur Dienstleistung Verpflichtete im Normalfall nicht schutzbedürftig ist, greifen hier (im Gegensatz zum Arbeitsrecht) auch keine besonderen zwingenden Bestimmungen.

B. Rechte und Pflichten der Vertragsparteien

1. Pflichten des Dienstpflichtigen

a) Dienstleistung

Nach § 611 Abs. 1 1. Hs muss der Dienstverpflichtete die versprochenen Dienste leisten. Diese Dienste sind nach § 613 im Zweifel – d. h. sofern nichts anderes vereinbart wurde oder sich aus der Auslegung des Vertrags ergibt – persönlich zu erbringen (Ausnahmeregel im Verhältnis zum Grundsatz von § 267) und damit der Anspruch hierauf nicht übertragbar bzw. abtretbar (s. 8. Teil).

b) Nebenpflichten

Nebenleistungspflichten müssen von den Parteien vereinbart werden; das BGB sieht keine solchen vor. Aus dem regelmäßig mit einer Dienstleistung verbundenen stärkeren sozialen Kontakt zwischen den Vertragsbeteiligten folgt, dass sich hier durch Vertragsauslegung insbesondere Schutz-, Fürsorge- und Treuepflichten (je nach Konstellation als Nebenleistungspflichten oder unselbständige Nebenpflichten) ergeben können (s. 3. Teil).

2. Pflichten des Dienstberechtigten

a) Vergütungspflicht

Der Dienstberechtigte ist nach § 611 Abs. 1 2. Halbsatz verpflichtet, die vereinbarte Vergütung zu zahlen, nach § 614 im Zweifel erst nach Erbringung der Dienste.

Wenn eine Vergütung nicht ausdrücklich festgelegt wurde, gilt sie als stillschweigend vereinbart, wenn dies nach den Umständen zu erwarten war (§ 612 Abs. 1).

Ist die Höhe nicht bestimmt, so ist bei Bestehen einer Taxe die taxmäßige Vergütung, ansonsten die übliche Vergütung als vereinbart anzusehen (§ 612 Abs. 2).

Der Dienstverpflichtete hat auch Anspruch auf die Vergütung für den Zeitraum, mit dem der Dienstberechtigte in Annahmeverzug gerät, ohne dabei zur Nachleistung verpflichtet zu sein. Er muss sich jedoch den Wert dessen anrechnen lassen, was er infolge der so gewonnenen Zeit an zusätzlicher Vergütung erwirbt oder böswillig zu erwerben unterlässt (§ 615).

Der Dienstverpflichtete verliert seinen Anspruch auch nicht durch eine vorübergehende, verhältnismäßig nicht erhebliche Zeit dauernde Verhinderung (§ 616).

b) Nebenpflichten

Zunächst gilt entsprechend dem oben Gesagten, dass der Grundsatz von Treu und Glauben auch dem Dienstberechtigten eine Reihe von Nebenpflichten (insbesondere Schutz- und Treuepflichten) auferlegt. Besonders hervorzuheben ist die gesetzliche Fürsorgepflicht (s. §§ 617, 618, 619), die zu Nebenleistungspflichten führt.

Nach § 629 ist der Dienstberechtigte außerdem verpflichtet, dem Dienstverpflichteten nach der Kündigung auf Verlangen angemessene Zeit für die Suche nach einem neuen Dienstverhältnis zu gewähren.

Nach § 630 kann der Verpflichtete vom anderen Teil schließlich ein schriftliches Zeugnis über das Dienstverhältnis und dessen Dauer fordern (einfaches Zeugnis). Es ist auf Verlangen auf die Leistungen und die Führung im Dienst zu erstrecken (qualifiziertes Zeugnis).

Pflichten der Dienstvertragsparteien

Dienstverpflichteter	*Dienstberechtigter*
• Vereinbare Dienste leisten (§ 611 Abs. 1) • Vereinbarte Nebenleistungspflichten • Allgemeine Nebenpflichten gemäß §§ 241 Abs. 2, 242	• Vereinbarte oder übliche Vergütung zahlen (§§ 611 Abs. 1, 612 Abs. 2) • Vereinbarte Nebenleistungspflichten • Nebenleistungspflichten gemäß Gesetz (z. B. §§ 617 – 619, 629 - 630) • Allgemeine Nebenpflichten gemäß §§ 241 Abs. 2, 242

C. Beendigung

1. *Überblick*

Der Dienstvertrag begründet ein Dauerschuldverhältnis. Es endet folglich entweder automatisch mit dem Ablauf der Zeit, für die es eingegangen ist (§ 620 Abs. 1) oder durch Kündigung (s. hiernach). Da die Leistung durch den Dienstverpflichteten persönlich zu erbringen ist, endet er in solchen Fällen auch durch den Tod des Dienstverpflichteten.

2. *Kündigung*

a) Ordentliche Kündigung

Diese setzt voraus, dass die Vertragsdauer weder durch Vereinbarung der Parteien festgelegt noch aus der Beschaffenheit oder dem Zweck des Vertrages zu entnehmen ist (§ 620 Abs. 2).

Ist eine Kündigung durch einen der Vertragspartner möglich, sind gesetzliche Kündigungsfristen gemäß § 621 zu beachten. Ein besonderer Grund ist für die ordentliche Kündigung nicht notwendig, ebenso wenig ist die Schriftform erforderlich (§ 623 a contrario).

b) Außerordentliche Kündigung

Beide Parteien können den Dienstvertrag auch außerordentlich fristlos kündigen, wenn nach § 626 einen wichtiger Grund vorliegt.

Ein solcher ist gegeben, wenn dem Kündigenden ‚unter Berücksichtigung aller Umstände des Einzelfalles und unter Abwägung der Interessen beider Vertragsteile die Fortsetzung des Dienstverhältnisses bis zum Ablauf der Kündigungsfrist ... nicht zugemutet werden kann'. Die Kündigung muss dann innerhalb von zwei Wochen ab Kenntnis der maßgebenden Tatsachen erfolgen. Der Kündigende muss dem Gekündigten auf Verlangen unverzüglich den Kündigungsgrund schriftlich mitteilen.

> Beispiel
> Strafbare Handlungen gegen den Dienstberechtigten oder andere schwere Pflichtverletzungen durch den Dienstverpflichteten, wiederholte verspätete und / oder unvollständige Zahlung der Vergütung durch den Dienstberechtigten stellen wichtige Gründe dar.

Auch ohne wichtigen Grund ist eine außerordentliche Kündigung möglich bei Diensten höherer Art, die aufgrund besonderen Vertrauens übertragen zu werden pflegen, ohne in einem dauernden Dienstverhältnis mit festen Bezügen zu stehen (§ 627: fristlos), ebenso bei Dienstverträgen, die über die Lebenszeit des Dienstverpflichteten oder über eine Laufzeit von mehr als 5 Jahren geschlossen wurden (§ 624: Kündigungsfrist 6 Monate).

Beispiele
Dienste gemäß § 627: Steuerberatung, Unterricht
Dienste gemäß § 624: Handelsvertretung

Bei einer a. o. Kündigung kann der kündigende Teil vom andern Teil Schadensersatz verlangen, wenn dieser den Anlass zur Kündigung gegeben hat (§ 628 Abs. 2). Der Dienstverpflichtete hat dennoch Anspruch auf einen Teil seiner Vergütung (§ 628 Abs. 1).

Diese Spezialregelungen gehen § 314 vor.

3. Fortsetzung

Wird das Dienstverhältnis nach Beendigung vom Verpflichteten mit Wissen des anderen Teils fortgesetzt, gilt er als auf unbestimmte Zeit verlängert, wenn der andere Teil nicht unverzüglich widerspricht (§ 625).

II. Werkvertrag und Werklieferungsvertrag

A. Grundlagen

1. Wesensmerkmale

Der Werkvertrag ist ein gegenseitiger Vertrag, durch den sich der Unternehmer zur Herstellung des versprochenen Werkes, der Besteller zur Entrichtung der vereinbarten Vergütung verpflichtet (§ 631 Abs. 1). Typisch ist demzufolge, dass nicht lediglich das Tätigwerden, sondern auch ein darüber hinausgehender definierter Erfolg geschuldet wird.

Im Einzelnen kann es sich dabei um die verschiedenartigsten Dinge handeln. § 631 Abs. 2 nennt dazu zwei Kategorien:

- Tätigkeitswerke, bei denen durch Arbeit oder Dienstleistung bestimmte Erfolge herbeizuführen sind.

Beispiele
Transport (Personen, Sachen), Anfertigung von Expertisen, Übersetzung

---

- Sachwerke, d.h. die Herstellung oder Veränderung von Sachen.

Beispiele
Errichtung eines Gebäudes, Reparatur eines Kraftfahrzeugs

Die genaue Abgrenzung zwischen beiden ist mitunter schwer, hat jedoch keine rechtliche Bedeutung.

> **Beispiel**
> Das Parkettschleifen, Anstreichen oder Rasenmähen ist i. w. eine Tätigkeit,
> die jedoch den Zustand einer Sache verändert: Es handelt sich dabei immer
> um ein festgelegtes zu erzielendes Ergebnis.

2. Abgrenzung

a) Dienst- und Werkvertrag

Bei zahlreichen Dienstleistungen ist es fraglich, ob ein Dienst- oder Werkvertrag vorliegt. Um beide abzugrenzen ist jeweils zu prüfen, welche Leistungen konkret vereinbart wurden. Es kommt dabei immer auf die Umstände des
Einzelfalls an.

> **Beispiele**
> Typische Werkverträge sind Bauvertrag, Beförderungsvertrag, Erstellung
> geistiger Werke (z. B. Übersetzung), Kfz-Reparatur oder -Inspektion
> Bei einem Architektenvertrag liegt in der Regel ein Werkvertrag vor, weil ein
> Bauplan als Werk geschuldet ist. Ein Architekt kann aber auch reine Betreu-
> ungsleistungen erbringen (Dienstvertrag).
> Beratungsverträge sind i. d. R. Dienstverträge, aber sie können bei zu
> erstellenden Gutachten auch Werkverträge darstellen.

b) Werklieferungsvertrag

Werklieferungsverträge sind solche, bei denen der Unternehmer nicht nur ein
Werk erstellt, sondern auch die dazu benötigten Materialien liefert.

> **Beispiele**
> Stellt ein Schneider einen Anzug aus vom Besteller zur Verfügung gestell-
> tem Stoff her, liegt ein Werkvertrag vor. Liefert er selbst den Stoff, handelt
> es sich um einen Werklieferungsvertrag.
> ‚Kauft' jemand von einem Unternehmer einen von diesem noch herzustel-
> lenden Gegenstand, handelt es sich genau genommen um einen
> Werklieferungsvertrag.

Die Abgrenzung vom Kaufvertrag ist hier schwierig, da oft Gegenstände
gekauft werden, die vom Verkäufer selbst erst noch hergestellt werden müssen.
Dieses Problem wird durch einen Verweis auf das Kaufvertragsrecht für
bestimmte solcher Verträge gelöst (s. Abschnitt 3 hiernach).

3. Geltung und Anwendungsbereich des BGB-Werkvertragsrechts

Die Regelungen zum Werkvertrag sind, von einzelnen Ausnahmen abgesehen,
(z. B. § 648a) grundsätzlich dispositiv. Gerade im Bereich der gesetzlich nicht
speziell geregelten Werkverträge ist es im Übrigen wichtig, dass die vertraglichen Regelungen der Parteien möglichst vollständig und eindeutig sind.

Bei der Vergabe und Durchführung von Aufträgen der öffentlichen Hand
gelten Vergabe- und Vertragsordnungen (bzw. Verdingungsordnungen), insbesondere für Bauleistungen (VOB). In Teil B (VOB B) enthalten diese allgemeine Vertragsbedingungen, die keine Rechtsnormen darstellen, sondern

wie AGB nur durch Vereinbarung der Parteien Vertragsbestandteil werden und dabei das Werkvertragsrecht verdrängen.

Das BGB-Werkvertragsrecht ist subsidiär gegenüber Sondervorschriften zu besonderen Formen von Werkverträgen im BGB (z. B. Reisevertrag § 651a ff.) und in Sondergesetzen. Es stellt ansonsten jedoch das Grundmodell für zahlreiche gesetzlich nicht geregelte Dienstleistungsverträge dar, sofern ein bestimmter Erfolg zu erzielen ist.

Es wird allerdings in Teilbereichen durch das Kaufvertragsrecht verdrängt bzw. ergänzt, und zwar bei Werklieferungsverträgen. Da die genaue Abgrenzung von Kaufverträgen hier schwierig ist (s. hiervor) soll gemäß § 651 grundsätzlich Kaufrecht anwendbar sein, wenn Gegenstand des Vertrags die Lieferung herzustellender oder zu erzeugender beweglicher Sachen ist. Handelt es sich dabei um nicht vertretbare Sachen, sind allerdings auch wesentliche Bestimmunen des Werkvertragsrechts anwendbar (s. im Detail Gesetzestext).

Auch ein Kauf mit Montageverpflichtung wird nach § 434 Abs. 2 als Kaufvertrag behandelt.

Durch diese Regelung wird die Bedeutung des Werkvertrags für den Bereich der Mobilien deutlich eingeschränkt. Da im Bereich des Rechts der Leistungsstörungen bzw. Pflichtverletzungen die Rechtsbehelfe der Parteien im Kauf- oder Werkvertragsrecht jedoch weitgehend identisch sind (s. Band 2, 15. Teil), ist in diesem Zusammenhang die Zuordnung zur einen oder anderen Vertragsform ohne Bedeutung.

4. Zustandekommen

Der Werkvertrag kommt ohne Beachtung besonderer Formvorschriften zustande. Wie beim Dienstvertrag gilt auch hier mangels Vereinbarung eine Vergütung als stillschweigend vereinbart (§ 632 Abs. 1).

B. Rechte und Pflichten der Vertragsparteien

1. Pflichten des Unternehmers

a) Hauptpflichten

Nach § 631 Abs. 1 ist der Unternehmer zur Herstellung des versprochenen Werks verpflichtet, und zwar rechtzeitig, sach- und rechtsmängelfrei (§ 633).

Anders als beim Dienstvertrag sieht das Gesetz hier nicht vor, dass die Leistung vom Unternehmer persönlich erbracht werden muss. Dies kann aber vertraglich vereinbart werden.

Wenn der Unternehmer bei der Arbeit Gehilfen einsetzt, greift § 278 (Haftung für Verschulden der Erfüllungsgehilfen), ggf. auch § 831 (Haftung für Handlungen von Verrichtungsgehilfen) (s. hierzu Band 2, 16. Teil).

b) Nebenpflichten

Eine drohende erhebliche Überschreitung des Kostenvoranschlags hat der Unternehmer dem Besteller unverzüglich anzuzeigen (§ 650 Abs. 2); verletzt er diese Pflicht, so haftet er wegen Schlechterfüllung für den Schaden, der durch seine Unterlassung entstanden ist.

Wie bei allen Schuldverhältnissen ergeben sich auch beim Werkvertrag Nebenpflichten aus Treu und Glauben. Es handelt sich zwar nicht um ein echtes Dauerschuldverhältnis, zeigt aber z. T. dessen Züge.

Beispiel
Der Unternehmer muss den Besteller fachmännisch beraten, dessen persönliche Sicherheit gewährleisten, überlassene Stoffe fachmännisch aufbewahren.

---

2. Pflichten des Bestellers

a) Vergütungspflicht

(1) Nach § 632 gilt eine Vergütung als stillschweigend vereinbart, wenn die Herstellung des Werks den Umständen nach nur gegen Entgelt zu erwarten ist. Im Zweifel ist die ‚übliche' Vergütung geschuldet, wenn keine Taxe besteht.

(2) Besonderheiten ergeben sich im Falle eines Kostenanschlags (d. h. einer detaillierten Berechnung der für die Ausführung des Werkvertrags zu erwartenden Kosten durch den Unternehmer):

i)   Ist ein Kostenanschlag Vertragsbestandteil und seine Richtigkeit garantiert worden (verbindlicher Kostenvoranschlag), so kann der Unternehmer vom Besteller nur die veranschlagte Summe fordern.

ii) Fehlt eine entsprechende Garantie für den Kostenanschlag und zeigt es sich, dass das Werk nur mit einer wesentlichen Überschreitung des Anschlags herzustellen ist, so kann der Besteller den Vertrag kündigen. Das führt dazu, dass der Unternehmer (anders als bei der Kündigung nach § 649: s. hiernach) nur den Anspruch auf einen Teil der Vergütung und Ersatz von Auslagen nach § 645 Abs. 1 hat (§ 650).

(3) Wenn der Besteller ansonsten vor Vollendung des Werks den Werkvertrag ohne wichtigen Grund kündigt (s. u.), behält der Unternehmer gem. § 649 S. 2 den vollen Vergütungsanspruch Er muss sich allerdings das anrechnen lassen, was er an Aufwendungen u. dgl. erspart. Es gilt dabei die Vermutung, dass dem Unternehmer 5 % der auf den noch nicht erbrachten Teil der Werkleistung entfallenden vereinbarten Vergütung zustehen.

Einen Teilvergütungsanspruch hat der Unternehmer außerdem, wenn er seinerseits den Vertrag wegen unterlassener Handlungen des Bestellers kündigen kann (§ 651 Abs. 1 S. 2, 643) oder wenn das Werk nicht vollendet werden kann aus Gründen, die in der Einflusssphäre des Bestellers liegen (§ 645 Abs. 1 S. 1).

b) Abnahmepflicht

Der Besteller ist nach § 640 verpflichtet, das vertragsgemäß hergestellte Werk abzunehmen. Unter Abnahme versteht man die körperliche Entgegennahme im Wege der Besitzübertragung verbunden mit der Erklärung, dass der Besteller die Leistung als vertragsgemäß anerkennt. D. h. Abnahme ist sowohl Entgegennahme als auch Billigung.

Beispiel
Der Bauunternehmer ‚übergibt' im Wege einer Begehung des Bauwerks das Gebäude an den Bauherrn. Wenn dieser keine Beanstandungen äußert (zumindest bzgl. erkennbarer Mängel) gilt das Werk als vertragsgemäß erstellt.

Die Abnahme ist für den Besteller ein entscheidender Vorgang und einschneidender Zeitpunkt, denn das Gesetz knüpft hieran eine Reihe von Rechtsfolgen:

- Fälligkeit der Vergütung (§ 641) (bei Teilabnahme Teilvergütung),
- Beginn der Verjährungsfrist für Mängelansprüche (§ 634a) und
- Übergang der Preisgefahr vom Unternehmer auf den Besteller (§ 644).

Ist nach der Beschaffenheit des Werkes die Abnahme ausgeschlossen, so tritt nach § 646 an die Stelle der Abnahme die Vollendung des Werks.

Beispiele
Theateraufführung, Personenbeförderung

---

c) Nebenpflichten

Zu den Nebenpflichten des Bestellers zählt insbesondere die Mitwirkungspflicht gemäß § 643, daneben vereinbarte Nebenpflichten wie z. B. eine Vergütung für einen Kostenanschlag (s. § 631 Abs. 3).

Wie bei jedem Vertrag können auch hier Schutz- und Sorgfaltspflichten greifen (z. B. auf eine bekannte Gefährlichkeit eines zu bearbeitenden Gegenstands hinweisen).

Pflichten der Werkvertragsparteien

Unternehmer	*Besteller*
• Versprochenes Werk herstellen (§ 631 Abs. 1) • Sach- und Rechtsmängelfreiheit des Werks (§ 633) • Vereinbarte Nebenleistungspflichten • Gesetzliche Nebenleistungspflichten (z. B. §§ 632a, 650 Abs. 2) • Allgemeine Nebenpflichten gemäß §§ 241 Abs. 2, 242	• Vereinbarte oder übliche Vergütung zahlen (§§ 631 Abs. 1, 632 Abs. 2) • Abnahme des Werks (§ 640) • Vereinbarte Nebenleistungspflichten • Nebenleistungspflichten gemäß Gesetz (z. B. §§ 632a, 642, 645) • Allgemeine Nebenpflichten gemäß §§ 241 Abs. 2, 242

C. Beendigung

Grundsätzlich endet der Vertrag durch die Erfüllung der gegenseitigen Pflichten.

Bis zur Vollendung des Werks kann der Besteller den Werkvertrag jederzeit (fristlos) kündigen, muss dann aber die volle Vergütung zahlen, abzgl. ersparter Aufwendungen (s. § 649: s. o.).

Ein besonderes Kündigungsrecht ist im Falle eines Kostenanschlags gegeben, sofern dieser nicht verbindlich ist: Wenn es sich zeigt, dass das Werk nur mit einer wesentlichen Überschreitung des Anschlags herzustellen ist, so kann der Besteller den Vertrag (fristlos) kündigen. Dies führt dazu, dass der Unternehmer (anders als bei § 649) nur den Anspruch auf einen Teil der Vergütung und Ersatz von Auslagen gemäß § 645 Abs. 1 hat (§ 650).

Unter Umständen können beide Parteien auch aus wichtigem Grund nach § 314 außerordentlich kündigen. Das Werkvertragsrecht selbst enthält keine Regeln bzgl. einer außerordentlichen Kündigung.

III. Auftrag

A. Grundlagen

1. Wesensmerkmale

Der Auftrag ist nach § 662 ein Vertrag, durch den sich der Beauftragte gegenüber dem Auftraggeber zum unentgeltlichen Tätigwerden verpflichtet. Gegenstand des Auftrags ist also die unentgeltliche Besorgung eines Geschäfts, d. h. jede fremdbezogene Tätigkeit gleich welcher Art, sowohl tatsächliche als auch rechtsgeschäftliche.

Beispiele
Tatsächliche Tätigkeit: einkaufen gehen, auf Hund aufpassen
Rechtsgeschäftliche Tätigkeit: einen Vertrag abschließen

In vielen Fällen stellt der Auftrag das Grundverhältnis für eine Vollmacht dar; diese ist häufig erforderlich, um den Auftrag ausführen zu können. Auch wenn Auftrag und Vollmacht äußerlich eine Einheit bilden, müssen sie rechtlich streng getrennt betrachtet werden: Der Auftrag regelt das Innenverhältnis, die hiervon abstrakt zu behandelnde Vollmacht betrifft das Außenverhältnis (s. BGB AT).

Der Auftrag ist daneben insbesondere vom Gefälligkeitsverhältnis ohne Bindungswillen (s. 1. Teil, Kapitel II) abzugrenzen.

2. Bedeutung

Das Auftragsrecht ist insofern bedeutsam, als das Gesetz an anderen Stellen oft auf die beim Auftrag bestehenden Rechte und Pflichten verweist.

Beispiel
Beim entgeltlichen Geschäftsbesorgungsvertrag ist nach § 675 Abs. 1 weitgehend Auftragsrecht anwendbar (s. auch hiernach).
Bestimmte für das Auftragsrecht geltende Vorschriften finden Anwendung auf das Rechtsverhältnis zwischen dem Testamentsvollstrecker und Erben sowie in anderen Fällen der Wahrnehmung fremder Vermögensinteressen (Vormund, Pfleger, Organe juristischer Personen, Insolvenzverwalter).

Auf diesem Wege gelangt man z. B. zur Anwendung der praktisch wichtigen Auskunfts- und Rechenschaftspflicht gemäß § 666 (s. hiernach).

B. Rechte und Pflichten der Vertragsparteien

Beim Auftrag handelt sich um einen unvollkommen zweiseitig verpflichtenden Vertrag, d. h. Hauptleistungspflichten obliegen nur dem Auftragnehmer, aber auch dem Auftraggeber können Nebenpflichten entstehen.

1. Pflichten des Beauftragten

a) Pflicht zum Tätigwerden

Dem Beauftragten obliegt als Hauptpflicht, das von ihm übernommene Geschäft auszuführen (§ 662). Nach § 664 handelt es sich dabei um eine persönliche Verpflichtung (im Zweifel auch aus Sicht des Auftraggebers, daher ist der Auftrag grundsätzlich nicht übertragbar: § 664 Abs. 2).

b) Sonstige Pflichten

Nach § 665 muss der Beauftragte grundsätzlich den Weisungen des Auftraggebers folgen, darf davon aber u. U. abweichen (s. Gesetzestext).

Nach § 666 ist er verpflichtet, den Auftraggeber vereinbarungsgemäß oder auf Anforderung zu informieren und nach der Ausführung des Auftrags Rechenschaft abzulegen.

Schließlich ist er verpflichtet, dem Auftraggeber alles herauszugeben, was er aus der Geschäftsbesorgung erlangt (§ 667). Verwendet er Geld für persönliche Zwecke, ist dies zu verzinsen (§ 668).

2. Pflichten des Auftraggebers

Wegen der Unentgeltlichkeit des Auftrags entfällt eine Vergütungspflicht. Jedoch besteht nach § 670 die Pflicht, dem Beauftragten die bei der Ausführung des Auftrags entstandenen Aufwendungen zu ersetzen. Außerdem hat er auf Verlangen Vorschuss zu leisten (§ 669).

Die Rechtsprechung legt den Aufwendungsbegriff weit aus. Der Beauftragte kann auch den Ersatz von Schäden (unfreiwillige Vermögensopfer) ersetzt verlangen, die auf tätigkeitsspezifischen Risiken beruhen (z. B. Hundebiss, Verkehrsunfall bei Ausführung des Auftrags).

> **Gesamtbeispiel**
> Ein Unternehmer beauftragt einen Mitarbeiter, ein Paket bei der Post abzuholen. Wenn der Mitarbeiter den Auftrag annimmt, ist er verpflichtet, den Auftrag vereinbarungsgemäß auszuführen und dabei den Weisungen des Auftraggebers zu folgen (bzgl. der Transportform oder Sicherungsmaßnahmen). Das abgeholte Paket muss er übergeben. Hat er Auslagen gehabt, kann er diese ersetzt verlangen (er kann auch einen Vorschuss verlangen), muss aber gleichzeitig Rechenschaft über die Verwendung des Geldes ablegen.

C. Beendigung

Der Auftrag endet normalerweise durch Erfüllung.

Da es sich um eine persönliche Dienstleistung handelt, führt auch der Tod des Beauftragten zur Beendigung (§ 673), im Zweifel nicht hingegen der Tod des Auftraggebers (§ 672).

Da es sich um ein Dauerschuldverhältnis handelt, sind auch einseitige Beendigungsmöglichkeiten gegeben: Der Auftraggeber kann den Auftrag jederzeit widerrufen (§ 671 Abs. 1). Der Beauftragte kann den Vertrag jederzeit kündigen. Allerdings darf er nur in der Art kündigen (insbesondere bzgl. der Kündigungsfrist), dass der Auftraggeber für die Besorgung des Geschäfts anderweitig Fürsorge treffen kann (§ 671 Abs. 2-3).

IV. Geschäftsbesorgungsvertrag

Liegt einem Dienst- oder Werkvertrag eine Geschäftsbesorgung zugrunde, so handelt es sich nach § 675 um einen (entgeltlichen) Geschäftsbesorgungsvertrag, auf den weitgehend das Auftragsrecht (§§ 662 ff.) Anwendung findet (obschon dieses einen unentgeltlichen Vertrag betrifft).

Der Unterschied zum Dienstvertrag (bzw. Werkvertrag) besteht darin, dass die Geschäftsbesorgung eine ursprünglich dem Dienstberechtigten obliegende, selbständige wirtschaftliche Tätigkeit, insbesondere die Wahrnehmung bestimmter Vermögensinteressen darstellt.

Der Unterschied zum Auftrag liegt in der Entgeltlichkeit.

> **Beispiele**
> Prozessvertretung, Bankgeschäfte, Baubetreuung
> Bei der Steuerberatung handelt es sich regelmäßig um einen Geschäftsbesorgungsvertrag mit Dienstvertragscharakter, insbesondere bei ständiger Beratung und Wahrnehmung aller steuerlichen Belange. Werkvertragsrecht kommt nur zur Anwendung, wenn spezielle Einzelleistungen versprochen sind (Gutachten und Beratung im individuellen Fall).

Wiederholungsfragen

1. Wie sind Dienstvertrag, Werkvertrag und Auftrag voneinander abzugrenzen?
2. Warum ist die Unterscheidung von Dienst- und Werkvertrag von Bedeutung?
3. Welche Vergütung gilt, wenn die Vertragspartner darüber keine ausdrückliche Abrede getroffen haben?
4. Was versteht man unter der „Abnahme eines Werks" und welche Bedeutung hat sie?
5. Ist der Besteller bei vorzeitiger Beendigung des Werkvertrags verpflichtet, die volle Vergütung zu zahlen?
6. Wann endet ein Werkvertrag?
7. Was ist das Kennzeichen eines „Werklieferungsvertrags"?
8. Was folgt aus der Höchstpersönlichkeit der Leistung beim Dienstvertrag? Gibt es hiervon Ausnahmen?
9. Welches Schuldverhältnis wird begründet, wenn sich jemand verpflichtet, für einen anderen ein Geschäft zu besorgen?
10. Ist jedes Versprechen, für einen anderen unentgeltlich tätig zu werden, ein „Auftrag"?
11. Warum sind viele Tätigkeiten im Dienstleistungsgewerbe „Geschäftsbesorgungsverträge" nach § 675?

Übungen zum 7. Teil

Fall 51

Die Eltern des Schülers Ernst Eifrig, der kurz vor dem Abitur steht, vereinbaren mit dem pensionierten Studienrat Kalle Klug, dass ihm dieser an drei Tagen pro Woche jeweils zwei Nachhilfestunden in Mathematik und Physik erteilt. Eine besondere Vereinbarung über die Höhe der Vergütung treffen sie nicht.

1. Als Klug am 15.4. vereinbarungsgemäß um 15 Uhr bei Eifrig erscheint, ist dieser nicht zu Hause. Seine Mutter teilt Klug mit, ihr Sohn sei wegen einer schulischen Sportveranstaltung verhindert. Hat Klug Anspruch auf eine Vergütung, und falls ja, in welcher Höhe?
2. Am 17.4. ist Klug anderweitig beschäftigt. Er schickt daher seinen Sohn, der im fünften Semester Mathematik an der Universität studiert, um den Unterricht bei Eifrig zu erteilen. Muss Eifrig dies hinnehmen?

Lösung

1. Zur Beantwortung der Frage ist zunächst auf die Vereinbarung zwischen Eifrig und Klug zurückzugreifen.

Ein Anspruch auf Vergütung könnte demnach bestehen, wenn eine solche auch für den Fall vereinbart wurde, dass Eifrig kurzfristig verhindert ist. Eine solche Absprache wurde jedoch offensichtlich nicht getroffen, allerdings auch keine gegenteilige, so dass auf die gesetzlichen Regeln zurückgegriffen werden muss, da hier auch eine Vertragsauslegung mangels weiterer Hinweise nicht möglich ist.

Zunächst ist zu klären, welche Art Vertrag geschlossen wurde, um die richtige Anspruchsgrundlage zu ermitteln. Es handelt sich hier um einen Dienstvertrag, da eine Dienstleistung, aber kein konkreter (Studien-)Erfolg geschuldet ist.

Klug könnte demnach seinen Anspruch auf Vergütung auf die §§ 611 und 612 Abs. 1 stützen, denn den Umständen nach wird eine solche Leistung nur gegen Vergütung erbracht. Eine Ausnahme bestünde jedoch dann, wenn es sich um eine reine Gefälligkeit handelte. Diesbezüglich gibt es hier im Sachverhalt jedoch keine Hinweise, so dass von einem normalen Vertragsverhältnis auszugehen ist.

Zweifel ergeben sich jedoch, weil Klug am 15.4. keine Leistung erbracht hat. Nach § 615 besteht jedoch der Anspruch des Dienstverpflichteten auch dann, wenn er wegen Annahmeverzugs des Dienstberechtigten nicht leisten konnte. Eifrig ist nach § 293 in Annahmeverzug geraten, weil er die ihm angebotene Leistung nicht angenommen hat. (Ein Verschulden des Gläubigers Eifrig ist nicht erforderlich.)

Klug kann also die Vergütung verlangen, muss sich aber möglicherweise ersparte Aufwendungen anrechnen lassen (§ 615). Die Höhe der Vergütung bemisst sich (sofern die Parteien sich nicht nachträglich einigen) nach dem, was hier ‚üblich' ist (§ 612 Abs. 2). Dies müsste dann noch ermittelt werden.

2. Auch wenn diesbezüglich keine ausdrückliche Vereinbarung getroffen wurde, kann man durch Auslegung des Vertrages (§§ 133, 157) davon ausgehen, dass beide Parteien davon ausgegangen sind, dass Klug persönlich den Unterricht erteilt.

Auch nach § 613 hat der Dienstverpflichtete ‚im Zweifel' (d. h. sofern nichts anderes vereinbart wurde oder sich durch Auslegung des Vertrages ermitteln lässt) in Person zu leisten. Eifrig muss also keinen ‚Ersatzmann' akzeptieren, denn hier kommt es nicht nur auf die Fachkenntnisse an (die der Student vermutlich besitzt), sondern auch auf die pädagogische Erfahrung eines langgedienten Lehrers, die nur Klug senior besitzt.

Fall 52

Die Firma Flott & Sohn hat den Steuerberater Gerd Gründlich mündlich damit betraut, monatlich zweimal die Geschäftsbücher zu prüfen und den Geschäftsinhaber Flott steuerlich zu beraten. Dafür erhält Gründlich eine feste monatliche Vergütung. Am 18.6. kommt es zu Meinungsverschiedenheiten über die steuerliche Bewertung von Anlagegütern, die Flott veranlassen, das Vertragsverhältnis fristlos zu kündigen.

Gründlich ist der Meinung, die aus seiner Sicht geringfügigen Meinungsverschiedenheiten seien kein ‚wichtiger Grund', der eine außerordentliche Kündigung rechtfertige. Er wolle weiterhin den Vertrag erfüllen und bestehe auf Einhaltung einer Kündigungsfrist, wenn Flott seine Dienste nicht mehr in Anspruch nehmen wolle. Wer hat Recht?

Lösung

Zunächst zu klären, um welche Art Vertrag es sich im vorliegenden Fall handelt, um die richtigen Kündigungsregeln zu ermitteln und anzuwenden. Da Gründlich gegen eine Vergütung laufend prüft und berät, handelt es sich um einen Dienstvertrag (bei einem anders gelagerten Sachverhalt, z. B. bei einem einmaligen Auftrag mit klarer Ergebnisvereinbarung, könnte es auch ein Werkvertrag sein).

Ein solcher Vertrag kann außerordentlich gekündigt werden, wenn einer der Tatbestände von §§ 626 oder 627 erfüllt ist. (Da diese Normen zwingend sind, wären sie einer vertraglichen Regelung vorgegangen, die hier jedoch nicht existiert.)

Eine außerordentliche fristlose Kündigung aus wichtigem Grund nach § 626 Abs. 1 ist hier nicht gerechtfertigt; denn die Meinungsverschiedenheiten sind offenbar nicht so gravierend, dass eine Fortsetzung des Dienstverhältnisses bis zum Ablauf der Kündigungsfrist nicht zumutbar wäre.

Da es sich aber bei den Leistungen eines Steuerberaters um Dienste mit einer Vertrauensstellung handelt, ist auch eine außerordentliche fristlose Kündigung nach § 627 Abs. 1 zu prüfen, die auch ohne wichtigen Grund zulässig ist. Eine solche Kündigung ist jedoch ausgeschlossen, wenn der Dienstverpflichtete in einem dauernden Dienstverhältnis mit festen Bezügen steht. Dies ist bei Gründlich der Fall, so dass auch diese Kündigungsmöglichkeit ausscheidet.

Die fristlose Kündigung, die Flott erklärt hat, ist daher unwirksam. Eine ordentliche Kündigung von Gründlich durch Flott wäre nach §§ 620 Abs. 2, 621 bis zum 15. Tage eines Monats für den Schluss des Kalendermonats wirksam (d. h. zum 31.7.), da es sich um ein ‚freies' Dienstverhältnis mit monatlicher Vergütung handelt.

Im Ergebnis hat also Gründlich Recht.

Fall 53

Der Automobilhersteller Speedcar beauftragt die Werbeagentur PUSH, zum Firmenjubiläum eine Festschrift aufgrund der internen Werkschronik zu erstellen. Da die Leitung des Automobilherstellers wichtige Auskünfte (insbesondere über die Nazizeit) verweigert und bei der Beschaffung des Quellenmaterials kaum mitwirkt, setzt PUSH eine Frist von vier Wochen zur Nachholung der erforderlichen Handlungen. Sie droht an, andernfalls den Vertrag zu kündigen, da sie die erforderlichen Personalressourcen nicht weiter vorhalten könne. Nach erfolglosem Ablauf der Frist kündigt PUSH außerordentlich und fordert eine Vergütung, die ihrer bisher geleisteten Arbeit entspricht.

Speedcar weigert sich zu zahlen und fordert im Gegenteil die termingerechte Ablieferung der Festschrift. Wer hat Recht?

Lösung

Zunächst muss geklärt werden, um welche Art Vertrag es sich hier handelt, um die richtigen Kündigungsregeln zu ermitteln und anzuwenden. Bei der Abfassung einer Festschrift gegen Entgelt handelt es sich um die Herstellung eines Werkes, so dass ein Werkvertrag gemäß § 631 vorliegt.

Grundsätzlich würden hier vertragliche Regelungen greifen, die es zur vorliegenden Streitfrage aber nicht gibt (mangels weiterer Fakten ist auch eine Auslegung nicht möglich).

Ersatzweise wird man auf dispositive gesetzliche Regeln zurückgreifen. Im vorliegenden Fall kommt § 643 in Frage: Ist bei der Herstellung des Werkes (hier der Festschrift) eine Mitwirkungshandlung des Bestellers erforderlich und erbringt er diese Leistung nicht, so kann ihm der Unternehmer eine angemessene Frist mit Kündigungsandrohung setzen.

Diese Voraussetzungen sind hier erfüllt, insbesondere ist die Frist von vier Wochen als angemessen zu betrachten. Nachdem die Frist fruchtlos verstrichen ist, gilt der Vertrag auch ohne nochmalige Kündigungserklärung als aufgehoben (§ 643 S. 2). Der Unternehmer kann in diesem Fall eine der bereits geleisteten Arbeit entsprechende Vergütung (inkl. Auslagenersatz) vom Besteller verlangen (§ 645 Abs. 1 S. 2). Demnach hat PUSH Recht.

(Anmerkung: Das Ergebnis wäre dasselbe, wenn man § 643 als zwingend betrachtet. In der Falllösung würde man dann mögliche vertragliche Regelungen nicht berücksichtigen.)

Fall 54

Gerlinde Grundstolz möchte ihren Park von dem Landschaftsgärtner Lionel Lieblich neu anlegen lassen. Dieser erstellt dazu einen unverbindlichen Kostenanschlag, welcher Bestandteil des Vertrages zwischen beiden wird.

In der ersten der auf acht Wochen angesetzten Arbeiten stellt sich heraus, dass wegen (auch für Grundstolz) unvorhersehbarer Geländeschwierigkeiten mit einer wesentlichen Überschreitung des Kostenanschlags gerechnet werden muss. Lieblich teilt dies Grundstolz unverzüglich mit. Diese kündigt daraufhin den Vertrag.

1. Muss Grundstolz den veranschlagten vollen Werklohn zahlen, wenn der Vertrag diesbezüglich keine Regelung enthält?
2. Wie wäre die Rechtslage, wenn Lieblich einen verbindlichen Kostenanschlag mit Festbetrag abgegeben hätte?

Lösung

1. Im vorliegenden Fall handelt es sich um einen Werkvertrag, da das Anlegen eines Parks gegen Entgelt ist als Herstellung eines Werkes i. S. des § 631 zu qualifizieren ist

Lieblich könnte demnach gegen Grundmann einen Anspruch auf Zahlung von Werklohn haben, wenn der Vertrag wirksam ist, wovon hier auszugehen ist (s. auch § 632 Abs. 1). Dessen Höhe wird entweder vereinbart oder ergibt sich aus einem Gutachten. Ansonsten ist die übliche Vergütung als vereinbart anzusehen (Die Leistungspflicht von Grundmann ist ausreichend bestimmt bzw. bestimmbar.). Der unverbindliche Kostenanschlag stellt hierbei eine wichtige, aber nicht entscheidende Indikation dar, wieviel letztlich bei vollständiger Erbringung der Leistung zu zahlen ist.

Eine (vorzeitige, jederzeit mögliche) Kündigung dieses Vertrags führt grundsätzlich nicht zum Wegfall des Vergütungsanspruchs des Unternehmers (§ 649) (sie ist im Übrigen nicht zu verwechseln mit dem Rücktritt wegen Leistungsstörung, da hier keine Pflichtverletzung von Lieblich vorliegt), so dass Grundstolz gemäß § 649 die gesamte Vergütung abzgl. ersparter Aufwendungen seitens des Unternehmers zahlen müsste, wobei vermutet wird, dass dem Unternehmer 5 % der auf den noch nicht erbrachten Teil der Werkleistung entfallenden Vergütung zustehen.

Handelt es sich aber um eine Kündigung nach § 650, so kann der Unternehmer nur einen der bisher geleisteten Arbeit entsprechenden Teil der Vergütung und der in ihr nicht enthaltenen Auslagen verlangen (§ 650 Abs. 1, 645 Abs. 1). Eine solche Kündigung setzt jedoch voraus, dass sich der Besteller einen Kostenanschlag als Vertragsbestandteil hat erstellen lassen, der vom Werkunternehmer nicht eingehalten werden kann. Dies ist hier der Fall.

Die Voraussetzungen des § 650 Abs. 1 sind demnach erfüllt. Grundstolz muss also nicht den vollen Preis, sondern nur einen Teil (s. hiervor) der Gesamtvergütung zahlen.

2. Wenn Lieblich den Betrag des Kostenanschlags garantiert hätte, so wäre dieser für ihn verbindlich gewesen. Auch bei tatsächlich höheren Kosten hätte er dann nur den im Voranschlag genannten Betrag verlangen können.

Da in einem solchen Fall der Besteller keinen Grund für eine Kündigung hat, ist diese Möglichkeit im Gesetz auch nicht vorgesehen, denn § 650 Abs. 1 bezieht sich nur auf unverbindliche Kostenanschläge. Grundstolz könnte zwar gemäß § 649 kündigen, aber dann müsste sie den vollen Preis abzgl. ... (S. § 649) zahlen. Es ist für sie in einem solchen Fall naheliegender, die Arbeiten zum vereinbarten Preis ausführen zu lassen. Ggf. kann auch eine einvernehmliche Regelung bzgl. der weiteren Vertragsabwicklung bzw. Vertragsaufhebung getroffen werden.

(Anmerkung: Mögliche Ansprüche wegen Unmöglichkeit oder Störung der Geschäftsgrundlage sind hier nicht berücksichtigt. S. hierzu Band 2, 12. Teil).

Fall 55

Norbert Neureich schließt mit dem Parkettlegerbetrieb Bertram Baldus (ohne einen Kostenanschlag erstellen zu lassen) einen Vertrag über das Schleifen und Versiegeln des Parketts in vier seiner vermieteten Wohnungen. Die Arbeiten sollen im Laufe der nächsten Monate immer dann ausgeführt werden, wenn die jeweiligen Wohnungen frei werden und nicht bewohnt sind.

Bereits nach den Arbeiten in der ersten Wohnung ist Neureich entsetzt über die Qualität der Arbeit von Baldus und möchte auf keinen Fall, dass dieser die anderen Wohnungen ‚bearbeitet'. Kann sich Neureich aus dem geschlossenen Vertrag lösen, wenn diesbezüglich vertraglich nichts geregelt ist, damit Baldus die restlichen noch anstehenden Arbeiten nicht mehr durchführen kann?

Lösung

Es handelt sich vorliegend um einen Werkvertrag (§ 631), da ein bestimmter Erfolg zu erzielen ist. Gemäß diesem Vertrag ist Baldus verpflichtet, aber auch berechtigt, die vereinbarten Parkettarbeiten durchzuführen.

Wenn Neureich die restlichen Arbeiten nicht durchführen lassen, sondern den Vertrag vorzeitig beenden möchte, muss er prüfen, ob er den Vertrag für die Zukunft ggf. kündigen kann. Hierzu gibt es im Werkvertragsrecht verschiedene Möglichkeiten:

(1) In Frage kommt zunächst eine ordentliche Kündigung gemäß 649. In diesem Fall muss Neureich jedoch dem Baldus den entgangenen Gewinn (Gesamtpreis abzgl. ... s. Gesetzestext) zahlen. Er hat also Interesse, eine andere Form der Vertragsbeendigung zu finden.

(2) Die Kündigungsmöglichkeit nach § 650 wäre für Neureich günstiger, da hier nur die bereits erbrachten Leistungen zu bezahlen wären. Da jedoch kein Kostenanschlag erstellt wurde, kann § 650 nicht angewendet werden.

(3) Eine a. o. Kündigung aus wichtigem Grund ist im Werkvertragsrecht nicht vorgesehen, aber es kommt § 314 in Betracht. Hierzu müssten die dort definierten Voraussetzungen erfüllt sein:

- Vorliegen eines Dauerschuldverhältnisses (Abs. 1): Obschon i. d. R. Werkverträge keine Dauerschuldverhältnisse darstellen, kann man im vorliegenden Fall davon ausgehen, dass ein Dauerschuldverhältnis vorliegt, auch wenn der Vertrag insgesamt nicht unbefristet ist. Denn es liegt ein Vertrag vor, in dessen Verlauf immer wieder neue Leistungs-, Neben- und Schutzpflichten entstehen.

- Vorliegen eines wichtigen Grundes (Abs. 1): Die Schlechtleistung durch Baldus hat (sofern sie nachgewiesen werden kann, wovon hier ausgegangen werden soll) zur Folge, dass eine Fortsetzung des Vertrages für Neureich unzumutbar wäre, da er weitere Schlechtleistungen erwarten muss.

- Erfordernis einer Abmahnung bzw. Fristsetzung zwecks Abhilfe bei Verletzung vertraglicher Pflichten (Abs. 2): Da hier in der Tat vertragliche Pflichten verletzt werden, muss Neureich erst abmahnen bzw. eine Frist zur Abhilfe setzen.

- Kündigung innerhalb einer angemessenen Frist nach Kenntnis der Schlechtleistung (Abs. 3): Diese Voraussetzung dürfte lt. Sachverhalt erfüllt sein.

Neureich könnte also nach erfolgloser Fristsetzung bzw. Abmahnung außerordentlich kündigen.

(4) Neureich könnte schließlich auch über eine einvernehmliche Vertragsaufhebung verhandeln.

(Anmerkung: Neureich könnte ggf. gemäß § 634 Nr. 3 (und den dort aufgeführten Paragrafen) den Rücktritt nach §§ 346 ff. erklären. Dafür müsste er insbesondere die Mangelhaftigkeit der Arbeit nachweisen. Auf diese Weise könnte er sich für die Restarbeiten aus dem Vertrag lösen, aber im Gegensatz zur Kündigung hat der

Rücktritt rückwirkende Kraft, so dass für die empfangenen Leistungen Wertersatz (weil der ursprüngliche Zustand nicht wieder hergestellt werden kann) zu leisten ist. Auch bei der außerordentlichen Kündigung muss Bertram für die erbrachten Leistungen zahlen, natürlich unter Berücksichtigung der schlechten Qualität. S. hierzu Band 2, 15. Teil).

Fall 56

Der Rentner Nepomuk Neumann bittet das Reisebüro ‚Traveltip', in dem seine Wohnungsnachbarin arbeitet, für ihn freundlicherweise ein Zimmer in einem Hotel in einem abgelegenen Gebirgsdorf zu reservieren, mit dem das Reisebüro ansonten keine Geschäfte tätigt. Das Reisebüro erklärt sich dazu bereit, dies zu versuchen, kann die Buchung aber erst nach mehreren Telefonaten durchführen. Es verlangt nun von Neumann Ersatz der entstandenen Kosten. Ist dieser Anspruch begründet?

Lösung

Zu klären ist zunächst, ob überhaupt ein Vertrag zustande gekommen ist oder ob es sich vielleicht um eine bloße Gefälligkeit handelt, die keinen Erstattungsanspruch seitens des Reisebüros begründen würde.

Dies hängt von den konkreten Vereinbarungen zwischen beiden ab, zu denen hier keine Angaben vorliegen, außer dass Neumanns Wohnungsnachbarin dort arbeitet und er freundlich um einen Service bittet. Da das Reisebüro hier offensichtlich keine Provision für die Vermittlung erhält und es unüblich ist, dass es solchen Service unentgeltlich erbringt, würde eine Auslegung der Willenserklärungen (§§ 133, 157) wohl zu der Schlussfolgerung führen, dass stillschweigend eine Vereinbarung getroffen wurde, derzufolge Traveltip Anspruch auf eine Entschädigung hat, deren Höhe jedoch noch zu bestimmen ist.

Zu klären ist dazu die Rechtsnatur des Vertrags.

In Frage käme ein Dienstvertrag (§ 611), da hier eine Dienstleistung zu erbringen ist, bei der Traveltip sich nicht zu einem konkreten Ergebnis verpflichtet (‚versuchen'). Hier gilt eine Vergütung als stillschweigend vereinbart, wenn die Dienstleistung üblicherweise nur gegen Vergütung zu erwarten ist (§ 612 Abs. 1). Im Zweifel ist nach § 612 Abs. 2 die übliche Vergütung geschuldet. Hier verlangt das Reisebüro jedoch keine Bezahlung einer Dienstleistung (gemessen z. B. an der eingesetzten Arbeitszeit), sondern nur Aufwendungsersatz bei einer ansonsten als unentgeltlich vereinbarten Dienstleistung, so dass definitionsgemäß kein Dienstvertrag vorliegt.

Stattdessen handelt es sich um einen (unentgeltlichen) Auftrag i. S. des § 662. In diesem Fall kann das Reisebüro gegen Neumann einen Anspruch auf Ersatz der Telefonkosten nach § 670 geltend machen. Danach kann der Beauftragte den Ersatz aller Aufwendungen beanspruchen, die er zur Ausführung des Auftrags gemacht hat und den Umständen nach für erforderlich halten durfte. Dies ist hier der Fall, so dass Neumann die entstandenen Aufwendungen ersetzen muss.

Fall 57

Henriette Höfer betraut Albin Altmann mit der Verwaltung eines mehrstöckigen Wohn- und Geschäftshauses. Altmann erhält dafür eine Vergütung von monatlich 500 €.

Als es zu Meinungsverschiedenheiten über die Vermietung einer Wohnung kommt, widerruft Höfer am 25.7. die Bestellung Altmanns und fordert ihn auf, Rechenschaft über seine bisherige Verwaltertätigkeit abzulegen. Darf sie das (ausdrückliche vertragliche Regelungen liegen nicht vor)?

Lösung

Zunächst ist zu klären, um welche Art Vertrag es sich im vorliegenden Fall handelt. Aus dem gegebenen Sachverhalt ist zu schließen, dass es sich um eine entgeltliche Geschäftsbesorgung gem. § 675 handelt, da Altmann sich um die persönlichen wirtschaftlichen Interessen von Höfer kümmert.

Auf diesen Geschäftsbesorgungsvertrag ist das Auftragsrecht teilweise anwendbar (§ 675). Höfer könnte demzufolge das Auftragsverhältnis mit Altmann jederzeit widerrufen (§ 671 Abs. 1). Diese Vorschrift zählt jedoch nicht zum Kreis der Vorschriften, auf die verwiesen wird. Daher kann Höfer den Vertrag nicht einfach widerrufen.

Da ein Geschäftsbesorgungsvertrag grundsätzlich ein Werk- oder (hier) Dienstvertrag ist (s. die ersten Worte von § 675), sind vielmehr die diesbezüglichen Kündigungsregeln anwendbar.

Da es sich nicht um einen befristeten Vertrag handelt (§ 620 Abs. 2) könnte Höfer nach § 621 ordentlich kündigen, und zwar spätestens am 15. Tag eines Monats für den Monatsschluss. Deutet man den Widerruf Höfers in eine ordentliche Kündigung um (was durch Auslegung ihrer Willenserklärung vertretbar ist), so endet das Vertragsverhältnis am 31.8..

Zu prüfen wäre noch, ob ggf. die Voraussetzungen für eine außerordentliche fristlose Kündigung hier vorliegen, so dass eine sofortige Beendigung des Vertrages möglich wäre.

Dies ist jedoch nicht der Fall:

- Die Meinungsverschiedenheiten stellen keinen wichtigen Grund dar, der die Fortsetzung des Vertragsverhältnisses bis zum Ablauf der ordentlichen Kündigungsfrist unzumutbar machen würde (§ 626).
- Die Verwaltung könnte als Dienst höherer Art anzusehen sein, aber § 627 ist nicht anwendbar auf dauernde Dienstverhältnisse mit festen Bezügen (Abs. 1).

Höfer kann demnach das Vertragsverhältnis mit der o. g. Frist beenden und von Altmann auf jeden Fall Rechenschaftslegung nach § 666, 675 verlangen (hier ist Auftragsrecht anwendbar).

8. Teil
Einbezug von Drittparteien und Parteienmehrheit

I. Überblick

Im 1. Teil wurde dargestellt, dass ein Schuldverhältnis nur zwischen deren Parteien Rechtswirkungen entfaltet und Dritte dieses allenfalls respektieren müssen, jedoch hieraus weder Rechte noch Pflichten ableiten können (Relativität des Schuldverhältnisses). Außerdem wurde das Schuldverhältnis als Rechtsbeziehung zwischen ‚dem' Gläubiger und ‚dem' Schuldner behandelt, so als ob auf jeder Seite nur eine Person auftrete, und außerdem vorausgesetzt, dass diese Beziehung in dieser Form von Entstehung bis Beendigung des Schuldverhältnisses unverändert bleibt.

Dies ist jedoch nicht zwangsläufig so bzw. muss differenziert werden:
- Dritte können in das Schuldverhältnis einbezogen werden, indem sie begünstigt werden: Hierfür gibt es die Rechtsinstitute des Vertrags zugunsten Dritter, des Vertrags mit Schutzwirkung für Dritte sowie der Drittschadensliquidation.
- Die Personen der Gläubiger bzw. Schuldner können ausgewechselt werden: Zu behandeln sind in diesem Zusammenhang die Abtretung von Forderungen, Schuldübernahme und Vertragsübernahme.
- Auf beiden Seiten des Schuldverhältnisses können mehrere Personen gleichzeitig Gläubiger und / oder Schuldner sein (Teil-, Gesamt- und Gesamthandsschuldverhältnisse), sei es vom Beginn an oder durch späteren Einbezug (Forderungs-, Schuld- oder Vertragsbeitritt).

Gemeinsam ist diesen Sachverhalten, dass hierdurch Dritte mit eigenen Rechten ausgestattet oder Partei des Schuldverhältnisses werden. Hierdurch entstehen sogenannte ‚Dreiecksverhältnisse' (der Begriff leitet sich aus der grafischen Darstellung ab), und diese zählen zu den komplizierteren Aspekten des Schuldrechts.

Hiervon abzugrenzen sind andere Dreieckskonstellationen, in den ebenfalls Dritte ins Spiel kommen:
- Schuldner und Gläubiger können sich bei der Erfüllung ihrer Pflichten eines Dritten bedienen (s. 3. Teil),
- Pflichtwidriges und schuldhaftes Handeln eines vom Schuldner eingeschalteten Dritten (Erfüllungsgehilfe, Verrichtungsgehilfe) sind ggf. dem Schuldner zuzurechnen (Haftung für fremdes Verschulden: s. Band 2, 16. Teil).

In letzteren beiden Fällen ist der Dritte jedoch nur ‚technisches Hilfsmittel', und weder besitzt er noch erlangt er eigene Rechte oder Pflichten, außer ggf. im Innenverhältnis zu seinem Auftraggeber (s. Auftragsrecht im 7. Teil).

Dritte können im Übrigen auch beim Zustandekommen von Verträgen als Boten oder Stellvertreter in Erscheinung treten (s. BGB AT).

Zur Abrundung dieses Gesamtbildes sei noch darauf hingewiesen, dass es auch originär mehrseitige Schuldverhältnisse geben kann, bei denen eine weitere Person als Drittpartei (oder Viertpartei usw.) am Schuldverhältnis beteiligt ist. Dies ist insbesondere der Fall bei mehrseitigen Verträgen (z. B. Joint Venture Vertrag), die zu unterscheiden sind von ‚normalen' zweiseitigen Verträgen mit mehreren Vertragspartnern auf der einen und / oder anderen Seite (s. hierzu Band 3).

II. Beteiligung Dritter am Schuldverhältnis

A. Systematik

Dritte können in verschiedener Weise in das Schuldverhältnis einbezogen bzw. daran beteiligt werden. Gemeinsam ist diesen Fällen, dass der Dritte zwar außerhalb des (ursprünglichen) Schuldverhältnisses steht, aber einer der Parteien in einer bestimmten Weise ‚verbunden' ist, was dazu führt, dass er in einem zu definierenden Maße in das Schuldverhältnis einbezogen wird.

1. Ein Dritter ist dem Gläubiger ‚verbunden'

Ein bisheriger Dritter kann eigene (Gläubiger-)Rechte aus einem Schuldverhältnis zwischen zwei anderen Personen auf verschiedene Weise erwerben:

- Er kann durch einen Vertrag direkt begünstigt werden, so dass er Ansprüche gegen den Schuldner hat: Dies ist der Falls des ‚Vertrages zugunsten Dritter' (s. Abschnitt B).
- Wenn er im Rahmen der Ausführung eines Vertrages, an dem er nicht beteiligt ist, einen Schaden erleidet, kann er unter bestimmten Voraussetzungen vertragliche Ansprüche gegen den Schadensverursacher geltend machen. Dieses von der Rechtsprechung entwickelte Institut des ‚Vertrages mit Schutzwirkung für Dritte' setzt aber die Kenntnis des Haftungsrechts voraus und wird daher in Band 2 (16. Teil) behandelt.

Für den Fall, dass ein Dritter durch den Schuldner eines (vertraglichen oder gesetzlichen) Schuldverhältnis einen Schaden erleidet, ihm aber ausnahmsweise keine Anspruchsgrundlage zusteht, hat die Rechtsprechung in wenigen Ausnahmesituationen zudem die Möglichkeit eröffnet, dass der (nicht geschädigte) Gläubiger in diesem Schuldverhältnis im Interesse des Dritten einen Schadensersatzanspruch geltend machen kann (Drittschadensliquidation[1]).

Die Relativität des Schuldverhältnisses bedeutet auch, dass der Gläubiger eines Schuldverhältnisses umgekehrt keine Rechte eines Dritten gegenüber dem Schuldner dieses Schuldverhältnisses geltend machen kann, es sei denn, diese werden ihm abgetreten (s. u.).

---

[1] Angesichts des eingeschränkten Anwendungsbereichs der Drittschadensliquidation wird dieses Institut in diesem Lehrbuch nicht behandelt.

2. Ein Dritter ist dem Schuldner ,verbunden'

Einem bis dahin unbeteiligten Dritten können grundsätzlich keine Pflichten aus einem Schuldverhältnis auferlegt werden, außer

- wenn dieser sich freiwillig dazu bereit erklärt (Vorab-Verpflichtungs-ermächtigung oder nachträgliche Zustimmung). Die in diesem Zusammenhang zu behandelnden Institute sind das Erfüllungsversprechen, die Schuldübernahme und der Schuldbeitritt (s. Abschnitt III. B. und IV. A hiernach).
- wenn dies aufgrund gesetzlicher Vorschriften erfolgt: Zahlreiche Gesetze enthalten Haftungsvorschriften zu Lasten von Personen, die nicht unmittelbar einen Vertrag verletzt oder eine unerlaubte Handlung begangen haben (meist in Form einer Gesamtschuldnerschaft: s. Abschnitt IV). Im BGB ist dies z. B. der Fall bei der (schuldrechtlichen) Haftung des Aufsichtspflichtigen (§ 832), der (familienrechtlichen) Haftung der Ehegatten für Verbindlichkeiten des anderen bei Geschäften zur Deckung des Lebensbedarfs (§ 1357 Abs. 1)[2] oder der Haftung des Erben für Schulden des Erblassers.

Ansonsten ist eine Vereinbarung zweier Personen zu Lasten einer Dritten nicht möglich.

Umgekehrt kann jedoch das Verhalten eines Dritten ggf. dem Schuldner zuzurechnen sein, wenn er sich seiner zur Erfüllung seiner Pflichten bedient (s. hiervor).

B. Vertrag zugunsten Dritter

1. Begriff

a) <u>Grundelemente</u>

Ein Vertrag zugunsten Dritter liegt vor, wenn die Parteien eines vertraglichen Schuldverhältnisses vereinbaren, dass der Schuldner (Versprechender) nicht an seinen Vertragspartner (Versprechensempfänger) leisten soll, sondern an einen Dritten (Begünstigter), *und* dieser Dritte hierdurch das Recht erwirbt, diese Leistung zu fordern (§ 328).

Der Dritte muss diesem Vertrag nicht zustimmen und kann demnach auch berechtigt sein, ohne davon zu wissen. Es steht ihm aber frei, das erworbene Recht dem Versprechenden gegenüber zurückzuweisen: Dann gilt es als nicht erworben (§ 333).

Der Vertrag zugunsten Dritter ist kein eigenständiger Vertragstyp, sondern eine besondere Ausgestaltung eines ,normalen' Vertrages; es gibt also nur einen Kaufvertrag zugunsten Dritter (§§ 433, 328) oder einen Mietvertrag zugunsten Dritter (§§ 535, 328) usw.. Folglich stellt § 328 keine eigenständige Anspruchsgrundlage dar, sondern gilt immer nur i. V. m. einem ansonsten bestehenden vertraglichen Anspruch.

Der Vertrag zugunsten Dritter kennt zahlreiche Anwendungsfälle.

---

[2] S. auch zur Haftung aus dem Gesamtgut bei Gütergemeinschaft und der damit verbundenen persönlichen Haftung der Ehegatten § 1459 ff. (Fragestellung des Ehegüterrechts).

> **Beispiele**
> Lebensversicherung zugunsten des Ehepartners; Kaufvertrag zugunsten der Oma, die einen eigenen Übereignungsanspruch haben soll; Vertrag zwischen Reiseveranstalter und wichtigen Leistungsträgern zugunsten von Reisenden; Krankenhausaufnahmevertrag zwischen Krankenkasse und Krankenhaus zugunsten der Patienten

b) <u>Abgrenzung</u>

Der echte oder berechtigende Vertrag zugunsten Dritter ist zu unterscheiden vom bloß ermächtigenden (unechten) Vertrag zugunsten Dritter, bei dem der Schuldner zwar an den Dritten leisten, dieser aber keinen Anspruch auf die Leistung haben soll.

Hier wird der Schuldner entgegen § 362 Abs. 1 nur ermächtigt und angewiesen, seine Verbindlichkeit ausnahmsweise (s. 4. Teil) durch Leistung an einen Dritten zu erfüllen und – sofern erforderlich – der Dritte ermächtigt, diese entgegenzunehmen. Ansonsten bestehen in diesem Fall keine Besonderheiten gegenüber einem Vertrag ohne Beteiligung Dritter.

> **Beispiel**
> Ein Kaufhaus weist den Möbelfabrikanten an, direkt an den Käufer zu liefern; dieser hat keinen Anspruch gegen den Fabrikanten. Hier geht es nur um die Abkürzung von Lieferwegen.

Ob ein echter Vertrag zugunsten Dritter vorliegt oder nicht, ist im Einzelfall durch Auslegung festzustellen (§ 328 Abs. 2). Hinweise ergeben sich aus der Art der Vereinbarung, den Umständen, dem Vertragszweck u. ä.

Spezielle Auslegungsregeln sind enthalten in:
- § 329: Eine Erfüllungsübernahme (s. hierzu unten) gibt dem Dritten im Zweifel kein Recht, die Erfüllung zu fordern, und
- § 330: bei Lebensversicherungs-, Leibrentenverträgen u. a. soll der Dritte im Zweifel einen Anspruch auf die Leistung gegen den Versprechenden erwerben.

2. Rechte und Pflichten der Parteien

Bei dieser Drei-Personen-Konstellation gibt es drei schuldrechtlich relevante Rechtsverhältnisse:
- zwischen dem Versprechenden (ursprünglicher Schuldner) und dem Versprechensempfänger (ursprünglicher Gläubiger): Dies nennt man das ‚Deckungsverhältnis‘, weil der Versprechende aus ihm (jedenfalls bei einem entgeltlichen Vertrag) die Gegenleistung (Deckung) für seine Leistung an den Dritten erwirbt,
- zwischen dem Versprechensempfänger und dem Dritten: ‚Valutaverhältnis oder Zuwendungsverhältnis‘,
- zwischen dem Dritten und dem Versprechenden: ‚Leistungs- oder Anspruchsverhältnis‘.

a) Deckungsverhältnis

Dies ist das entscheidende Rechtsverhältnis, denn aus dem Vertrag zwischen Versprechendem (Schuldner) und Versprechensempfänger (Gläubiger) ergibt sich,

- ob der Dritte ein Recht gegen den Versprechenden erwirbt (§§ 328 Abs. 2, 331 Abs. 1), und falls ja, welches;
- ob Versprechender und Versprechensempfänger das Recht des Dritten wieder aufheben oder ändern können (§§ 328 Abs. 2, 331 Abs. 2, 332);
- ob neben dem Dritten auch der Versprechensempfänger den Anspruch gegen den Versprechenden geltend machen kann: Im Zweifel ist er dazu berechtigt, er kann aber nur die Leistung zugunsten des Dritten verlangen (§ 335);
- ob der Versprechende dem Anspruch des Dritten Einwendungen und Einreden entgegensetzen kann: Grundsätzlich kann er in der Tat alle solchen Gegenargumente geltend machen, die sich aus dem Deckungsverhältnis ergeben (§ 334).

> Beispiele
> Einrede, der Versprechensempfänger habe den Vertrag nicht erfüllt.
> Einwendung, der Kaufvertrag zugunsten Dritter sei nichtig.

b) Valutaverhältnis

Dieses gibt Aufschluss darüber, aus welchem Rechtsgrund der Versprechensempfänger die Leistung dem Dritten durch den Versprechenden zuwendet.

Normalerweise liegt der Grund darin, dass er dem Dritten gegenüber verpflichtet ist, sei es vertraglich (aufgrund eines vorab geschlossenen Vertrags) oder auch gesetzlich (z. B. wegen einer Unterhaltsverpflichtung).

Hat der Dritte vom Versprechenden die Leistung erhalten, ohne dass im Verhältnis von Versprechensempfänger und Drittem eine solche Verpflichtung bestand, kann der Versprechensempfänger das ohne Rechtsgrund Geleistete vom Dritten herausverlangen (§ 812: ungerechtfertigte Bereicherung).

Auf das Leistungs- oder Anspruchsverhältnis hat das Valutaverhältnis keine Auswirkung.

c) Anspruchsverhältnis

Der Dritte erwirbt das Recht, die Leistung vom Versprechenden (Schuldner) zu fordern (§ 328 Abs. 1). Der genaue Inhalt (Umfang, Einschränkungen) seiner Berechtigung ergibt sich aus dem Deckungsverhältnis (s. o.).

III. Auswechslung von Beteiligten

Die Beteiligten eines Schuldverhältnisses, insbesondere die Parteien eines Vertrages, können unter bestimmten Umständen wechseln. Hierfür gelten unterschiedliche Regelungen, je nachdem ob der Gläubiger oder Schuldner ausgetauscht wird.

Zu beachten ist hierbei, dass die gesetzliche Regelung genau genommen nicht die Auswechslung einer Partei, sondern einer Gläubiger- oder Schuldnerposition regelt (s. Abschnitt A und B). Ein echter Parteienwechsel ergibt sich dabei nur bei einfachen Schuldverhältnissen. Bei Verträgen insbesondere ergibt erst der Kombination beider Aspekte einen vollständigen Parteienwechsel.

Hinzuweisen ist auch darauf, dass nicht notwendigerweise die vollständige Gläubiger- oder Schuldnerposition auf eine andere Person übertragen werden kann, sondern auch Teile hiervon. Hierdurch entsteht dann eine Parteienmehrheit (s. hierzu Abschnitt IV).

A. Wechsel der Gläubigerposition

1. Grundlagen

a) Begriff

Das BGB eröffnet die Möglichkeit, Forderungen von einem Gläubiger (Altgläubiger) auf einen anderen (Neugläubiger) übergehen zu lassen, so dass nach dem Übergang der Neugläubiger forderungsberechtigt ist.

Zu beachten ist dabei, dass es sich hierbei nur um Gläubiger*rechte* handelt. Wenn dem Gläubiger auch Pflichten obliegen – wie dies bei einem gegenseitigen Vertrag der Fall ist – gehen diese nicht automatisch mit über, sondern hierzu ist ein Schuldnerwechsel erforderlich (s. hierzu Abschnitt B).

Ein Forderungsübergang bedeutet demnach nicht automatisch den Wechsel der Person des Gläubigers, sondern zunächst nur der Gläubigerposition. Dennoch bleibt dies ein wichtiges Instrument,

- da in manchen Schuldverhältnissen nur eine Partei Forderungen besitzt: Dann tritt automatisch auch ein Parteienwechsel ein.
- da auch in gegenseitigen Verträgen ggf. eine Partei bereits erfüllt hat (d. h. es gibt keine Gegenforderung mehr), die andere Partei aber nicht, z. B. bei einem säumigen Käufer: Dann tritt auch bei Abtretung der Kaufpreisforderung kein echter Parteienwechsel ein, da ggf. bestehende Gewährleistungsgegenansprüche des Käufers z. B. sich immer noch an den Verkäufer richten und nicht an den Neugläubiger der Kaufpreisforderung.

b) Formen

Es gibt drei wesentliche Arten des Wechsels der Gläubigerposition:

(1) Forderungsübergang durch Rechtsgeschäft auf einen bisherigen Dritten (‚Forderungsabtretung', oft abgekürzt bezeichnet als ‚Abtretung', §§ 398 ff.: s. ausführlich hiernach).

(2) Forderungsübergang kraft Gesetzes (§ 412)

Die gesetzliche Forderungsabtretung (Legalzession) erfolgt kraft Gesetzes bei Vorliegen der im Gesetz jeweils bestimmten Voraussetzungen.

Der Zweck der Legalzession besteht meist darin, demjenigen ein Rückgriffs- oder Regressrecht gegen den eigentlichen Schuldner zu verschaffen, der als nur in zweiter Linie Verpflichteter den Gläubiger befriedigt. Denn wenn jemand Verbindlichkeiten eines anderen erfüllt, darf der Leistende sich nachträglich an den durch seine Leistung befreiten Schuldner halten. Dieser muss an den rückgriffsberechtigten neuen Gläubiger genau das leisten, was er dem alten Gläubiger geschuldet hatte.

Für den Forderungsübergang kraft Gesetzes gelten die meisten Vorschriften über den Forderungsübergang durch Rechtsgeschäft entsprechend (§§ 412, 399-404, 406-410).

Beispiele
Beim Ablösungsrecht eines Dritten (§ 268 Abs. 3 S. 1), bei der Befriedigung des Gläubigers durch einen Gesamtschuldner (§ 426 Abs. 2), Bürgen (§ 774) oder eine Schadensversicherung (§ 86 Versicherungsvertragsgesetz) geht die Forderung auf diese über.

---

(3) Forderungsübergang kraft Gesamtrechtsnachfolge

In den vorerwähnten Fällen ist immer eine Einzelrechtsnachfolge erforderlich. Daneben gibt es auch Fälle des (gesetzlichen) Forderungsübergangs durch Gesamtrechtsnachfolge, die durch spezifische gesetzliche Normen geregelt sind, so dass die allgemeinen Regeln des BGB keine Anwendung finden.

Beispiele
Bei einer Erbschaft geht das Vermögen als Ganzes, also auch Forderungen und Rechte, auf den Erben über (s. § 1922; zu Einzelheiten s. Erbrecht). Personen- und Kapitalgesellschaften können ihre Rechtsform ändern oder fusionieren, ohne dass hierfür eine Einzelübertragung der Wirtschaftsgüter, darunter auch Forderungsrechte, nötig wäre. Einzelheiten regelt das Umwandlungsgesetz.

---

c) Bedeutung

Der Forderungsübergang hat in der Praxis erhebliche Bedeutung. Die Forderungsabtretung z. B. bildet die Grundlage des Factoring- und Inkassogeschäfts. Darüber hinaus beruhen zahlreiche innovative Finanzinstrumente auf abgetretenen (Darlehens-)Forderungen.

Die Vorschriften über die Forderungsabtretung finden im Übrigen – soweit nicht besondere gesetzliche Regelungen bestehen – entsprechende Anwendung auf die rechtsgeschäftliche Übertragung anderer Rechte als Forderungsrechte (§ 413). Dies ist bedeutsam für die Übertragung sachen- oder erbrechtlicher Ansprüche sowie von Urheber-, Patent-, Mitgliedschafts- und selbständigen Gestaltungsrechten, z. B. einem Wiederkaufsrecht.

2. Begriff der (Forderungs-)Abtretung

Die Abtretung ist ein Vertrag zwischen dem bisherigen Gläubiger (= Altgläubiger, Zedent) und dem neuen Gläubiger (= Neugläubiger, Zessionar), durch den der bisherige Gläubiger die Forderung gegen den Schuldner auf den neuen Gläubiger überträgt (§ 398).

Durch die Abtretung wird ein Recht unmittelbar übertragen. Die Abtretung ist demnach kein Verpflichtungs-, sondern ein Verfügungsgeschäft über die Forderung. Ihr liegt aber ein Verpflichtungsgeschäft zugrunde (insbesondere Forderungskauf, Sicherungsvereinbarung, Inkassovereinbarung), das nicht gesondert geregelt ist und hiernach nicht behandelt wird.

Die Abtretung ist also ein abstraktes Verfügungsgeschäft (s. 5. Teil. Trennungs- und Abstraktionsprinzip). Ihre Wirksamkeit wird demnach von Fehlern des zugrundeliegenden Verpflichtungsgeschäfts nicht berührt. Bei nichtigem Grundgeschäft hat der Zedent allerdings einen Bereicherungsanspruch gegen den Zessionar (§ 812), der auf Rückabtretung gerichtet ist.

Die Forderungsabtretung ist zu unterscheiden vom (gesetzlich nicht geregelten) ‚Forderungsbeitritt‘, durch den der Schuldner aufgrund einer Vereinbarung zwischen dem bisherigen Gläubiger und einem bislang Dritten einen zusätzlichen Gläubiger erhält, ohne dass der ursprüngliche ausscheidet. Hieraus ergeben sich in erster Linie die bei Personenmehrheiten auftretenden Probleme (s. hiernach Abschnitt IV).

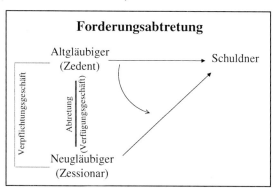

3. Voraussetzungen

Eine wirksame Abtretung setzt folgendes voraus:

a) Vertrag

Es bedarf eines Vertrages zwischen dem bisherigen und dem neuen Gläubiger darüber, dass die Forderung künftig dem neuen Gläubiger zustehen soll.

Der Schuldner muss der Abtretung weder zustimmen noch überhaupt davon Kenntnis haben (in letzterem Fall spricht man von ‚stiller Zession'). Das BGB geht nämlich von dem Grundgedanken aus, dass man sich seinen Gläubiger nicht aussuchen kann; demgemäß muss jeder Schuldner damit rechnen, dass jederzeit ein neuer Gläubiger an die Stelle des alten treten kann und die Forderung ggf. ohne seine Zustimmung oder sein Wissen auf einen anderen Gläubiger übertragen wird.

Der Abtretungsvertrag bedarf grundsätzlich keiner besonderen Form (Ausnahmen finden sich im Wertpapierrecht und bei Hypothekenforderungen).

b) Bestehen und Zustehen der Forderung

Eine Forderung kann nur abgetreten werden und auf den neuen Gläubiger übergehen, wenn sie beim Übergang

- (noch) besteht (d. h. noch nicht erloschen ist) und
- dem bisherigen Gläubiger zusteht, er also noch ihr Inhaber ist und die Forderung nicht bereits vorher wirksam abgetreten wurde.

Bei Verkauf und Abtretung einer nicht bestehenden oder nicht zustehenden Forderung erwirbt der Zessionar die Forderung demnach nicht. Der Zedent haftet ihm jedoch auf Schadenersatz wegen Nichterfüllung.

Auch der gute Glaube des Zessionars an das Bestehen oder Zustehen einer Forderung wird grundsätzlich nicht geschützt.

Eine Ausnahme gilt nur gemäß § 405, wenn die abgetretene Forderung zwischen Altgläubiger und Schuldner von Letzterem nur zum Schein eingegangen wurde (und damit wegen § 117 nichtig war), der Schuldner aber eine Schuldurkunde unterzeichnet hatte und die Abtretung unter Vorlage dieser Urkunde erfolgte. In diesem Fall muss der Schuldner an den Neugläubiger leisten, auch wenn er dem Altgläubiger gegenüber gar nichts schuldete.

c) Bestimmbarkeit der Forderung

Die abzutretende Forderung muss genügend bestimmt, mindestens aber bestimmbar sein. D. h. Inhalt, Umfang und Höhe der Forderung sowie die Person des Schuldners müssen spätestens im Zeitpunkt ihrer Entstehung festliegen.

Unter diesen Voraussetzungen sind auch künftige Forderungen, die im Zeitpunkt der Abtretung noch gar nicht bestehen, abtretbar. Dies spielt vor allem eine Rolle beim verlängerten Eigentumsvorbehalt und bei der Globalzession (Abtretung aller Forderungen oder eines abstrakt definierten Teils hiervon aus einem Geschäftsbetrieb, z. B. als Kreditsicherheit).

d) Übertragbarkeit der Forderung

Grundsätzlich ist jede Forderung übertragbar. Das Gesetz sieht hiervon jedoch verschiedene Ausnahmen vor:

(1) Ausschluss wegen der Natur der Forderung

Die Abtretung einer Forderung ist ausgeschlossen, wenn die Leistung an einen anderen Gläubiger nicht ohne Veränderung ihres Inhalts erfolgen kann (§ 399, 1. Alternative).

> Beispiele
> Ansprüche auf persönliche Dienste (§ 613 S. 2), Unterhaltsansprüche

Dies gilt analog im Falle unselbständiger Rechte, die nur einem anderen Rechtsverhältnis dienen.

> Beispiele
> Pfandrechte, Hypotheken, Rechte auf Auskunft und Rechnungslegung, Berichtigungsansprüche

Auch Gestaltungsrechte, die sich auf eine Forderung beziehen, sind ihrer Natur nach unabtretbar, weil sie von der Forderung nicht zu trennen sind.

> Beispiel
> Anfechtungsrechte, Kündigungsrechte.

(2) Ausschluss durch Vereinbarung

Die Übertragung einer Forderung ist ausgeschlossen, wenn der Altgläubiger dies mit dem Schuldner vereinbart hat (§ 399, 2. Alternative). Die dennoch vorgenommene Abtretung ist absolut (nicht nur zwischen den ursprünglichen Parteien) unwirksam, selbst wenn der neue Gläubiger die Abrede nicht kennt. Es ist jedoch streitig, ob sie dann wirksam ist, wenn der Schuldner damit einverstanden ist (§ 185).

Eine wichtige Ausnahme enthält § 405, wenn unter Vorlage einer Schuldurkunde abgetreten wird, in der von der Nichtabtretbarkeit nichts steht (s. o.). Hier trägt also der Schuldner, der diese Schuldurkunde ausgestellt hat, das Risiko, dass trotzdem abgetreten wird.

(3) Ausschluss durch Gesetz

Nach § 400 können unpfändbare Forderungen nicht abgetreten werden. Hierdurch sollen insbesondere Arbeitnehmer als Gläubiger ihrer Lohnforderung sowie Rentenberechtigte geschützt werden. Ob eine Forderung unpfändbar ist, ergibt sich aus §§ 850 ff. ZPO. Auf diesen Schutz kann der Gläubiger nicht wirksam verzichten.

4. Rechtsfolgen

a) <u>Übergang der Forderung</u>

Durch die Abtretung geht die Forderung sofort mit allen Eigenschaften endgültig auf den neuen Gläubiger über (§ 398), künftige Forderungen mit ihrer Entstehung. Danach kann der bisherige Gläubiger diese Forderung nicht ein zweites Mal abtreten, da sie ihm nach der ersten Abtretung nicht mehr zusteht.

Auch bei Sicherungsabtretung und Inkassozession geht die Forderung über:

- Bei der Sicherungsabtretung tritt der Zedent eine ihm zustehende Forderung an den Zessionar ab, um diesem eine Sicherung für eine Forderung gegen ihn zu verschaffen (z. B. als Besicherung für einen Bankkredit).
- Bei der Inkassozession tritt er die Forderung an den neuen Gläubiger zu dem Zweck ab, dass dieser sie für ihn einziehe.

b) Übergang der Sicherungsrechte

Mit der abgetretenen Forderung gehen die dafür bestellten akzessorischen Sicherungsrechte (Hypotheken, Pfandrechte, Bürgschaften) auf den neuen Gläubiger über, ohne dass es dazu einer besonderen Vereinbarung bedarf (§ 401 Abs. 1). Nach § 401 Abs. 2 gehen auch Rechte, die dem Gläubiger in der Zwangsvollstreckung oder bei Insolvenz einen Vorzug einräumen, mit der abgetretenen Forderung auf den neuen Gläubiger über.

Nicht akzessorische Sicherungsrechte (Sicherungsübereignung, Eigentumsvorbehalt, Garantievertrag) gehen jedoch nicht automatisch mit der Abtretung der gesicherten Forderung auf den neuen Gläubiger über, sondern müssen ihm (formgerecht) übertragen werden.

c) Recht auf Auskunft und Urkundenaushändigung

Nach § 402 ist der Altgläubiger verpflichtet, dem Neugläubiger die zur Geltendmachung der abgetretenen Forderung nötigen Auskünfte zu erteilen und ihm die in seinem Besitz befindlichen Beweisurkunden auszuhändigen.

Nach § 403 muss der Altgläubiger dem Neugläubiger auf Verlangen (und dessen Kosten) eine öffentlich beglaubigte Urkunde über die Abtretung ausstellen, die dem Neugläubiger zur Legitimation nach § 410 dient.

5. Schuldnerschutz

a) Grundsatz

Eine Abtretung ist ohne Zustimmung, Mitwirkung und sogar ohne Wissen des Schuldners wirksam. Die Grundidee hierbei ist, dass es zwar für ihn einen Unterschied machen kann, wer sein Gläubiger ist (z. B. wie aggressiv die betreffende Person ihre Rechte geltend macht), dass er aber grundsätzlich damit rechnen muss, dass der Gläubiger alle ihm zustehenden Rechte geltend macht und der Schuldner demnach keinen Anspruch darauf hat, sich seinen Gläubiger auszusuchen. Ganz überzeugend ist dies nicht, da er im Rahmen der Abschlussfreiheit bei Abschluss des Vertrags eine schuldrechtliche Beziehung zu dieser Person hat ablehnen können.[3] Schützen kann er sich also letztlich gegen eine Abtretung nur durch ein im Vertrag vereinbartes Abtretungsverbot (s. o.).

Oft wird der abtretende Altgläubiger nicht wollen, dass der Schuldner von der Zession erfährt (stille Zession), da die Abtretung wirtschaftlich oft der

---

[3] S. in dem Zusammenhang auch §§ 267-268 über die Leistung bzw. das Ablöserecht eines Dritten.

Liquiditätsbeschaffung dient und das Bekanntwerden seinen Ruf gefährden würde.

Bei fehlender Kenntnis der Abtretung läuft der Schuldner allerdings Gefahr, an den ‚falschen' Gläubiger zu zahlen. Außerdem stellt sich die Frage, in wiefern bestehende Gegenrechte gegen den bisherigen Gläubiger auch gegen den Neugläubiger geltend gemacht werden können.

Dagegen wird der Schuldner gesetzlich geschützt. Dabei geht das BGB von dem Grundgedanken aus, dass der Schuldner sich nicht gegen die Abtretung wehren kann, seine Stellung hierdurch aber nicht verschlechtert werden soll. Dies wird durch folgende Schutzrechte zugunsten des Schuldners erreicht:

b) Erhaltung bestehender Einwendungen

Der Schuldner kann dem neuen Gläubiger alle Einwendungen und Einreden entgegensetzen, die gegen den bisherigen Gläubiger begründet waren (§ 404), also Erfüllung, Erlass, Stundung, Verjährung, Bereicherung, Rücktritt, Aufrechnung u. a..

Dies beruht darauf, dass die Forderung so übergeht, wie sie in der Person des bisherigen Gläubigers bestand. Die Einwendungen und Einreden müssen nicht vor der Abtretung schon tatsächlich erhoben worden sein oder auch nur bestanden haben; es genügt bereits, wenn sie dem Rechtsgrund nach schon gegeben waren.

§ 404 gilt auch bei mehreren Abtretungen. Der Schuldner kann jeweils dem neuen Gläubiger alle Einwendungen entgegensetzen; ihm können durch mehrfache Abtretung einer Forderung keine Rechte beschnitten werden.

Eine wichtige Ausnahme von § 404 enthält allerdings § 405. Hat der Schuldner über die Schuld eine Urkunde (Schuldschein, Darlehensvertrag, Kaufvertrag u. ä.) ausgestellt und wird diese dem neuen Gläubiger bei der Abtretung vorgelegt, so kann der Schuldner die beiden folgenden Einwendungen nicht geltend machen:

    (1) die Schuld sei nur zum Schein eingegangen worden (§ 117 Abs. 1) und

    (2) die Abtretung sei unzulässig wegen einer Vereinbarung mit dem alten Gläubiger (§ 399, 2. Alternative),

(der Schuldner hat sich das Problem selbst geschaffen und ist nicht schutzwürdig), sofern sich diese Einwendungen nicht aus der Urkunde ergeben oder der neue Gläubiger den Sachverhalt kannte oder kennen musste.

c) Schutz bei Leistung an den nichtberechtigten Altgläubiger

Leistet der Schuldner nach der Abtretung an den bisherigen Gläubiger, so muss der neue Gläubiger dies gegen sich gelten lassen, sofern der Schuldner die Abtretung nicht kannte (§ 407 Abs. 1). Der Schuldner leistet hier zwar an jemanden, der nicht (mehr) sein Gläubiger ist. Er wird aber dennoch von seiner Leistungspflicht frei, weil er von der Abtretung keine Kenntnis hatte.

Die Gefahr der wirksamen stillen Abtretung trägt demnach der Neugläubiger; dieser muss sich an den Altgläubiger halten, wenn er seine Forderung nicht mehr gegen den Schuldner geltend machen kann. Ansprüche können sich für ihn insbesondere aus einer der Abtretung zugrunde liegenden Vereinbarung (z. B. dem Kaufvertrag über die Forderung, einer Sicherungsabrede) ergeben.

§ 407 ist nur dann nicht anwendbar, wenn der Schuldner positive Kenntnis von der Abtretung hatte. Kennenmüssen reicht hierfür nicht aus.

d) Schutz bei Rechtsgeschäften mit dem nichtberechtigten Altgläubiger

Auch auf Rechtsgeschäfte, die der Schuldner mit dem bisherigen Gläubiger hinsichtlich der Forderung in Unkenntnis der Abtretung vornimmt, ist § 407 anwendbar.

Dies ist vor allem für Stundungsvereinbarungen, Erlassverträgen usw. bedeutsam, die der Schuldner mit dem Altgläubiger abschließt. Diese muss der Neugläubiger gem. § 407 Abs. 1 gegen sich gelten lassen.

Rechtsgeschäfte und -handlungen, die der bisherige Gläubiger zuungunsten des Schuldners vornimmt (z. B. Kündigung, Mahnung) sind hingegen unwirksam. § 407 ist hier nicht anwendbar, da er nur zugunsten des Schuldners eingreifen soll, und nicht zu seinem Schaden.

e) Schutz im Prozess

§ 407 Abs. 2 gewährt den Schutz des § 407 Abs. 1 dem Schuldner auch in einem Prozess, sofern er bei Beginn des Prozesses nichts von der Abtretung wusste. Der Neugläubiger muss ein rechtskräftiges Urteil gegen sich gelten lassen, das in dem Prozess zwischen Schuldner und Altgläubiger ergeht.

f) Schutz bei mehrfacher Abtretung

Wird die bereits abgetretene Forderung vom Altgläubiger noch einmal abgetreten, so ist diese zweite Abtretung unwirksam, da sie dem bisherigen Gläubiger nicht mehr zustand (§ 408 Abs. 1).

Leistet jedoch der Schuldner an den (nichtberechtigten) Dritten (Zweiterwerber), so gilt § 407 Abs. 1 entsprechend. Der Schuldner wird demnach von seiner Leistungspflicht frei, wenn er von der ersten Abtretung an den wirklichen Neugläubiger keine Kenntnis hatte.

Der Schuldner wird gem. §§ 408 Abs. 1, 407 Abs. 1 auch geschützt, wenn er mit dem Dritten hinsichtlich der Forderung ein Rechtsgeschäft (Stundung, Erlass) vornimmt oder wenn zwischen ihnen ein Rechtsstreit anhängig wird.

g) Schutz bei Leistungen an einen nichtberechtigten Neugläubiger

Leistet der Schuldner irrtümlicherweise an einen nichtberechtigten Neugläubiger (d. h. er glaubt, diese Person sei neuer Gläubiger, sie ist es aber nicht), so wird er nur in folgenden Fällen geschützt:

(1) Falsche Anzeige

Zeigt der Altgläubiger dem Schuldner an, dass er die Forderung abgetreten habe, so muss er dem Schuldner gegenüber die angezeigte Abtretung gegen sich gelten lassen, selbst wenn sie nicht erfolgt oder nicht wirksam ist (§ 409 Abs. 1 S. 1). Leistet der Schuldner an den ihm angegebenen Neugläubiger, so wird er in jedem Fall von der Leistungspflicht frei.

(2) Falsche Urkunde

Gleiches gilt, wenn der bisherige Gläubiger eine Urkunde über die Abtretung dem in der Urkunde bezeichneten neuen Gläubiger ausgestellt hat und dieser sie dem Schuldner vorlegt, woraufhin dieser an ihn leistet (§ 409 Abs. 1 S. 2).

Auch hier kann der Schuldner befreiend leisten, selbst wenn keine wirksame Abtretung stattgefunden hat.

h) Leistungsverweigerungsrecht

Der Schuldner braucht an den neuen Gläubiger nur dann zu leisten, wenn dieser ihm die Abtretungsurkunde aushändigt (§ 410 Abs. 1 S. 1).

Dieses Leistungsverweigerungsrecht besteht dann nicht, wenn der Altgläubiger dem Schuldner die Abtretung schriftlich angezeigt hat (§ 410 Abs. 2).

Ohne Vorlage der Urkunde sind auch Kündigungen und Mahnungen des Neugläubigers unwirksam, wenn der Schuldner sie deswegen unverzüglich zurückweist (§ 410 Abs. 1 S. 2).

B. Wechsel der Schuldnerposition

1. Grundlagen

Analog zur Forderungsabtretung eröffnet das BGB die Möglichkeit, durch eine befreiende Schuldübernahme die Schuldnerposition auf einen Dritten zu übertragen und den bisherigen Schuldner zu befreien.

Ein entscheidender Unterschied zwischen beiden liegt jedoch in der Interessenlage: Denn einem Gläubiger kann der Wechsel seines bisherigen Schuldners, den er sich im Hinblick auf dessen Zuverlässigkeit oder Vermögenslage ausgesucht hat und bei dem er weiß, woran er ist, im Regelfall nicht gleichgültig sein.

Auch hier ist zu beachten, dass nur die Schuldnerposition ausgetauscht wird und damit nicht notwendigerweise ein vollständiger Personenwechsel verbunden ist, da dem Schuldner ggf. zustehende Rechte hiermit nicht übertragen werden.

Im Gegensatz zur Forderungsabtretung ist die Schuldübernahme nur auf freiwilliger (rechtsgeschäftlicher) Basis möglich. Allerdings gehen bei einer Gesamtrechtsnachfolge auch die Schulden bzw. Verbindlichkeiten per Gesetz auf den Rechtsnachfolger über.

Beispiel
Der Erbe erbt nicht nur das positive Vermögen, sondern auch die dazu gehörenden Schulden (s. § 1967). Allerdings eröffnet das Erbrecht Möglichkeiten, die diesbezügliche Haftung zu beschränken.
Auch bei gesellschaftsrechtlichen Umwandlungen gehen die Verbindlichkeiten auf gesetzlicher Basis automatisch auf die neue Gesellschaft über.

2. Befreiende Schuldübernahme

a) <u>Begriff</u>

Unter befreiender Schuldübernahme versteht man, dass ein neuer Schuldner (,Neuschuldner') an die Stelle des alten (,Altschuldner') tritt und letzterer von seiner Schuld befreit wird (§§ 415-418).

b) <u>Abgrenzung</u>

Die befreiende Schuldübernahme muss von ähnlichen Instituten unterschieden werden, wobei notfalls durch Auslegung ermittelt werden muss, was die Parteien gewollt haben:

(1) Schuldbeitritt

Ein Schuldbeitritt liegt vor, wenn der neue Schuldner zum bisherigen hinzutritt. Er führt also nicht zu einem Schuldnerwechsel, sondern zu einer Schuldnermehrheit (s. hierzu unten Abschnitt IV. A).

(2) Erfüllungsübernahme

Sie liegt vor, wenn ein Dritter (Übernehmer) dem Schuldner eines bestehenden Schuldverhältnisses (nicht dem Gläubiger!) verspricht, an seiner Stelle die Forderung von dessen Gläubiger zu erfüllen (§ 329).

Kennzeichnend hierfür ist, dass nur der Schuldner Rechte gegen den Übernehmer hat; der Gläubiger erwirbt keinerlei Rechte gegen diesen, er kann sich lediglich an seinen (bisherigen) Schuldner halten. Die Erfüllungsübernahme entfaltet also keine Außenwirkung im Verhältnis zum Gläubiger; sondern nur eine Innenwirkung zwischen Schuldner und Übernehmer. Erfüllt der Übernehmer nicht wie verabredet, kann der Schuldner ihn belangen.

3. Voraussetzungen

a) <u>Grundsatz</u>

Die befreiende Schuldübernahme ist im Hinblick auf die Auswechslung der Schuldnerposition das Gegenstück zur Forderungsabtretung.

Der unterschiedlichen Interessenlage wird das BGB dadurch gerecht, dass es die Wirksamkeit der befreienden Schuldübernahme vom Einverständnis des Gläubigers abhängig macht. Dies kann auf zweierlei Weise gegeben werden:
- durch einen Vertrag zwischen Gläubiger und neuem Schuldner (§ 414) oder
- durch einen Vertrag zwischen Altschuldner und Neuschuldner, welcher der Genehmigung des Gläubigers bedarf (§§ 415 f.)

(s. im Einzelnen hiernach).

Da der Gläubiger durch die Freigabe des bisherigen Schuldners seine Lage verschlechtern kann, wird er selten damit einverstanden sein. Dementsprechend spielt die befreiende Schuldübernahme in der Praxis keine große Rolle.

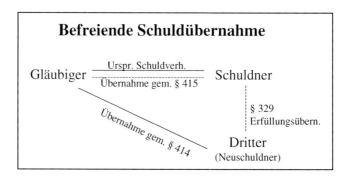

Befreiende Schuldübernahme

b) Schuldübernahme durch Vertrag zwischen Gläubiger und Neuschuldner

Gläubiger und Neuschuldner können durch Vertrag vereinbaren, dass Letzterer die Schuld eines anderen in der Weise übernimmt, dass er an die Stelle des bisherigen Schuldners tritt.

Der Vertrag ist formlos wirksam, soweit die übernommene Verpflichtung nicht eine Form vorschreibt (z. B. § 311b).

Der Schuldner muss bei dem Vertrag nicht mitwirken. Weist er die Schuldübernahme zurück (was er in Analogie mit § 333 kann, aber str.), so bleibt er als Gesamtschuldner neben dem Neuschuldner verpflichtet.

c) Schuldübernahme durch Vertrag zwischen Altschuldner und Neuschuldner mit Genehmigung des Gläubigers

(1) Altschuldner und Neuschuldner können durch Vertrag vereinbaren, dass der Neuschuldner an die Stelle des Altschuldners tritt.

Diese Vereinbarung wirkt aber zunächst nur intern zwischen Alt- und Neuschuldner als Erfüllungsübernahme i. S. d. § 329 (s. hiervor). Der Gläubiger wird davon zunächst nicht berührt; er kann sich weiterhin an den Altschuldner halten.

(2) Hinzutreten muss noch die Genehmigung des Gläubigers. Die Genehmigung kann erst erteilt werden, wenn der bisherige oder der neue Schuldner dem Gläubiger die Schuldübernahme mitgeteilt hat (§ 415 Abs. 1 S. 2). Die Genehmigung ist eine empfangsbedürftige Willenserklärung, die ausdrücklich oder konkludent abgegeben werden kann.

(3) Solange die Genehmigung weder erteilt noch verweigert ist, bleibt die Schuldübernahme schwebend unwirksam. Während dieser Zeitspanne ist der Übernehmer im Zweifel dem Schuldner gegenüber verpflichtet, den Gläubiger rechtzeitig zu befriedigen (§§ 415 Abs. 3, 329).

Bis zur Genehmigung können Alt- und Neuschuldner die Schuldübernahme aufheben oder ändern (§ 415 Abs. 1 S. 3). Beide können auch den Gläubiger zu einer Entscheidung zwingen, indem sie ihm eine Frist setzen (§ 415 Abs. 2 S. 2). Erklärt sich der Gläubiger innerhalb dieser Frist nicht, so gilt dies als Ablehnung.

(4) Wird die Genehmigung verweigert, so gilt die Schuldübernahme als nicht erfolgt (§ 415 Abs. 2 S. 1). Dann ist im Zweifel die Vereinbarung zwischen Alt- und Neuschuldner als Erfüllungsübernahme anzusehen (§§ 415 Abs. 3, 329).

4. Rechtsfolgen

Liegen die Voraussetzungen einer befreienden Schuldübernahme vor, treten folgende Wirkungen ein:

a) Wechsel des Schuldners

Der neue Schuldner tritt an die Stelle des alten Schuldners und wird alleiniger Schuldner. Der alte Schuldner wird frei; er ist aus dem Schuldverhältnis entlassen (§ 414).

b) Einwendungen

(1) Einwendungen, die sich aus dem Schuldverhältnis zwischen dem Gläubiger und dem Altschuldner ergeben, kann auch der Neuschuldner geltend machen (§ 417 Abs. 1 S. 1).

Ausgenommen ist nur die Aufrechnung durch den Neuschuldner für die bisherige Forderung (§ 417 Abs. 1 S. 2), weil es hier an der Gegenseitigkeit fehlt. Die Aufrechnung mit der neuen Forderung ist jedoch möglich.

(2) Einwendungen, die sich gegen die Gültigkeit des Übernahmegeschäfts selbst richten, kann der Neuschuldner ebenfalls gegenüber dem Gläubiger geltend machen (z. B. Anfechtung wegen Täuschung).

(3) Einwendungen, die sich nach der Schuldübernahme zwischen Neuschuldner und Gläubiger aus dem Schuldverhältnis ergeben, kann der Schuldner ebenfalls geltend machen.

Beispiele
Der Gläubiger gewährt dem Neuschuldner Stundung.
Der Neuschuldner erwirbt eine aufrechenbare Gegenforderung gegen den Gläubiger.

---

(4) Einwendungen aus dem Übernahmevertrag zwischen Alt- und Neuschuldner (der der Schuldübernahme zugrunde liegt) kann der Neuschuldner gegenüber dem Gläubiger nicht geltend machen (§ 417 Abs. 2; die Schuldübernahme ist abstrakt).

c) Sicherungsrechte

Sicherungsrechte für die übernommene Schuld erlöschen grundsätzlich (§ 418). Dies ist ein Grund für den Gläubiger, einen Schuldnerwechsel nicht ohne weiteres zu akzeptieren. Durch diese Regelung werden die Interessen der Personen gewahrt, die die Forderung des Gläubigers gegen einen bestimmten Schuldner – den sie für solvent genug hielten – durch ein Nebenrecht sicherten.

Sicherungsrechte bleiben jedoch bestehen, wenn der Sicherungsgeber in die Schuldübernahme einwilligt. Die Einwilligung muss bei der Schuldübernahme vorliegen; eine nachträgliche Genehmigung reicht nicht aus.

*C. Vertragsübernahme

1. Problemstellung

Die §§ 398 ff., 414 ff. betreffen die Auswechslung des Gläubigers oder des Schuldners bei einer einzelnen Forderung bzw. Verbindlichkeit. Viele Forderungen bestehen aber nicht isoliert, sondern bilden nur einen Teil eines umfassenderen (gegenseitigen) Schuldverhältnisses (im weiteren Sinn).

Es stellt sich nun die Frage, ob statt einzelner Forderungen oder Schulden auch die umfassende Position eines Vertragspartners übertragen werden kann, die unter Umständen aus einer Mehrzahl von Forderungen und Schulden besteht, aber bisweilen z. B. auch Gestaltungsrechte enthält.

Dieses Problem taucht z. B. bei einer Geschäftsübernahme auf, da der Übernehmer regelmäßig in die sich auf das Geschäft beziehenden Verträge eintreten und der Veräußerer aus diesen Verträgen entlassen werden will.

Eine Übertragung der Forderungspositionen durch Abtretung wäre ohne weiteres möglich, aber die sich aus dem gleichen Vertrag ergebenden Pflichten könnten nur mit Zustimmung der jeweiligen Gläubiger übernommen werden, was nicht nur umständlich ist, sondern auch ggf. zum Scheitern des Geschäfts führen kann.

2. Gesetzliche Regelungen

Die Übertragung einer Vertragsposition im Ganzen, also die Auswechslung eines Vertragspartners, ist nicht durch eine allgemeine Norm geregelt, sondern nur in wenigen Einzelfällen, sowohl im BGB als auch außerhalb.

a) Mietvertrag

Im Mietrecht sieht das BGB mehrere Fälle von Vertragsübernahme vor.

(1) Wenn der Vermieter (oder entsprechend der Verpächter, § 581 Abs. 2) ein vermietetes Objekt nach der Überlassung an den Mieter an einen Dritten veräußert, tritt der Erwerber an Stelle des Vermieters in die sich während der Dauer seines Eigentums aus dem Mietverhältnis ergebenden Rechte und Verpflichtungen ein (§ 566, zur Mietsicherheit §§ 566a, 578 Abs. 1, 578a Abs. 1). Allerdings wird nach § 566 Abs. 2 der Vermieter zunächst nicht völlig aus seinen Vertragspflichten entlassen, sondern er haftet für Schadensersatzansprüche des Mieters wie ein selbstschuldnerischer Bürge.

(2) Nach §§ 563-564 wird beim Tod des Mieters das Mietverhältnis mit dem Ehegatten, Lebenspartner, den Kindern, anderen Familienangehörigen oder Erben weitergeführt, wobei die Modalitäten und mögliche Kündigungsrechte jeweils unterschiedlich gestaltet sind.

(3) § 565 sieht eine ähnliche Regelung bei gewerblicher Weitervermietung vor.

b) Arbeitsvertrag

Nach § 613a Abs. 1 gilt Ähnliches bei der Veräußerung eines Betriebs oder Betriebsteils hinsichtlich der dort bestehenden Arbeitsverhältnisse: Der Erwerber tritt in die Rechte und Pflichten aus ihnen ein. Auch hier haftet der Veräußerer in bestimmtem Umfang weiter (§ 613a Abs. 2).

c) Andere Fälle

Bei Versicherungsverträgen tritt der Erwerber einer versicherten Sache in die Rechte und Pflichten des bisherigen Versicherungsnehmers ein (§ 95 VVG).

Wie bereits hiervor bzgl. Forderungsabtretung und befreiender Schuldübernahme beschrieben geht im Falle einer Gesamtrechtsnachfolge (z. B. Erbfall, Umwandlung von Gesellschaften) die gesamte Rechtsposition des Übertragenden auf den Nachfolger über, so dass in diesem Zusammenhang auch ganze Vertragspositionen übertragen werden können. Hier wird das Problem demnach nicht auf schuldrechtlicher Ebene gelöst, sondern im Erbrecht oder Gesellschaftsrecht.

2. Vertragliche Gestaltung

a) Trennung von Alt- und Neuverträgen

In den gesetzlich geregelten Fällen handelt es sich um Dauerschuldverhältnisse, bei denen Gläubiger- und Schuldnerposition sich in einer Person vereinen und die Verträge nicht ohne weiteres beendet und abgewickelt werden können.

Bei Austauschverträgen kann man hingegen eine Trennung von Alt- und Neugeschäft vornehmen, da die Altverträge sich durch Erfüllung mehr oder weniger kurzfristig erledigen. Man kann demnach vereinbaren, dass die Altverträge nicht übernommen werden und berücksichtigt dies z. B. bei der Festlegung des Kaufpreises eines Unternehmens.

Dauern Verträge länger, kann auch auf eine drittwirksame Übernahme verzichtet werden und eine Vertragsübernahme nur im Innenverhältnis erfolgen, wobei der Übernehmer sich gegenüber dem Übertragenden verpflichtet, ihn von allen Verpflichtungen gegenüber dem Dritten freizuhalten.

b) Dreiseitige Vertragsübernahme

Angesichts der erwähnten gesetzlichen Regelungen hält die h. M. eine Vertragsübernahme durch Rechtsgeschäft allgemein für zulässig.

Da hier aber die Interessen des dritten Beteiligten (also des verbleibenden Vertragspartners) nicht durch das Gesetz gewahrt werden, müssen an einer rechtsgeschäftlichen Vertragsübernahme alle drei Beteiligten mitwirken. Allerdings erfordert diese Mitwirkung nicht den Abschluss eines dreiseitigen Übernahmevertrages. Vielmehr kommt wie bei § 415 Abs. 1 S. 1 auch ein Vertrag zwischen dem Ausscheidenden und dem Übernehmer in Betracht, den der in dem zu übernehmenden Vertrag bleibende Partner genehmigt. Ebenso ist eine vorherige Einwilligung denkbar.

Beispiel

Will der Unternehmer U das vom Mieter M in den Räumen des Vermieters V betriebene Ladengeschäft und insbesondere auch den Mietvertrag zwischen V und M übernehmen, dann genügt zur Übernahme des Mietvertrags die Vereinbarung zwischen U und M, wenn V sie (entsprechend § 415 Abs. 1 S. 2, 3) auf eine Mitteilung durch U oder M hin genehmigt. V kann auch schon im Mietvertrag mit M vorab sein Einverständnis mit der Übertragung auf einen neuen Mieter erklären.

Die Vereinbarung der Vertragsübernahme muss auch ergeben, ob der Erwerber zugleich die in der Vergangenheit schon entstandenen Forderungen und Verbindlichkeiten übernehmen will. Zu vermuten ist das nicht.

IV. Gläubiger- und Schuldnermehrheit

Bei einem Schuldverhältnis können aufgrund gesetzlicher Vorschrift oder vertraglicher Vereinbarung auf der einen und / oder anderen Seite mehrere Personen beteiligt sein (s. Abschnitt A). Dies wirft zusätzliche Fragen zum Rechtsverhältnis sowohl zwischen jeweils den Gläubigern oder Schuldnern (Innenverhältnis) als auch zwischen den Gläubiger- und Schuldnergruppen im Verhältnis zur Gegenseite (Außenverhältnis) auf (s. Abschnitt B).

A. Entstehung von Personenmehrheiten

1. Allgemeines

Eine Personenmehrheit kann durch Rechtsgeschäft oder Gesetz entstehen:
- Indem bereits bei Vertragsschluss mehrere Personen die Stellung des Gläubigers oder Schuldners einnehmen;
- Durch späteren Beitritt (s. Abschnitte 2-4);
- Gesetzlich, wenn z. B. mehrere Personen sich durch eine unerlaubte Handlung schadenersatzpflichtig machen, oder durch gesetzliche Vertragsübernahme (s. o.);
- In gewisser Hinsicht durch einen Vertrag zugunsten Dritter (falls so vereinbart) (s. o.).

Die rechtliche Regelung solcher einmal entstandenen Mehrheiten ist jedoch unabhängig davon, wie sie entstanden ist, sondern sie hängt von der Art der entstandenen Mehrheit ab (s. u. Abschnitt B).

2. Forderungsbeitritt

Der Forderungsbeitritt ist im BGB nicht geregelt, sondern ergibt sich aus dem Grundsatz der Vertragsfreiheit.

Im Innenverhältnis (d. h. zwischen dem bisherigen und hinzutretenden Gläubiger) regelt der Beitrittsvertrag, welche Rechte beiden Parteien im gegenseitigen Verhältnis jeweils zustehen.

Im Außenverhältnis (d. h. im Verhältnis zum Schuldner) ist die Rechtslage schwieriger und letztlich unklar. Grundsätzlich sind die Regeln der Forderungsabtretung analog anwendbar, da es sich um eine Teilabtretung handelt. Die besonderen Probleme, die sich durch die neu entstandene Personenmehrheit ergeben, sind nach den allgemeinen Regeln bzgl. Teilgläubiger-, Gesamtgläubiger- oder Gemeinschaftsgläubigerschaft (s. hiernach) zu klären.

3. Schuldbeitritt

a) Begriff und Zustandekommen

Ein vertraglicher Schuldbeitritt ist gegeben, wenn durch vertragliche Vereinbarung neben den bisherigen Schuldner noch ein weiterer Schuldner tritt, der Gläubiger also zwei Schuldner erhält. Auch der vertragliche Schuldbeitritt ist gesetzlich nicht geregelt; seine Zulässigkeit ergibt sich aus dem Grundsatz der Vertragsfreiheit sowie analog aus anderen gesetzlich geregelten Fällen.

Der Schuldbeitritt erfolgt meist durch Vertrag zwischen dem Beitretenden und dem Gläubiger (wie bei § 414). Möglich ist aber auch ein Vertrag zwischen dem ursprünglichen und dem beitretenden Schuldner als echter Vertrag zugunsten des Gläubigers (§ 328).

Im Unterschied zu § 415 ist hier eine Genehmigung des Gläubigers unnötig, weil dieser nichts verliert. Wenn der Gläubiger den Anspruch gegen den Beitretenden nicht will, hat er das Zurückweisungsrecht nach § 333.

b) Rechtsfolgen

Durch den Schuldbeitritt erhält der Gläubiger einen weiteren Schuldner. Der bisherige Schuldner wird nicht befreit.

Der bisherige Schuldner und der Beitretende haften lt. Rechtsprechung als Gesamtschuldner (s. u.).

4. Vertragsbeitritt

Hierunter ist die Beteiligung neuer Personen an den Rechten und Pflichten einer Vertragspartei zu verstehen. Die rechtliche Behandlung resultiert aus der Kombination von Forderungsbeitritt und Schuldbeitritt.

B. Rechtliche Behandlung

1. Problemstellung

Sind an einem Schuldverhältnis auf der einen und / oder anderen Seite mehrere Personen beteiligt, stellen sich die Fragen:
- wer die Leistung fordern kann (einer oder alle gemeinsam) und wie,

- wie und von wem die Leistung erbracht werden muss (von jedem Schuldner anteilig oder in gesamter Höhe),
- wie die Leistung eines einzelnen Schuldners für die Schuldnermehrheit oder die Leistung an einen einzelnen Gläubiger für die Gläubigermehrheit wirkt,
- und wie die Gläubiger bzw. Schuldner im Innenverhältnis einen Ausgleich herbeiführen, wenn einer für andere leistet bzw. eine Leistung erhält.

2. Einheitliches Schuldverhältnis

Entscheidend für die Existenz einer Gläubiger- oder Schuldnermehrheit ist die Verbindung der Rechte oder Pflichten zu einem einheitlichen Schuldverhältnis, d. h. dass ein Schuldner den mehreren Gläubigern insgesamt nur einmal leisten muss bzw. ein Gläubiger von den mehreren Schuldnern die Leistung insgesamt nur einmal fordern kann.

Dies ist nicht der Fall, wenn mehrere selbständige Schuldverhältnisse unverbunden nebeneinander bestehen, die Ansprüche oder die Verbindlichkeiten also nur kumuliert werden.

> **Beispiel**
> Verkäufer V verkauft das gleiche Auto nacheinander erst an A und dann an B. Hier fehlt es an einer Verbindung der Ansprüche von A und B, vielmehr handelt es sich um eine Kumulation der selbständigen Ansprüche aus den Kaufverträgen.
> Ebenso handelt es sich um zwei selbständige Kaufverträge ohne Verbindung, wenn der Käufer K eine bestellte Ware, um ,sicherzugehen', sowohl bei A als auch bei B bestellt.

Ob eine solche Verbindung zu einem einheitlichen Schuldverhältnis führt, ergibt sich in der Regel aus der vertraglichen Vereinbarung (notfalls durch Auslegung), in manchen Fällen aber auch durch gesetzliche Anordnung.

> **Beispiel**
> § 840 Abs. 1 fasst mehrere an sich selbständige deliktische Schadensersatzpflichten zu einer Gesamtschuld zusammen.

3. Arten von Mehrheiten und ihre Bestimmung

Das Verhältnis der Rechte mehrerer Gläubiger und der Pflichten mehrerer Schuldner zueinander ist i. w. in den §§ 420 ff. geregelt. Sowohl für die Gläubiger- als auch für die Schuldnermehrheit sind dabei jeweils drei Gestaltungsformen vorgesehen, die einander entsprechen:

a) Teilschuldverhältnisse

Bei Teilschuldverhältnissen (§ 420) teilen sich mehrere Gläubiger oder Schuldner den Anspruch bzw. die Schuld.

Jeder Gläubiger kann nur den ihm zustehenden Teil fordern, jeder Schuldner muss nur den auf ihn entfallenden Anteil leisten (,*Jeder seinen Teil*').

Voraussetzung hierfür ist in jedem Fall, dass es sich um eine teilbare Leistung handelt.

b) Gesamtschuldverhältnisse

Bei Gesamtschuldverhältnissen hat jeder Gläubiger Anspruch auf die gesamte Leistung, jeder Schuldner schuldet die gesamte Leistung (,Jeder alles.').

c) Rechtsgemeinschaften

Bei Rechtsgemeinschaften steht das Recht nur einer Gemeinschaft von Gläubigern zu, oder es richtet sich gegen eine Gemeinschaft von Schuldnern. Demnach kann keiner der Gläubiger die (einheitliche) Leistung an sich alleine fordern, sondern nur an die Gemeinschaft, und die Leistung kann nur von allen gemeinsam erbracht werden (,Alle alles.').

Rechtsgemeinschaften gibt es nur in zwei Konstellationen:
- Als Bruchteilsgemeinschaften (§§ 747 ff., 1008 ff.), die an einzelnen Gegenständen (Sachen, Rechte) bestehen. Der Anteil (z. B. Miteigentumsanteil) jedes Beteiligten ist dabei bruchteilsmäßig (nicht real, sondern ideell) festgelegt.
- Als Gesamthandverhältnisse (§ 432), die an einem ganzen (Sonder-) Vermögen bestehen. Jedem Gesamthänder steht nur ein Anteil am gesamten gemeinschaftlichen Vermögen zu, nicht aber an den einzelnen Gegenständen. Ebenso richten sich Forderungen gegen Gesamthandschuldner auf das gesamte Sondervermögen und alle können nur gemeinsam, nicht einzeln in Anspruch genommen werden. Gesamthandgemeinschaften gibt es bei der BGB-Gesellschaft (§ 705 ff.), Gütergemeinschaft (§ 1415 ff.) und Erbengemeinschaft (§ 2032 ff.).

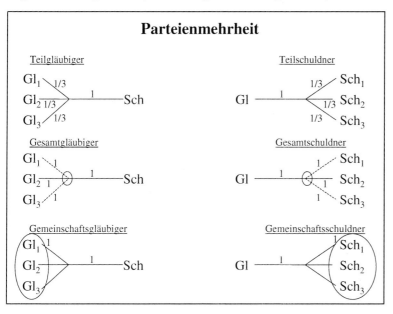

d) <u>Bestimmung</u>

Welche Art der Gläubiger- oder Schuldnermehrheit vorliegt, hängt grundsätzlich davon ab, wie sie begründet wurde:

- Bei vertraglicher Grundlage legen die Parteien dies oft fest.
- Bei gesetzlicher Grundlage ist es entsprechend das Gesetz, das die Art der Personenmehrheit festlegt.

In Zweifelsfällen sieht das BGB folgende Auslegungsregeln vor:

	Mehrere Gläubiger	**Mehrere Schuldner**
Teilbare Leistung	Teilgläubiger § 420	Teilschuldner (§ 420) außer bei Verträgen: Gesamtschuldner § 427
Unteilbare Leistung	Gemeinschaftsgläubiger § 432	Gesamtschuldner § 431

C. Mehrheit von Gläubigern

Das BGB regelt die verschiedenen Formen der Gläubigermehrheit nur bruchstückhaft. Die diesbezüglichen Regeln greifen auch nur dann, wenn die Parteien keine klaren Vereinbarungen getroffen haben bzw. sich aus der Vertragsauslegung keine Lösung ergibt.

1. Teilgläubiger

Die Parteien können vereinbaren, dass von mehreren Gläubigern jeder nur einen Teil der (real teilbaren) Leistung vom Schuldner verlangen kann.

Jeder Gläubiger einer teilbaren Leistung hat im Zweifel (d. h. wenn vertraglich keine Anteile definiert sind) nur Anspruch auf einen gleichen Anteil (§ 420). Er kann selbständig (z. B. durch Abtretung) über seine Teilforderung verfügen.

> Beispiel
> Drei Miteigentümer eines Hauses haben dieses an M vermietet. M muss laut Mietvertrag die Monatsmiete von 3.000 € zu gleichen Teilen an die drei Eigentümerbezahlen. Hier besteht eine Verbindung durch den einheitlichen Mietvertrag, dabei steht den Miteigentümern jeweils ein Teilanspruch in Höhe von 1.000 € zu.

Die Gläubiger stehen also nebeneinander. Jede Teilschuld unterliegt ihrem eigenen Schicksal (z. B. hinsichtlich Erfüllung, Aufrechnung, Leistungsstörungen usw.). Da allerdings ein einheitlicher Vertrag zugrunde liegt, sind sie durch einige Regeln miteinander verbunden:

- Das Rücktrittsrecht (und analog die Kündigung) kann nur von allen gemeinsam ausgeübt werden (§ 351).

- Beim gegenseitigen Vertrag kann der Schuldner dem einzelnen Gläubiger bis zur Bewirkung der gesamten Gegenleistung seine Teilleistung verweigern (§ 320 Abs. 1 S. 2).

Die Teilgläubigerschaft kommt in der Praxis selten vor, da meist anderweitige Regelungen vorgehen, insbesondere die der Gläubigergemeinschaft (vgl. §§ 432, 741 ff.).

2. Gesamtgläubiger

Können mehrere Personen die Leistung in der Weise fordern, dass jede die ganze Leistung verlangen kann, der Schuldner sie aber nur einmal zu erbringen braucht, und zwar nach seinem Belieben an jeden der Gläubiger (selbst wenn einer schon Klage gegen ihn erhoben hat, § 428 S. 2: Er hat also ein Wahlrecht), so sind sie Gesamtgläubiger (§ 428 S. 1).

> **Beispiel**
> Zwei Geschäftspartner haben bei der B-Bank ein gemeinschaftliches Konto errichtet und mit B vereinbart, jeder von ihnen könne allein über das Guthaben verfügen. Jeder Geschäftspartner kann die Auszahlung des gesamten Guthabens an sich allein verlangen, B hat jedoch die Wahl, an welchen der Gläubiger er leistet.

Nach §§ 429 Abs. 3 S. 1, 425 wirken Tatsachen, die bei einem Gläubiger eintreten (z. B. Nichtigkeit), nur im Verhältnis zwischen ihm und dem Schuldner; sie berühren die anderen Gesamtgläubiger nicht; ihre Rechte sind selbständig. Allerdings gibt es wesentliche Ausnahmen von der Unabhängigkeit der einzelnen Gesamtforderungen, die analog zur Gesamtschuld geregelt sind (§ 422, 423, 425: s. u.).

Bei Vereinigung von Forderung und Schuld in der Person eines Gläubigers erlöschen die Rechte aller übrigen Gläubiger gegen den Schuldner (§ 429 Abs. 2).

Die Gläubiger sind nach § 430 zur Ausgleichung verpflichtet, und zwar gemäß den getroffenen Vereinbarungen, im Zweifel zu gleichen Teilen (Teilgläubigerschaft).

Die Bedeutung der Gesamtgläubigerschaft wird dadurch eingeschränkt, dass – wenn eine unteilbare Leistung gefordert wird – eine Gemeinschaftsgläubigerschaft vorliegt (§ 430: s. hiernach). Die Gesamtgläubigerschaft ist daher selten und beruht dann meist auf vertraglicher Vereinbarung.

3. Gemeinschaftsgläubiger

a) Bruchteilsgläubiger

Bei Bruchteilsgemeinschaften i. S. d. §§ 741 ff. steht jedem Mitgläubiger nur ein ideeller Bruchteil an einer Forderung zu. Aus § 744 folgt, dass alle nur gemeinsam zur Verwaltung befugt sind, also auch nur alle gemeinsam eine Forderung geltend machen können.

Die Gläubiger können nur gemeinsam über den ganzen Gegenstand verfügen, obwohl ihre Mitberechtigung (d. h. der ideelle Bruchteil) so selbständig ist, dass sie getrennt veräußert oder belastet werden kann.

b) Gesamthandgläubiger

Bei der Gesamthandgemeinschaft ist die Berechtigung mehrerer ‚zur gesamten Hand' zugeordnet in Form eines Sondervermögens (§ 719). Keiner kann über das Vermögen oder einen Teil des Vermögens (also auch nicht über eine Forderung) alleine verfügen. Eine Forderung, die zu diesem Gesamthandvermögen gehört, kann also grundsätzlich nur von allen gemeinsam geltend gemacht werden. Der Schuldner kann entsprechend nur an alle gemeinsam leisten.

Das gleiche gilt für sonstige Maßnahmen wie Kündigung, Mahnung, Abtretung, Aufrechnung. Auch diese Rechte können die Gesamthandgläubiger nur gemeinsam geltend machen.

Daher spricht man von einem gesamthänderisch gebundenen Sondervermögen, das vom persönlichen Vermögen der Gläubiger getrennt ist.

c) Gemeinschaftliche Forderungsberechtigung bei unteilbaren Leistungen

Eine Gläubigergemeinschaft aus tatsächlichen Gründen besteht schließlich gemäß § 432 Abs. 1 S. 1, wenn die Forderung auf unteilbare Leistungen gerichtet ist.

Beispiel
Mehrere Personen haben sich gemeinsam ein Taxi zum Flughafen bestellt. Aus tatsächlichen Gründen ist die Leistung unteilbar und kann somit nur an alle gemeinsam erbracht werden.

Gemäß § 432 Abs. 1 kann im Außenverhältnis jeder Gläubiger im eigenen Namen die Forderung geltend machen, allerdings nur auf Leistung an alle Mitgläubiger (anders als bei Gesamtgläubigerschaft). Leistung an einen befreit den Schuldner nicht.

Anders als bei der Gesamthandgläubigerschaft kann hier jeder Gläubiger über seine Mitberechtigung verfügen. (s. auch § 432 Abs. 2).

Das Innenverhältnis richtet sich nach §§ 741 ff., soweit nicht andere gesetzliche oder rechtsgeschäftliche Regeln eingreifen.

D. Mehrheit von Schuldnern

Auch bzgl. der Schuldnermehrheit gelten grundsätzlich zunächst vertragliche Vereinbarungen, subsidiär die gesetzlichen Regeln, die vor allem die in der Praxis bedeutsame Gesamtschuldnerschaft betreffen.

1. Teilschuldner

Teilschuldnerschaft bedeutet, dass jeder Schuldner nur einen (seinen) Teil schuldet. Schulden mehrere eine teilbare Leistung (z. B. Geldschuld), so ist im Zweifel jeder Schuldner nur zu einem gleichen Anteil verpflichtet (§ 420). Die gesetzliche Regelung entspricht der bei der Teilgläubigerschaft.

Beispiel
Um Lieferkosten zu sparen, bestellen zwei Nachbarn bei einem Weinliefe-
ranten 100 Kisten Wein, wobei sie mit diesem vereinbaren, dass jeder von
ihnen 50 Kisten erhalten und auch die Hälfte des Kaufpreises bezahlen soll.

Teilschulden bestehen nur dann, wenn sie von den Parteien besonders vereinbart werden. Das ist selten, da der Gläubiger bei Beteiligung mehrerer Schuldner in der Regel an einer Gesamtschuld (s. hiernach) interessiert sein wird. Denn bei der Teilschuld muss der Gläubiger gegen jeden Teilschuldner für den jeweiligen Leistungsteil einzeln vorgehen und trägt das Risiko, dass einer nicht leisten kann.

Für die praktisch wichtigsten vertraglichen und deliktischen Schulden hat im Übrigen das Gesetz eine gesamtschuldnerische Haftung vorgesehen (s. hiernach).

2. Gesamtschuldner

a) Begriff der Gesamtschuld

Sind mehrere Personen Gesamtschuldner einer Leistung, so schuldet jeder von ihnen die gesamte Leistung, alle zusammen jedoch nur einmal.

Die Gesamtschuldnerschaft ist die häufigste und praktisch wichtigste Form der Haftung mehrerer Schuldner.

Jeder Schuldner muss gemäß § 421 die ganze Leistung allein erbringen, der Gläubiger kann diese jedoch nur einmal fordern, denn durch die Leistung des einen Schuldners wird auch der andere befreit (§ 422). Bis zur Bewirkung der ganzen Leistung bleiben sämtliche Schuldner auf den Rest verpflichtet (§ 421 S. 2). Der Vorteil für den Gläubiger besteht letztlich darin, dass er sich den zahlungsfähigsten Schuldner auswählen kann.

b) Entstehung

(1) Eine Gesamtschuld kann zum einen durch Vereinbarung entstehen. Nach dem Willen des Gesetzgebers handelt es sich immer um eine Gesamtschuld, wenn mehrere sich durch Vertrag gemeinschaftlich zu einer unteilbaren Leistung verpflichten (§ 431), aber im Zweifel (d. h. mangels klarer anderslautender Vereinbarung) auch, wenn sie sich zu einer teilbaren Leistung verpflichten (§ 427).

(2) Eine Gesamtschuld kann auch kraft Gesetzes entstehen. Unter den zahl-
reichen vorgesehenen Fällen sind vor allem folgende wichtig:
- Ersatzpflicht mehrerer aus unerlaubter Handlung (§ 840),
- Haftung mehrerer aus Betriebsgefahr (§ 17 StVG),

- Haftung des Schädigers und der Kfz-Versicherung als Gesamtschuldner (§ 3 Nr. 2 PflVG).

Die Rechtsprechung hat zahlreiche weitere Fälle gesamtschuldnerischer Haftung geschaffen, ohne dass es zu einer klaren Definition der Voraussetzungen hierfür gekommen wäre. So entsteht z. B. auch durch Schuldbeitritt (s. o.) eine gesamtschuldnerische Haftung.

c) Rechtsfolgen einer Gesamtschuld

Besteht ein Gesamtschuldverhältnis, so regeln die §§ 421-426 die nähere Ausgestaltung, insbesondere die gegenseitigen Rechte des Gläubigers und der Schuldner, vor allem auch der Schuldner untereinander.

(1) Im Verhältnis zwischen Gläubiger und Schuldnern (Außenverhältnis)

Die wichtigste Folge der Gesamtschuld ist, dass der Gläubiger nach seiner Wahl von jedem der Schuldner die gesamte Leistung (oder auch einen Teil) verlangen kann (§ 421).

Die Frage, ob Veränderungen im Verhältnis zwischen dem Gläubiger und einem Gesamtschuldner auch auf die übrigen Gesamtschuldner wirken (also Gesamtwirkung haben) oder nicht (also bloß Einzelwirkung haben), ist in den §§ 422-425 nach der Grundidee geregelt, dass die Schuldner die Risiken ihres Verhaltens alleine tragen, Verbesserungen ihrer Stellung aber allen zugute kommen sollen.

Danach haben Gesamtwirkung die Erfüllung, die Leistung an Erfüllungs statt, die Hinterlegung und die erklärte Aufrechnung (§ 422 Abs. 1), der Erlass gegenüber einem Gesamtschuldner (§ 423), der Gläubigerverzug (§ 424).

In allen übrigen Fällen dagegen soll nach § 425 Abs. 1 im Zweifel nur Einzelwirkung eintreten. Dafür nennt § 425 Abs. 2 viele Beispiele: Kündigung, (Schuldner-)Verzug, Verschulden, Unmöglichkeit, die Verjährung mit Unterbrechung und Hemmung sowie das rechtskräftige Urteil (Prozesse des Gläubigers gegen die Gesamtschuldner können also verschieden ausgehen).

(2) Im Verhältnis der Schuldner untereinander (Innenverhältnis)

Hat ein Gesamtschuldner den Gläubiger befriedigt, so stehen ihm Ausgleichsansprüche gegen die anderen Gesamtschuldner zu (§ 426 Abs. 1). Die Forderung des Gläubigers gegen die übrigen Schuldner geht auf den leistenden Gesamtschuldner über, soweit er den Gläubiger befriedigt hat (§ 426 Abs. 2). Dieser gesetzliche Forderungsübergang ist vor allem dann bedeutsam, wenn für die übergehende Forderung Sicherungsrechte bestanden haben, die nach § 426 Abs. 2 i. V. mit §§ 412, 401 auf den leistenden Gesamtschuldner übergehen.

Kann von einem Gesamtschuldner der Ausgleich nicht erlangt werden, z. B. weil er vermögenslos ist, so ist der Ausfall von den übrigen Ausgleichspflichtigen (auch dem Anspruchsberechtigten) anteilig zu tragen (§ 426 Abs. 1 S. 2).

Hinsichtlich der Höhe des Ausgleichsanspruchs bestimmt § 426 Abs. 1 S. 1, dass die Gesamtschuldner zu gleichen Anteilen verpflichtet sind, sofern nichts anderes geregelt ist. Der Verteilungsmaßstab zu gleichen Anteilen ist aber de facto eine seltene Ausnahme, denn eine anderweitige Bestimmung liegt oft gemäß interner Vereinbarung der Schuldner oder per Gesetz vor.

> **Beispiel**
> A wird von B und C verletzt. Nach §§ 823 Abs. 1, 830, 840 Abs. 1 haften B und C als Gesamtschuldner; A kann sich einen von ihnen bei der Geltendmachung seines Schadensersatzanspruchs heraussuchen (§ 421). Wenn er nur den reichen B in Anspruch nimmt und dieser leistet, kann er nach dessen Leistung nicht noch einmal gegen C vorgehen (§ 422). B kann aber von C Ausgleich verlangen (§ 426).

3. Gemeinschaftsschuldner

Eine Rechtsgemeinschaft von Schuldnern liegt vor, wenn mehrere gemeinsam eine Leistung schulden. Die Schuldnergemeinschaft ist gesetzlich nicht geregelt. Sie bildet das Gegenstück zur Gläubigergemeinschaft i. S. v. § 432 und besteht dann, wenn die Schuldner ihre Leistung (aus rechtlichen oder tatsächlichen Gründen) nur gemeinschaftlich erbringen können. Der Gläubiger kann seine Forderung nur gegen alle Schuldner gemeinsam geltend machen.

Eine Schuldnergemeinschaft aus rechtlichen Gründen besteht
- bei Gesamthandsgemeinschaften bei einer sog. Gesamthandsschuld, wenn also die Leistung aus dem gesamthänderisch gebundenen Sondervermögen (s. Gesellschaftsrecht) zu erbringen ist, denn darüber können alle nur gemeinsam verfügen.
- in sonstigen Fällen, in denen die Schuldner rechtlich gebunden sind, die gesamte Leistung gemeinsam zu erbringen (es gibt allerdings keine Bruchteilsschulden).

Aus tatsächlichen Gründen kann eine Schuldnergemeinschaft entstellen, wenn die Leistung nur von allen gemeinschaftlich erbracht werden kam.

> **Beispiel**
> Ein Musiktrio hat sich zu einer Konzertdarbietung verpflichtet.

Häufig schulden die Gesamthänder im Übrigen nicht nur als Gesamthandschuldner – beschränkt auf das Sondervermögen –, sondern auch noch persönlich als Gesamtschuldner mit ihrem gesamten Vermögen. Dies ergibt sich meist aus § 427, z. B. wenn sich Gesellschafter zu einer Gesellschaftsverbindlichkeit verpflichten.

Wiederholungsfragen

1. Unter welcher Voraussetzung spricht man von einem „unechten" Vertrag zugunsten Dritter?
2. Handelt es sich bei der Abtretung um ein kausales oder ein abstraktes Rechtsgeschäft? Welche Konsequenzen ergeben sich hieraus?
3. Inwieweit ist es erforderlich, den Schuldner davor zu schützen, dass der Gläubiger hinter seinem Rücken eine ihn betreffende Forderung an einen anderen abtritt? Wie wird dies sichergestellt?
4. Beendet die Abtretung einer Kaufpreisforderung den Kaufvertrag?
5. Was bedeutet der Begriff „Legalzession"?
6. Wie kann sich ein Schuldner gegen die Abtretung schützen?
7. Kann eine Forderung vom selben Gläubiger zweimal verkauft werden?

8. Kann der Zessionar im Wege der Abtretung auch eine Forderung erwerben, die dem Zedenten nicht zusteht?
9. Warum ist im Gegensatz zum Gläubigerwechsel bei der befreienden Schuldübernahme die Beteiligung des Gläubigers stets erforderlich?
10. Wie unterscheidet sich die befreiende Schuldübernahme von der Leistungserbringung durch einen Dritten?
11. Was unterscheidet die Erfüllungsübernahme von der Schuldübernahme?
12. Was versteht man unter einer Vertragsübernahme?
13. Welches ist die für den Gläubiger günstigere Ausgestaltung der Leistungsverpflichtung mehrerer: Das Teilschuldverhältnis oder das Gesamtschuldverhältnis?
14. Was bedeutet die Unterscheidung zwischen Innen- und Außenverhältnis beim Gesamtschuldverhältnis?
15. Welche Form der Gläubigerschaft besteht mangels vertraglicher Vereinbarung, wenn eine Forderung mehreren Personen gleichzeitig zusteht?

Übungen zum 8. Teil

Fall 58

Arie Alt schließt bei der Viva-Versicherungs-AG eine Lebensversicherung ab, wonach bei seinem Tode an seine Ehefrau 200.000 € zu zahlen sind. Welche Rechte stehen der Ehefrau aus dem Vertrag zu?

Lösung

Alt hat mit der Versicherungsgesellschaft einen Lebensversicherungsvertrag zugunsten seiner Ehefrau abgeschlossen, also einen Vertrag zugunsten Dritter (§ 328). Welche Rechte der Ehefrau dabei im Einzelnen gegen Viva zustehen, ist in diesem Vertrag (der das Deckungsverhältnis beinhaltet) geregelt.

Sollte diese Regelung unklar sein, dann ist bei einem Lebensversicherungsvertrag nach § 330 ‚im Zweifel' anzunehmen, dass der begünstigte Dritte (d. h. die Ehefrau) unmittelbar das Recht erwerben soll, die Leistung zu fordern; es liegt in diesem Fall dann ein echter Vertrag zugunsten Dritter vor (bei Lebensversicherungen liegt das auch in der Natur der Sache).

Allerdings soll hier die Leistung an die Ehefrau – wie bei einem Lebensversicherungsvertrag üblich – erst nach dem Tod von Alt erfolgen; daher hat die Ehefrau derzeit noch kein Recht erworben. Auch hier sieht das Gesetz eine ‚Zweifelsregelung' vor, derzufolge sie das Recht auf die Leistung erst mit dem Tod des Versprechensempfängers (Alt) erwirbt (§ 331 Abs. 1).

Fall 59

Gustav Gans schuldet Ede Erpel aus einem Darlehen 50.000 €. Als Erpel nach Fälligkeit auf Rückzahlung drängt, schreibt Gans, er trete ihm seine gegen ‚Schorschi' Schwan bestehende Forderung in Höhe von 50.000 € ab. Für ihn sei damit die Angelegenheit erledigt, Erpel möge ihn nicht mehr belästigen und bei Schwan sein Geld holen. Muss Erpel dies hinnehmen?

Lösung

Gem. § 398 können Forderungen vom Gläubiger durch Vertrag mit einem anderen (Neugläubiger) auf diesen übertragen werden, und mit dem Abschluss des Vertrages tritt der neue Gläubiger an die Stelle des bisherigen Gläubigers. Durch eine Abtretung werthaltiger Forderungen können grundsätzlich auch Schulden beglichen werden, wenn z. B. der Schuldner nicht über ausreichend liquide Mittel verfügt. Theoretisch also könnte Gans seine Schulden durch eine Forderungs-abtretung begleichen.

Erpel müsste die von Gans angebotene Abtretung allerdings nur annehmen, wenn diese ein einseitiges empfangsbedürftiges Rechtsgeschäft wäre (vergleich-bar mit einer Aufrechnung).

Die Abtretung bedarf jedoch eines Vertrags zwischen Altgläubiger (Gans) und Neugläubiger (Erpel), d. h. letzterer muss der Abtretung zustimmen. Zu einer solchen Zustimmung ist er nicht verpflichtet (es sei denn, er wäre eine solche Verpflichtung vorher vertraglich eingegangen (Vorvertrag), wovon hier jedoch mangels entsprechender Hinweise im Sachverhalt nicht auszugehen ist). Er wird der Abtretung insbesondere dann nicht zustimmen, wenn der neue Schuldner (Schwan) ihm weniger zahlungskräftig erscheint als der bisherige (Gans).

Folglich ändert sich durch die einseitige Erklärung von Gans an der Rechtslage nichts und Gans schuldet Erpel weiterhin 50.000 €.

(Anmerkung: Zum gleichen Ergebnis kommt man auf der Grundlage des Grund-satzes, dass eine Erfüllung durch Gans grundsätzlich eine Barzahlung erfordert. Schon aus diesem Grund ist Erpel nicht verpflichtet, eine Ersatzleistung anzu-nehmen, schon gar nicht an Erfüllungs statt. Er könnte ggf. die abgetretene Forderung als Leistung erfüllungshalber (§ 364 Abs. 2) annehmen, wodurch sein ursprünglicher Anspruch gegen Gans so lange und soweit bestehen bleibt, bis er aus der Forderungsabtretung befriedigt wird. S. 3. Teil.)

Fall 60

Prokurist Peter Palmer benötigt ein Darlehen, möchte aber vermeiden, dass sein finanzieller Engpass bekannt wird. Er erhält von Ruth Tut-Gut für 12 Monate 10.000 € zu 11 % Zinsen und vereinbart mit ihr mündlich, dass der Darlehens-anspruch nicht abgetreten werden dürfe. Im Darlehensvertrag wird darüber jedoch nichts vermerkt.

Da Tut-Gut nach einiger Zeit selbst in Zahlungsnöte gerät, tritt sie ihren Anspruch gegen Palmer auf Rückzahlung des Darlehens an ihren Gläubiger Max Matzdorf unter Übergabe des Darlehensvertrags ab, ohne Matzdorf etwas über die vereinbarte Nichtabtretbarkeit zu sagen.

Als Matzdorf bei Fälligkeit von Palmer Zahlung verlangt, beruft sich dieser auf die Abrede der Nichtabtretbarkeit. Kann Matzdorf dennoch Zahlung verlangen?

Lösung

Matzdorf könnte Ansprüche gegen Palmer geltend machen, wenn er rechtmäßi-ger Forderungsinhaber wäre. Dies könnte er aufgrund einer wirksamen Forderungsabtretung durch Tut-Gut geworden sein.

Die von Tut-Gut vorgenommene Abtretung (§§ 398 ff.) der Darlehensforderung an Matzdorf ist gültig, wenn die Voraussetzungen einer wirksamen Abtretung vorliegen: Abtretungsvertrag, Bestehen und Zustehen der Forderung, Bestimm-barkeit der Forderung, Übertragbarkeit der Forderung.

Hier bestehen hinsichtlich des Vorliegens eines Abtretungsvertrags zwischen Alt- und Neugläubiger keine Bedenken: Die Darlehensforderung bestand und stand Tut-Gut zu, sie war auch bestimmt. Zweifel könnten sich allein ergeben bei der Übertragbarkeit, weil durch Vereinbarung die Abtretung ausgeschlossen war. Eine solche Ausschlussvereinbarung ist möglich (§ 399 2. Hs). Dadurch wird die Forderung unabtretbar, eine dennoch erfolgende Abtretung ist unwirksam, auch gegenüber Matzdorf, selbst wenn dieser im Verhältnis zu dieser Vereinbarung

Dritter ist. Matzdorf hätte somit die Forderung nicht erworben und könnte keine Zahlung verlangen.

Ausnahmsweise kann jedoch trotz einer Vereinbarung der Nichtabtretbarkeit eine Forderung wirksam abgetreten werden, wenn die Voraussetzungen des § 405 zutreffen. Diese Vorschrift ist einer der wenigen Fälle im Abtretungsrecht, in denen der gute Glaube des neuen Gläubigers geschützt wird. Hier hat Tut-Gut die Forderung unter Vorlegung der Schuldurkunde (des Darlehensvertrags) abgetreten. In dieser Schuldurkunde war der Abtretungsausschluss nicht erkennbar. Matzdorf kannte demnach den Ausschluss nicht und musste ihn auch nicht kennen.

Somit liegen die Voraussetzungen des § 405 vor. Der Schuldner Palmer kann sich gegenüber dem Neugläubiger Matzdorf nicht auf die Vereinbarung der Unabtretbarkeit berufen (weil er sie nicht in seinen Vertrag mit Tut-Gut aufgenommen hat). Matzdorf hat damit wirksam die Forderung erworben (§ 398, 405), und dies trotz der eigentlichen Nichtabtretbarkeit gemäß § 399. Somit kann er von Palmer Zahlung der 10.000 € verlangen.

(Anmerkung: Wenn Palmer hierdurch ein Schaden entstünde (z. B. weil seine Kreditwürdigkeit in Frage gestellt würde), könnte er Ersatz von Tut-Gut wegen Verletzung ihrer (im Innenverhältnis wirksamen) vertraglichen Vereinbarung fordern (Beweisbarkeit vorausgesetzt).)

Fall 61

Silvio Schreck hat von Gerassimos Grimm ein Darlehen von 1.000 € gegen einen Schuldschein erhalten und es nach drei Monaten im Beisein eines Dritten zurückgezahlt, ohne sich jedoch den Schuldschein aushändigen zu lassen. Grimm tritt die Forderung anschließend unter Vorlage des Schuldscheines an den gutgläubigen Pjotr Pech ab, der von Schreck Zahlung verlangt. Muss Schreck noch einmal (diesmal an Pech) zahlen?

Lösung

Schreck müsste an Pech nur zahlen, wenn dieser durch die Abtretung Inhaber der Forderung geworden wäre und Schreck ihm nicht die bereits erfolgte Rückzahlung an Grimm entgegenhalten könnte.

Voraussetzung für eine wirksame Abtretung nach § 398 ist außer dem Abtretungsvertrag, dass die Forderung besteht und dem Abtretenden zusteht. Schreck hat das Darlehen jedoch zurückgezahlt, so dass das Schuldverhältnis erloschen ist (§ 488 Abs. 1 S. 2, § 362 Abs. 1). Die Forderung besteht nicht mehr. Grimm hat eine nicht bestehende Forderung abgetreten. Pech hat somit nichts erworben.

Die Vorlegung des Schuldscheins ändert nichts, er ist nur eine Beweisurkunde. Ein gutgläubiger Erwerb einer nicht bestehenden Forderung ist grundsätzlich nicht möglich. Die Ausnahme des § 405 gilt nur für die dort aufgeführten Fälle.

Daher muss Schreck nicht noch einmal an Pech zahlen. Pech hat nur vertragliche Ansprüche gegen Grimm.

(Anmerkung: Zum gleichen Ergebnis führt im Verhältnis von Schreck und Pech das Argument, dass Schreck gemäß § 404 dem Pech alle Einreden und Einwendungen entgegenhalten kann, die er auch gegenüber Grimm hat. Dazu zählt auch der Einwand, dass die Forderung bereits beglichen ist.)

Fall 62

Friedemann Fuhr kauft bei dem Gebrauchtwarenhändler Rüdiger Reckenfelderbäumer einen Lkw für 18.000 €. Fuhr zahlt 5.000 € an, der Rest wird für drei Monate gestundet. Nach einem Monat tritt Reckenfelderbäumer die Restforderung gegen Fuhr an die X-Bank ab. Diese verlangt von Fuhr sofortige Zahlung. Fuhr wendet die Stundungsvereinbarung ein und erklärt zudem, dass der Lkw verborgene wesentliche Mängel habe, die er erst jetzt erkannt habe. Er macht deshalb Kaufpreisminderung nach dem Recht der Leistungsstörungen im Kaufrecht geltend. Die Bank bestreitet die Mängel nicht, erklärt aber, das alles gehe sie nichts an. Wer hat Recht?

Lösung

Es wird davon ausgegangen (weil lt. Sachverhalt offensichtlich unstrittig), dass die Voraussetzungen einer wirksamen Abtretung vorliegen und dass die X-Bank Inhaberin der Restkaufpreisforderung geworden ist (§ 398).

Zu prüfen ist demnach nur, ob der Schuldner Fuhr der neuen Gläubigerin X-Bank Einreden und Einwendungen entgegenhalten kann, insbesondere dass die Schuld noch gestundet sei.

Nach § 404 kann der Schuldner dem Neugläubiger die Einwendungen (gemeint sind hier auch Einreden) entgegensetzen, die zur Zeit der Abtretung gegen den Altgläubiger begründet waren. Da die Vereinbarung der Stundung Fuhr eine Einrede gegen den Altgläubiger Reckenfelderbäumer gibt, kann er diese nach § 404 auch dem neuen Gläubiger entgegensetzen.

Fraglich ist allerdings, ob der Schuldner Fuhr der X-Bank auch die Sachmängel der Kaufsache entgegenhalten kann, obwohl er sie gegenüber dem Altgläubiger noch nicht geltend gemacht hatte. Hier fehlt eine klare gesetzliche Regelung. Die herrschende Lehre besagt, dass es nach § 404 genügt, dass die Einwendungen bei der Abtretung bereits ‚begründet' waren; darunter versteht man, dass sie ihrem Rechtsgrund nach zur Zeit der Abtretung bereits gegeben waren. Dies ist bei den Sachmängeln zu bejahen.

Daher kann Fuhr gegenüber der X-Bank auch Minderung des Kaufpreises (s. Recht der Leistungsstörungen Band 2, 15. Teil) und damit des Rückzahlungsbetrags geltend machen.

Fall 63

Die Metallwarenfabrik Graf hat am 1.10. an die Firma Sohl, Installationsbedarf, für 80.000 € Kupferrohre geliefert. Als Zahlungstermin ist ein Monat nach Lieferung vereinbart. Graf tritt die Forderung gegen Sohl am 25.10. im Rahmen eines Factoringgeschäfts an die Neumann GmbH ab, ohne dass dies dem Schuldner Sohl mitgeteilt wird. Sohl zahlt am 30.10. an Graf, ohne sich zu erkundigen, ob die Firma noch Inhaber der Forderung sei, obwohl er gehört hatte, Graf sei in gewissen Zahlungsschwierigkeiten. Auch Graf erwähnt nichts von der Abtretung. Am 1.11. verlangt Neumann von Sohl Zahlung.

Muss Sohl noch einmal an Neumann zahlen?

Lösung

Da es diesbezüglich keine anderslautenden Angaben im Sachverhalt gibt, wird davon ausgegangen, dass die Voraussetzungen einer wirksamen Abtretung nach §§ 398 ff. vorlagen und Neumann am 25.10. Gläubiger der Forderung gegen Sohl geworden ist.

Sohl hat somit, als er am 30.10. an Graf zahlte, an jemanden gezahlt, der nicht (mehr) sein Gläubiger war. Nach § 362 erlischt eine Schuld jedoch nur, wenn der Schuldner an den Gläubiger zahlt oder mit dessen Willen an einen Dritten (s. 4. Teil). Diese Voraussetzungen liegen nicht vor.

Da hier der Schuldner von der Abtretung aber keine Kenntnis hatte und deswegen an seinen bisherigen Gläubiger leistete, ist zu prüfen, ob zu seinen Gunsten eine Schutzvorschrift des Abtretungsrechts eingreift.

In Betracht käme hier § 407. Voraussetzung für seine Anwendung ist, dass der Schuldner nach der Abtretung die geschuldete Leistung an den bisherigen Gläubiger bewirkt und dass er hierbei von der Abtretung keine Kenntnis hatte.

Diese Voraussetzungen liegen bei Sohl vor. Es spielt dabei keine Rolle, dass er sich nicht erkundigt hatte, ob Graf noch sein Gläubiger sei. Selbst wenn man annehmen wollte, er hätte sich nach den Gerüchten über die Zahlungsschwierigkeiten von Graf erkundigen müssen und habe dies fahrlässig unterlassen, ist das unerheblich. Nach § 407 Abs. 1 kommt es allein auf die positive Kenntnis des Schuldners von der Abtretung an. Diese positive Kenntnis hatte Sohl nicht.

Gem. § 407 Abs. 1 muss somit der Neugläubiger Neumann die Zahlung des Schuldners Sohl an den bisherigen Gläubiger Graf gegen sich gelten lassen. Sohl braucht nicht noch einmal zu zahlen.

(Anmerkung: Neumann wird natürlich seinerseits Zahlung vom Altgläubiger Graf verlangen. Hierzu stehen ihm insbesondere zwei Anspruchgrundlagen zur Verfügung:

- Das Verpflichtungsgeschäft (z. B. Forderungskauf im Factoringvertrag), das der Abtretung (= Verfügungsgeschäft) zugrunde liegt.
- Ungerechtfertigte Bereicherung (§ 816 Abs. 2) (s. Band 2, 10. Teil).)

Fall 64

Heino Halm hat eine Kaufpreisforderung in Höhe von 7.000 € gegen Martina Martenstein, die am 1.6. fällig ist. Am 1.3. tritt er diese Forderung im Rahmen einer Sicherungsvereinbarung (sein Konto ist ständig überzogen) an die S - Sparkasse ab, ohne Martenstein hierüber zu informieren.

Weil einer seiner Gläubiger, Nikolaus Neudorf, ihn sehr zur Rückzahlung einer längst überfälligen Forderung i. H. v. 10.000 € drängt und er keine anderen liquiden Mittel besitzt, tritt er diesem dieselbe Forderung am 2.3. noch einmal ab. Neudorf hat er dabei im Glauben gelassen, dass er (Halm) noch Inhaber der Forderung sei. Martenstein wird durch Neudorf von dieser Abtretung in Kenntnis gesetzt.

Neudorf kassiert zur Fälligkeit von Martenstein die 7.000 €. Am darauffolgenden Tag verlangt die Sparkasse von Martenstein ebenfalls Zahlung der ihr abgetretenen 7.000 €.

Muss Martenstein noch einmal an die Sparkasse zahlen?

Lösung

Martenstein müsste noch einmal an die Sparkasse zahlen, wenn sie an den falschen Gläubiger gezahlt hätte (a) und es keine Schutzvorschrift zu ihren Gunsten für diesen Fall gäbe (b).

a) Martenstein müsste an die S-Sparkasse zahlen, wenn diese Inhaberin der Forderung wäre und nicht Neudorf.

Die Forderung ist der S-Sparkasse durch Vertrag mit dem bisherigen Gläubiger Halm am 1.3. abgetreten worden; zu diesem Zeitpunkt bestand die Forderung und sie stand Halm auch noch zu; sie war bestimmt, und auch gegen ihre Übertragbarkeit bestanden mangels anderslautender Informationen im Sachverhalt keine Bedenken. Die Voraussetzungen einer wirksamen Abtretung lagen somit vor, und die S-Sparkasse ist Inhaberin der Forderung geworden (§ 398).

Als Halm die Forderung am 2.3. noch einmal an Neudorf abtrat, war er nicht mehr Inhaber der Forderung. Bei dieser zweiten Abtretung fehlte eine Voraussetzung für eine wirksame Abtretung: das Zustehen der Forderung. Diese (zweite) Abtretung an Neudorf war somit unwirksam. Es spielt dabei keine Rolle, dass Neudorf glaubte, Halm sei noch Inhaber der Forderung; denn der gute Glaube an das Zustehen einer Forderung wird grundsätzlich nicht geschützt (einzige Ausnahme: § 405).

Wenn folglich die Schuldnerin Martenstein an Neudorf zahlte, so zahlte sie nicht an den Gläubiger – dies war die S-Sparkasse –, sondern an einen nichtberechtigten Dritten. Durch diese Zahlung ist sie demnach von ihrer Schuld nicht befreit und muss noch einmal an die Sparkasse zahlen.

b) Es könnte aber sein, dass eine Sondervorschrift zugunsten von Martenstein das Ergebnis ändert. Da Martenstein bei der Zahlung an Neudorf von der Abtretung an die S-Sparkasse keine Kenntnis hatte, ist in der Tat zu prüfen, ob zu ihren Gunsten eine der Schuldnerschutzvorschriften des Abtretungsrechts eingreift. Im vorliegenden Fall käme § 408 Abs. 1 in Betracht.

In der Tat wurde hier eine bereits abgetretene Forderung noch einmal an einen Dritten abgetreten und der Schuldner hat an diesen Dritten geleistet. In diesem Fall finden nach § 408 Abs. 1 zugunsten des Schuldners die Vorschriften die § 407 dem früheren Erwerber (= dem wirklichen neuen Gläubiger) gegenüber entsprechende Anwendung. Das heißt, dass der wirkliche Neugläubiger, die S - Sparkasse, die Zahlung der Schuldnerin Martenstein an den nichtberechtigten Dritten Neudorf gegen sich gelten lassen muss, wenn Martenstein von der Abtretung an die S-Sparkasse keine Kenntnis hatte. Das ist nach dem Sachverhalt zu bejahen.

c) Martenstein muss im Ergebnis somit nicht noch einmal an die S-Sparkasse zahlen. (Die Sparkasse hätte sich dadurch schützen können, dass Sie Martenstein über die Abtretung informiert, da dann die Schutzregel nicht greift (s. § 407 Abs. 1 am Ende). Sie wird im vorliegenden Fall das Geld von Neudorf wegen ungerechtfertigter Bereicherung herausverlangen.)

Fall 65

Bruno Bullerjan schuldet Armin Anzensberger 1.000 €.

1. Der Zahlungstermin ist längst verstrichen. Da Bullerjan ziemlich pleite ist, vereinbaren Anzensberger und Bullerjan, dass Christof Czymek die Schulden begleichen soll. Ist dies für Czymek verbindlich?

2. Der Zahlungstermin ist noch nicht verstrichen, aber Bullerjan ist bereits jetzt überschuldet. Bullerjans bester Freund Dieter Dreist ist bereit, die Schulden zu übernehmen. Wie kann dies in für alle rechtlich verbindlicher Weise geschehen?

Lösung

1. Diese Vereinbarung ist für Czymek nicht verbindlich, da eine Vereinbarung zu Lasten Dritter nicht möglich ist, sondern nur eine solche zugunsten Dritter (§ 328).

2. Dreist könnte die Schulden übernehmen durch Schuldübernahme oder Schuldbeitritt:

a) Die befreiende Schuldübernahme kann auf zwei verschiedenen Wegen erreicht werden:

- Durch einen Vertrag zwischen Gläubiger (Anzensberger) und neuem Schuldner (Dreist) (§ 414): Der Vertrag ist formlos wirksam, soweit die übernommene Verpflichtung nicht eine Form vorschreibt (z. B. § 311b). Der Schuldner muss bei dem Vertrag nicht mitwirken.
- Durch einen Vertrag zwischen Altschuldner (Bullerjan) und Neuschuldner (Dreist), der der (ausdrücklichen oder konkludenten) Genehmigung des Gläubigers (Anzensberger) bedarf (§§ 415 f.): Solange diese weder erteilt noch verweigert ist, bleibt die Schuldübernahme schwebend unwirksam.

Während dieser Zeitspanne ist der Übernehmer im Zweifel dem Schuldner gegenüber verpflichtet, den Gläubiger rechtzeitig zu befriedigen (§§ 415 Abs. 3, 329: Erfüllungsübernahme). Wird die Genehmigung verweigert, so gilt die Schuldübernahme als nicht erfolgt (§ 415 Abs. 1 S. 1) und die Vereinbarung zwischen Alt- und Neuschuldner ist wieder in Zweifel als Erfüllungsübernahme anzusehen.

Liegen die vorgenannten Voraussetzungen einer befreienden Schuldübernahme vor, tritt der neue Schuldner (Dreist) an die Stelle des alten Schuldners (Bullerjan) und wird alleiniger Schuldner. Der alte Schuldner wird frei; er ist aus dem Schuldverhältnis entlassen (§ 414).

b) Ein vertraglicher Schuldbeitritt ist gegeben, wenn durch vertragliche Vereinbarung neben den bisherigen Schuldner noch ein weiterer Schuldner tritt; der Gläubiger erhält also zwei Schuldner. Der vertragliche Schuldbeitritt ist im Gesetz nicht geregelt; seine Zulässigkeit ergibt sich aus dem Grundsatz der Vertragsfreiheit (§ 305).

Folgende Modalitäten sind zu beachten:

- Der Schuldbeitritt erfolgt meist durch Vertrag zwischen dem Beitretenden und dem Gläubiger (wie bei § 414). Möglich ist aber auch ein Vertrag zwischen dem ursprünglichen und dem beitretenden Schuldner als echter Vertrag zugunsten des Gläubigers (§ 328).
- Im Unterschied zu § 415 ist hier eine Genehmigung des Gläubigers nicht nötig, weil dieser nichts aufgibt. Wenn der Gläubiger den Anspruch gegen den Beitretenden nicht will, hat er das Zurückweisungsrecht nach § 333.
- Er bedarf keiner Form. Es muss jedoch ein eigenes, unmittelbares wirtschaftliches Interesse des Beitretenden vorliegen.

Durch den Schuldbeitritt erhält der Gläubiger einen weiteren Schuldner. Der bisherige Schuldner wird jedoch nicht befreit. Der bisherige Schuldner und der Beitretende haften als Gesamtschuldner (§ 421).

Ein echte Schuldübernahme wird hieraus nur in dem Fall, dass Anzensberger Dreist in Anspruch nimmt, denn dadurch erlischt die Schuld von Bullerjan gegenüber Anzensberger. Allerdings schuldet er dann diesen Betrag dem Dreist. Ob dieser ihn von ihm fordern wird oder die Schuld erlässt, hängt dann von den Vereinbarungen zwischen beiden ab.

Fall 66

Olli Ostermann hat von Rudi Rosenkranz am 1.7. einen Lkw zum Preis von 30.000 € gekauft. 5.000 € zahlt er bar, für den Rest wird ein Zahlungsaufschub bis zum 30.8. vereinbart.
Am 15.7. verkauft Ostermann den Lkw für 32.000 € weiter an Theo Trost. Er vereinbart mit ihm, dass dieser 7.000 € bar zahlt, ansonsten die Verbindlichkeit i. H. v. 25.000 € gegenüber Rosenkranz übernimmt statt ihm den Kaufpreis zu zahlen. Hierüber informiert er Rosenkranz.
1. Am 30.8. verlangt Rosenkranz von Ostermann Zahlung von 25.000 €. Kann er das?
2. Abwandlung: Angenommen, Rosenkranz hat die Schuldübernahme am 1.8. genehmigt. Als er von Trost Zahlung des Restkaufpreises verlangt, weigert dieser sich jedoch mit dem Hinweis,
a) Rosenkranz habe Ostermann gemäß Vereinbarung vom 10.7. den Kaufpreis bis 1.12. gestundet; demzufolge müsse auch er erst am 1.12. zahlen.
b) der Lkw sei mangelhaft, und er habe sich deswegen mit Ostermann auf eine Kaufpreisminderung um 5.000 € geeinigt; damit sei auch die Schuldübernahme (zumindest in dieser Höhe) hinfällig.
Wer hat Recht?

Lösung

1. Ostermann schuldet Rosenkranz den Kaufpreis nach § 433 Abs. 2. Diese Verbindlichkeit erlischt normalerweise nur durch Erfüllung, d. h. Zahlung. Ostermann könnte jedoch ausnahmsweise von seiner Verpflichtung auch ohne Zahlung frei geworden sein, wenn eine befreiende Schuldübernahme durch Trost vorläge.

Nach § 414 kann eine solche Schuldübernahme durch direkte Vereinbarung zwischen Trost und Rosenkranz erfolgen. Dies ist lt. Sachverhalt jedoch nicht der Fall.

Nach § 415 Abs. 1 wird eine befreiende Schuldübernahme auch dadurch erreicht, dass Trost mit Ostermann die Übernahme der Schuld vereinbart und Rosenkranz diese Vereinbarung genehmigt. Hier muss jedoch angenommen werden, dass Rosenkranz mit der Schuldübernahme nicht einverstanden ist. Denn wenn man die Mitteilung als Antrag auf Genehmigung auffasst, muss man diese als stillschweigend verweigert betrachten, da Rosenkranz seine Forderung an Ostermann richtet. In diesem Fall gilt nach § 415 Abs. 2 die Schuldübernahme als nicht erfolgt und Ostermann muss selber zahlen.

(Anmerkung: Die Vereinbarung zwischen Ostermann und Trost ist jedoch nicht völlig bedeutungslos; sie ist als Erfüllungsübernahme gemäß § 329 anzusehen. Trost ist Ostermann (und nur ihm) gegenüber verpflichtet, für diesen die Leistung zu erbringen. Tut er dies nicht, verletzt er seine vertragliche Verpflichtung gegenüber Ostermann.)

2. Durch die Genehmigung der Schuldübernahme seitens des Gläubigers Rosenkranz ist Trost als neuer Schuldner an die Stelle von Ostermann getreten (§ 415 Abs. 1). Demzufolge müsste er dessen Schuld begleichen, es sei denn, es stünden ihm Gegenrechte gegen Rosenkranz zu. Dies wäre zu prüfen:

a) Soweit der neue Schuldner Trost einwendet, Rosenkranz habe mit dem alten Schuldner Ostermann eine Stundung vereinbart worden, muss sich der Gläubiger diese Einwendung nach § 417 Abs. 1 S. 1 entgegensetzen lassen. Rosenkranz kann somit erst am 1.12. Zahlung verlangen (vorausgesetzt, diese Stundungsvereinbarung ist wirksam vereinbart und kann bewiesen werden) (§ 417 verwendet den Begriff ,Einwendungen': Dies ist aber weit zu verstehen und umfasst auch Einreden wie eine Stundungsvereinbarung).

b) Bei der von Trost geltend gemachten Kaufpreisminderung (s. §§ 437 Nr. 2 usw.) handelt es sich um eine Einwendung aus dem der Schuldübernahme zugrundeliegenden Rechtsverhältnis, d. h. dem Kaufvertrag zwischen Ostermann und Rosenkranz; solche Einwendungen kann der neue Schuldner aber nicht gegenüber dem Gläubiger geltend machen (§ 417 Abs. 2). Folglich muss Trost zahlen. (Er muss sich dann an Ostermann halten, um den zuviel gezahlten Betrag zurück zu erhalten.)

Fall 67

Fredi Frost bestellt für sich und seine beiden unmittelbaren Nachbarn Stani Schüttel und Bertram Beule beim Heizölhändler CALOR insgesamt 9.000 Liter Heizöl zum Preis von 0,80 € / Liter. Es wird vertraglich vereinbart, dass hiervon 5.000 Liter an ihn selbst und je 2.000 Liter an die Nachbarn geliefert werden sollen.

1. Von wem kann CALOR wieviel verlangen?
2. Würde sich etwas ändern, wenn alle drei den Auftrag unterschrieben hätten?

Lösung

Es handelt sich hier um einen Kaufvertrag, auf dessen Grundlage CALOR – nachdem seine Lieferung erfolgt ist – Anspruch auf die Kaufpreiszahlung i. H. v. 7.200 € hat. Die Frage ist nur, wer ihm wie viel schuldet.

Die Antwort hängt grundsätzlich davon ab, was tatsächlich in welcher Form vereinbart wurde.

1. Wenn Frost alleine den Auftrag erteilt hat, ist er zunächst einmal alleine voll zahlungspflichtig. Das Heizöl würde zwar an die Nachbarn geliefert (der vereinbarte Erfüllungsort läge also nicht beim Gläubiger, sondern bei Dritten), aber diese haben keine Ansprüche gegen CALOR (es sein denn, es wäre ein Vertrag zugunsten Dritter vereinbart worden, worauf es hier jedoch keinen Hinweis gibt). Ebenso wenig kann dieser von ihnen etwas fordern, da sie Dritte im Bezug auf den Kaufvertrag sind.

(Anmerkung: Wenn allerdings Frost auch als Stellvertreter der beiden Nachbarn gehandelt haben sollte (was zu überprüfen wäre und im Vertrag zum Ausdruck kommen müsste: s. Recht der Stellvertretung im BGB AT), dann wäre auch ein Vertrag zwischen CALOR und diesen beiden zustande gekommen. Die Rechtslage, die sich hieraus ergäbe, entspricht der in Frage 2).

2. Wenn alle drei unterschreiben, wird i. d. R. festgehalten worden sein, dass jeder seinen Teil zahlt (vereinbarte Teilschuldnerschaft).

Ist dies nicht erfolgt, könnte man durch erläuternde Vertragsauslegung zu dem Ergebnis kommen, dass dies ggf. stillschweigend vereinbart wurde, da es in der Natur der Sache liegt bzw. sich aus den Umständen ergibt. Auch hier könnte CALOR von jedem nur seinen Teil fordern.

Folgt man letzterer Ansicht nicht, ist eine gesetzliche Auslegungsregel erforderlich. Die Zweifelsregelung von § 420 – Teilschuldnerschaft – wird hier verdrängt durch § 427 als Spezialnorm: Wenn sich die drei Nachbarn gemeinschaftlich verpflichtet haben, haften sie im Zweifel alle als Gesamtschuldner, d. h. CALOR kann von jedem den vollen Preis verlangen und die drei Nachbarn müssen einen internen Ausgleich (s. § 426) durchführen, was sie gemäß der Anzahl erhaltener Liter Heizöl tun werden (selbst wenn dies nicht ausdrücklich vereinbart wurde, kann man dies als stillschweigende Vereinbarung annehmen: s. § 426 Abs. 1 S. 1).

Fall 68

Gerlinde Gierig hat eine Geldforderung i. H. v. 9.000 € aus einem Kaufvertrag gegen Sigi Säumig ,still' an die gemeinsam handelnden Brüder Miro, Mike und Mark Meier abgetreten. Bei Fälligkeit leistet Säumig an Gierig.

1. Ist Säumig dennoch verpflichtet, an die Meiers zu zahlen, wenn diese ihn dazu auffordern? Ist es dabei relevant, ob Säumig von der Zession vor seiner Zahlung an Gierig ,inoffiziell' durch Dritte erfahren hatte?

2. Würde sich an dem Ergebnis etwas ändern, wenn Gierig und Säumig mündlich vereinbart hatten, dass die Forderung nicht abgetreten werden kann, diese Vereinbarung aber nicht im Kaufvertrag aufgenommen wurde, der den Meiers bei der Abtretung vorlegt wurde?

3. Kann sich Säumig gegenüber den Meiers auf eine mündlich vereinbarte (aber notfalls beweisbare) Stundungsvereinbarung berufen, die vor der Abtretung vereinbart wurde?

4. Angenommen, Säumig ist verpflichtet, an die Zessionäre zu zahlen, kann er sich den Zahlungsempfänger frei aussuchen (eine vertragliche Regelung liegt nicht vor)?

Lösung

1. Der Schuldner wird grundsätzlich nur befreit, wenn er an den richtigen Gläubiger leistet. Dies sind eigentlich die Meiers, so dass Säumig grundsätzlich noch einmal zahlen muss (von Gierig könnte er dann die gezahlte Summe wegen ungerechtfertigter Bereicherung zurückfordern: s. Band 2, 10. Teil).

Der Abtretungsvertrag überträgt jedoch eine Forderung ohne jede Mitwirkung oder Wissen des Schuldners. Wenn Säumig demnach nichts von der Abtretung weiß, kann er gar nicht an die richtigen Gläubiger leisten, so dass hier eine Schutzregel zu seinen Gunsten sinnvoll wäre. Diese ist in § 407 Abs. 1 enthalten: Leistet der Schuldner (hier Säumig) in Unkenntnis der Abtretung (d. h. guten Glaubens) an den Altgläubiger (Gierig), wird er von seiner Schuld befreit. Folglich muss Säumig nicht mehr an die Meiers zahlen.

Ist Säumig hingegen nicht gutgläubig, dann wirkt die Zahlung an den Altgläubiger für ihn nicht befreiend, da er ja wissend an die falsche Gläubigerin zahlt. Die Meiers hätten in diesem Fall Anspruch auf Zahlung. Dabei ist es unerheblich, von wem der Schuldner die Kenntnis über die Abtretung erlangt hat; allerdings wird dies durch die Meiers schwieriger zu beweisen sein, wenn die Informationsweitergabe durch Dritte und nicht durch die Meiers selbst geschieht.

2. Ein vertragliches Verbot der Abtretung macht grundsätzlich eine Abtretung unmöglich (§ 399), auch gegenüber Dritten wie den Meiers. Wenn aber die Meiers die Forderung unter Vorlage eines Vertragsdokuments erwerben, das dieses Abtretungsverbot nicht ausweist, kann Säumig sich darauf nicht berufen. Dann sind die Neugläubiger schutzbedürftig und schutzwürdig. Folglich muss Säumig an die Meiers zahlen (§ 405).

3. Gemäß § 404 kann Säumig den Neugläubigern die Einwendungen entgegensetzen, die zur Zeit der Abtretung gegen den Altgläubiger (Gierig) bereits begründet waren. Da die Stundung vor der Abtretung vereinbart wurde, müssen die Meiers diese gegen sich gelten lassen.

4. Lt. Sachverhalt haben die Neugläubiger ‚gemeinsam' gehandelt, d. h. die Fordeung als Gruppe erworben, ohne die Forderung aufzuteilen. Demzufolge liegt eine Gemeinschaftsgläubigerschaft vor, derzufolge die Gläubiger nur gemeinsam handeln können. Dies ist hier jedoch nicht entscheidend, sondern die Position von Säumig. Hierzu sagt das Gesetz in § 427 Abs. 1 S. 1 jedoch nur etwas aus bei unteilbarer Leistung; die von Säumig zu erbringende Leistung ist aus ihrer Sicht jedoch teilbar.

Da Säumig hier ungefragt plötzlich mehreren Gläubigern gegenübersteht und deren interne Vereinbarungen nicht kennt (bzw. kennen muss), wird man in seinem Interesse deshalb von einer Gesamtgläubigerschaft ausgehen, d. h. Säumig kann schuldbefreiend an einen der drei Meiers (nach seiner freien Wahl) zahlen (§ 428).

Fall 69

Der 20jährige Student Shlomo Schlumpf kauft einen gebrauchten VW Golf für 15.000 €, zahlbar in monatlichen Raten zu je 1.000 €. Der Händler lässt sicherheitshalber nachträglich den Vater die Bestellung des Fahrzeugs mit unterschreiben. Nach 3 Monaten kann Schlumpf junior nicht mehr zahlen. Kann der Händler Zahlung der Restsumme von Schlumpf senior verlangen?

Lösung

Der Händler könnte Zahlung von Vater Schlumpf fordern, wenn dieser Schuldner geworden wäre. Dies könnte in Form eines Schuldbeitritts erfolgt sein.

Denn mit seiner Unterschrift hat der Vater erklärt, dass er neben dem Sohn für den Kaufpreis haftet. Nach der Rechtsprechung haften beide dann als Gesamtschuldner, d. h. auch der Vater haftet für den gesamten, noch nicht gezahlten Betrag. Allerdings kann der Händler nicht den gesamten Betrag in einem Mal verlangen, sondern es gilt die gleiche Ratenzahlungsvereinbarung wie mit dem Sohn, da sich durch den Schuldbeitritt am Inhalt der Forderung nichts geändert hat.

Fall 70

Almut, Bettina und Cäcilia Dröge sind Gesamtschuldnerinnen des Gläubigers Gotthilf Grabsch in Höhe von 6.000 €. Cäcilia, die gerade flüssig ist, zahlt auf Drängen des Grabsch den gesamten Betrag. Auf welcher Rechtsgrundlage kann Cäcilia von Almut und Bettina Ausgleich verlangen?

Lösung

Zunächst kommt ein Ausgleichsanspruch aus einem möglicherweise zwischen Almut, Bettina und Cäcilia vorliegenden Schuldverhältnis (insbesondere einem Vertrag) in Betracht. Ein solches ist im vorliegenden Fall jedoch nicht näher spezifiziert.

Deshalb kommt die gesetzliche Regelung zur Anwendung. Hier ist an einen Anspruch aus § 426 zu denken. Demzufolge hat Cäcilia einen Ausgleichsanspruch gegen Almut und Bettina (§ 426 Abs. 1 S. 1). Im Zweifel (mangels anderer Vereinbarungen oder Anspruchsgrundlagen, die wie hiervor festgestellt nicht vorliegen) kann sie demnach von beiden jeweils den gleichen Betrag, d. h. 2.000 € verlangen (beachte § 426 Abs. 1 S. 2).

Außerdem ist nach § 426 Abs. 2 der Anspruch des Gläubigers Grabsch auf Cäcilia übergegangen, so dass sie auch diesen geltend machen kann (gesetzlicher Forderungsübergang). Dieser Anspruch aus der Legalzession kann insoweit günstiger sein, als die bestehenden Sicherungsrechte (die im Sachverhalt aber nicht erwähnt werden) gem. §§ 401, 412 auf den Zessionar übergehen.

* Wiederholungsübungen zur Gesamtmaterie

Hinweis: Die Reihenfolge der Übungen entspricht nicht der Reihenfolge des Theorieteils, da Sie lernen sollen, die Problemstellungen thematisch selbständig einzuordnen.

Fall 71

Arabella Antal kauft von Bodo Brummel eine Eigentumswohnung, die Brummel seit sechs Jahren an Caroline Clerk unbefristet vermietet hat. Antal möchte die Wohnung selbst beziehen und schreibt an Clerk, sie müsse zum Monatsende ausziehen. Ist das rechtens bzw. was müsste Antal tun, damit sie ihr Ziel erreicht und die Wohnung zum Selbstbezug frei wird?

Lösung

Es handelt sich vorliegend um einen Wohnraummietvertrag. Damit Antal die vermietete Wohnung selbst beziehen kann, müsste der bestehende Vertrag entsprechend den besonderen Bestimmungen für Wohnraummietverträge gekündigt werden.

a) Dazu müsste zunächst Antal überhaupt Vertragspartner von Clerk sein, um berechtigt zu sein, eine Kündigung auszusprechen.

Antal hat den Vertrag nicht geschlossen, ist also nicht ursprüngliche Vertragspartnerin. Es liegt offensichtlich auch keine kombinierte Forderungsabtretung / Schuldübernahme vor, durch die Antal an die Stelle von Brummel getreten wäre.

Jedoch sieht § 566 vor, dass der Mietvertrag auch ohne die vorerwähnten Rechtsgeschäfte auf Antal als Käuferin bzw. neuer Eigentümerin der Wohnung übergeht, so dass Antal nach Erfüllung des Kaufvertrags neue Vermieterin von Clerk wird.

b) Des weiteren müsste Antal eine Möglichkeit zur Kündigung haben. Grundsätzlich greifen hier die vertraglichen Vereinbarungen, sofern sie nicht zwingenden gesetzlichen Regeln widersprechen. Da der Sachverhalt diesbezüglich nichts aussagt, sind die gesetzlichen Regelungen anzuwenden.

(1) Der Kauf einer Eigentumswohnung begründet keinen im BGB vorgesehenen speziellen a. o. Kündigungsgrund. Und es liegen lt. Sachverhalt auch keine anderen Umstände im Sinne eines wichtigen Grundes vor, die eine a. o. Kündigung gemäß § 543, 569 möglich machen würden. (§ 314 ist angesichts der Existenz dieser Spezialnormen nicht anwendbar, aber auch hier würde eine Anwendung am Fehlen eines wichtigen Grundes scheitern.)

Folglich kann Antal allenfalls ordentlich kündigen.

(2) Eine ordentliche Kündigung durch die Vermieterin ist jedoch nur bei Vorliegen eines berechtigten Interesses ihrerseits möglich. Hier kommt der Kündigungsgrund von § 573 Abs. 2 Nr. 2 (Eigenbedarf) in Betracht, da lt. Sachverhalt Antal die Wohnung selbst bewohnen möchte. Folglich kann sie den Mietvertrag aus dem erwähnten Grund ordentlich kündigen.

c) Schließlich müsste die ordentliche Kündigung bestimmte weitere Voraussetzungen erfüllen, deren Einhaltung durch Antal sicherzustellen ist:

- Die Kündigung muss in Schriftform erfolgen (568 Abs. 1).
- Die Kündigungsgründe sind im Kündigungsschreiben anzugeben (573 Abs. 3), ebenso ggf. der Hinweis auf das Widerspruchsrecht des Mieters (568 Abs. 2) (dies kann allerdings auch in anderer Form erfolgen).

- Es ist eine von der Dauer des Mietverhältnisses abhängige Kündigungsfrist einzuhalten. Da das Mietverhältnis bereits sechs Jahre besteht, beträgt die Kündigungsfrist sechs Monate (573c Abs. 1).

Fall 72

Unternehmer Ulrich Uhlenbrock wird von Steuerberater Siegfried Stumpf laufend beraten. Im Rahmen eines solchen termingebundenen Beratungsauftrags (es geht um ein Steuersparmodell, das noch vor Jahresende unter Dach und Fach sein soll), zu dem keine besondere Honorarvereinbarung getroffen wurde, schickt Stumpf einen Mitarbeiter zu Uhlenbrock, um Unterlagen abzuholen und einige zusätzliche Informationen zu erfragen, da dieser Mitarbeiter auch das steuerliche Gutachten erstellen soll.

1. Uhlenbrock weigert sich aber, diese ‚höchst sensiblen Dinge' dem Mitarbeiter anzuvertrauen. Zu Recht?

2. Stumpel führt letztlich die Beratung selber durch und das Steuersparmodell wird abgeschlossen. Als Stumpel hierfür ein Honorar verlangt, weigert sich Uhlenbrock mit dem Argument, dies sei Teil der allgemeinen Honorarvereinbarung über die laufende Beratung und demnach nicht separat zu vergüten. Wer hat Recht?

Lösung

1. Die Weigerung Uhlenbrocks wäre rechtens wenn
   - entweder ihn keine Mitwirkungspflicht träfe (a),
   - oder er ein Leistungsverweigerungsrecht besäße (b).

a) Rechtlich wäre das Verhalten von Uhlenbrock zu bemängeln, wenn Stumpel einen Anspruch auf Mitwirkung von Uhlenbrock hätte.

Eine solche Mitwirkungspflicht könnte sich ergeben
   - als Leistungspflicht aus dem Vertrag zwischen beiden, entweder ausdrücklich oder stillschweigend (d. h. durch Auslegung zu ermitteln),
   - als Leistungspflicht aus dispositiver gesetzlicher Bestimmung, oder
   - aus den §§ 241 Abs. 2, 242 als unselbständige Nebenpflicht.

Im vorliegenden Fall ist es wahrscheinlich, dass die Parteien diese Mitwirkung zumindest stillschweigend vereinbart haben, da ansonsten eine Bearbeitung des Auftrags nicht möglich ist (Auslegung gemäß §§ 133, 157). Insofern wäre ein Leistungsanspruch von Stumpel gegeben, d. h. Uhlenbrock wäre grundsätzlich verpflichtet, dem Mitarbeiter von Stumpel die betreffenden Unterlagen bzw. Informationen zu geben.

Ansonsten kann der Besteller – wenn es sich bei dem Gutachten um einen Werkvertrag nach § 631 handelt: s. hierzu Pkt. 2 – gemäß § 642 Abs. 1 zumindest insofern zur Mitwirkung verpflichtet sein, als er bei Verletzung verweigerter Kooperation ggf. schadensersatzpflichtig wird.

Schließlich könnte eine Mitwirkungspflicht auch aus § 241 Abs. 2 abgeleitet werden, allerdings auch nur mit der Sanktion einer Schadensersatzpflicht.

b) Selbst wenn Uhlenbrock mitwirkungspflichtig (im Sinne einer Hauptleistungspflicht) wäre, könnte er sich zu Recht weigern, wenn Stumpel seinerseits seinen Pflichten nicht nachkommt (Zug-um-Zug-Erfüllung: § 320).

Eine solche Pflichtverletzung durch Stumpel könnte vorliegen, wenn dieser den Auftrag persönlich ausführen müsste, er die Bearbeitung aber an einen Mitarbeiter delegiert. Deshalb ist zu prüfen, ob eine solche Pflicht existiert:

(1) Eine persönliche Leistungspflicht kann vereinbart werden (das ist hier allerdings unklar), sich ansonsten bei Dienstverträgen aus § 613 ergeben. Dazu müsste hier ein Dienstvertrag (§ 612) vorliegen.

Dies wäre der Fall, wenn das abzuschließende Steuersparmodell Teil der laufenden Beratung wäre. Dies ist auf der Basis der vorliegenden Angaben nicht abschließend zu beurteilen.

(2) Läge anderseits ein Werkvertrag (§ 631) vor, wäre eine persönliche Leistung von Stumpel hier grundsätzlich nicht gefordert (außer wenn dies ausdrücklich vertraglich vereinbart wäre, wozu der Sachverhalt aber nichts aussagt). Ein Werkvertrag läge vor, wenn es um ein spezielles Gutachten ginge, das als gesonderter termingebundener Auftrag zu erledigen wäre. Auch hier ist der Sachverhalt nicht eindeutig genug.

(3) Schließlich könnte es sich um eine Geschäftsbesorgung (§ 675) handeln, wenn Stumnpel sich im Auftrag von Uhlenbrock um dessen finanzielle und wirtschaftliche Belange kümmert. Hier ist zwar grundsätzlich Auftragsrecht anzuwenden, aber § 675 verweist gerade nicht auf § 664, demzufolge der Beauftragte persönlich tätig werden muss. Da es sich bei der Geschäftsbesorgung um einen Dienst- oder Werkvertrag handelt, würden stattdessen dann die vorerwähnten Regeln greifen, so dass die Existenz eines Leistungsverweigerungsrechts letztlich von der Rechtsnatur des abgeschlossenen Vertrags abhängt.

(Anmerkung: Es ist auch durchaus möglich, dass hier zwei separate Verträge vorliegen, wenn der Vertrag bzgl. des Steuersparmodells zusätzlich zum normalen Beratungsvertrag geschlossen wurde. Dann wäre ersterer eindeutig ein Werkvertrag, letzterer ein Dienstvertrag.)

2. Wie hiervor dargelegt ist nicht klar, um welche Art Vertrag es sich im vorliegenden Fall handelt. Unabhängig von der Rechtsnatur des Vertrages gilt jedoch eine Vergütung als stillschweigend vereinbart, wenn die Leistung den Umständen nach nur gegen eine Vergütung zu erwarten ist: Dies gilt sowohl beim Dienstvertrag (§ 612 Abs. 1) als auch beim Werkvertrag (§ 632 Abs. 1), und folglich auch bei der entgeltlichen Geschäftsbesorgung. Da die Tätigkeit eines Steuerberaters üblicher Weise nicht unentgeltlich erfolgt, ist sie grundsätzlich zu vergüten (dies ist zwischen den Parteien auch nicht strittig).

Ist die Höhe nicht festgelegt, gilt die übliche Vergütung als stillschweigend vereinbart (§§ 612 Abs. 2, 632 Abs. 2).

Fraglich ist aber, ob ein separates Honorar geschuldet ist, oder ob die allgemeine Honorarvereinbarung hierfür gilt. Um dies zu ermitteln, ist der Vertrag gemäß § 157 nach Treu und Glauben und unter Berücksichtigung der Verkehrssitte auszulegen.

Dabei würde man folgende Umstände berücksichtigen: Wie haben die Parteien solche besonderen ‚Geschäfte' in der Vergangenheit gehandhabt (dies würde als stillschweigender Parteiwille gedeutet)? Falls dies noch nicht vorgekommen ist, wie wurden andere Sonderberatungen in der Vergangenheit gehandhabt? Falls es diese nicht gibt, ist die Höhe der allgemeinen Vergütung so bemessen, dass man fairerweise erwarten kann, dass solche Sondervergütungen abgedeckt sind? Und schließlich: Was ist in der Branche üblich?

Fall 73

Ludwig Leumund produziert und vertreibt unter der Marke LOGO! Werbemittel aller Art.

1. Für das Kaufhaus Gutkauf stellt er nach dessen Vorgaben peppige Schlüsselanhänger mit dem Gutkauf-Logo zum Preis von 50 Cent her (Herstellungskosten 35 Cent). Nachdem die ersten 100 Stück produziert wurden, sind sie von Gutkauf geprüft und gutgeheißen worden. Daraufhin hat Leumund weitere 10.000 Stück des gleichen Modells hergestellt. Gutkauf weigert sich aber nun, die Schlüsselanhänger anzunehmen und zu bezahlen mit dem Argument, die Anhänger entsprächen nicht seinen Vorgaben. Hat Gutkauf Recht?

2. Angenommen Leumund hat Recht und Gutkauf muss zahlen, aber es wurde kein Zahlungstermin vereinbart, wann kann Leumund Zahlung verlangen?

3. Angenommen Leumund und Gutkauf hatten bereits im ursprünglichen Vertrag fest vereinbart, dass nach sechs Monaten weitere 10.000 Stück produziert werden sollten. Kann Gutkauf dann in der Zwischenzeit den Vertrag kündigen, auch wenn keinerlei Schlechtleistung seitens Leumund vorliegt? Falls ja, unter welchen Voraussetzungen bzw. mit welchen Rechtsfolgen?

Lösung

1. a) Zur Ermittlung der Rechte und Pflichten der Parteien ist zunächst zu klären, um welche Art Vertrag es sich hier handelt.

Bei den Schlüsselanhängern handelt es sich um ein herzustellendes Werk (§ 631). Es liegt deshalb ein Werkvertrag vor, genauer ein Werklieferungsvertrag, weil Leumund die Schlüsselanhänger (bewegliche Sachen) nach den Vorgaben von Gutkauf aus eigenem Material herstellt und liefert. Auf Werklieferungsverträge bzgl. beweglicher Sachen ist gemäß § 651 grundsätzlich Kaufrecht anwendbar. Bei nicht vertretbaren Sachen greifen jedoch ergänzend auch Vorschriften des Werkvertragsrechts. Da die Schlüsselanhänger individualisiert sind, handelt es sich nicht um vertretbare Sachen im Sinne von § 91, so dass abweichend bzw. ergänzend bestimmte Paragrafen des Werkvertragsrechts anzuwenden sind, die i. w. Mitwirkungspflichten und Kündigungsrechte des Bestellers betreffen.

b) Im nächsten Schritt ist zu klären, welche Pflichten die Parteien haben.

Gemäß Kaufvertragsrecht (§ 433 Abs. 2) ist Gutkauf grundsätzlich verpflichtet, die Ware abzunehmen und zu bezahlen. Es ist nicht ersichtlich, dass im konkreten Kaufvertrag etwas anderes vereinbart wurde.

Gutkauf hat allerdings ein Leistungsverweigerungsrecht nach § 320, wenn und solange Leumund seinen vertraglichen Leistungspflichten nicht nachkommt. Im vorliegenden Fall besteht die Verletzung seiner Pflichten nach Ansicht von Gutkauf darin, dass er keine vertragsgemäße Ware geliefert hat (Sachmangel gemäß § 434).

Ob ein solcher Mangel vorliegt, ist eine Sachfrage. Lt. Sachverhalt stimmen die gelieferten Anhänger mit dem ersten Muster überein. Es ist deshalb nicht davon auszugehen, dass hier ein Sachmangel vorliegt, so dass Gutkauf verpflichtet ist, die Ware anzunehmen und zu bezahlen.

(Anmerkung: Im Werkvertragsrecht gibt es die Abnahme eines Werks (§ 640), die – sofern kein Vorbehalt geäußert wird – bedeutet, dass das abgenommene Werk (hier die Musterlieferung der Anhänger) gutgeheißen wird. Nach der Abnahme muss der sich auf Mängelrechte berufende Besteller das Vorliegen eines Mangels beweisen (s. § 640 Abs. 2). Allerdings wird § 640 in § 651 nicht erwähnt, sondern gemäß § 651 S. 3 tritt an die Stelle der Abnahme der Zeitpunkt des Gefahren-übergangs gemäß § 446, 447 (Übergabe der Ware).)

2. Da das Kaufrecht zur Fälligkeit des Kaufpreises keine spezielle Regelung enthält und die Fälligkeit der Vergütung nach Abnahme des Werkes gemäß § 641 nicht anwendbar ist (s. § 651 S. 2) greift die im Schuldrecht AT enthaltene Regel von § 271, so dass Leumund sofort Zahlung verlangen kann.

3. Nach § 649 kann der Besteller beim Werkvertrag bis zur Vollendung jederzeit den Vertrag kündigen. Dazu müsste jedoch auf diesen Vertrag Werkvertragsrecht anwendbar sein. Hier ist zu beachten, dass nach § 651 S. 1 zwar grundsätzlich Kaufrecht Anwendung findet, daneben aber auch bestimmte Vorschriften des Werkvertragsrechts, darunter insbesondere § 649.

Die Kündigung nach § 649 ist daher wirksam. Allerdings kann Leumund gem. § 649 S. 2 die vereinbarte Vergütung abzüglich der ersparten Aufwendungen verlangen. Da als Vergütung 50 Cent pro Stück vereinbart waren und die Herstellung 35 Cent kostete, kann er demnach für die restlichen 10.000 Stück insgesamt 1.500 € von Gutkauf verlangen.

Fall 74

Willi Wunnebar findet das Leben lebenswert und gibt mehr aus als er verdient, weil er sich immer nur das Beste vom Besten gönnt. Er hat im Laufe der Zeit bei seiner Bank diverse Kredite aufgenommen, die er inzwischen aber nicht mehr bedienen kann.

Da seine Bank keine Hoffnung hat, dass er jemals seine Schulden zurückzahlen wird, versucht sie, seine Frau Waltraud haftbar zu machen, die jedoch keinen Kredit aufgenommen bzw. keinen Vertrag unterschrieben hat. Kann sie das? Und ggf. unter welchen Voraussetzungen?

Lösung

Wunnebar schuldet seiner Bank die Rückzahlung der Kredite auf der Grundlage von Darlehensverträgen (§ 488 Abs. 1 S. 2). Da aber nur er Vertragspartei ist, kann Waltraud aufgrund der Relativität der vertraglichen Schuldverhältnisse hieraus nicht verpflichtet werden.

Ausnahmen hierzu könnte es nur in folgenden Fällen (zu den dann jeweils geltenden Voraussetzungen) geben:

- Im Falle einer befreienden Schuldübernahme durch Waltraud wäre sie neue Schuldnerin anstelle von Willi.
- Bei einem Schuldbeitritt würde sie neben Wunnebar haften (Gesamtschuldnerschaft).
- Wenn Waltraud eine Bürgschaft (§ 765) übernommen hätte: Allerdings sind die Anforderungen hier streng, da insbesondere die Übernahme einer Bürgschaft durch die Ehefrau bei eigener Mittellosigkeit von der Rechtsprechung als sittenwidrig betrachtet wird.
- Geschäfte zur angemessenen Deckung des Lebensbedarfs verpflichten auch den Ehegatten (§ 1357), selbst wenn dieser nicht Vertragspartei ist.

Von den ersten drei Fällen ist lt. Sachverhalt nichts erkennbar; auch der letztere ist angesichts der Sachverhaltsbeschreibung unwahrscheinlich. Die Bank kann deshalb Waltraud W. nicht haftbar machen.

Fall 75

Konrad Klaus will umziehen und vereinbart telefonisch mehrere Wochen vorher mit seinem Freund Walter Werner, einem Transportunternehmer, dass dieser ihm dabei hilft und insbesondere einen Transporter zur Verfügung stellt.

1. Am Umzugstag erscheint Werner nicht. Er hat den Termin ‚verpennt'. Klaus ruft ihn an und fordert ihn auf, zu kommen und sein Versprechen einzulösen. Werner weigert sich, weil das so nicht vereinbart sei und er schon andere Pläne habe. Zu recht? Wäre es von Bedeutung, dass Werner ihm schon früher bei Umzügen geholfen hat?

2. Da Klaus die Wohnung nicht rechtzeitig räumen kann, muss er dem Vermieter bzw. Nachmieter Schadensersatz zahlen. Kann er seinerseits Ersatz des Schadens von Werner verlangen?

3. Angenommen, Werner erscheint wohl wie vereinbart, verursacht aber mit dem voll beladenen Transporter einen Unfall mit einem anderen Pkw, weil er angetrunken ist. Haftet er gegenüber Klaus (weil dessen Porzellan zerstört ist) bzw. gegenüber dem Geschädigten Dritten (d. h. dem anderem Autofahrer)? *(Hinweis: Es geht bei den Fragen 2-3 nur um das Erkennen von Haftungsgrundlagen.)*

Lösung

1. Entscheidend dafür, ob Klaus einen Anspruch gegen Werner hat, ist eine Anspruchsgrundlage. Diese könnte hier nur vertraglicher Natur sein. Klaus und Werner könnten hier einen Vertrag abgeschlossen haben, dessen Leistung darin besteht, dass Werner beim Umzug hilft und seinen Lkw zur Verfügung stellt.

Aus den Umständen ist aber nicht ohne weiteres ersichtlich, ob es sich hier um einen echten Vertrag handelt oder bloß um ein Gefälligkeitsverhältnis, da Werner kein fremder Unternehmer ist (dann wäre wohl kaum ein Gefälligkeitsverhältnis realistisch), sondern ein Freund.

Rechtlich betrachtet hängt alles davon ab, ob seitens Werner ein ‚rechtlicher Bindungswille' vorhanden ist (dann existiert ein vertragliches Schuldverhältnis) oder nicht (dann handelt es sich um eine bloße Gefälligkeit). Hierzu muss der jeweilige tatsächliche Parteiwille ermittelt (§ 133) bzw. das Vereinbarte unter Berücksichtigung der Verkehrssitte ausgelegt werden (§ 157).

Was die Parteien tatsächlich gewollt haben, kann man ohne weitere Befragung nicht wissen. Auch aus den Umständen des Sachverhalts lässt sich das nicht genau entnehmen. Allerdings dürfte Werner bei der telefonischen Absprache aus der allgemeinen Lebenserfahrung bewusst gewesen sein, dass Klaus in Probleme gerät, wenn er nicht erscheint, so dass er hätte erkennen können und müssen, dass es sich aus Sicht von Klaus um eine verbindliche Absprache handelt. Wenn Werner früher schon bei Umzügen geholfen hat, kann man daraus schließen, dass beide sich analog zu den früheren vergleichbaren Situationen verhalten wollten und dass die Absprache ‚ernst gemeint' ist.

Allerdings könnte es auch hier Umstände geben, die dem widersprechen, z. B. wenn bei früheren Umzügen Werners Lkw letztlich gar nicht benötigt wurde, weil Klaus selbst einen Transporter besorgt hatte. Auch könnte es sein, dass Klaus bei seiner Verabredung erwähnt hat, wer sonst noch alles helfen werde, so dass Werner ggf. der Auffassung sein durfte, sein Beitrag sei nicht entscheidend. Im ‚wirklichen Leben' wäre dies für eine abschließende Beurteilung in Erfahrung zu bringen.

2. Wenn es sich um ein echtes Gefälligkeitsverhältnis handelte, war Werner nicht verpflichtet, irgendetwas zu tun, und es gibt keine Pflichten, die er hätte verletzen und so einen Schadensersatzanspruch begründen können.

Geht man hingegen von der Existenz eines Vertrags aus, liegt eine Leistungsstörung vor und Werner haftet, falls die Voraussetzungen für eine Haftung (insbes. Verschulden und Kausalität) erfüllt sind (s. Band 2, 12. Teil).

3. a) Haftung von Werner gegenüber Klaus

Wenn man von der Existenz eines Vertrags ausgeht, haftet er wegen nicht ordnungsgemäßer Erbringung seiner Leistung (es handelt sich vorliegend um einen Werkvertrag, § 631 ff.) bzw. Verletzung von Schutz- und Sorgfaltspflichten (unselbständige Nebenpflichten gemäß § 241 Abs. 2).

Selbst wenn man davon ausgeht, dass es sich nur um eine Gefälligkeit handelt, ist Werner verpflichtet, Sorgfalt walten zu lassen. Deshalb haftet er auch in diesem Fall gegenüber Klaus wegen der Verletzung von Schutz- und Sorgfaltspflichten (unselbständige Nebenpflichten gemäß § 241 Abs. 2).

b) Haftung von Werner gegenüber Dritten

Gegenüber dem anderen Autofahrer haftet Werner ggf. aufgrund einer unerlaubten Handlung (§ 823: s. Band 2, 10. Teil).

Fall 76

Die Firma Elmenhorster Eisenwerke AG ist insolvent. Der Insolvenzverwalter als deren Vertreter veräußert an die Firma Plattmacher eine komplette Blechwalzanlage, deren Wert allerdings schwer festzustellen ist. Deshalb wird vereinbart, dass der Sachverständige für Industrieanlagen Dr. Schlau den Wert der Anlage feststellen soll; der Kaufpreis soll dann 70 % des festgestellten Werts betragen. Noch bevor der Preis festgelegt wird, möchte die Firma Plattmacher jedoch vom Kauf zurücktreten, mit dem Argument, sie sei ohnehin noch nicht gebunden. Ist diese Auffassung zutreffend?

Lösung

Zwischen der Elmenhorster Eisenwerke AG und der Firma Plattmacher ist ein Kaufvertrag zustande gekommen, wenn (neben den allgemeinen Wirksamkeitsvoraussetzungen gemäß BGB AT, die hier nicht zu prüfen sind) die jeweiligen Hauptleistungspflichten bestimmt oder bestimmbar sind (§ 433).

Zwar ist die Gegenleistung, der Kaufpreis, zunächst noch nicht bestimmt; er soll und kann aber von dem Sachverständigen bestimmt werden. Dieser legt durch die Feststellung des Wertes der Anlage die Tatsache fest, die dann für die Bestimmung der konkreten Höhe der Gegenleistung (= 70 % des Wertes) von Bedeutung ist. Demnach ist der Kaufpreis bestimmbar. (Für eine solche Vereinbarung sind die §§ 317 ff. nicht anzuwenden, da diese nur greifen, wenn keine Kriterien festgelegt wurden, auf deren Basis durch den Dritten der Preis zu ermitteln wäre.)

Der Vertrag ist also zustande gekommen und die Firma Plattmacher kann sich nicht einseitig aus ihm zurückziehen, sofern eine solche Möglichkeit nicht vereinbart wurde (als vertragliches Rücktrittsrecht gemäß § 346 Abs. 1) – was hier nicht erkennbar ist – oder sofern es kein gesetzliches Rücktrittsrecht (z. B. infolge einer Leistungsstörung durch die AG) gibt, wofür es keine Anhaltspunkte gibt.

Fall 77

Wanja Wurzer erwirbt von Sabine Schelling ein Haus. Dieses ist für zehn Jahre an Arthur Andersen vermietet, der bereits seit zwei Jahren darin wohnt.

Wurzer, der selbst in das Haus einziehen möchte, fordert Andersen auf, das Haus zu räumen, da er der neue Eigentümer sei. Er meint, er sei an den Mietvertrag nicht gebunden, da er ihn nicht geschlossen habe. Falls doch, werde er ihn ‚herauskündigen'. Andersen solle ggf. Schelling wegen Vertragsbruch verklagen. Muss Andersen vorzeitig ausziehen und hat er Ansprüche gegen Schelling?

Lösung

Wurzer kann als Erwerber des vermieteten Hauses grundsätzlich frei über sein Eigentum verfügen und Eigentümerrechte geltend machen, insbesondere die Herausgabe vom jeweiligen Besitzer verlangen (§ 985). An schuldrechtliche Vereinbarungen (d. h. Mietvertrag), die Dritte (d. h. insbesondere die Verkäuferin Schelling) über sein Eigentum getroffen haben, ist er grundsätzlich nicht gebunden (Relativität der Schuldverhältnisse). Daher kann Andersen sich den Herausgabeansprüchen von Wurzer auch nicht als berechtigter Besitzer (§ 986 Abs. 1) widersetzen.

Zu diesen Regeln statuiert § 566 jedoch eine wichtige Ausnahme: Demzufolge tritt der Erwerber eines vermieteten Hauses, das dem Mieter bereits überlassen worden ist, ausnahmsweise in die Rechte und Pflichten des Veräußerers, also des Vermieters, ein. D. h. Wurzer kann nicht als Eigentümer auf Herausgabe klagen, da Andersen im Verhältnis zu ihm als Vermieter rechtmäßiger Besitzer ist und Wurzer an den übernommenen Mietvertrag gebunden ist.

Da es sich hier um ein befristetes Mietverhältnis handelt, könnte Wurzer als Vermieter Andersen vor Ablauf der Mietzeit zur Räumung des Hauses nur dann zwingen, wenn ein wichtiger Grund für eine außerordentliche Kündigung vorläge (s. § 543, 575a); eine ordentliche Kündigung (auch z. B. wegen Eigenbedarfs nach § 573) ist nicht möglich. Ein solcher wichtiger Grund ist hier nicht erkennbar.

Wurzer kann sich deshalb wegen etwaiger Schadensersatzansprüche allenfalls an Schelling wenden (z. B. wenn diese falsche Angaben gemacht hatte oder versichert hatte, der Mieter werde sicher ausziehen, nicht aber wenn Wurzer die Rechtslage eigenständig falsch eingeschätzt hatte).

Andersen hat keinen Grund, Schelling zu verklagen. Da es sich hier um einen Fall des gesetzlich geregelten Vertragsübergangs handelt, ist auch seine Zustimmung zur Übertragung des Vertrags auf den neuen Vermieter nicht erforderlich (obschon dies bei gegenseitigen Verträgen normalerweise der Fall ist, da hier eine Schuldübernahme vorliegt, der der Gläubiger grundsätzlich zustimmen muss, damit sie wirksam wird: s. § 414-415).

Fall 78

Der Geldverleiher Gerd Greifzu gewährt Sibylle Sonstwo am 1. Januar und am 1. März jeweils ein Darlehen über 10.000 € zu 6 % Zinsen und am 1. Juli ein drittes Darlehen ebenfalls über 10.000 € zu einem Zinssatz von 12 %. Alle drei Darlehen sind am 1. Dezember zurückzuzahlen. Sonstwo bezahlt am 1. Dezember 20.000 € zurück. Greifzu meint, Sonstwo schulde die weiteren 10.000 € zu 12 % Zinsen, weil per Gesetz immer die ältesten Schulden zunächst beglichen werden. Hat er Recht?

Lösung

Greifzu und Sonstwo haben mehrere Darlehensverträge (§ 488) geschlossen. Sonstwo hat mit der Rückzahlung von 20.000 € das Darlehensverhältnis durch Erfüllung z. T. zum Erlöschen gebracht (§ 362 Abs. 1). Sonstwo schuldet also noch 10.000 €. Fraglich ist allerdings, zu welchem Zinssatz, denn beide Parteien haben nicht vereinbart, welche der Darlehensforderungen erlöschen sollten bzw. erloschen sind. Es greifen daher die dispositiven gesetzlichen Regeln.

Nach § 366 Abs. 1 kann zunächst die Schuldnerin bestimmen, welche Schuld getilgt werden soll. Tut sie das nicht, greift die gesetzliche Tilgungsreihenfolge von § 366 Abs. 2. Nach dieser gilt: Da alle drei Forderungen gleich fällig (1. Dezember) und gleich gesichert (keine Grundschuld o. ä.) sind, erlischt zunächst die lästigere, d. h. die Darlehensforderung mit dem Zinssatz von 12 %. Übrig bleiben zwei Forderungen, die gleich lästig sind (6 %). Davon wird zunächst die ältere Schuld getilgt. Sonstwo hat also mit den 20.000 € die Darlehen vom 1. Juli und 1. Januar zurückbezahlt. Damit schuldet sie die noch ausstehenden 10.000 € für das Darlehen vom 1. März mit einem Zinssatz von 6 %.

Fall 79

Die Studentin Eva Ehrlich kauft einen Wagen bei dem Händler Hannibal Hurtig für 20.000 € und vereinbart die Inzahlungnahme ihres Altfahrzeugs für 3.000 €.

1. Welche rechtliche Bedeutung hat diese Inzahlungnahme?

2. Ehrlich überweist den geschuldeten Betrag i. H. v. 17.000 € auf das Konto von Hurtig. Ist sie dazu befugt, d. h. stellt dies eine rechtmäßige Form der Bezahlung dar?

3. Abwandlung: Ehrlich will die Geldschuld mit einem Verrechnungsscheck begleichen. Muss Hurtig den Scheck annehmen?

Lösung

1. Ehrlich schuldet bei Geldschulden grundsätzlich eine Barzahlung. Das Schuldverhältnis erlischt aber auch, wenn der Gläubiger eine andere als die geschuldete Leistung an deren Stelle annimmt (Annahme an Erfüllungs statt, § 364 Abs. 1). Ist Hurtig also einverstanden, kann die Zahlungsschuld auch ganz oder teilweise ersetzt werden durch eine andere Leistung, wie hier durch einen Gebrauchtwagen. I. H. v. 3.000 € ist die Schuld also erloschen.

Etwas anderes wäre der Fall, wenn die Inzahlungnahme als Kommissionsgeschäft vereinbart wird, d. h. Hurtig versucht, den Wagen weiterzuverkaufen und bei Erfolg den Verkaufspreis auf die geschuldeten 20.000 € anzurechnen. Da aber eine Inzahlungnahme mit festem Preis vereinbart wurde liegt wohl eher eine Leistung an Erfüllungs statt vor.

2. Nur mit Einverständnis von Hurtig darf die Geldschuld bargeldlos überwiesen werden. Denn durch eine Überweisung und eine Bankgutschrift besitzt Hurtig nur einen Auszahlungsanspruch gegen seine Bank (§ 676a). Dabei kann nicht vom ‚Bewirken der geschuldeten Leistung‘ und Erlöschen der Schuld gesprochen werden.

Die Bank kann nur dann als vereinbarte Zahlstelle von Hurtig angesehen werden, wenn er durch Angabe seiner Bankverbindung mit dieser Art der Erfüllung einverstanden ist. Dann liegt auch hier eine Annahme an Erfüllungs statt vor (§ 364 Abs. 1), so dass die Schuld erloschen ist. Ob dies der Fall ist, wäre zu ermitteln.

3. Hurtig gerät nur in Annahmeverzug, wenn er die geschuldete Leistung nicht annimmt. Geschuldet ist grundsätzlich eine Barzahlung, und die Zahlung mit Scheck oder Wechsel entspricht nicht einer Barzahlung. Durch die Hingabe eines Schecks durch Ehrlich erlischt die Kaufpreisforderung nicht, sondern der Gläubiger Hurtig bekommt neben seinem Kaufpreisanspruch aus § 433 Abs. 2 noch einen Zahlungsanspruch aus dem Scheck. Sofern Hurtig einen Scheck annimmt, ist er mangels anderslautender Vereinbarung nur einverstanden mit dieser Art der versuchten Erfüllung (Leistung erfüllungshalber, § 364 Abs. 2). Zur Erfüllung kommt es erst, wenn das Geld in seine Verfügungsgewalt kommt, d. h. der Scheck von der bezogenen Bank bedient wird.

Fall 80

Professor Ronny Raser kauft einen Porsche. Da er knapp bei Kasse ist, vereinbart er mit dem Händler für einen Teil des Preises (15.000 €) eine Stundung der Kaufpreiszahlung für sechs Monate; allerdings ist der Betrag mit 10 % zu verzinsen.

Nachdem Professor Raser unerwarteter Weise einen lukrativen Gutachterauftrag und hierauf gleich einen Vorschuss erhalten hat, möchte er den Kaufpreis früher als vereinbart bezahlen, nicht zuletzt auch, um die Zinsaufwendungen zu sparen. Der Händler lehnt dies jedoch ab.

Wer hat Recht?

Lösung

Es handelt sich hier lt. Vereinbarung um eine Kaufpreisforderung, für die über einen Teilbetrag eine spätere Fälligkeit vereinbart wurde.

Für die Beantwortung der Frage bzgl. der vorzeitigen Tilgung gibt es im Kaufrecht keine Spezialbestimmung Da ein Zahlungszeitpunkt vereinbart wurde, gilt nach § 271 Abs. 2, dass ‚im Zweifel‘ der Gläubiger die Leistung nicht vor der festgesetzten Zeit verlangen kann, der Schuldner sie aber vorher bewirken darf.

Fraglich ist jedoch, ob hier ein echter ‚Zweifelsfall‘ (d. h. eine auch nach Auslegung unklare vertragliche Regelung mit der Folge der Anwendung von § 271) vorliegt, oder ob man davon ausgehen muss, dass ein fixer Termin fest vereinbart wurde: Ersteres würde bedeuten, dass die Parteien sich über die Fälligkeit geeinigt haben, nicht aber über die Erfüllbarkeit; im letzteren Fall geht man davon aus, dass beides festgelegt wurde, so dass eine frühere Rückzahlung nicht möglich ist.

Bei der Ermittlung dessen, was die Parteien tatsächlich gewollt haben, muss man deren Interessen und ‚vernünftige' Erwartungen berücksichtigen. Bei einem echten festverzinslichen Darlehen hat der Schuldner wegen des Interesses des Gläubigers an den Zinsen nur in gesetzlich festgelegten Ausnahmesituationen (s. §§ 488-490) das Recht, seine Leistung vor der bestimmten Zeit zu erbringen, d. h. vorzeitig zurückzuzahlen. Hier liegt jedoch eine Kaufpreisschuld vor, die bei ‚normaler' Kaufabwicklung längst gezahlt worden wäre. Die Zinsen sollen hier vor allem den Nutzungsausfall decken, es handelt sich nicht um ein echtes Darlehen des Verkäufers.

Folglich kommt die gesetzliche Regelung zur Anwendung und der Händler kann die Annahme des Geldes nicht ablehnen, da die Schuld bereits vor Fälligkeit erfüllbar ist.

(Anmerkung: Diese Lösung gilt jedoch nur, wenn die Parteien keinen echten wirksamen Darlehensvertrag geschlossen haben. Dies hängt letztlich von den Formulierungen des Vertrags ab, der eingesehen werden müsste (Aus dem obigen Sachverhalt kann man nur einen Kaufpreis mit Stundungs- und Zinsvereinbarung ableiten.). Da es sich hierbei um ein Verbraucherdarlehen handeln würde, müssten zudem für dessen Wirksamkeit die Voraussetzungen von § 491 ff. erfüllt sein: s. hierzu Band 3.)

Fall 81

Zacharias Zuckerschlecker hat seit Jahresbeginn ein unbefristetes Zeitungsabonnement, das gemäß vertraglicher Vereinbarung nur jährlich mit einer Kündigungsfrist von einem Monat zum Jahresende kündbar ist. Zuckerschlecker wird aus beruflichen Gründen kurzfristig jedoch bereits im April ins Ausland umziehen und benötigt das Abo nicht mehr.

1. Muss er trotzdem den Abopreis bis zum Jahresende zahlen? Was muss er ggf. tun, um aus dem Vertrag früher herauszukommen?

2. Da er nur für einige Monate ins Ausland geht, möchte er die Wohnung für diese Zeit weitervermieten. Kann er das?

3. Angenommen, Zuckerschlecker zieht nun doch endgültig aus. Dabei will er auch die Designerlampe, die er auf eigene Kosten über der Eingangstür hat anbringen lassen, entfernen. Der Vermieter Siegfried Salzlake will ihm das mit dem Argument verbieten, die Lampe gehöre jetzt zur Wohnung. Zu Recht?

4. Die beiden legen den Streit durch einen Vergleich bei. In dem Vergleich regeln sie auch, dass der Vermieter für die Einbauküche eine Abstandszahlung leistet. Salzlake stellt jedoch später fest, dass die Küche ihm schon gehörte und weigert sich, die Zahlung zu leisten. Zu Recht?

Lösung

1. Ein Vertrag ist i. d. R. nicht vorzeitig kündbar, sondern nur gemäß Vereinbarung. Die vertragliche Vereinbarte ordentliche Kündigung passt Zuckerschlecker jedoch nicht, da er das Abo dann bis zum Jahresende bezahlen müsste.

Eine frühere Beendigung wäre ausnahmsweise möglich durch eine außerordentliche Kündigung. In Frage käme eine a. o. Kündigung gemäß § 314. Hierzu müssen jedoch die diesbezüglichen Voraussetzungen erfüllt sein:

a) Es darf keine Spezialnorm vorgehen, die die Anwendung von § 314 verdrängt.

Hierzu ist die Rechtsnatur des Vertrags zu bestimmen, um prüfen zu können, ob eine solche Spezialbestimmung existiert.

Der Abonnementvertrag ist im BGB als solcher nicht normiert. Analog wird man das Kaufvertragsrecht anwenden (Kauf mit Ratenlieferung), aber dieses enthält keine Bestimmungen bzgl. einer Kündigung. Folglich wird § 314 nicht durch eine Spezialnorm verdrängt.

b) Es muss sich um ein Dauerschuldverhältnis handeln (Abs. 1 S. 1).

Wenn hier ein Kauf mit Ratenlieferung vorliegt, handelt es sich nicht um ein Dauerschuldverhältnis. Ausnahmsweise kann man hier dennoch von einem Dauerschuldverhältnis ausgehen, da der Vertrag unbefristet ist und im Laufe dieses Schuldverhältnisses Umstände auftreten können, die eine kurzfristige Beendigung des Vertrages rechtfertigen, was üblicher Weise durch eine a. o. Kündigung erfolgt (unstrittig ist dies jedoch nicht). Entscheidend wird also sein, ob ein berechtigtes Interesse (wichtiger Grund) seitens Zuckerschlecker vorliegt.

c) Es muss ein wichtiger Grund vorliegen (Abs. 1 S. 1)

Gemäß § 314 Abs. 1 S. 2 liegt ein wichtiger Grund vor wenn ... (s. Gesetzestext). Wenn die berufliche Veränderung zum Zeitpunkt des Vertragsabschlusses nicht vorhersehbar war, sondern sich erst nachher ergeben hat, kann man von einem wichtigen Grund sprechen. Dies scheint hier der Fall zu sein (,kurzfristig'), aber auch dies ist nicht unstrittig. Wäre die a. o. Kündigung erst im Oktober erfolgt, wäre eine Fortsetzung bis zum Jahresende wohl zumutbar und damit eine Kündigung nicht möglich gewesen.

Verneint man das Vorliegen eines wichtigen Grundes, hätte Zuckerschlecker sich das Problem selbst ,eingebrockt' und würde wohl nur ordentlich kündigen können (allerdings kann es sich lohnen, mit dem Zeitungsverlag zu verhandeln, da dieser ggf. aus Kulanzgründen auf eine Kündigungsfrist verzichtet).

d) Besteht der wichtige Grund in einer Vertragsverletzung, muss eine Frist zur Abhilfe gesetzt werden (Abs. 2).

Da dies nicht der Fall ist, ist keine Fristsetzung notwendig.

e) Die Kündigung muss innerhalb einer angemessenen Frist ab Kenntnisnahme des wichtigen Grundes erfolgen (Abs. 3).

Diese Voraussetzung ist noch zu erfüllen, aber dies dürfte hier nicht problematisch sein.

Fazit: Zuckerschlecker kann versuchen, den Vertrag außerordentlich zu kündigen.

2. Ein Mietobjekt kann gemäß § 540 Abs. 1 S. 1 nur mit Zustimmung des Vermieters untervermietet werden (wird dies verweigert, kann der Mieter außerordentlich kündigen: S. 2).

Die Ausnahme von § 553 Abs. 1, demzufolge der Mieter im Fall einer Wohnraummiete bei Vorliegen eines berechtigten Interesses einen Anspruch auf Erlaubnis hat, greift nur, wenn bloß ein Teil der Wohnung untervermietet werden soll. Da eigentlich ein berechtigtes Interesse vorliegt, sollte Zuckerschlecker also nur einen Teil weitervermieten (sofern dies faktisch möglich ist). Dann kann der Vermieter sich nur weigern, wenn in der Person des Untermieters ein wichtiger Grund vorliegt oder dem Vermieter die Überlassung aus sonstigen Gründen nicht zugemutet werden kann.

3. Gemäß § 539 Abs. 2 besitzt der Mieter ein Wegnahmerecht für Einrichtungen (wie z. B. einer Lampe), mit denen er die Mietsache versehen hat. Im Übrigen ist der Mieter verpflichtet, bei Beendigung des Vertrags den ursprünglichen Zustand der Mietsache wieder herzustellen. Salzlake hat also nicht Recht.

4. Der Vergleich ist gemäß § 779 ein Vertrag, so dass der Vermieter grundsätzlich verpflichtet ist, ihn zu erfüllen. Aber gemäß § 779 Abs. 1 führt ein Irrtum über den

Ausgangssachverhalt zur Unwirksamkeit des Vergleichs, so dass Salzlake nicht zur Zahlung verpflichtet ist.

(Anmerkung: Im Falle eines irrtümlichen Rückkaufs hätte Salzlake Ansprüche aus ungerechtfertigter Bereicherung gegen Zuckerschlecker. S. Band 2, 10. Teil.)

Fall 82

Der Händler Volker Viereck bietet seinem Kunden Kalle Kummer einen PC für 500 € zum Kauf an, der noch Dieter Driebold gehört. Kummer ist mit dem Geschäft einverstanden und unterschreibt die Bestellung. Die Lieferung soll fünf Tage später am 16.4. erfolgen.

1. Ist ein wirksamer Kaufvertrag zustande gekommen?

2. Angenommen, Kummer zahlt den Kaufpreis sofort an Viereck. Kann er dann Driebold auffordern, ihm den PC zu übergeben, mit dem Argument, er sei jetzt der rechtmäßige Eigentümer des Geräts?

3. Würde sich an dem Ergebnis etwas ändern, wenn Viereck nach Abschluss des Kaufvertrags mit Kummer dem Driebold den PC abkauft mit der Maßgabe, dieser solle den PC am 16.4. direkt an Kummer liefern?

Lösung

1. Ein wirksamer Vertrag ist zustande gekommen, wenn sich die Geschäftspartner Viereck und Kummer über alle wesentlichen Punkte ihrer Abmachung geeinigt haben. Da hier alle Hauptleistungspflichten nach § 433 vereinbart wurden, liegt ein wirksamer Kaufvertrag vor. Dabei ist es unerheblich, dass der (grundsätzlich formfreie) Kaufvertrag die Form eines Formulars besitzt und den Titel ‚Bestellung' trägt.

Es ist dabei aus Sicht des Schuldrechts unproblematisch, dass der Verkäufer (noch) nicht Eigentümer der Kaufsache ist, da der Kauf nur ein Verpflichtungsgeschäft ist. Das ist insofern nicht ungewöhnlich, als der Verkäufer – gerade als Zwischenhändler von Waren, deren Wert sich schnell verringert, wie z. B. Computer – daran interessiert ist, sich seinerseits erst einzudecken, wenn er sicher ist, dass er die Ware auch verkaufen kann. Der Vertrag wäre im Übrigen selbst dann wirksam, wenn schon bei Vertragsschluss klar ist, dass der Verkäufer nie wird leisten können (§ 311a Abs. 1).

Viereck verpflichtet sich, die versprochene Leistung zu erbringen, d. h. insbesondere das Eigentum zu übertragen. Er muss sich also das Eigentum an dem verkauften PC rechtzeitig vor Fälligkeit beschaffen, wenn er den Kaufvertrag erfüllen will. Gelingt ihm das nicht, wird er vertragsbrüchig (s. Recht der Leistungsstörungen Band 2, 12. Teil). Normalerweise wird er die Bezugsmöglichkeit aufgrund einer Absprache (z. B. Option, Rahmenvertrag o. ä.) sichergestellt haben.

2. Einen Anspruch auf Übergabe des PC aufgrund des Kaufvertrages hat Kummer nur gegen Viereck (§ 433 Abs. 1 S. 1).

Einen Anspruch auf Herausgabe des Fernsehgeräts gegen Driebold (unbeteiligter Dritter in Bezug auf den Kaufvertrag) hätte Kummer nur dann, wenn er Eigentümer (mit einem absolut wirkenden dinglichen Recht) geworden wäre (§ 985). Der Kaufvertrag mit Viereck hat aber an den Eigentumsverhältnissen nichts geändert, denn er gibt Kummer nur einen schuldrechtlichen Anspruch auf Eigentumsverschaffung gegen den Vertragspartner Viereck. Eine solche (Einigung mit Übergabe) hat aber offensichtlich noch nicht stattgefunden. Folglich ist Driebold weiterhin Eigentümer und nicht verpflichtet, das Gerät an Kummer herauszugeben.

3. Die Beantwortung dieser Frage hängt davon ab, was Viereck und Driebold vereinbart haben:

Wenn Kummer nur als Adressat (im Sinne des Lieferorts) identifiziert ist, hat er keinerlei Ansprüche gegen Driebold, da er Dritter im Verhältnis zum Vertrag zwischen Viereck und Driebold ist. Nur Viereck könnte von Driebold die Erfüllung dieser Leistungsmodalität verlangen.

Wenn die Vereinbarung zwischen Viereck und Driebold aber als echter Vertrag zugunsten Dritter (§ 328 Abs. 1) verfasst ist, kann Kummer ausnahmsweise Übergabe von Driebold verlangen, da er mit einem eigenen Forderungsrecht ausgestattet ist. Dieses besitzt allerdings eine andere Rechtsnatur als das Herausgaberecht als Eigentümer nach § 985. Seinen genauen Inhalt bezieht es aus der Vereinbarung zwischen Viereck und Driebold (§ 328 Abs. 1: Deckungsverhältnis). Da hier eine Fälligkeit vereinbart ist kann Kummer deshalb erst zur Fälligkeit seinen Anspruch geltend machen.

Fall 83

Stanislas Schalkowski hat ein Grundstück als Lagerplatz an die Firma Bauer vermietet, die diesen seit Jahren intensiv nutzt. Die Sparkasse Kleinostheim betreibt die Zwangsvollstreckung in das Grundstück wegen einer nicht zurückgezahlten Darlehensforderung i. H. v. 70.000 € gegen Schalkowski. Die Firma Bauer, die ihrerseits gegen die Sparkasse eine Forderung aus Geldanlagen in Höhe von 92.000 € hat, erklärt gegenüber der Sparkasse die Aufrechnung. Schalkowski ist mit der Aufrechnung jedoch nicht einverstanden.

Wie ist die Rechtslage?

Lösung

(Vorbemerkung: Die Besonderheit dieses Falls besteht darin, dass in dieser Aufrechnungsfragestellung drei Parteien involviert sind.

Der Grund für die Firma Bauer, durch die Aufrechnungserklärung die Schulden von Schalkowski zu begleichen ist, dass sie ein erhebliches Interesse an der Befriedigung der Sparkasse hat, weil sie durch die Zwangsvollstreckung in das Grundstück Gefahr läuft, den Besitz (und die Nutzung) daran zu verlieren. In solchen Fällen gibt das Gesetz dem gefährdeten Dritten (Bauer) ein Ablösungsrecht (§ 268 Abs. 1 S. 2).)

Bauer könnte ein Ablösungsrecht gemäß § 268 Abs. 1 S. 2 zustehen. Demzufolge wäre der Gläubiger (Sparkasse) verpflichtet, die Leistung des Dritten annehmen, selbst wenn ihr der Schuldner (Schalkowski) widerspricht; andernfalls gerät er in Annahmeverzug (§§ 293 ff.).

Da auch Mieter, die Gefahr laufen, infolge der Zwangsvollstreckung den Besitz an der Sache zu verlieren, dieses Recht besitzen, kann Bauer dieses Recht ausüben. Er kann dabei von seinem Ablösungsrecht nicht nur durch Zahlung, sondern auch durch Aufrechnung Gebrauch machen (§ 268 Abs. 2). Wenn die sonstigen Voraussetzungen einer wirksamen Aufrechnung vorliegen (§§ 387 ff.) – was hier noch zu prüfen wäre: Diesbezüglich liegen keine ausreichenden Angaben vor – muss die Sparkasse demnach die Aufrechnung durch die Firma Bauer hinnehmen; ihre Forderung gegen Schalkowski geht dadurch auf die Firma Bauer über (§ 268 Abs. 3).

Ob die Firma Bauer ein Interesse daran hat, Gläubiger von Schalkowski zu werden, muss sie prüfen, denn schließlich ist Schalkowski zahlungsunfähig und Bauer läuft Gefahr, dass sie auf der so erworbenen Forderung sitzen bleibt. Bauer könnte jedoch z. B. seine neue Forderung gegen Schalkowski aufrechnen mit ihren laufenden Mietverbindlichkeiten, d. h. sie müsste monatlich für die dann erfüllbaren Mietverbindlichkeiten die Aufrechnung erklären, bis ihre Forderung insgesamt getilgt ist (s. auch Fall 85).

(Anmerkung: Wenn die Forderung der Sparkasse gegen Schalkowski größer als 92.000 € wäre, würde die Aufrechnung alleine aber nicht die Zwangsvollstreckung verhindern, da ein Restbetrag verbliebe. Diesen könnte Bauer allerdings bar begleichen.)

Fall 84

Gerd Gebert vereinbart mit dem Transportunternehmer Niko Nimmer, dass Letzterer bis auf weiteres ein brachliegendes Grundstück unentgeltlich als Park-platz für seine Lkw nutzen darf. Im Vertrag ist eine Kündigungsfrist von sechs Monaten vereinbart. Nach einiger Zeit erfährt Gebert, dass Nimmer sich sehr abfällig über seine Person geäußert hat (,dumm und naiv' waren noch die weniger schlimmen Bezeichnungen).

Kann Gebert deshalb den Vertrag sofort außerordentlich fristlos kündigen?

Lösung

In Frage käme eine außerordentliche fristlose Kündigung aus wichtigem Grund gemäß § 314. Dieser ist jedoch nur anwendbar, wenn bestimmte Voraussetzun-gen erfüllt sind:

a) Es darf keine Spezialnorm aufgrund der Rechtsnatur des geschlossenen Ver-trages vorgehen (ungeschriebene Voraussetzung, die sich aus dem *lex specialis*-Grundsatz ergibt).

Es ist deshalb zu klären, welche Rechtsnatur der Vertrag zwischen Gebert und Nimmer hat, und ob es hierfür spezielle Regeln über eine a. o. Kündigung gibt.

Da hier eine unentgeltliche Nutzungsüberlassung vereinbart wurde, handelt es sich um eine Leihe (§ 598). § 605 enthält zwar auch ein außerordentliches Kündigungsrecht zugunsten des Verleihers, aber

* dessen Kündigungsgründe greifen hier nicht, und
* nach h. M. soll eine außerordentliche Kündigung aus anderen als den im Gesetz zitierten Gründen hierdurch nicht ausgeschlossen werden.

Es geht also keine Spezialnorm vor.

b) Es muss sich um ein Dauerschuldverhältnis handeln (Abs. 1 S. 1).

Dauerschuldverhältnisse sind nach h. M. Schuldverhältnisse, die ihrem Sinninhalt nach auf Dauer angelegt sind. Da hier eine unbefristete Nutzungserlaubnis vorliegt, handelt es sich zweifelsfrei um ein Dauerschuldverhältnis.

c) Es muss ein wichtiger Grund vorliegen (Abs. 1 S. 1).

Gemäß § 314 Abs. 1 S. 2 liegt ein wichtiger Grund vor wenn ...(s. Gesetzestext). Die Äußerungen von Nimmer kann man als so beleidigend betrachten, dass eine Fortführung des Vertrages für Gebert in der Tat unzumutbar ist, insbesondere da er Nimmer das Grundstück unentgeltlich zur Verfügung stellt. Auch die Tatsache, dass Nimmer ggf. Probleme haben könnte, seine Lkw anderswo zu parken, führt zu keinem anderen Ergebnis. Es liegt demnach ein wichtiger Grund vor.

d) Besteht der wichtige Grund in einer Vertragsverletzung, muss eine Frist zur Abhilfe gesetzt werden (Abs. 2).

Es handelt sich vorliegend jedoch nicht um eine Vertragsverletzung, so dass keine Fristsetzung notwendig ist.

e) Die Kündigung muss innerhalb einer angemessenen Frist ab Kenntnisnahme des wichtigen Grundes erfolgen (Abs. 3).

Da Gebert gerade erst von den Äußerungen erfahren hat und sofort kündigen will, würde eine Kündigung innerhalb einer angemessenen Frist erfolgen.

Ergebnis: Gebert kann den Vertrag sofort außerordentlich fristlos kündigen.

Fall 85

Anton Angeber ist seit 7 Jahren Angestellter der Firma Ziemlich & Zahm. Er bezieht ein monatliches Gehalt von 2.500 €, wovon aber nur noch 500 € pfändbar sind, da mehrere Gehaltspfändungen vorliegen, weil Angeber gerne Schulden macht, aber nicht in der Lage ist, sie zu begleichen. Auch seinem Arbeitgeber schuldet Angeber immer noch 5.000 €, die Ziemlich & Zahm ihm als Darlehen gegeben hat, damit er sich einen neuen Gebrauchtwagen kaufen kann, und die seit langem überfällig sind.

1. Wie kann Ziemlich & Zahm, ohne den gerichtlichen Klageweg zu beschreiten, seine Forderung gegen Angeber eintreiben und in welcher Höhe?

2. Angenommen, Ziemlich & Zahm beschließt ‚aus humanitären Gründen', auf seine Forderung zu verzichten. Angeber weigert sich aber, ‚weil er auch seinen Stolz habe': Sind damit die Schulden von Angeber dennoch erloschen?

3. Über das Verhalten von Angeber ärgert sich die Firma Ziemlich & Zahm dermaßen, dass sie ihm am 16.4. kündigt. Kann sie das? Falls ja, wann endet das Arbeitsverhältnis? *(Hinweis: Arbeitsrechtliche Spezialvorschriften sind nicht zu beachten, sondern nur die sonstigen Bestimmungen des BGB.)*

Lösung

1. Die Firma Ziemlich & Zahm könnte ihre Forderung eintreiben, indem sie ihre Darlehensforderung mit den Gehaltsansprüchen von Angeber aufrechnet. Dies setzt jedoch voraus, dass die entsprechenden Voraussetzungen erfüllt sind:

a) Es muss sich um wechselseitige, gleichartige Forderungen zwischen den gleichen Parteien handeln (§ (§ 387). Dies ist lt. Sachverhalt unstrittig der Fall. Allerdings gilt dies nur jeweils für die monatlichen Gehaltsforderungen von Angeber.

b) Die Forderung von Angeber muss erfüllbar sein (§ 387).

Spätestens zur monatlichen Zahlungsfälligkeit des Gehalts ist die Forderung von Angeber auch erfüllbar.

c) Die Forderung von Ziemlich & Zahm muss fällig und einredefrei sein (§ 388, 390). Dies ist lt. Sachverhalt der Fall.

d) Es darf kein Aufrechnungsverbot vorliegen (§§ 392-395). Dies gilt im vorliegenden Fall für den unpfändbaren Anteil der Gehaltsforderung, so dass nur in Höhe des Rests aufgerechnet werden kann.

e) Es muss eine Aufrechnungserklärung seitens Ziemlich & Zahm erfolgen (§ 388).

Ziemlich & Zahm kann also monatlich zum Gehaltszahlungstermin i. H. v. 500 € aufrechnen, insgesamt also zehn Monate lang, bis ihre Forderung erloschen ist. Sie muss aber monatlich eine Aufrechnungserklärung abgeben.

2. Der ‚Verzicht' auf eine Forderung ist in der Terminologie des BGB ein Forderungserlass, der gemäß § 397 nur durch Vertrag möglich ist. Ist Angeber, aus welchem Grund auch immer, nicht einverstanden, fehlt es an der notwendigen Einigung der Beteiligten. Die Darlehensforderung von Ziemlich & Zahm aus § 488 Abs. 1 S. 2 besteht also unverändert fort.

3. Es handelt sich hier um ein Dienstverhältnis (eigentlich Arbeitsverhältnis: Dies bleibt hier jedoch außer Betracht). Dieses kann grundsätzlich durch Kündigung beendet werden. Dabei sind zwei Kündigungsvarianten zu unterscheiden:

a) Ordentliche Kündigung gemäß § 620 Abs. 2

Eine ordentliche Kündigung ist jederzeit möglich und erfordert keinen besonderen Grund. Allerdings muss sie schriftlich erfolgen (§ 623) und es muss eine Kündigungsfrist eingehalten werden. Diese endet gemäß 621 Nr. 3 Ende Mai.

b) Außerordentliche Kündigung gem. § 626

Diese setzt einen wichtigen Grund voraus (s. Abs. 1). Der dürfte beim vorliegenden Sachverhalt allerdings nicht gegeben sein, so dass eine a. o. Kündigung nicht möglich ist. (Da hier eine Spezialvorschrift existiert, findet § 314 als allgemeine Vorschrift keine Anwendung.)

Fall 86

Der Schraubenhersteller Drill verkauft am 13. März. 20.000 Stück Messingholzschrauben Größe 50x4 zum Preis von 1.800 € an den Baumarkt Bohr, gemäß Vertrag ‚lieferbar am Baumarkt spätestens am 2. Mai.'

1. Drill liefert die Schrauben bereits am 26. März. Bohr weigert sich, die Schrauben entgegenzunehmen, da er keinen Lagerplatz frei habe und außerdem Drill ‚viel zu früh liefere'. Hat Bohr Recht?

2. Abwandlung: Drills Geschäfte laufen so gut, dass er mit der Produktion nicht nachkommt. Als er am 30. April erkennt, dass er nicht in der Lage sein wird, Bohr pünktlich zu beliefern, fragt er Sie, wie er sich jetzt am besten verhalten soll.

3. Angenommen, Drill ist in der Lage, sich 10.000 Stück der geschuldeten Schrauben zu besorgen. Daneben liefert er 10.000 Schrauben der gleichen Größe, aber nicht aus Messing, sondern Stahl. Muss Bohr dies akzeptieren?

Lösung

1. Im vorliegenden Fall handelt es sich um einen Werklieferungsvertrag, auf den gemäß § 651 S. 1 i. w. Kaufrecht anwendbar ist. Strittig ist im vorliegenden Fall nur der Zeitpunkt der Lieferung, nicht die Wirksamkeit des Kaufvertrags oder sonstige hieraus resultierende Pflichten.

Die Lieferung muss grundsätzlich zu dem Zeitpunkt erfolgen, der im Vertrag festgelegt ist. Hier ist jedoch nur der späteste Termin (d. h. die ‚Fälligkeit') spezifiziert, nicht jedoch, ab wann einerseits Drill liefern darf und andererseits Bohr annehmen muss, wenn er nicht in Annahmeverzug geraten will (Frage der ‚Erfüllbarkeit').

Im vorliegenden Fall greift deshalb – sofern die Auslegung des Vertrages nichts anderes ergibt, wovon hier mangels weiterer Informationen auszugehen ist – die gesetzliche Regelung von § 271 Abs. 1 und 2. Ihr zufolge kann der Schuldner in einem solchen Fall vor Fälligkeit leisten (sofortige Erfüllbarkeit), so dass Bohr die Schrauben annehmen muss, da er ansonsten in Annahme-(Gläubiger-)Verzug gerät.

2. Drill könnte zum einen Bohr um eine Fristverlängerung bitten. Wenn Bohr dem zustimmte, müsste Drill erst zum späteren Termin liefern, da der ursprüngliche Vertrag im beiderseitigen Einvernehmen jederzeit geändert werden kann (Änderungsvertrag). Allerdings ist Bohr keineswegs dazu verpflichtet, zuzustimmen.

Stimmt Bohr nicht zu, kann Drill sich nicht auf seine Überlastung berufen. Denn bei den Schrauben handelt es sich um Gattungsschulden, für die er eine Liefergarantie im Sinne von § 276 Abs. 1 übernommen hat. Er wird sich diese Schrauben dann anderswo im Markt besorgen müssen, um pünktlich an Bohr zu liefern, wenn er seinen Leistungspflichten pünktlich nachkommen will.

3. Drill muss die Sache liefern, die im Vertrag festgelegt wurde, und zwar sachmängelfrei (§ 433 Abs. 1 S. 2). Einem Sachmangel steht es gleich, wenn der Verkäufer eine andere als die vereinbarte Sache liefert (§ 434 Abs. 3). Unabhängig davon, ob die Gussstahlschrauben im Vergleich zu den Messingschrauben als

‚andere Sache' oder als ‚mängelbehaftete Sache' bezeichnet wird, hat Drill in diesem Umfang nicht erfüllt und Bohr kann die in § 437 aufgeführten Rechte geltend machen (s. Recht der Leistungsstörungen Band 2. 15. Teil).

Fall 87

Norbert Null möchte ein Haus kaufen. Da seine Hausbank seine schwachen finanziellen Verhältnisse gut kennt, weigert sie sich, ihm ein Finanzierungsangebot zu machen. Deshalb kontaktiert Null auch andere Banken. Mit der Privatbank ‚Geldfülle' laufen die Verhandlungen gut. Geldfülle überlegt es sich dann plötzlich jedoch anders, und sie gibt zu, dass Nulls Hausbank ihr den Tipp gegeben hat, besser die Finger von dem Geschäft zu lassen.

1. Kann Null gegen diese Weigerung rechtlich etwas tun?

2. Würde sich an dem Ergebnis etwas ändern, wenn Geldfülle den Kredit aufgrund eigener Risikoeinschätzung verweigert hätte, seinerseits aber diese Informationen an Dritte weitergegeben hätte?

Lösung

1. Zu prüfen ist, gegen wen Null hier welchen Anspruch haben könnte.

a) Ansprüche gegen Geldfülle

Aufgrund des Prinzips der Vertragsfreiheit ist Geldfülle nicht verpflichtet, einen Kredit zu vergeben. Ein Vorvertrag besteht nicht, und auch die Verhandlungen alleine reichen nicht aus, Geldfülle zu einer Kreditvergabe zu verpflichten.

Die Aufnahme von Kreditverhandlungen führt jedoch gemäß § 311 Abs. 2 Nr. 1 zu einem Schuldverhältnis mit Pflichten nach § 241 Abs. 2. Dies kann u. U. dazu führen, dass ein Abbruch von Vertragsverhandlungen schadensersatzpflichtig macht. Im vorliegenden Fall sind jedoch keine Umstände erkennbar, die als Verletzung von Pflichten nach § 241 Abs. 2 gewertet werden könnten. Folglich haftet Geldfülle auch in diesem Zusammenhang nicht.

Im Ergebnis hat Null also keine Ansprüche gegen Geldfülle.

b) Ansprüche gegen die Hausbank

Zwischen der Hausbank und Null besteht ein Vertrag (Bankvertrag, dessen Inhalt durch die Bank-AGB fixiert ist. S. hierzu auch Band 3). Aber dieser Rahmenvertrag gibt Null keinen Anspruch auf Abschluss eines Einzelgeschäfts, zumindest keines, das in einer Kreditvergabe besteht (im Zahlungsverkehr dürfte dies anders zu sehen sein).

Aber auch dieser Vertrag besitzt Nebenpflichten, zu denen u. a. die Wahrung des Bankgeheimnisses zählt (dies ist im Übrigen in den standardisierten deutschen Bank-AGB ausdrücklich vorgesehen, wäre jedoch auch so, wenn es nicht ausdrücklich vereinbart wäre). Lt. Sachverhalt hat die Hausbank diese Pflicht durch die Weitergabe von Informationen an Geldfülle verletzt, so dass Null prüfen sollte, ob die Voraussetzungen für eine Klage auf Schadensersatz erfüllt sind (s. Band 2, 15. Teil).

2. In dieser Variante scheiden Ansprüche gegen die Hausbank aus, da diese keine Informationen weitergegeben hat.

Ein Anspruch gegen Geldfülle auf Kreditvergabe besteht hier eben so wenig wie in Variante 1 gegen die Hausbank. Fraglich ist jedoch, ob Geldfülle das Bankgeheimnis verletzt hat.

Null unterhält zwar mit Geldfülle (noch) keine Geschäftsverbindung. Aber auch in einer Verhandlungsphase dürfen vertrauliche Informationen nicht weitergegeben werden (§ 311 Abs. 2 verweist auf § 241 Abs. 2), so dass Null auch hier eine Klage auf Schadensersatz zustehen könnte, wenn die entsprechenden Voraussetzungen (insbesondere die Existenz eines Schadens) erfüllt sind (s. Band 2, 13. Teil).

Fall 88

Henri Holzmann benötigt für den Neubau eines Hauses mit mehreren Mietwohnungen Geld. Er bietet Egon Eller die Mietforderungen des Neubaus für das erste Jahr nach Fertigstellung zum Kauf an. Weil die Mietverträge noch nicht abgeschlossen sind, wird lediglich vereinbart, dass der endgültige Kaufpreis der Forderungen 10% unter der gesamten Jahresmiete des Hauses liegen soll, die etwa 15.000 € ausmachen wird. Eller geht darauf ein und leistet eine Teilzahlung von 10.000 €.

Hat Eller einen Anspruch gegen Holzmann erworben, und welcher Art ist dieser?

Lösung

Eller könnte aufgrund eines Kaufvertrages einen Anspruch auf Abtretung der Mietforderungen gegen Holzmann haben (§ 433 Abs. 1 S. 2). Denn außer Sachen können auch Rechte Gegenstand eines Kaufvertrages sein, also auch eine Forderung (§ 453). Dies gilt selbst dann, wenn die Forderung noch nicht besteht, jedoch bereits bestimmbar ist. Das ist hier der Fall: Kaufgegenstand sind die Mietforderungen eines bestimmten Hauses für einen bestimmten Zeitraum, auch der Kaufpreis ist bestimmbar.

Eller hat demnach einen Anspruch gegen Holzmann auf Übertragung der genannten Forderungen, sobald sie entstanden sind. Diese Übertragung (Erfüllung des Kaufvertrags) geschieht durch Abtretung (§ 398).

(Anmerkung: Man kann den Kaufvertrag auch als Vorvertrag betrachten, da er die Verpflichtung beinhaltet, zu einem späteren Zeitpunkt einen weiteren (dinglichen) Vertrag, nämlich die Forderungsabtretung, zu schließen.)

Fall 89

Die Stadtwerke Himmelheim liefern Strom, Wasser und Gas an ihre Bürger. Daneben bietet sie verschiedene Dienstleistungen an, darunter Heizkostenabrechnungssysteme für vermietete Immobilien.

In den Verträgen mit ihren Kunden, die eine 10jährige Laufzeit haben, sind folgende Klauseln enthalten:

„Der Kunde verpflichtet sich, die Stadtwerke über den Verkauf des vermieteten Immobils zu informieren und die Identität des Käufers mitzuteilen.

Der Vertrag des Kunden mit den Stadtwerken geht durch den Verkauf auf den Erwerber über.

[...]

Bei vorzeitiger Kündigung des Vertrages schuldet der Kunde den Stadtwerken eine Entschädigung i. H. d. noch nicht amortisierten Kosten der installierten Heizkostenlesegeräte zzgl. eines Aufschlags i. H. v. 20 % der vereinbarten Servicegebühr."

Vermieter Segensreich hat seit drei Jahren einen solchen Vertrag für ein vermietetes Einfamilienhaus in der Höllengasse abgeschlossen. Als der Mieter auszieht, verkauft er das Haus an Ewiglich. Dieser informiert die Stadtwerke, dass er das Haus selbst bewohnen werde, keine Heizkostenabrechnung mehr benötige und die Messgeräte entfernt werden könnten. Daraufhin fordern die Stadtwerke von ihm eine Entschädigung wegen vorzeitiger Kündigung auf Basis des mit Segensreich geschlossenen Vertrages.

1. Muss Ewiglich diese Entschädigung zahlen, wenn im Kaufvertrag zwischen Ewiglich und Segensreich diesbezüglich nichts geregelt ist?

2. Würde sich an dem Ergebnis etwas ändern, wenn Segensreich und Ewiglich im Kaufvertrag über das EFH vereinbart hätten, dass Ewiglich den Vertrag übernimmt und Segensreich von allen Verpflichtungen gegenüber den Stadtwerken freistellt, weil Ewiglich zum Zeitpunkt des Abschlusses des Kaufvertrags noch die Absicht hatte, das Haus zunächst weiterzuvermieten?

Lösung

1. Die Stadtwerke könnten einen Anspruch auf Zahlung der Entschädigung haben, wenn es hierfür eine vertragliche oder gesetzliche Anspruchgrundlage gäbe.

a) Die Pflicht zur Zahlung einer Entschädigung ist festgeschrieben in einem Vertrag zwischen den Stadtwerken und Segensreich. Aus diesem Vertrag kann Ewiglich jedoch im Prinzip nicht verpflichtet werden, da er Dritter im Verhältnis zu diesem Vertrag ist (Relativitätsprinzip).

Etwas anderes wäre nur der Fall, wenn Ewiglich dem Vertrag beigetreten wäre (Schuldbeitritt) oder er die Schuld gemäß §§ 414-415 übernommen hätte, was hier nicht der Fall ist.

Die Stadtwerke haben also keinen vertraglichen Entschädigungsanspruch gegen Ewiglich.

b) Zu prüfen wäre daneben, ob es einen unmittelbaren gesetzlichen Anspruch gibt. Ein solcher ist jedoch nicht gegeben (s. Band 3). Ein indirekter Anspruch auf gesetzlicher Grundlage könnte sich ergeben, wenn eine gesetzliche Bestimmung im vorliegenden Fall eine Vertragsübernahme vorsähe. Eine solche Spezialbestimmung existiert jedoch nicht. Auch § 566 greift hier nicht, denn

- er gilt nur für Mietverhältnisse über Wohnraum: Die Stadtwerke vermieten aber – wenn überhaupt – nur Ablesegeräte.
- im Verhältnis zu den Stadtwerken wäre Ewiglich Mieter dieser Geräte, während § 566 nur für den Vermieterwechsel gilt.

Ergebnis: Die Klausel *,Der Vertrag des Kunden mit den Stadtwerken geht durch den Verkauf auf den Erwerber über'* entfaltet keine (rechtliche) Drittwirkung, es sei denn im Sinne eines Vertrages zugunsten Dritter: D. h. Ewiglich könnte ggf. Rechte hieraus geltend machen (z. B. darauf, dass die Stadtwerke den Vertrag weiterführen müssen und nicht ohne weiteres kündigen dürfen). Pflichten können für ihn hieraus jedoch nicht entstehen.

2. Etwas ändern würde sich nur, wenn in der Kaufvertragsklausel die Kombination einer Forderungsabtretung und einer befreienden Schuldübernahme zu sehen wäre, d. h. eine echte Vertragsübernahme (ein Schuldbeitritt kann nicht vorliegen, da gemäß Vertrag Segensreich nichts mehr schulden soll).

a) Die Abtretung der Forderungen von Segensreich gegenüber den Stadtwerken ist ohne weiteres, insbesondere ohne Zustimmung der Stadtwerke, möglich.

b) Die befreiende Schuldübernahme setzt nach §§ 414-415 allerdings eine Zustimmung der Stadtwerke (Gläubiger) voraus, die

- nach § 414 in einem direkten Vertrag mit Ewiglich enthalten sein könnte: Dieser liegt hier aber nicht vor.
- oder nach § 415 nach Mitteilung an die Stadtwerke durch deren Genehmigung des Vertrags zwischen Segensreich und Ewiglich erfolgen kann: Hier kann eine (stillschweigende) Vorabzustimmung der Stadtwerke in ihrem Vertrag mit Segensreich angenommen werden, denn § 415 verbietet dem Gläubiger nicht, sich bereits vorab mit einer Schuldübernahme durch einen Dritten einverstanden zu erklären.

Nimmt man letzteres an, wäre Ewiglich in den Vertrag eingetreten und somit zur Zahlung der vertraglichen Entschädigung verpflichtet.

Nimmt man eine solche Vorabzustimmung nicht an, würde nur eine Erfüllungs-übernahme durch Ewiglich vorliegen (§§ 417 Abs. 2, 329), d. h. wenn Ewiglich die Entschädigung nicht freiwillig an die Stadtwerke bezahlt, können diese nur Segensreich auf Entschädigung verklagen und dieser müsste Rückgriff gegen Ewiglich auf der Basis der vereinbarten Erfüllungsübernahme nehmen.

Fall 90

Fliesenleger Felix Furche ist ein fleißiger und vielbeschäftigter Handwerker, nur der ganze Papierkram liegt ihm nicht. Er lässt seine Auftraggeber zwar eine An-zahlung machen, aber mit der endgültigen Abrechnung dauert es immer etwas.

Bei der letzten steuerlichen Betriebsprüfung im Juli 08 hat ihn der Prüfer darauf aufmerksam gemacht, dass ‚da noch ein offener Vorgang sei'. Die Überprüfung durch Furche ergibt, dass er offensichtlich vergessen hat, eine im Jahre 04 erbrachte Leistung beim Bankdirektor Rainer Reichlich endgültig abzurechnen, so dass dieser ihm noch 1.200 € schuldet. Er hatte damals Ärger mit der Bank und hoffte, durch dieses Vergessen sei Reichlich ihm gegenüber gütiger gestimmt, was letztlich auch der Fall war.

Da er inzwischen keine Bankkredite mehr benötigt, fordert er von Reichlich diese Summe. Dieser bestreitet nicht, diese Summe nie bezahlt zu haben. Aber er wehrt sich mit zwei Argumenten: Furche habe auf seine Forderung verzichtet, oder zumindest sei diese verjährt.

Hat er Recht?

Lösung

a) Der von Reichlich behauptete Forderungsverzicht ist im BGB als Schulderlass geregelt. Läge ein Erlass vor, wäre die Schuld von reichlich in der Tat erloschen.

Gemäß § 397 Abs. 1 erfordert der Erlass – ebenso wie ein negatives Schuldaner-kenntnis (Abs. 2) – jedoch einen Vertrag zwischen Gläubiger und Schuldner.

Hinweise auf einen ausdrücklichen Vertrag gibt es nicht.

Allerdings könnte hier ein stillschweigend abgeschlossener Vertrag (Grundsatz der Formfreiheit) vorliegen, wenn beide sich im Jahre 04 einig waren, dass die Schuld erlöschen sollte. Aufgrund der gegebenen Sachlage ist jedoch anzuneh-men, dass Furche seinerzeit nur auf die Geltendmachung verzichten wollte, solange ihm dies opportun erschien. Dem widerspricht nicht, dass er die Forde-rung inzwischen vergessen hatte.

Folglich besteht die Forderung weiterhin. Wenn Reichlich behauptet, die Schulden seien ihm erlassen, müsste er den Beweis hierfür erbringen.

b) Die Verjährung bringt eine Forderung nicht zum erlöschen, aber wenn der Schuldner zu Recht die Einrede der Verjährung erhebt, kann der Gläubiger seine Forderung nicht mehr durchsetzen (§§ 194 Abs. 1, 214 Abs. 1).

Die regelmäßige Verjährungsfrist beträgt drei Jahre (§ 195) und beginnt am Ende des Jahres, in dem der Anspruch entstanden ist (§ 199 Abs. 1). Da hier keine Gründe für eine Hemmung oder Unterbrechung der Verjährung vorliegen (s. §§ 203 ff.) ist der Anspruch von Furche demnach Ende 07 verjährt.

Furche kann also in der Tat von Reichlich keine Zahlung mehr verlangen, da die Forderung zwar existiert, aber nicht durchsetzbar ist.

Fall 91

Konrad Kuhmichel ist stolzer Eigenheimbesitzer. Er hat sein Haus über ein Immobiliendarlehen der Immobank finanziert, das durch ein Grundpfandrecht besichert ist. Das Darlehen hat eine Gesamtlaufzeit von 25 Jahren, die Zinsen sind für 10 Jahre festgeschrieben, wovon 6 Jahre bereits verstrichen sind.

1. Angenommen, seit Abschluss des Kreditvertrages sind die Zinsen deutlich gesunken und Kuhmichel möchte den Vertrag kündigen, um dann einen neuen Vertrag mit günstigeren Zinsen abzuschließen: Kann er das unter Berücksichtigung der Tatsache, dass der Kreditvertrag auf die gesetzlichen Kündigungsregeln verweist?

2. Was würde sich an dem Ergebnis ändern, wenn der Kündigungswunsch daher rührt, dass Kuhmichel aus beruflichen Gründen in eine weit entfernte Stadt umziehen muss und das Haus verkaufen möchte?

3. Angenommen, die Immobank hat ihre Forderung nach Kündigung durch Kuhmichel an die Kreditfinanz verkauft, ohne dass Kuhmichel hiervon Kenntnis erlangt hätte, und wegen der strittigen Vertragskündigung, die von der Immobank nicht akzeptiert wird, verklagt Kuhmichel die Immobank und gewinnt den Prozess: Muss die Kreditfinanz, die sich erst nach Prozessbeginn als neue Gläubigerin zu erkennen gegeben hat, die Kündigung und dieses Urteil gegen sich gelten lassen?

Lösung

1. Es handelt sich vorliegend um einen Darlehensvertrag gemäß § 488. Dieser endet grundsätzlich mit Ablauf der Vertragslaufzeit, d. h. nach 25 Jahren. Allerdings sieht das Gesetz bestimmte Möglichkeiten vor, den Vertrag vorzeitig durch Kündigung zu beenden.

Dem Darlehensnehmer Kuhmichel steht zunächst ein ordentliches Kündigungsrecht gemäß den in § 489 aufgeführten Fällen zu, da es sich um ein Festzinsdarlehen handelt. In Frage käme hier Abs. 1 Nr. 2, der eine Kündigung nach Ablauf von zehn Jahren seit Empfang der Darlehenssumme ermöglicht. Dies bedeutet aber, dass Kuhmichel erst in vier Jahren kündigen könnte, was nicht in seinem Interesse ist.

Eine außerordentliche Kündigung anderseits wäre grundsätzlich nach § 490 Abs. 2 möglich, da die entsprechenden Tatbestandsmerkmale vorliegen. Diese erfordert jedoch ein berechtigtes Interesse des Darlehensnehmers. Der hier relevante Grund (beabsichtigte Zinsersparnis) dürfte dazu allerdings wohl nicht ausreichen.

Gemäß § 490 Abs. 3 ist auch eine außerordentliche Kündigung aus wichtigem Grund gemäß § 314 möglich. Ein solcher wichtiger Grund (§ 314 Abs. 1 S. 2) ist jedoch nicht erkennbar.

Folglich kann Kuhmichel den Darlehensvertrag nicht kündigen.

2. In diesem Fall dürfte ein berechtigtes Interesse von Kuhmichel an einer Kündigung vorliegen. Denn gemäß § 490 Abs. 2 liegt ein solches Interesse insbesondere vor, ‚wenn der Darlehensnehmer ein Bedürfnis nach einer anderweitigen Verwendung der zur Besicherung des Darlehens beliehenen Sache hat' (Abs. 2 S. 2). Hiermit ist gerade der Fall der Veräußerung gemeint, so dass Kuhmichel außerordentlich kündigen kann.

Allerdings wird Kuhmichel dann eine Vorfälligkeitsentschädigung zahlen müssen (Abs. 2 S. 3).

Zum gleichen Ergebnis kommt man durch die Anwendung von § 314. Hier würde gemäß § 314 Abs. 4 dem Darlehensgeber ein Entschädigungsanspruch zustehen.

3. Es ist davon auszugehen, dass die Forderung nicht nur verkauft, sondern gemäß §§ 398 ff. abgetreten wurde, da ansonsten Kreditfinanz ohnehin nicht Neugläubiger geworden wäre.

Liegt eine wirksame Abtretung vor (wovon hier mangels anderer Hinweise auszugehen ist), kann der Schuldner (Kuhmichel) dem Neugläubiger (Kreditfinanz) alle Einwendungen entgegensetzen, die zum Zeitpunkt der Abtretung bereits gegen den Altgläubiger begründet waren (§ 404). Da die Kündigung vor der Abtretung erfolgte und letztlich gerichtlich bestätigt wurde, kann Kuhmichel sich auf die Kündigung berufen.

Gemäß § 407 Abs. 2 muss der Neugläubiger im Übrigen auch ein Urteil gegen sich gelten lassen, das einem Rechtsstreit entspringt, der erst nach der Abtretung anhängig geworden ist, wenn der Kläger (Kuhmichel) bei Eintritt der Rechtsanhängigkeit von der Abtretung keine Kenntnis hatte. Dies ist hier der Fall.

Im Ergebnis kann sich Kuhmichel also gegenüber Kreditfinanz auf Kündigung und Urteil berufen.

Fall 92

Frank Paternoster lebt in Essen, seine betagten Eltern in Berlin. Er schließt mit dem Malermeister Schönlich aus Essen einen Vertrag, demzufolge Schönlich die Wohnung seiner Eltern in Berlin neu tapezieren und streichen soll.

1. Da Schönlich keine Niederlassung in Berlin besitzt und ihm die Fahrt zu weit ist, beauftragt er das Unternehmen Allesfein aus Berlin damit, diesen Auftrag auszuführen. Als Paternoster das erfährt, ist er damit nicht einverstanden. Kann er sich dagegen wehren, dass Allesfein den Auftrag ausführt?

2. Angenommen, Allesfein ruiniert bei der Arbeit einen teuren Teppich, weil er den Boden nicht sauber abgedeckt hat, wer kann dann von wem – wenn überhaupt – Schadensersatz verlangen?

Lösung

1. Paternoster hat grundsätzlich einen Anspruch darauf, dass sein Vertrag mit Schönlich von diesem so ausgeführt wird, wie sie es vereinbart haben. Fraglich ist aber, ab Schönlich dies selbst tun muss oder einen Subunternehmer einsetzen darf.

Da hier offenbar keine ausdrückliche Vereinbarung zu diesem Punkt getroffen wurde und zu wenig Anhaltspunkte vorliegen, den Vertrag bzw. Parteiwillen auszulegen, greift die dispositive gesetzliche Regelung. Gemäß § 267 Abs. 1 muss Schönlich die Leistung nicht persönlich erbringen. Dies gilt allerdings nur, wenn es keine diesbezügliche gesetzliche Spezialregel gibt.

Eine solche Regel enthält z. B. § 613 für Dienstverträge. Vorliegend handelt es sich jedoch um einen Werkvertrag (es ist ein konkreter Erfolg geschuldet) gemäß § 631, der im Gegensatz zum Dienstvertrag nicht im Zweifel persönlich auszuführen ist.

Folglich ist Schönlich berechtigt, die vereinbarten Arbeiten von Allesfein ausführen zu lassen.

2. Zu unterscheiden ist hier, auf welcher Anspruchsgrundlage Schadensersatz verlangt werden kann:

a) Vertragliche Ansprüche

i) Vertrag Paternoster-Schönlich

Nur Schönlich ist Vertragspartner und Schuldner von Paternoster, d. h.: Wenn Allesfein schlechte Arbeit leistet, haftet Schönlich gegenüber Paternoster für Allesfein als seinen Erfüllungsgehilfen (§ 278) wegen Schlechterfüllung oder wegen der Verletzung vertraglicher Nebenpflichten, da hier offenbar Sorgfaltspflichten verletzt wurden. Vertragliche Ansprüche von Paternoster gegen Allesfein im Sinne einer Direktklage bestehen nicht.

ii) Vertrag Schönlich-Allesfein

Schönlich kann seinerseits (Regress-)Ansprüche gegenüber Allesfein aufgrund seines Vertrags mit diesem geltend machen, so dass letztlich der eigentliche Verursacher den Schadensersatz trägt.

b) Gesetzliche Ansprüche

Die Eltern von Paternoster können als Eigentümer des Teppichs gegen Allesfein wegen unerlaubter Handlung (§ 823) klagen.

(NB: Wenn hier ein Vertrag zugunsten Dritter (§ 328) vorläge, d. h. zugunsten der Eltern von Paternoster, könnten diese auch Ansprüche aus dem Vertrag zwischen Paternoster und Schönlich geltend machen. Hinweise hierauf enthält der Sachverhalt jedoch nicht.)

Fall 93

Viktor Vredestein verkauft an Heiner Höfig einen gebrauchten Lkw für 15.000 €; dieser soll eine Woche später gegen Zahlung des Kaufpreises abgeholt werden. In der Zwischenzeit überredet der Transportunternehmer Friedel Fahrenheit, der dringend einen solchen Lkw benötigt, Vredestein dazu, ihm den Lkw für 18.000 € zu überlassen. Er bezahlt sofort in bar und nimmt das Fahrzeug mit.

Hat Höfig Ansprüche gegen Fahrenheit?

Lösung

(Vorbemerkung: Ziel der Übung ist es, die Unterschiede deutlich zu machen zwischen: relativem / absolutem Recht, Verpflichtungs- / Verfügungsgeschäft, schuldrechtlichem und sachenrechtlichem Herausgabeanspruch.)

Zunächst ist darauf zu achten, wer hier von wem etwas verlangt, da hier mehr als zwei Parteien beteiligt sind. Hier geht es nur um Ansprüche von Höfig gegen Fahrenheit. Es ist also zu prüfen, auf welcher Rechtsgrundlage solche Ansprüche bestehen könnten.

a) Vertragliche Ansprüche

Vertragliche Ansprüche von Höfig gegen Fahrenheit würden voraussetzen, dass zwischen ihnen ein Kaufvertrag besteht. Das ist nicht der Fall.

Ein Kaufvertrag ist zwar zwischen Höfig und Vredestein zustande gekommen; und gem. § 433 Abs. 1 kann Höfig vom Verkäufer Vredestein die Übereignung des verkauften Lkw verlangen sowie – sofern Vredestein dieser Verpflichtung nicht nachkommt – Schadensersatz wegen Nichterfüllung beanspruchen.

Aus diesem Kaufvertrag mit Vredestein kann Höfig jedoch keine Ansprüche gegen Fahrenheit herleiten; schuldrechtliche Beziehungen sind relativ; sie wirken nur zwischen den am Schuldverhältnis (hier dem Kaufvertrag) beteiligten Personen. Das Schuldrecht gibt dem Gläubiger ein Recht auf Leistung nur gegen eine bestimmte Person, den Schuldner.

Auf vertraglicher Basis gibt es also keinen Anspruch von Höfig gegen Fahrenheit.

b) Dingliche Ansprüche

Einen dinglichen Anspruch (insbesondere Herausgabeanspruch gemäß § 985) könnte Höfig gegen Fahrenheit nur geltend machen, wenn er ein Eigentumsrecht am Lkw erlangt hätte und dieses von Fahrenheit verletzt worden wäre. Das Eigentumsrecht ist als dingliches Recht ein absolutes Recht, das gegen jedermann wirkt, auch ohne dass man mit anderen darüber eine Vereinbarung getroffen hätte. Da Höfig der Lkw jedoch mangels Verfügungsgeschäft noch nicht übereignet worden ist (§§ 433, 929 ff.), ist er noch nicht Eigentümer geworden, so dass ein solcher Anspruch ebenfalls ausscheidet.

c) Gesetzliche Ansprüche

Höfig könnte gegen Fahrenheit einen Anspruch aus unerlaubter Handlung haben (§§ 823 ff.), d. h. Ersatz des durch das Verhalten von Fahrenheit entstandenen Schadens verlangen. Die Voraussetzungen des § 823 sind jedoch nicht erfüllt, da keines der dort aufgezählten Rechtsgüter bei Höfig verletzt wurde. Es wurde nur sein Forderungsrecht gegen Vredestein aus dem Kaufvertrag verletzt, und dieses ist kein ‚sonstiges Recht‘ i. S. des § 823 Abs. 1; sonstige Rechte sind nur absolute Rechte, das Forderungsrecht ist lediglich ein relatives Recht, das bei Verletzungen nicht durch § 823 Abs. 1 geschützt ist.

In Betracht käme für Höfig allenfalls § 826, sofern dessen Voraussetzungen bejaht werden können; dazu sagt der Sachverhalt zu wenig aus (s. im Einzelnen zum Schadensersatzrecht Band 2, 10. Teil).

Ergebnis: Höfig hat keine Ansprüche gegen Fahrenheit.

Fall 94

Der Urlauber Sigi Sonnig hat bei der Buchung eines Urlaubsflugs zusätzlich das Reisebüro EXPRESS mit der Besorgung des Visums beauftragt. EXPRESS verlangt von Sonnig 30 € Ersatz seiner Auslagen. Sonnig will nicht zahlen. Zu Recht?

Lösung

EXPRESS könnte einen Anspruch auf vertraglicher Grundlage haben.

Da aber keine klare Regelung zu diesem Punkt getroffen wurde und eine Auslegung des Vertrags nicht weiter hilft (beide haben hierzu offensichtlich unterschiedliche Erwartungen gehabt), greifen die dispositiven gesetzlichen Regelungen. Hier ist zunächst zu klären, welche Art Vertrag zwischen den beiden Parteien geschlossen wurde.

Da EXPRESS eine Dienstleistung erbringt, hierfür aber offenbar keine Vergütung vereinbart wurde (diese wird von EXPRESS auch nicht gefordert), handelt es sich um einen Auftrag gemäß § 662.

Demzufolge schuldet Sonnig als Auftraggeber dem Auftragnehmer auf jeden Fall den Ersatz der Aufwendungen, also der Kosten, die EXPRESS in Erfüllung dieses Auftrags freiwillig aufgewendet hat und die er den Umständen entsprechend für erforderlich halten durfte (§ 670). Letzteres dürfte beim vorliegenden Sachverhalt unstrittig sein, so dass Sonnig die Auslagen erstatten muss.

(Anmerkung: Man könnte auch argumentieren, dass die Beschaffung des Visums eine Nebenleistung des eigentlichen Vertrags zwischen Sonnig und EXPRESS darstellt. Ob dies der Fall ist, lässt sich aus dem Sachverhalt nicht klären. Auch die Frage, ob in diesem Fall eine Vergütung für diese Zusatzleistung zu zahlen ist, lässt sich nur eindeutig beantworten, wenn man die genauen Absprachen zwischen Sonnig und EXPRESS kennt. Da dies nicht der Fall ist, kann man die Vereinbarung zwischen beiden nur ausgehend von ihrer Rechtsnatur auslegen. Im vorliegenden Fall ist es dabei unerheblich, ob der Basisvertrag als Dienst- oder Werkvertrag qualifiziert wird, da in bei den Fällen eine Vergütung geschuldet ist, wenn sie den Umständen nach zu erwarten ist (§§ 612 Abs. 1, 632 Abs. 1). Da die Beschaffung des Visums nicht typischerweise zu den Standarddienstleistungen eines Reisebüros zählt wird Sonnig deshalb im Zweifel (d. h. wenn er keine anderen Absprachen nachweisen kann) die Auslagen erstatten müssen.)

Fall 95

Sebastian Stein schuldet Gundula Großhaus aus einem am 23. September 02 abgeschlossenen Kauf über ein Fernsehgerät nebst Zubehör 2.000 €. Als Stein am Haus von Großhaus September 05 Reparaturarbeiten ausführt, deren Abnahme noch im gleichen Monat erfolgt, und Stein Großhaus am 7. April 06 eine Rechnung über 3.000 € zukommen lässt, erklärt Großhaus noch am selben Tag, sie rechne gegen diese Forderung mit der Kaufpreisforderung aus dem Jahre 02 in Höhe von 2.000 € auf. Stein meint, mit verjährten Forderungen könne man nicht aufrechnen, Großhaus müsse also die gesamten 3.000 € bezahlen. Wer hat Recht?

Lösung

(Vorbemerkung: Nachstehende Lösung ist im Gutachtenstil nach der Anspruchsmethodik verfasst. Daher beginnt der Fall mit einem – eigentlich unstrittigen – Zahlungsanspruch, der dann daraufhin weiter entwickelt wird, ob er ggf. durch Aufrechnung untergegangen sein könnte. An der Prüfung der eigentlich strittigen Punkte ändert dies nichts.)

Stein könnte gegen Großhaus einen Zahlungsanspruch über 3.000 € haben.

1. Dazu müsste der Anspruch entstanden sein.

Dieser könnte aus einem Werkvertrag aus dem September 05 resultieren.

Stein hat in Absprache mit Großhaus Reparaturarbeiten an deren Haus durchgeführt. Folglich liegt ein Werkvertrag nach § 631 vor. Selbst wenn eine Vergütung nicht vereinbart wurde, gilt diese als stillschweigend vereinbart, wenn die Leistung den Umständen nach nur gegen eine Vergütung zu erwarten ist (§ 632 Abs. 1). Dies ist vorliegend offensichtlich auch unstrittig. Da eine Abnahme (§ 640) erfolgt ist, ist die Vergütung auch fällig (§ 641), spätestens mit Zugang der Rechnung.

Folglich hat Stein einen Anspruch auf Zahlung von 3.000 €.

2. Dieser Anspruch könnte jedoch untergegangen sein, und zwar durch Aufrechnung seitens Großhaus (§§ 387, 389).

Dazu müssten verschiedene Bedingungen erfüllt sein.

a) Es muss sich um wechselseitige, gleichartige Forderungen zwischen denselben Parteien handeln (§ 387). Dies ist lt. Sachverhalt unstrittig der Fall.

b) Es darf kein Aufrechnungsverbot vorliegen (§§ 392-395).

Im vorliegenden Fall ist kein vertragliches oder gesetzliches Aufrechnungsverbot ersichtlich.

c) Es muss eine unzweideutige Aufrechnungserklärung seitens Großhaus erfolgen (§ 388).

Eine solche Erklärung liegt lt. Sachverhalt vor.

d) Die Forderung von Stein muss erfüllbar sein (§ 387).

Mangels anderweitiger Vereinbarungen ist eine Forderung sofort erfüllbar (§ 271), so dass Großhaus leisten darf.

e) Die Forderung von Großhaus muss fällig und einredefrei sein (§ 388, 390).

Die Forderung ist lt. Sachverhalt offensichtlich seit langem fällig, aber ihrer Durchsetzbarkeit könnte die Einrede der Verjährung entgegenstehen.

Großhaus hat mit einer Forderung aufgerechnet, die im Jahre 02 entstanden ist und deshalb im Jahr 06 verjährt sein könnte. Ansprüche aus einem Kaufvertrag verjähren in der Tat innerhalb der regelmäßigen Verjährungsfrist des § 195 in drei Jahren. Die Verjährungsfrist beginnt gem. § 199 Abs. 1 mit dem Schluss des Jahres, in dem der Anspruch entstanden ist, und der Gläubiger von den Anspruch begründenden Umständen und der Person des Schuldners Kenntnis erlangt hat, also am 31.12.02, um 24.00 Uhr. Die Verjährung ist drei Jahre später, am 31.12.05 um 24.00 Uhr, eingetreten. Die Aufrechnung durch Großhaus am 07.04.06 erfolgte also zu einem Zeitpunkt, als die Forderung bereits verjährt war.

Allerdings enthält § 215 eine Ausnahmeregel hierzu: Die Verjährung schließt die Aufrechnung nicht aus, wenn die verjährte Forderung zu der Zeit, zu welcher sie gegen die andere Forderung aufgerechnet werden konnte, noch nicht verjährt war. Entscheidend ist also, ob die Kaufpreisforderung von Großhaus gegen Stein und die Werklohnforderung von Stein gegen Großhaus sich vor Eintritt der Verjährung einmal aufrechenbar gegenübergestanden haben.

Dies ist der Fall: Die Werklohnforderung von Stein gegen Großhaus ist im September 05 mit der Abnahme entstanden (also noch vor dem 31. Dezember 05: § 641) und damit zu einer Zeit, zu der die Kaufpreisforderung noch nicht verjährt war. Gundula kann deshalb in Höhe von 2.000 € aufrechnen.

3. Ergebnis: Die Forderung von Stein beläuft sich nur noch auf 1.000 €, da in Höhe der sich deckenden Beträge ein Erlöschen der Forderung erfolgt (§ 389).

Anlage 1
Wichtige Begriffe

Im Folgenden werden wichtige schuldrechtliche Begriffe kurz definiert. Sie gehören zur schuldrechtlichen Basisausstattung und sollten nach erfolgreichem Durcharbeiten dieses Bandes von
Ihnen beherrscht werden. Zugleich können Sie die folgenden Seiten zur Wissensüberprüfung,
zum Repetieren und zum Einüben des Definierens anderer Begriffe verwenden.

Abbedingen: Vertraglich anders regeln, als im dispositiven Gesetz (s. ‚dispositiv‘) vorgesehen

Abstraktionsprinzip: Grundsatz demzufolge bei Verträgen zur Veräußerung oder Übertragung
   von Gegenständen und Rechten Verpflichtungs- und Verfügungsgeschäft nicht nur rechtlich zu trennen (s. ‚Trennungsprinzip‘), sondern auch als abstrakt voneinander zu behandeln sind, d. h. die Wirksamkeit des einen Geschäfts hängt nicht von der Wirksamkeit des
   anderen ab.

Abtretung: Die Abtretung (auch: Zession) ist ein Vertrag (abstraktes Verfügungsgeschäft)
   zwischen einem bisherigen Gläubiger (= Altgläubiger, Zedent) und einem neuen Gläubiger
   (= Neugläubiger, Zessionar), durch den der bisherige Gläubiger seine Forderung gegen
   einen Schuldner auf den neuen Gläubiger überträgt (§ 398).

Änderungsvertrag: s. Schuldersetzung

Anspruch (schuldrechtlich): Der Anspruch ist das Recht (des Anspruchsinhabers), von einem
   anderen (Anspruchsgegner) ein Tun oder Unterlassen (auch Dulden) zu verlangen (§ 194
   Abs. 1).

Anspruchsgrundlage: Rechtsgrundlage (Gesetz oder Vertrag), die den Anspruch des Gläubigers stützt.

Anspruchskonkurrenz: Ein und dasselbe Leistungsbegehren (z. B. Zahlung von Schadensersatz) wird durch mehrere Anspruchsgrundlagen (z. B. gesetzliche und vertragliche Ansprüche) begründet. Sofern keine Normenkonkurrenz besteht, sind alle Anspruchsgrundlagen zu prüfen.

Anspruchsnorm: Norm, die einen (schuldrechtlichen) Anspruch beinhaltet bzw. begründet.

Aufhebungsvertrag: Vertrag, durch den die Vertragsparteien einen bestehenden Vertrag
   beenden oder ggf. rückwirkend aufheben.

Aufrechnung: Die Aufrechnung ist ein Vorgang, bei dem ein Beteiligter eines Schuldverhältnisses, das durch wechselseitige Forderungen zwischen denselben Personen gekenn-
   zeichnet ist, durch einseitige Erklärung Forderungen rückwirkend zum Erlöschen bringt,
   sofern bestimmte Voraussetzungen (s. §§ 387 ff.) erfüllt sind. Sie unterscheidet sich
   insbesondere von der ‚Verrechnung‘ von wechselseitigen Forderungen durch beiderseitiges
   Einverständnis.

Auslegung: s. Vertragsauslegung

Bringschuld: Als Bringschuld bezeichnet man eine Leistungspflicht, bei der der Schuldner am
   Wohnsitz bzw. der gewerblichen Niederlassung des Gläubigers (sofern nicht ein anderer
   Ort vereinbart wurde) die geschuldete Leistungshandlung vorzunehmen hat und er die
   Leistung entsprechend dorthin ‚bringen‘ muss. (s. auch ‚Holschuld‘, ‚Schickschuld‘)

Dauerschuldverhältnis: Schuldverhältnis, dessen Abwicklung bzw. Erfüllung sich nicht in
   einer einmaligen oder gestaffelt zu erbringenden abgegrenzten Leistung erschöpft, sondern

in seinem Wesen auf einen längeren Zeitraum angelegt ist. Während dieses Zeitraums ist entweder ein dauerndes Verhalten, oder es sind mehrere wiederkehrende einzelne Leistungen geschuldet, die sich aus dem Ablauf der Zeit ergeben. Der Umfang der Gesamtleistung hängt daher von der Dauer des Schuldverhältnisses ab.

Dispositiv: Eine gesetzliche Norm ist dispositiv, wenn sie durch anderslautende vertragliche Vereinbarung verdrängt wird (und werden darf). Synonym für ‚abdingbar'. Soll die Norm in jedem Fall gelten, wird sie als ‚zwingend' bezeichnet.

Dritter: Bezeichnung für eine Person, die an einem bestimmten Schuldverhältnis nicht beteiligt ist, da sie weder Gläubiger noch Schuldner ist. Ein Dritter kann aus einem Schuldverhältnis nie verpflichtet werden, unter Umständen aber berechtigt (s. ‚Vertrag zugunsten Dritter').

Erfüllbarkeit: Die Erfüllbarkeit bezeichnet den Zeitpunkt, ab dem der Schuldner frühestens die Leistung erbringen darf und der Gläubiger sie annehmen muss (Ansonsten kommt letzterer gem. §§ 293 ff. in Annahmeverzug, wenn die Leistung ordnungsgemäß angeboten Leistung wird.).

Erfüllung: Erbringung der Leistung in jeder Hinsicht (Gegenstand, Zeit, Ort, sonstige Modalitäten, ggf. Person des Schuldners und Gläubigers) so, wie geschuldet.

Erfüllungsübernahme: Vertrag zwischen einem Schuldner und einem Dritten, durch den der Dritte sich verpflichtet, bei Fälligkeit anstelle des Schuldners eine bestimmte Leistung gegenüber dessen Gläubiger zu erbringen, ohne seinerseits unmittelbar gegenüber dem Gläubiger verpflichtet zu sein (§ 329).

Erlass: Vertrag zwischen Gläubiger und Schuldner, demzufolge der Gläubiger dem Schuldner Schulden erlässt, wodurch den entsprechende Forderung erlischt (§ 397 Abs. 1).

ex nunc: ab jetzt (ohne Rückwirkung)

ex tunc: ab einem früheren Zeitpunkt (mit Rückwirkung)

Fälligkeit: Die Fälligkeit bezeichnet den Zeitpunkt, zu dem der Schuldner spätestens leisten muss und der Gläubiger die Leistung fordern darf (Ansonsten kommt der Schuldner gem. §§ 284 ff. in Schuldnerverzug, sofern er trotz Mahnung schuldhaft nicht leistet.).

Forderung: Synonym für den schuldrechtlichen ‚Anspruch' (s. dort). Der Begriff wird auch verwendet, um die Handlung des ‚Forderns' oder den Inhalt des ‚Geforderten' zu bezeichnen.

Forderungsabtretung: s. Abtretung

Gattungsschuld: Eine solche Schuld liegt vor, wenn der Leistungsgegenstand bei Vertragsschluss noch nicht individuell festgelegt ist, sondern nur nach allgemeinen Gattungsmerkmalen, wie z. B. Zahl, Gewicht, Sorte oder sonstigen allgemeineren Merkmalen. Geschuldet ist nur die Beschaffung irgendeines Stückes mittlerer Art und Güte (§ 243 Abs. 1) aus der im Vertrag umschriebenen Gattung.

Gefälligkeitsversprechen (hieraus resultierend Gefälligkeitsverhältnis): Versprechen einer Leistung durch eine Person gegenüber einer anderen, im Gegensatz zu einem Schuldvertrag jedoch ohne rechtlichen Bindungswillen, d. h. ohne Bereitschaft, der anderen Person einen Anspruch auf Erfüllung zu gewähren.

Gegenseitiger Vertrag: s. ‚gegenseitiges Schuldverhältnis'

Gegenseitiges Schuldverhältnis: Ein Schuldverhältnis wird als ‚gegenseitig' charakterisiert, wenn die gegenseitigen Rechte und Pflichten der Parteien nicht nur parallel existieren, sondern sich gegenseitig bedingen (d. h. der eine verpflichtet sich nur, *weil* der andere sich auch verpflichtet: ‚Do ut des').

Gesamtgläubiger: Gläubiger in einem Schuldverhältnis mit mehreren Gläubigern, mit der Besonderheit, dass jeder Gläubiger berechtigt ist, vom Schuldner die gesamte Leistung zu fordern, allerdings seinerseits zum Ausgleich gegenüber den anderen verpflichtet ist (§§ 428 ff.).

Gesamtschuldner: Schuldner in einem Schuldverhältnis mit mehreren Schuldnern, mit der Besonderheit, dass jeder Schuldner auf Forderung des Gläubigers zur Erbringung der gesamten Leistung verpflichtet ist, allerdings seinerseits Ausgleich durch die anderen Gesamtschuldner fordern kann (§§ 421 ff., 431).

Gestaltungsrecht: Subjektives Recht, aufgrund dessen die Parteien am Schuldverhältnis durch eine einseitige Erklärung unmittelbar ihre gegenseitige Rechtslage beeinflussen können. Diese Erklärung muss im Regelfall der anderen Partei zugehen (d. h. sie ist empfangs-, aber nicht zustimmungsbedürftig).

Gewillkürte Form: Von Vertragsparteien selbst zur Wirksamkeit eines Rechtsgeschäfts (z. B. Vertragsänderung) vorgeschriebene Form

Gläubiger: Position der Partei eines Schuldverhältnisses aufgrund derer diese berechtigt ist, vom Schuldner eine Leistung zu fordern (Synonym für Anspruchsinhaberschaft).

Globalzession: Abtretung aller bestehenden und künftigen Forderungen oder eines abstrakt abgegrenzten Teils hiervon.

Haftung: Der Begriff wird mit mehreren Bedeutungen verwendet:
- Zum einen wird damit nur das ,Verpflichtetsein' des Schuldners bezeichnet.
- Zum anderen wird damit das Einstehenmüssen des Schuldners für eine aus einem Schuldverhältnis herrührende Schuld bezeichnet, und damit das Unterworfensein des Schuldners (genauer seines Vermögens: Vermögenshaftung) unter den zwangsweisen Zugriff des Gläubigers.
- Schließlich spricht man von Haftung oft im Sinne des Einstehenmüssens für verursachte Schäden und damit der Pflicht zur Leistung von Schadensersatz

Hauptleistungspflichten: Dies sind die wesentlichen Pflichten eines Schuldverhältnisses, so wie im Gesetz (bei Verträgen üblicherweise als ,vertragstypische Pflichten' bezeichnet) bzw. Vertrag vorgesehen. Bei Verträgen sind es die Pflichten, um derentwillen das Schuldverhältnis abgeschlossen wurde. Sie bilden die Grundlage für die Bestimmung der Rechtsnatur eines Vertrags. Bei gegenseitigen Verträgen stehen zudem nur die Hauptleistungspflichten im Gegenseitigkeitsverhältnis.

Holschuld: Als Holschuld bezeichnet man eine Leistungspflicht, bei der der Schuldner an seinem Wohnsitz bzw. seiner gewerblichen Niederlassung (sofern nicht ein anderer Ort vereinbart wurde) die geschuldete Leistungshandlung vorzunehmen hat und der Gläubiger die Leistung entsprechend dort ,abholen' muss. Im Zweifel sind Leistungspflichten Holschulden (§ 269) (s. auch ,Bringschuld', ,Schickschuld')

Konkretisierung: Umwandlung einer Gattungsschuld zu einer Stückschuld dadurch, dass der Schuldner alles getan hat, was von seiner Seite zur vollständigen Erfüllung notwendig ist (§ 243 Abs. 2). Geschuldet ist dann nur noch der konkretisierte Gegenstand.

Kontrahieren: einen Vertrag schließen

Kontrahierungszwang: Pflicht (als Ausnahme zur Abschlussfreiheit), ein Vertragsangebot anzunehmen

Kündigung: Einseitige Willenserklärung zur Beendigung eines Dauerschuldverhältnisses. Man unterscheidet ordentliche Kündigung (üblicherweise mit Kündigungsfrist, aber ohne Notwendigkeit eines bestimmten Kündigungsgrundes) und außerordentliche Kündigung (i. d. R. nur möglich aus wichtigem Grund, dann aber ohne Einhaltung einer Kündigungsfrist). Die Kündigung ist im BGB nicht einheitlich geregelt (Ausnahme § 314 zur a. o. Kündigung, der aber nur subsidiär anwendbar ist).

Legalzession: Gesetzlicher Forderungsübergang, rechtlich behandelt analog einer vertraglichen Forderungsabtretung (s. § 412)

Leistung an Erfüllungs statt: Erbringung einer Leistung, die nicht dem entspricht, was geschuldet wird, vom Gläubiger aber anstelle der eigentlich geschuldeten Leistung akzeptiert wird und damit zur Erfüllung führt.

Leistung erfüllungshalber: Erbringung einer Leistung, die nicht dem entspricht, was geschuldet wird, und vom Gläubiger auch nicht ohne weiteres anstelle der eigentlich geschuldeten Leistung akzeptiert wird, sondern nur unter Vorbehalt, so dass zunächst keine Erfüllung eintritt.

Naturalkondemnation: Wenn der Schuldner nicht (korrekt) leistet, kann der Gläubiger auf die Erbringung der versprochenen Leistung klagen (er muss sich nicht z. B. mit Schadensersatz begnügen). Der Gläubiger ist i. d. R. gleichzeitig auch verpflichtet, zunächst die Erbringung der geschuldeten Leistung zu verlangen, ehe Sekundäransprüche oder Gestaltungsrechte zum Einsatz kommen können. Naturalkondemnation ist allerdings ausgeschlossen, wenn es um (persönliche) Dienstleistungen geht.

Nebenleistungspflichten: Leistungspflichten, die ergänzend der Vorbereitung, Unterstützung Durchführung und Sicherung der Hauptleistung dienen. Im Unterschied zu den Hauptleistungspflichten wird ein Schuldverhältnis (insbesondere ein Vertrag) nicht um ihretwillen eingegangen.

Nebenpflichten (unselbständige): Gemäß § 241 Abs. 2 kann jedes Schuldverhältnis entsprechend seinem Inhalt sowohl Gläubiger als auch Schuldner zur Rücksicht auf die Rechte, Rechtsgüter und Interessen des anderen verpflichten. Gemäß § 311 Abs. 2 bestehen solche Pflichten auch bereits bei der Aufnahme von Vertragsverhandlungen, der Anbahnung eines Vertrags und ähnlichen geschäftlichen Kontakten. Bei Nichteinhaltung wird die Pflichtverletzung mit Schadensersatz sanktioniert (§ 280 Abs. 1, 282).

Normenkonkurrenz: Auf denselben Sachverhalt sind aufgrund ihrer Tatbestände mehrere Normen anwendbar. In diesem Fall ist die korrekte Anwendungsreihenfolge zu beachten.

Novation: s. Schuldersetzung

Obliegenheiten: Durch Gesetz oder Vertrag festgelegte Pflichten, deren Verletzung nicht zu Ansprüchen einer anderen Person, aber zu einer Rechtseinbuße des Verpflichteten führt, d. h. dem Verlust oder der Minderung einer eigenen Rechtsposition.

Pacta sunt servanda: Vertragsrechtlicher Grundsatz, demzufolge ein wirksam zustande gekommener Vertrag beide Parteien dazu verpflichtet, diesen wie vereinbart zu erfüllen.

Privatautonomie: Grundsatz des Zivilrechts, demzufolge die Gestaltung der privaten Lebensverhältnisse durch die Rechtssubjekte in freier Selbstbestimmung und -verantwortung erfolgt. Die hieraus resultierenden Rechtsgeschäfte sind rechtlich verbindlich soweit ihnen nicht zwingende Normen widersprechen.

Rechtsnatur eines Vertrags: Der aus den Hauptleistungspflichten abgeleitete Vertragstyp, dessen Festlegung für die Ermittlung des hierauf anwendbaren zwingenden und dispositiven Rechts erforderlich ist. Allerdings muss die Rechtsnatur eines konkreten Vertrages nicht mit dem Modell einer gesetzlich geregelten Vertragsform übereinstimmen (man spricht dann von einem atypischen Vertrag).

Relativität des Schuldverhältnisses: Schuldverhältnisse sind Sonderverbindungen zwischen bestimmten Personen, d. h. der Gläubiger hat ein Recht auf Leistung nur gegen den durch ein bestimmtes Schuldverhältnis verpflichteten Schuldner; seine Forderung ist ein relatives

Recht und wirkt nicht für oder gegen Dritte (sofern diese nicht Beteiligte des Schuldverhältnisses werden).

Rücktritt: Einseitige empfangsbedürftige Willenserklärung einer Vertragspartei, durch die ein
wirksam geschlossener Vertrag beendet wird und rückabzuwickeln ist (Entstehung eines
Rückabwicklungsverhältnisses gem. §§ 346 ff.). Dieses Gestaltungsrecht steht den Parteien
aber nur unter bestimmten, vertraglich oder gesetzlich definierten Voraussetzungen zu (s.
insbesondere §§ 323-326).

Schickschuld: Als Schickschuld bezeichnet man eine Leistungspflicht, bei der der Schuldner
an seinem Wohnsitz bzw. seiner gewerblichen Niederlassung (sofern nicht ein anderer Ort
vereinbart wurde) die geschuldete Leistungshandlung vorzunehmen hat, dabei aber zur
Erreichung des Leistungserfolgs sicherstellen muss, dass Ware oder Geld beim Gläubiger
ankommen. (s. auch Bringschuld, Holschuld)

Schuld: Das, was der Schuldner aufgrund des Gläubigeranspruchs zu leisten verpflichtet ist
(Leistungspflicht, Leistensollen).

Schuldersetzung: Schuldersetzung (auch Novation) besteht darin, dass die Parteien durch
Vertrag an die Stelle der bestehenden Forderung noch vor Erfüllung eine andere setzen.
Die bestehende Forderung erlischt. Im Unterschied dazu werden bei einem Änderungsvertrag Inhalt und Eigenschaften einer Forderung durch Vertrag so geändert, dass die Identität
der Forderung nicht berührt wird. Welche von beiden vorliegt, ergibt sich aus der
vertraglichen Vereinbarung.

Schuldner: Position der Partei eines Schuldverhältnisses, aufgrund derer diese verpflichtet ist,
dem Gläubiger eine Leistung zu erbringen (Synonym für Anspruchsgegnerschaft). Bei
einseitigen Schuldverhältnissen identisch mit der Person des Verpflichteten oder
Anspruchsgegners.

Schuldübernahme: Vertrag, durch den ein bisheriger Dritter die Verbindlichkeiten eines
Schuldners gegenüber einem Gläubiger übernimmt und der bisherige Schuldner von diesen
Schulden befreit wird. Der Vertrag wird entweder zwischen dem Neuschuldner und dem
Gläubiger direkt geschlossen (§ 415) oder zwischen Neu- und Altschuldner mit ausdrück-
licher Zustimmung des Gläubigers (§ 414).

Schuldverhältnis: Das Schuldverhältnis ist ein auf gesetzlicher Grundlage oder durch
Rechtsgeschäft begründetes Rechtsverhältnis, kraft dessen eine Person (der ‚Gläubiger')
von einer anderen (dem ‚Schuldner') eine Leistung zu fordern berechtigt ist (§ 241 Abs. 1).

Stille Zession: Forderungsabtretung, über die der Schuldner nicht informiert wird

Stück- oder Speziesschuld: Eine solche Schuld liegt vor, wenn der Schuldner von Anfang an
eine ganz bestimmte Leistung (insbesondere einen identifizierten Gegenstand) schuldet, so
dass mit einem anderen (lat. aliud) nicht erfüllt werden kann.

Stundungsvereinbarung: Vereinbarung zwischen Gläubiger und Schuldner, wodurch die
ursprüngliche Fälligkeit hinaus geschoben wird.

Synallagmatisches Schuldverhältnis: Synonym für ‚gegenseitiges Schuldverhältnis'

Teilgläubiger: Gläubiger in einem Schuldverhältnis mit mehreren Gläubigern, mit der
Besonderheit, dass jeder Gläubiger nur berechtigt ist, vom Schuldner einen Teil der
Leistung zu fordern (§ 420).

Teilschuldner: Schuldner in einem Schuldverhältnis mit mehreren Schuldnern und einer
teilbaren Leistung, mit der Besonderheit, dass jeder Schuldner nur zur Erbringung eines
Teils der Leistung verpflichtet ist (§ 420).

Trennungsprinzip: Grundsatz demzufolge bei Verträgen zur Veräußerung oder Übertragung von Gegenständen und Rechten Verpflichtungs- und Verfügungsgeschäft rechtlich zu trennen sind (s. auch Abstraktionsprinzip).

Verbindlichkeit: Synonym für ‚Schuld‘ (s. dort)

Verfügungsgeschäft: Bezeichnung für einen schuldrechtlichen Vertrag oder für ein sonstiges Rechtsgeschäft, das sich unmittelbar auf den Bestand (Existenz) oder die Zuordnung (Inhaberschaft) eines Rechts (z. B. dingliches Recht, Forderungsrecht, gewerbliches Schutzrecht) auswirkt (Gegensatz zu Verpflichtungsgeschäft).

Vergleich: ‚Vertrag, durch den der Streit oder die Ungewissheit der Parteien im Wege gegenseitigen Nachgebens beseitigt wird‘ (§ 779 Abs. 1), wobei typischerweise beide Parteien auf einen Teil ihrer Forderungen verzichten (Art beiderseitiger Teilerlass).

Verpflichtungsgeschäft: Bezeichnung für ein Rechtsgeschäft (i. d. R. normaler schuldrechtlicher Vertrag), der zu schuldrechtlichen Leistungspflichten und -rechten führt (Gegensatz zu Verfügungsgeschäft).

Vertrag: Rechtsgeschäft, das durch übereinstimmende Willenserklärung von zwei oder mehreren Parteien zustande kommt und aufgrund ihres Rechtsbindungswillens zu Rechten und Pflichten der Vertragsparteien (ohne Drittwirkung) führt.

Vertrag zugunsten Dritter: Vertrag (gleich welcher Art), aufgrund dessen ein am Vertrag nicht Beteiligter (s. ‚Dritter‘) unmittelbare Ansprüche gegen den Versprechenden erwirbt (§ 328).

Vertragsauslegung: Sind vertragliche Vereinbarungen nicht eindeutig, müssen sie ausgelegt werden. Grundsätzlich erfolgt eine ‚erläuternde Vertragsauslegung‘, d. h. gemäß §§ 133, 157, 242 wird ermittelt, was die Parteien – übereinstimmend – tatsächlich gewollt haben. Führt dies zu keinem Ergebnis und greift zudem keine dispositive gesetzliche Regelung, erfolgt im Rahmen einer ‚ergänzenden Vertragsauslegung‘ die Ermittlung des hypothetischen Parteiwillens, d. h. man versucht zu ermitteln, was die Parteien sinnvollerweise vereinbart hätten, wenn sie die zu klärende Frage erkannt und geregelt hätten.

Vertragsübernahme: Übernahme aller Rechte und Pflichten einer Vertragspartei durch einen Dritten, bei gegenseitigen Verträgen durch gleichzeitige Forderungsabtretung und Schuldübernahme.

Widerruf: Form der Beendigung eines Vertrags durch einseitige Erklärung. Im Übrigen wird der Begriff im BGB mit unterschiedlicher Bedeutung verwendet:
- Widerruf von Verbraucherverträgen: Besondere Form des Rücktrittsrechts (s. §§ 355-357), das Verbrauchern (§ 13) bei bestimmten Verbraucherverträgen (s. §§ 312 ff., 495 ff.) eingeräumt wird.
- Widerruf einer Schenkung: Möglichkeit der Rückgängigmachung einer bereits vollzogenen Schenkung durch den Schenker unter bestimmten Voraussetzungen (§§ 530-533).
- Widerruf eines Auftrags: Normale Form der Beendigung eines Auftrags durch den Auftraggeber (analog einer ordentlichen Kündigung) (§ 671 Abs. 1).

Zahlungsort: Ort, an dem der Schuldner eine Geldschuld zu erfüllen hat. Im Zweifel hat er das Geld auf seine Gefahr und Kosten am Wohnsitz des Gläubigers zu übermitteln (§ 270).

Zwingend: s. ‚dispositiv‘

Anlage 2
Kurzanleitung zur Lösung einfacher schuldrechtlicher Fälle

Vorbemerkung

Eine Rechtsmaterie ‚beherrscht' man erst dann, wenn man in der Lage ist, Rechtsnormen korrekt auf Sachverhalte anzuwenden und hieraus ein überzeugendes Ergebnis abzuleiten. Die Methodik der Bearbeitung schuldrechtlicher Fälle ist (im Gegensatz zu anderen Rechtsbereichen) weitgehend standardisiert. Die diesbezüglichen Darstellungen beziehen sich jedoch fast ausschließlich auf komplexe Konstellationen. Entsprechend dem didaktischen Konzept dieses Buches soll im Folgenden nur in jene Aspekte eingeführt werden, die dem angestrebten Lernziel entsprechen. Eine Vertiefung wird dann in Band 2 erfolgen.

I. Rechtsanwendung

    A. Grundmodell
        1. Struktur der primären Rechtsnorm
        2. Subsumtion
        3. Syllogismus
        4. Kombination Juristischer Syllogismus und Subsumtion = Rechtsanwendung

    B. Vertiefung
        1. Präzisierung des Tatbestands der Rechtsnorm
        2. Mehrfachsubsumtion
        3. Präzisierung der Rechtsfolgen

    C. Zusammenspiel der Normen
        1. Primäre Normen
        2. Sekundäre Normen
        3. Normenkonkurrenz

II. Besonderheiten bei der Bearbeitung schuldrechtlicher Fälle

    A. Arten Fälle
        1. Anspruchsfälle
        2. Sonstige typische Fälle

    B. Praktische Tipps
        1. Sachverhalt verstehen
        2. Anwendbare Norm(en) finden
        3. Normen anwenden

I. Rechtsanwendung

A. Grundmodell

Die Fallbearbeitung beruht auf der grundsätzlichen Technik der Rechtsanwendung, d. h. der Vorgehensweise, um auf Sachverhalte oder tatsächliche Fragestellungen die passenden Normen zur Anwendung zu bringen und somit einer rechtlichen Lösung zuzuführen. Dabei wird im Folgenden der Einfachheit halber unterstellt, dass die Rechtsnorm die Form eines Gesetzes hat.

Um die Methode der Rechtsanwendung richtig zu beherrschen, müssen erst die Teilelemente bzw. -schritte verstanden werden.

1. Struktur der primären Rechtsnorm

Alle Normen lassen sich einteilen in Primär- und Sekundärnormen. Primärnormen gliedern sich in Tatbestand und Rechtsfolge. Sekundärnormen konkretisieren oder vervollständigen Primärnormen (Einzelheiten s.u.). Primärnormen haben demnach folgende Struktur:

Wenn   →   *dann*
Voraussetzungen V1 ff
Gesamtheit der Voraussetzungen = <u>Tatbestand</u>   =======><u>Rechtsfolge</u>

Beispiel § 267 Abs. 1 S. 1

Voraussetzung / Tatbestand	*Rechtsfolge*
Hat der Schuldner nicht in Person zu leisten	kann auch ein Dritter die Leistung bewirken.

Beispiel § 433 Abs. 1 S. 1

Voraussetzung / Tatbestand	*Rechtsfolge*
Ist ein wirksamer Kaufvertrag zustande gekommen	muss der Verkäufer übergeben und übereignen.

2. Subsumtion

Mit dem Begriff ‚Subsumtion' bezeichnet man den Vergleich des Tatbestands einer Norm mit einem konkreten Sachverhalt.

Beispiel § 267 Abs. 1 S. 1 (Leistungen durch Dritte)
‚Hat der Schuldner nicht in Person zu leisten, so kann auch ein Dritter die Leistung bewirken.'
Bei einem vertraglichen Schuldverhältnis z. B. wäre demnach im Streitfall zu prüfen, ob im Vertrag ausdrücklich festgelegt ist oder hieraus durch Auslegung abgeleitet werden kann, dass der Schuldner persönlich leisten muss. Ist dies nicht der Fall, ist die Voraussetzung der Norm (wie hiervor zitiert) erfüllt, d. h. der Sachverhalt (hier der Vertrag) stimmt mit dem Tatbestand (‚Hat der Schuldner nicht in Person zu leisten...') überein.

3. Syllogismus

Die Rechtsanwendung beruht auf einem logischen Denkverfahren, das man ,Syllogismus' nennt. Dieses hat immer folgende allgemeine Struktur:

Allgemeine Regel oder Aussage zu X = Obersatz
Einzelfall ist ein X = Untersatz
Ergebnis: Einzelfall unterliegt der allgemeinen Regel= Schlusssatz

Beispiel

Alle Menschen sind sterblich.
A ist ein Mensch.
Also ist A sterblich.

4. Kombination Juristischer Syllogismus und Subsumtion = Rechtsanwendung

Um sicherzustellen, dass die Subsumtion korrekt abläuft, erfolgt sie nach dem Modell des Syllogismus. Hierbei bildet die Rechtsnorm den Obersatz und der Lebenssachverhalt den Untersatz; die Schlussfolgerung besteht in der Feststellung, dass die Rechtsfolge der Rechtsnorm bei diesem Lebenssachverhalt eingreift (oder auch nicht).

Rechtsnorm (Tatbestand (Voraussetzungen)===========> Rechtsfolge) (= Obersatz)
                    Sachverhalt   (= Untersatz)
                                        Rechtsfolge (= Schlussfolgerung)

Wenn der Sachverhalt alle Voraussetzungen des Tatbestands erfüllt, greift die Rechtsfolge. Wenn auch nur eine Voraussetzung nicht erfüllt ist, tritt die Rechtsfolge nicht ein.

Beispiel § 267 Abs. 1 S. 1

Hat der Schuldner nicht in Person zu leisten kann auch ein Dritter die Leistung bewirken.
Der Schuldner A muss laut Vertrag nicht persönlich leisten.
Also kann auch der Dritte C die Leistung erbringen.

Beispiel § 433 Abs. 1 S. 1

Durch den (wirksamen) Kaufvertrag ist der Verkäufer verpflichtet, dem Käufer die Sache zu übergeben und das Eigentum hieran zu verschaffen.
Es liegt ein (wirksamer) Kaufvertrag zwischen A (Käufer) und B (Verkäufer) bzgl. einer Sache vor.
Ergebnis: B schuldet A Übergabe und Übereignung der Sache.

B. Vertiefung

Leider sind die Rechtsnormen nicht immer so einfach formuliert und anzuwenden wie in den zitierten Beispielen. Auf die hieraus resultierenden Besonderheiten wird hiernach kurz eingegangen.

1. Präzisierung des Tatbestands der Rechtsnorm

1. Tatbestandsmerkmale sind Rechtsbegriffe, deren Bedeutung nicht immer mit der Umgangssprache übereinstimmt. Sie müssen deshalb zunächst immer definiert und ggf. ausgelegt werden: Erst definieren, dann subsumieren!

Diese Definitionen stehen nicht notwendigerweise in der Norm, in der sie verwendet werden, sondern oft in Sekundärnormen, die sich an anderer Stelle finden als die Primärnormen, welche die diesbezüglichen Begriffe verwenden. Im BGB sind sie oft im BGB AT enthalten, d. h. vor die Klammer gezogen (z. B. § 13 - 14, 90 - 92). Manchmal stehen sie auch in anderen Gesetzen.

Allerdings sind nicht alle Begriffe im Gesetz definiert. Insbesondere Generalklauseln, aber auch andere Begriffe müssen von der Rechtsprechung nach den Regeln der Gesetzesauslegung interpretiert werden. In Ausnahmefällen gibt auch das Gesetz selber eine Auslegungsregel vor (s. u.).

2. Es kann auch negative Tatbestandsmerkmale (d. h. etwas Bestimmtes darf nicht gegeben sein) und Anwendungseinschränkungen (d. h. bestimmte Fälle werden ausgeschlossen, auch wenn alle Voraussetzungen erfüllt sind) geben, die selbstverständlich zu beachten sind.

3. Die Tatbestandsmerkmale können ggf. auf mehrere Absätze eines bestimmten Paragrafen oder sogar mehrere Paragraphen verteilt sein.

2. Mehrfachsubsumtion und Zwischensubsumtion

Sofern mehrere Tatbestandsmerkmale kumulativ festgelegt sind, müssen alle durch den Sachverhalt erfüllt werden, d. h. für jedes einzelne ist eine Subsumtion vorzunehmen. Werden in den Tatbestandsmerkmalen Begriffe verwendet bzw. vorausgesetzt, dann muss jeweils eine Zwischensubsumtion erfolgen, um auf der Basis der jeweiligen Definition deren Anwendbarkeit im konkreten Einzelfall zu prüfen.

Beispiel

Sachverhalt: Adalbert vereinbart mit dem Transportunternehmer Leo, dass Letzterer bis auf weiteres ein brachliegendes Grundstück unentgeltlich als Parkplatz für seine Lkw nutzen darf. Nach einiger Zeit erfährt Adalbert, dass Leo sich sehr abfällig über seine Person geäußert hat (‚dumm und naiv' waren noch die weniger schlimmen Bezeichnungen).

Kann Adalbert den Vertrag sofort außerordentlich fristlos kündigen?

Möglicherweise anwendbare Norm: § 314 (außerordentliche fristlose Kündigung eines Dauerschuldverhältnisses)

1. Voraussetzung:

Es darf keine Spezialkündigungsnorm aufgrund der Rechtsnatur des geschlossenen Vertrages vorgehen (ungeschriebene Voraussetzung). Dazu muss die Rechtsnatur des Vertrages ermittelt werden.

> Die Rechtsnatur des Vertrages ergibt sich aus den beiderseitigen Hauptleistungspflichten.
> Hier verpflichtet sich eine Partei, der anderen unentgeltlich den Gebrauch einer Sache zu überlassen.
> Also handelt es sich vorliegend um eine Leihe gemäß § 598.

§ 605 sieht speziell für die Leihe ein ordentliches Kündigungsrecht vor, dessen Kündigungsgründe hier aber nicht greifen.

Also geht keine Spezialnorm vor.

2. Voraussetzung:

Es muss sich um ein Dauerschuldverhältnis handeln (Abs. 1 S. 1), d. h. ... (Der Begriff des Dauerschuldverhältnisses wird im BGB nicht definiert, sondern nur von Rechtslehre und Rechtsprechung. Auf die Darstellung wird hier verzichtet).

Es liegt eine unbefristete Nutzungserlaubnis vor.
Also handelt es sich um ein Dauerschuldverhältnis.

3. Voraussetzung:
Es muss ein wichtiger Grund vorliegen (Abs. 1 S. 1. Genauere Definition in § 314 Abs. 1 S. 2).
Die Äußerungen von Leo kann man als beleidigend betrachten, so dass eine Fortführung des Vertrages für Adalbert unzumutbar ist.
Also liegt ein wichtiger Grund vor.

4. Voraussetzung:
Besteht der wichtige Grund in einer Vertragsverletzung, muss eine Frist zur Abhilfe gesetzt werden (Abs. 2).
Es handelt sich vorliegend nicht um eine Vertragsverletzung.
Also ist keine Fristsetzung zur Abhilfe notwendig.

5. Voraussetzung:
Die Kündigung muss innerhalb einer angemessenen Frist ab Kenntnisnahme des wichtigen Grundes erfolgen (Abs. 3).
Adalbert will sofort kündigen, nachdem er von Leos Äußerungen erfahren hat.
Also würde eine Kündigung innerhalb einer angemessenen Frist erfolgen.

Gesamtrechtsfolge: Adalbert kann den Vertrag sofort außerordentlich fristlos kündigen.

3. Präzisierung der Rechtsfolgen

Die Verwirklichung eines Tatbestands hat ggf. mehr als eine Rechtsfolge. Diese Rechtsfolgen stehen auch nicht notwendigerweise in derselben Rechtsnorm (oder im gleichen Absatz) wie die Tatbestandsdefinition, sondern in einer anderen Norm auf die durch die Verweisungsnorm (die ebenfalls eine Sekundärnorm oder Hilfsnorm ist) verwiesen wird.

Beispiel § 314 (s. Sachverhalt hiervor)
Liegt ein wichtiger Grund vor, kann ein Dauerschuldverhältnis nicht nur gekündigt werden (Abs. 1 - 3), sondern gemäß Abs. 4 möglicherweise auch Schadensersatz gefordert werden. Abs. 4 präzisiert jedoch nur, dass eine Schadensersatzklage nicht ausgeschlossen wird. Ob tatsächlich ein solcher Anspruch besteht, richtet sich nach den allgemeinen Schadensersatzregeln (hier aus dem Bereich der unerlaubten Handlung, da vermutlich eine Ehrverletzung / Beleidigung vorliegt, jedenfalls keine Vertragsverletzung).

C. Zusammmenspiel der Normen

1. Primäre Normen

Die bisher behandelten Primärnormen waren sogen. ‚Antwortnormen', d. h. Rechtsnormen, die bezogen auf eine bestimmte Fragestellung die gesuchte Rechtsfolge (nicht unbedingt die Lösung des gesamten Falles) abstrakt enthalten.

Primäre Normen erkennt man insbesondere daran, dass sie Rechte und Pflichten statuieren mit Formulierungen wie ‚ist verpflichtet, ist berechtigt, hat...zu, muss, darf, soll' u. ä. Sie sind im Gesetz manchmal auch mit Sekundärnormen kombiniert.

2. Sekundäre Normen

Das Gesamtgefüge der Rechtsnormen bedarf für sein Funktionieren verschiedener Hilfsnormen, von denen im vorliegenden Zusammenhang die folgenden besonders wichtig sind (diese Kategorien überschneiden sich. Um welche es sich letztlich handelt, ist für die Fallbearbeitung unerheblich):

a) Definitions- und Auslegungsnormen

Die Definitionsnorm erläutert Tatbestandsmerkmale anderer Normen vorkommen. Normalerweise überlässt der Gesetzgeber es dem Rechtsanwender, unbestimmte Begriffe bzw. Tatbestandsmerkmale auszulegen bzw. zu definieren, aber ausnahmsweise gibt er dies auch vor. Außerdem regelt das Gesetz, wie Willenserklärungen, Verträge usw. auszulegen sind.

Beispiele
Definitionsnormen: § 13 - 14 (Verbraucher, Unternehmer), 90 (Sache), 126b (Textform).
Auslegungsnormen: Für Gesetze: § 306a, 307 Abs. 2, für Rechtsgeschäfte / Verträge: § 133, 157, 270 Abs. 1, 271 Abs. 2.

b) Aussagen über den zwingenden Charakter einer Norm

Da das BGB im Schuldrecht weitgehend dispositiv ist, bedarf es i. d. R. einer Aussage des Gesetzgebers, wenn Normen zwingend sein sollen (der zwingende Charakter kann sich allerdings auch aus Sinn und Zweck einer Norm ergeben, z. B. § 134, 138, 555).

Beispiele
§ 312i (einseitig zwingend zugunsten des Verbrauchers), § 551 Abs. 4 (einseitig zwingend zugunsten des Mieters)

3. Normenkonkurrenz

Wie im 1. Teil dargestellt gibt es verschiedene Quellen des Schuldrechts, zu denen insbesondere auch vertragliche Vereinbarungen zählen. Sind mehrere Normen bzw. Quellen gemäß Tatbestand auf einen Sachverhalt anwendbar (nur dann gibt es eine Konkurrenz, und nicht schon, weil es zu einer Fragestellung noch weitere Normen gibt), ist zu klären, in welcher Reihenfolge diese zu prüfen bzw. anzuwenden sind.

Hierfür gilt gemäß allgemeinen Standards folgende Systematik (s. auch 3. Teil):

1. Zwingendes Recht (Spezialgesetze => Schuldrecht BT => Schuldrecht AT => BGB AT)
2. Vertragliche Vereinbarung (ggf. auszulegen)
3. Dispositives Recht (Spezialgesetze => Schuldrecht BT => Schuldrecht AT => BGB AT)
4. Ergänzende Vertragsauslegung

Sind mehrere gesetzliche Normen derselben ‚Rangstufe' betroffen, greift hilfsweise noch die Regel, dass das neuere Gesetz dem älteren vorgeht. Liegen mehrere sich widersprechende Verträge vor, sind diese auszulegen. Im Zweifel ist davon auszugehen, dass der neuere Vertrag den älteren ersetzt.

II. Besonderheiten bei der Bearbeitung schuldrechtlicher Fälle

A. Arten Fälle

Schuldrechtliche Fälle können unterschiedliche Inhalte haben, die jedoch i. W. den folgenden Kategorien entsprechen:

1. Anspruchsfälle

Bei Anspruchsfällen geht es darum, dass eine Person von einer anderen etwas verlangt bzw. gegen sie durchsetzen möchte. Dies setzt also einen Konflikt oder zumindest einen möglichen Interessengegensatz voraus.

Fälle, die auf eine solche Thematik zugeschnitten sind, enden gewöhnlich mit der Frage: "Kann A von B die Leistung X verlangen?" oder: "A fordert von B die Leistung X. Mit Recht?" bzw.: "B weigert sich, die von A geforderte Leistung X zu erbringen. Mit Recht?".

Auch die Fallfrage "Wie ist die Rechtslage?", erweist sich bei näherem Hinsehen vielfach als ein 'Anspruchsfall', weil der dargestellte Rechtsstreit lediglich um die Berechtigung eines ganz konkreten Leistungsbegehrens geht.

Bei Anspruchsfällen kann die Fragestellung immer auf folgendes Grundschema reduziert werden:

WER WILL WAS VON WEM WORAUS?

Wer will von wem	Anspruchsteller Anspruchsgegner (1)	Ergibt sich aus der Fallfrage oder dem Sachverhalt
Was	Anspruchsziel, Anspruchsbegehren (2)	
Woraus	Anspruchsgrundlage (3)	Ergibt sich aus Vertrag oder Gesetz

(1) Anspruchsteller und Anspruchsgegner: Diese sind i. d. R. eindeutig identifiziert. Wenn eine dritte (oder weitere) Person in irgendeiner Weise in das Schuldverhältnis einbezogen ist (z. B. Erfüllungs- / Verrichtungsgehilfe, Dritter zu dessen Gunsten ein Vertrag abgeschlossen wurde, Forderungskäufer) sind die Rechtsverhältnisse immer auf Zwei - Personen - Verhältnisse zu reduzieren und diese zu prüfen.

(2) Anspruchsziel oder -begehren: Dies ist dasjenige (die Leistung, d. h. Tun, Dulden, Unterlassen), was verlangt wird. Dieses Anspruchsziel muss spezifisch sein und nicht nur eine vage Forderung umfassen.

(3) Anspruchsgrundlagen: Dies sind die Rechtsvorschriften, die das Begehren des Anspruchstellers möglicherweise stützen und die Rechtsgrundlage für das Anspruchsziel liefern. Für ein bestimmtes Anspruchsziel kann es mehrere Anspruchsgrundlagen geben. Diese sind alle zu prüfen, die ihre Voraussetzungen i. d. R. unterschiedlich sind.

Dreh- und Angelpunkt jedes Anspruchsfalles ist somit letztlich das Suchen und Auffinden geeigneter Anspruchsnormen, die gleichzeitig
- nach ihren Rechtsfolgen mit den Anspruchszielen (dem Begehren der Parteien) übereinstimmen, und
- nach ihrem Tatbestand (d.h. den Voraussetzungen) den tatsächlichen Gegebenheiten in den Rechtsverhältnissen zwischen den Anspruchsgegnern laut Sachverhalt entsprechen.

2. Sonstige typische Fälle

Je nach Fragestellung ist nicht ein Anspruch strittig, sondern es geht um einfachere Fragen. Diese stellen im Übrigen oft Teilfragen umfangreicherer Anspruchsfälle dar.

a) Zustandekommen und Wirksamkeit von Rechtsgeschäften

Hier geht es darum zu prüfen, ob insbesondere Verträge wirksam zustande gekommen sind, unter Berücksichtigung der allgemeinen Regeln des BGB AT, aber insbesondere auch unter Berücksichtigung der zwingenden Spezialregeln des Schuldrechts (insbesondere bzgl. Formvorschriften).

Hierzu ist jeweils zu identifizieren, welche Voraussetzungen für das Zustandekommen bzw. die Wirksamkeit zu erfüllen sind, und die Erfüllung dieser Tatbestandsmerkmale wie oben beschrieben zu prüfen.

b) Existenz, Inhalt und Ausübung eines Rechts bzw. einer Pflicht

Manchmal wird nur danach gefragt, ob eine Person (Vertragspartei) ein bestimmtes Recht (Forderungsrecht, Gestaltungsrecht) besitzt bzw. ihr eine bestimmte Pflicht obliegt, welchen Inhalt oder Umfang dieses/diese hat und ob es ggf. wirksam ausgeübt bzw. korrekt erfüllt wurde.

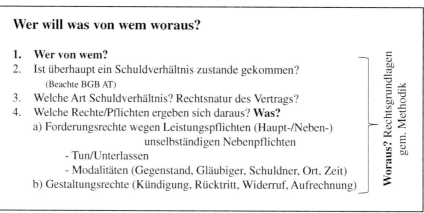

Wer will was von wem woraus?

1. **Wer von wem?**
2. Ist überhaupt ein Schuldverhältnis zustande gekommen?
   (Beachte BGB AT)
3. Welche Art Schuldverhältnis? Rechtsnatur des Vertrags?
4. Welche Rechte/Pflichten ergeben sich daraus? **Was?**
   a) Forderungsrechte wegen Leistungspflichten (Haupt-/Neben-)
      unselbständigen Nebenpflichten
      - Tun/Unterlassen
      - Modalitäten (Gegenstand, Gläubiger, Schuldner, Ort, Zeit)
   b) Gestaltungsrechte (Kündigung, Rücktritt, Widerruf, Aufrechnung)

Woraus? Rechtsgrundlagen gem. Methodik

B. Praktische Tipps

In der praktischen Umsetzung der vorerwähnten Regeln treten immer wieder bestimmte Probleme auf, zu deren Bewältigung Sie auf Folgendes achten sollten:

1. Sachverhalt verstehen

Um den Sachverhalt ,in den Griff zu bekommen' sollten Sie bei schuldrechtlichen Fragen immer auch Folgendes tun (wenn die Fragestellung nicht klar ist, müssen Sie ohnehin so vorgehen, um das eigentliche Problem zu ermitteln):

a) Klären Sie, welches Schuldverhältnis zwischen welchen Parteien lt. Sachverhalt besteht:

- Ist es ein gesetzliches Schuldverhältnis? Falls ja, welches? Unerlaubte Handlung, ungerechtfertigte Bereicherung, Geschäftsführung ohne Auftrag? Oder
- Ist es ein rechtsgeschäftliches (i. d. R. vertragliches) Schuldverhältnis? Falls ja, um welchen Vertrag handelt es sich (genaue Ermittlung der Rechtsnatur des Vertrages anhand der Hauptleistungspflichten ist erforderlich, da ansonsten nicht geklärt werden kann, welche zwingenden oder dispositiven Normen anwendbar sein können)? Oder
- Ist es ein Schuldverhältnis aus der Verletzung von Schutz- / Sorgfaltspflichten bei Vertragsanbahnung oder im Rahmen eines Gefälligkeitsverhältnisses?

Bei mehr als zwei Parteien liegen i. d. R. mehrere Schuldverhältnisse vor. Diese stellen immer zweiseitige Beziehungen dar, so dass Sie identifizieren müssen, in welchem zweiseitigen Schuldverhältnis der Problemfall auftritt.

b) Achten Sie darauf, welches Problem existiert und welche Rechtsfrage zu klären ist.

(1) Bei Anspruchsfällen müssen Sie klären, wer was von wem will, ggf. auch noch warum. Bedenken Sie dabei immer, dass es Leistungspflichten (Haupt- und Neben-), unselbständige Nebenpflichten und Obliegenheiten geben kann.

Wenn dies klar ist, müssen Sie die zutreffende Anspruchsgrundlage ermitteln, d. h. die Norm, die genau die Rechtsfolge festlegt, die der Anspruchsteller erreichen möchte.

Bei Verträgen ist dies i. d. R. der Vertrag selbst. Da sie nur in Ausnahmefälle einen Vertragstext im Sachverhalt vorfinden, werden Sie dennoch auf das Gesetz zurückgreifen müssen (nachdem Sie darauf hingewiesen haben, dass in erster Linie der Vertrag zählt).

(2) Bei einfachen Fällen geht es analog zum Anspruchsfall darum zu klären,

- welche Person als Berechtigter oder Verpflichteter betroffen ist,
- was genau zu klären ist,
- welche Rechtsgrundlage (ausgehend vom festgestellten Schuldverhältnis) bezogen auf die gestellte Rechtfrage tatbestandsmäßig in Betracht kommt bzw. hier relevant ist.

c) Beachten Sie bei alledem, dass der Sachverhalt umgangssprachlich formuliert ist und die dort verwendeten Begriffe nicht unbedingt dieselben sind wie die juristischen Begriffe der anwendbaren Rechtsnorm, die meist weiter bzw. abstrakter sind.

2. Anwendbare Norm(en) finden

Um herauszufinden, welche Rechtsnorm(en) auf einen Sachverhalt anwendbar sind, müssen Sie zunächst konkret von der Frage ausgehen, die gestellt wird. Hierdurch erhalten Sie meist die wesentlichen Anhaltspunkte, um das zu klärende Problem rechtlich einzugrenzen. Stellen Sie also sicher, dass Sie die Frage vollständig gelesen haben und verstehen, was gewollt ist.

Das Herausfinden der einschlägigen gesetzlichen Vorschriften setzt dann allerdings ausreichende Rechtskenntnis voraus, denn die Frage wird oft umgangssprachlich formuliert, oder zumindest so, dass nicht das rechtliche Stichwort mitgeliefert wird, unter dem Sie die Fragestellung gelernt haben.

Diese Umwandlung des tatsächlichen Sachverhalts in rechtliche Begriffe stellt i. d. R. das größte Problem bei der Fallbearbeitung dar. Um dies zu trainieren, sollten Sie folgendes tun:

- Sich immer vor Augen führen, auf welchen Teil bzw. welche Teile des Stoffes sich die Frage bezieht. Dazu ist es hilfreich bzw. notwendig, die wichtigsten Punkte der Inhaltsgliederung im Kopf zu haben.

- Viele Übungsfälle bearbeiten (ggf. auch komplexere, die Sie noch nicht fertig bearbeiten, sondern an denen Sie üben einzuschätzen, um welche Fragestellung es genau geht), um ein Gespür dafür zu entwickeln, wie bzw. wo man zur passenden Rechtsnorm kommt.
- Beim Lernen der Rechtsregeln sich immer wieder fragen, was (welcher Lebenssachverhalt) hier eigentlich geregelt wird, d. h. nicht die Regel als solche lernen, sondern verstehen, welches Problem damit gelöst werden soll.

Im ,Notfall' kann es hilfreich sein, anhand der vorgefundenen Begriffe des Sachverhalts im Inhaltsverzeichnis des BGB oder im Stichwortverzeichnis der Gesetzessammlung nach einschlägigen Normen zu suchen.

3. Normen anwenden

Wenn Sie mehrere in Frage kommende Normen gefunden haben, klären Sie, welche davon Vorrang besitzt (s. o. bzgl. Normenkonkurrenz). Dies sollten Sie auch dokumentieren bzw. Ihre Auswahl begründen.

Achten Sie bei der Anwendung der relevanten Norm(en) darauf, alle Tatbestandsmerkmale zu erfassen und systematisch zu prüfen (s. o.).

Wenn der Sachverhalt keine klare Aussage bzw. Antwort zulässt, ob ein Tatbestandsmerkmal erfüllt ist, dann müssen Sie (wenn Sie diese Unsicherheit nicht durch Nachfrage klären können) beide Alternativen prüfen, d. h. Sie müssen aufzeigen

- welche Rechtsfolge greift, wenn die Voraussetzungen erfüllt sind, UND
- welche Rechtsfolge greift, wenn die Voraussetzungen nicht erfüllt sind.

Außer wenn dies trivial ist müssen Sie begründen (d. h. Ihre Meinung mit Argumenten versehen), warum Ihres Erachtens eine Norm oder ein Begriff auf einen Sachverhalt anwendbar ist. Dies gilt insbesondere, wenn die Gesetzesbegriffe (z. B. Generalklauseln) sehr weit gefasst sind.